子ども中心の面会交流

こころの発達臨床・裁判実務・法学研究・
面会支援の領域から考える

梶村太市 ✤ 長谷川京子 編著

日本加除出版株式会社

は し が き

　2014年4月，本書の各執筆者に，以下のような企画の趣旨で原稿をお願いした。

　「近時，家庭裁判所の面会交流に関する調停・審判・間接強制の運用では，その判断基準として，離婚後も親子の交流を図ることが子の利益にかなうから，子どもの連れ去り，児童虐待，DVによる影響などがない限り，原則的に面会交流を認めるべきであるとの立場（原則的実施論）を明確にし，全国的に見てもこのような基準に基づきかなり類型的・定型的に面会交流を実施するという方向に進んでいる。

　この運用によって，非監護親が子どもとの面会交流を実現する機会が増えたとして原則的実施論を支持する見解がある一方で，反面，その画一的な運用によって，子どもの精神的安定が害され，精神障害を引き起こすなど，悪影響があちこちで現れ始めており，原則的実施論による運用には，子ども中心の面会交流の実施という視点からみて問題があるという指摘が，少なからず見受けられるようになった。

　そこで今後の課題としては，原則的実施論の根拠となっている，①〈科学的根拠〉親子は原則的に実施することが子の利益にかなうとする科学的根拠はあるのか，PAS/PA片親疎外論等は根拠があるか，それはどのように理解されるべきか，②〈法律論〉面会交流は実体的権利か，最高裁判例の解釈，児童の権利条約の理解の仕方，民法766条解釈論，間接強制の可否・要件等，③〈運用論〉面会交流を原則的に実施しうるための条件は何か，民間機関や行政の関与の在り方等について，もう一度初心に立ち返り冷静に謙虚に「子ども中心の立場」に立って，「面会交流論」を再検討してみる必要があるのではないかと考えられる。

　まず，原則的実施論者は，①の科学的根拠について，例えば心理学等の諸研究からみて，「一方の親との離別が子にとって最も否定的な感情体験の一つであり，非監護親との交流を継続することは子が精神的な健康を保ち，心

理的・社会的な適応を改善するために重要である」として（細矢郁ほか「面会交流が争点となる調停事件の実情及び審理の在り方―民法766条の改正を踏まえて」家月64巻7号74頁），面会交流原則的実施論を正当化する。しかし，ここでは，対立する両親間の紛争を解決するための調停・審判・強制執行の手法として，なぜ原則的に実施することが「子の利益」「子の福祉」にかなうかの根拠に関する説明はない。この点について，「子どもと非監護親との面会交流が子の利益を害さないためには，第1に，子どもと家族の心身の安全を害さないこと，第2に，子どもの監護環境を害さないこと，第3に，子の意思・心情に反しないことが必要であ」り，「そのうえで，面会交流が子と非監護親の関係の発展に役立ち，子の健やかな成長に役立つものである場合に，子どもの福祉を増進することが可能になる」（長谷川京子ほか『弁護士が説くDV解決マニュアル』（朱鷺書房，改訂版，2014）175頁（長谷川執筆部分））とする見解に説得力がある。また，子の利益が確保されるための3要件として，(1)子どもは監護者の下で安定して一貫性のある監護方針のもとに継続して監護することが必要であるとする監護の安定性の要件，(2)子どもは，原則として父親と母親の双方からの愛情が必要であるとする父親性と母親性の要件，(3)前記の(1)の監護の安定性と(2)の両親性の調和の要件が必要であり，面会交流は具体的事情の下にこれらの調和を目指して実施されなければならないとする見解（梶村太市『新家事調停の技法』（日本加除出版，2012））も同様であろう。最高裁の平成12年5月1日決定（梶村太市『裁判例からみた面会交流調停・審判の実務』（日本加除出版，2013）47事件）の調査官解説で「面接交渉の内容は監護者の監護教育内容と調和する方法と形式において決定されるべき」である（同書228頁以下参照）とするのも同趣旨である。

　次に法律論であるが，今回の民法766条の改正でも立法関係者は，面会交流を親や子の権利として規定したものではないと明確に言っており，実定法的には実体的な権利ではありえないわけであるから，もはや権利論者は存在しえないのではないか。平成7年の児童の権利条約をとらえて，親から引き離されない権利ひいては面会交流権が児童の権利としては認められるべきだとする見解もあるが，その場合の権利の性質は言わば自然権的な性質を有す

るものとしか考えられない。そうであれば，それは実定法的な意味はなく，結局当該具体的な事情を比較衡量して子の利益にかなうかどうかの判断は不可欠である。そうすると，「子の権利」の概念を使う意味はないし，かえってそれは概念の混乱を来すばかりで誤解を招き相当ではない。それが「子どもの権利」だなんて言ってしまうと，一般的には子どもが面会交流を請求する権利があるということになり，そうなると子どもや監護親の意向等の具体的事情を無視して，権利を強行しかねない危険性を招く。それは決して，子どもの利益にはならない。民法766条の改正は単独監護では児童虐待が生じてしまうことを危惧してのことだと言われるが，かえって逆に子どもの権利だとして強行することそれ自体が児童虐待になりかねない。

　最後に③の運用論であるが，本書ではこれを詳細に展開していただきたい。最近の原則的実施論にはいろいろ問題があり，どのような問題点があるかはとても重要であるが，本書ではそれだけに終わらせず，ではどうするべきかという具体的運用論に踏み込んでいただきたい。本書の執筆者は，精神科医・臨床心理士（元家庭裁判所調査官）・研究者（法学・社会福祉学）・弁護士・元裁判官とそれぞれの分野の精鋭をそろえている。各執筆者におかれては，以上のような論点があることを一応念頭に置かれた上で，それぞれのテーマに取り組んでいただきたい。各執筆者にお願いした各テーマは，一応のものに過ぎず，それから著しく外れたものでない限り，それぞれの主張を自由に展開していただいて結構である。各テーマの性格上，上記①②③の論点の濃淡・多寡等はおのずから違いが出てくるとは思われるが，それもあまり気にされないで各自の見解を思う存分に開陳していただければ説得力が増すであろう。見解の対立も重複もかまわない。各執筆者の個性が出たほうがよい。各執筆者によって見解の違いが出てきても，必要であればそれは座談会で議論などして調整すればよいし，意見の違いは違いとしてそれに対する判断は読者に任せればよいからである。本書は，ただ１点「子ども中心の面会交流論」で統一できれば，それでよいと思われる。」

　それぞれの分野で文句なしに一流の執筆者を得ることができた。座談会での議論も，相当程度問題点が浮き彫りにされた。原則的実施論者の著書が全

て見事なまでに画一的な論調で終始しているのに反し，本書の特色は，各執筆者の個性が全面的に出て，それぞれの見解の違いは当然のこととして相互の矛盾撞着をものともせず，それがあからさまに浮かび上がってきているということである。当初の企画は見事に成功した。本書の成果に関しては，共編著者である私どもが「あとがき」でまとめて論ずることとしたい。

　各執筆者の全面的なご協力のおかげで，本書は企画段階から1年で出版の運びとなった。各執筆者には深甚の謝意を表したい。本書の編集には，日本加除出版企画部の山口礼奈氏が主任として全面的に関わり，真壁耕作企画部長にも陰に陽に協力いただいた。このような18人に及ぶ共同執筆の編集と座談会の実施等には，相当な困難を伴いがちだが，それを見事に成し遂げたお二人にも深く感謝したい。

　本書が，親子の面会交流紛争の適切妥当な解決のためにいささかの寄与貢献ができれば，編者としてそれにすぐる喜びはない。

2015年3月

　　　　　　　　　　　　　　編著者　梶村　太市／長谷川　京子

凡　例

　文中に掲げる判例等については，次のように略記する。

【判　例】

東京高決平成23年8月30日家月64巻10号48頁
　→東京高等裁判所決定平成23年8月30日家庭裁判月報第64巻第10号48頁
最判昭和36年12月22日民集15巻12号2893頁
　→最高裁判所判決昭和36年12月22日最高裁判所民事判例集第15巻第12号2893頁

［判例略語］

最決	最高裁判所決定
最判	最高裁判所判決
高決	高等裁判所決定
高判	高等裁判所判決
地判	地方裁判所判決
家審	家庭裁判所審判

［判例集略語］

大民集	大審院民事判例集
民集	最高裁判所民事判例集
下民集	下級裁判所民事裁判例集
裁時	裁判所時報
家月	家庭裁判月報
判時	判例時報
判タ	判例タイムズ
金商	金融・商事判例
金法	旬刊金融法務事情
ジュリ	ジュリスト
法時	法律時報
民商	民商法雑誌

目　次

はしがき……………………………………………………………………………… i
凡　例………………………………………………………………………………… v
編集・執筆者一覧 ………………………………………………………………… xiii

第 1 章

長谷川　京　子

面会交流原則的実施政策の問題点　　　　　　　　　　　　　　　　　*1*

第 1　子どもの幸せのための面会交流　*1*
第 2　離婚に至る家庭の子どもの否定的な体験──父母の争い・暴力の被害と目撃　*4*
第 3　面会交流が子どもの福祉にかなうための要件　*7*
第 4　裁判に持ち込まれる事案　*13*
第 5　原則的実施政策が子ども・監護親・非監護親の関係にもたらす結果　*17*
第 6　先進国の経験　*18*
第 7　おわりに　*19*

第 2 章

渡辺　久　子

子どもの本音・声を歪めない面会交流とは？
──乳幼児精神保健学からの警鐘──　　　　　　　　　　　　　　*24*

第 1　離婚にいたる子どもの否定的体験　*24*
第 2　子どもが面会交流を拒否するとき　*28*
第 3　家庭裁判所におけるドメスティックバイオレンス（DV）への対応　*31*
第 4　子ども中心の面会交流のために　*34*
おわりに：　*40*

第3章　田中　究
DVと離婚，子どものトラウマへの配慮と面会交流　43

第1　はじめに　43
第2　事　例　44
第3　子どものトラウマ関連障害に関する診断基準　52
第4　トラウマ体験の子どもへの影響　53
第5　まとめ　55

第4章　ジョアン・S・マイヤー（Joan S. Meier）
訳・監修　髙橋睦子
片親引離し症候群PASと片親引離しPA
―研究レビュー―　58

第1　片親引離し症候群・PAS　58
第2　片親引離し・PA　63
第3　PA・PASと裁判所の判断　66
第4　片親引離し・PAとDVのつながり――PAのパラダイムの逆転　68
第5　専門機関や専門家とPAS・PA　71
第6　訴訟当事者にとっての戦略的課題――具体的な事例において　73
第7　「片親引離し」（PA）の主張への対処：虐待を看過しないアプローチ　75

第5章　岩佐嘉彦
児童虐待（不適切な養育）に陥った親と児童との面会交流の実情について　83

第1　児童虐待ケースと親子の関係性について　83
第2　面会交流の制限が問題となる場面　84
第3　親子が分離されている場合の面会交流の制限について　85
第4　面会通信制限の要件について　88

第5　児童福祉の対応からみたいわゆる「原則面会」論の問題点　92

第6章　　　　　　　　　　　　　　　　　　　　小川富之
離婚後の親子の交流と親権・監護・親責任　　　　　　　95

　　　第1　はじめに　95
　　　第2　諸外国における別居・離婚後の子の養育について　97
　　　第3　日本の制度を考える上で必要なことは　101
　　　第4　おわりに　104

第7章　　　　　　　　　　　　　　　　　　　　水野紀子
DV・児童虐待からみた面会交流原則的実施論の課題　　112

　　　第1　日本家族法と家庭内暴力　112
　　　第2　家庭内暴力と親権の行方──最高裁判例に現れたDVケース──　114
　　　第3　子の奪い合い紛争への介入の難しさ　117
　　　第4　介入の手段と方向性　120

第8章　　　　　　　　　　　　　　　　　　　　山口惠美子
臨床心理士，面会交流援助者からみた面会交流原則実施論　　125

　　　第1　はじめに　125
　　　第2　援助現場における最近の状況　127
　　　第3　子ども中心の面会交流実現のための民間機関の実践　130
　　　第4　課題と展望　133

第9章　　　　　　　　　　　　　　　　　　　　渡辺義弘
心理学的知見の教条化を排した実務運用はどうあるべきか
　　──子ども中心の面会交流の背景を踏まえて──　　138

　　　第1　はじめに　138

第2 紛争の実質と原則的実施論の出現　*139*
第3 原則的実施論の理念把握の核心――その心理学的知見――　*141*
第4 原則的実施論の方針の核心――一元的な特段事情の苛酷な絞り込み――　*146*
第5 関連する諸問題　*148*
第6 結びに代えて――裁判所自身による再検討と追跡調査を――　*150*

第10章　斉藤秀樹
原則実施論の問題点　*154*

第1 序　論　*154*
第2 面会交流原則実施論の問題点（理論面）　*155*
第3 原則実施論の弊害　*159*
第4 非監護親へのメッセージ　*165*

第11章　可児康則
面会交流をめぐる家裁実務の問題点
――調査官調査の可視化を中心に――　*167*

第1 はじめに　*167*
第2 DV事案につき原則的実施論に基づき解決を図ることの危険　*169*
第3 家庭裁判所調査官による調査の可視化の必要性　*173*
第4 おわりに　*179*

第12章　安部朋美
取り残される子どもの気持ち　*182*

第1 面会交流は誰のため？　*182*
第2 子どもの意思は尊重しなくていいのか？　*183*
第3 面会交流を円滑に実施するためには　*190*
第4 面会交流義務とは？　*192*
第5 面会交流は子どもの健全育成のためのものである　*194*

第13章　　　　　　　　　　　　　　　　　　　　　　　　西片和代

弁護士代理人からみた面会交流実施の問題点について
―「子ども中心」とは何か，原則実施論の条件作り―　　*195*

第1　原則実施論における「事情」の考慮　*195*

第2　原則実施論が妥当する「時期」かどうか，紛争段階の見極め　*199*

第3　原則実施論が妥当する「目的」による申立てか否かの見極め（特にDV事案）　*202*

第4　子どもを中心としてニーズを捉えること　*205*

第5　事後的な検証可能性の確保　*207*

第6　最後に　*208*

第14章　　　　　　　　　　　　　　　　　　　　　　　　秀嶋ゆかり

DVと面会交流　　*212*

第1　はじめに　*212*

第2　DV事案と面会交流（総論）　*213*

第3　DVと面会交流（各論）　*217*

第15章　　　　　　　　　　　　　　　　　　　　　　　　坂梨　喬

原則的面会交流論の問題性
―元裁判官の立場から―　　*230*

第1　原則的面会交流論とは何か　*230*

第2　原則的面会交流論のどこが問題なのか　*234*

第3　面会交流請求権の権利性　*238*

第4　家庭裁判所と原則的面会交流論　*241*

第16章　　　　　　　　　　　　　　　　　　　　　　　　森野俊彦

面会交流調停・審判の運用はどのようになされるべきか
―やや随想的に（元裁判官の感想的意見）―　　*245*

第1　はじめに　*245*

第2　面会交流権は実体的権利か　246
第3　「面会交流は原則的になされるべきである」か，どうか　249
第4　面会交流調停事件の運用について　251
第5　面会交流審判事件の運用について　254

第17章　　　　　　　　　　　　　　　　　　　　　　大塚正之

家事紛争解決プログラムの意義
―面会交流原則論とは何か―　260

第1　はじめに　260
第2　臨床法学としての家事紛争解決プログラム　261
第3　面会交流原則論の意味　264
第4　面会交流を困難にする要因分析　266
第5　面会交流を妨げる要因を除去する方法　275
第6　面会交流合意形成システムの構築　276
第7　まとめ　278

第18章　　　　　　　　　　　　　　　　　　　　　　梶村太市

第三者機関の関与と面会要領の詳細化の諸問題
―平成25年の二つの東京高裁面会交流決定をめぐって―　280

はじめに　280
第1　東京高決平成25年6月25日（第一決定）　281
第2　東京高決平成25年7月3日（第二決定）　289
第3　両決定の問題点　298

座談会　面会交流は原則的に実施できるのか……………………………315
あとがき……………………………………………………………………362

編集・執筆者一覧　xiii

編集・執筆者

梶村　太市　　弁護士（第二東京弁護士会）／常葉大学法学部教授
　　　　　　　元早稲田大学法科大学院教授／元横浜家庭裁判所部総括判事

長谷川京子　　弁護士（兵庫県弁護士会）

執筆者（執筆順）

渡辺　久子　　乳幼児・児童思春期精神科医
　　　　　　　（前・慶應大学病院／現・渡邊醫院）

田中　　究　　児童精神科医・兵庫県立光風病院院長
　　　　　　　（前・神戸大学医学部附属病院）

ジョアン・S・マイヤー　弁護士
　　　　　　　　　　　　ジョージワシントン大学法科大学院特任教授

髙橋　睦子　　吉備国際大学大学院社会福祉学研究科教授

岩佐　嘉彦　　弁護士（大阪弁護士会）

小川　富之　　福岡大学法科大学院教授

水野　紀子　　東北大学法学研究科教授

山口恵美子　　公益社団法人家庭問題情報センター常務理事／臨床心理士

渡辺　義弘　　弁護士（青森県弁護士会）

斉藤　秀樹　　弁護士（横浜弁護士会）

可児　康則　　弁護士（愛知県弁護士会）

安部　朋美　　弁護士（兵庫県弁護士会）

西片　和代　　弁護士（兵庫県弁護士会）

秀嶋ゆかり　　弁護士（札幌弁護士会）

坂梨　　喬　　弁護士（福岡県弁護士会）
　　　　　　　元福岡家庭裁判所・地方裁判所判事部総括

森野　俊彦　　弁護士（大阪弁護士会）
　　　　　　　龍谷大学法科大学院特任教授／元福岡高等裁判所部総括判事

大塚　正之　　弁護士（東京弁護士会）
　　　　　　　早稲田大学法学学術院招聘研究員／元千葉家庭裁判所判事

面会交流原則的実施政策の問題点

長谷川 京子

第1 子どもの幸せのための面会交流

1 チルドレン・ファーストは具体的な考慮を要請している

　離婚後の子どもの監護，わけても面会交流に関心が集まっている。離婚率，離婚件数が増え，離婚へのスティグマが薄らぐとともに，離婚後，一方の親（監護親）のもとで暮らす子どもが離れて暮らす親（非監護親）と面会交流をすることは珍しいことではなくなった。父母の別居・離婚により家族の形態が変わっても，親子の交流が子どもの幸せにつながるなら，大いに望ましいことであり，その交流を支持しようという理解も広がっている。

　戦後の民主憲法下での家族法改正により「家制度」が廃止され，母も父と並んで「親権者」となり，婚姻中共同で子の法的代表と養育監護に責任を果たすよう改革され，親権制度は「家・親のための親権制度」から「子どものための親権法」へと変革を遂げた。[1] そこでは，子どもは「家」の付属物や「父」・「親」の所有物ではないし，「親権」は，子どもを守りそのニーズを充たす親の責任というべきである。だから，子どものある家庭では，子どもが守られ育つニーズを，親のニーズに優先する，チルドレン・ファーストの考

え方にたって,子どもの監護養育に当たることが求められる。

　父母が別居・離婚する場合の,よい監護の出発点は,子どもと同居し養育に当たる監護親を適切に選定することである。この点,家庭裁判所は,監護者の指定・子の引渡し事件において,子どもと双方親の愛着関係ないし親密な親和関係,出生以来の養育監護の経過,養育監護の態勢や生活環境,子どもの年齢,子どもの意向等を総合的に考慮し,事案に即して子どもの福祉に照らして定めてきた[2]。

　非監護親との面会は,監護親の選定が適切になされたことを前提に,子どもの幸せのための交流をはかろうとするものであるから,子どもの生存と発達という基本的なニーズに応える「監護者の監護教育内容と調和する方法と形式において決定されるべきものである」[3]。養育監護が子どもを守りそのニーズを満たすように行なわれ,面会交流がこれに調和するように行なわれるなら,子どもの福祉は増進される。しかし,父親の面会交流があまねく子どもの福祉を増進すると実証されているわけではない[4]。そのうえ,現実の家族は多様であり,幸せな結婚ばかりでないように,非監護親との面会が子どもによい交流ばかりとは限らない。面会交流の求めに対する解はひとつではない。民法766条が,離婚時,子の最善の利益を最優先に考慮して面会交流について定めるとしたのは,監護親の選定と同様,事案に即して子どもの利益を具体的に考慮して決定することを求めたものである。

2　家庭裁判所の面会交流原則的実施政策

　ところが,近年,家庭裁判所実務では,非監護親から申し立てられた面会交流を,原則的に実施する政策が広がっている。非監護親との面会交流は,これにより,子どもが離婚による「親との離別というつらい出来事から立ち直ることができる」意義があるから,原則的に実施するのが「子の利益」にかなう[5]。面会交流すれば不安定な心理状況を回復させるなど子の健全な成長に資する[6]というのである。

　しかし,これは,家族の実態が多様であるという現実のもと,具体的な事案で面会が子どもに及ぼす影響が有益なものから有害なものまで実に様々で

あるという現実から目をそむけ，面会紛争を観念論で割り切ろうとするものである。観念論で子どもの利益は守れない。

そもそも，父母の離婚で子どもが体験する困難は複雑であり，非監護親との離別に限らない。子どもの困難は学校・友人との離別による喪失や単親家庭の貧困や孤立など，多層複合であって，非監護親との面会交流がこれらを解決するわけではない。また，すべての事案で，非監護親との離別が子どもの困難になるわけではない。むしろ，親の紛争にさらされることの方が子どもに深刻な心理的困難をもたらす場合があり，父母の葛藤・対立が厳しい場合には，非監護親との接触が新たな紛争の火種になるリスクを考えなければならない。何より，当事者間での協議で解決できない事案こそ裁判に持ち込まれるのであるから，家庭裁判所で扱う事案には，いわゆる高葛藤・紛争事案が集中する傾向がある。

しかも，原則的実施は，非監護親からの申立てにのみ向けて実施を推進しながら，実施について非監護親の責任だけは免じる偏頗な政策であり，裁判を通じて，子どもより非監護親，監護親より非監護親の立場を強化する，子どもの利益最優先原則に反する結果を生みだしている。

家族が子どものために調和し協力しあうべきだとしても，現実の家族は「あるべき家族」ばかりではない。それから隔たる紛争家族ほど，問題の解決を当事者間の話合いによることができず，法的なルールによる決着に頼らなければならない。そうであるなら，法政策は，それの適用が紛争家族にもたらす結果を見据えて，評価し，その採否を検討するべきである。

3 本章の検討

本章では，子どもの視点から面会交流を考察する。本来，親子法は子どもの福祉のためにあり，そこで最優先されるべき「子どもの利益」は，大人の視点ではなく子どもの視点で論ずべきだからである。

そのためにまず，父母が離婚した家庭の子どもの否定的な体験を取り上げ，父母の争いが子どもの不適応にどのくらい重大な影響を及ぼすかに関わる調査とそれに基づく心理学的知見を紹介する。

そして，面会交流が子どもの福祉にかなうための要件を子どもの重要なニーズをもとに検討し，その要件が紛争家族の事案では満たしにくいこと，裁判には紛争家族の事案が集中しがちであるから，裁判所が面会交流に原則的実施政策をとることが，紛争家族の子どもの利益を害するリスクが高いことを論じる。

さらに，非監護親の申し立てる面会裁判に原則的実施政策をとることが，子ども・監護親・非監護親の関係にもたらす影響について論じ，最後に，離婚後も双方の親が子どもに関わり子どもが幸せになるという「あるべき家族像」を目標に，別居親の関わりを法政策として強化してきた先進国が直面した課題と教訓を参照して，日本が法や裁判運用の方針として，原則的面会実施政策をとることのリスクを考えるよすがとしたい。

第2 離婚に至る家庭の子どもの否定的な体験
―――父母の争い・暴力の被害と目撃

1 離婚に先行する父母の葛藤と争い

離婚は「単一の限られた出来事としてでなく，家族関係が急激に変化してゆく多段階の過程」である[7]から，子どもは家族の一員としてその全過程を経験する。そのとき，離婚に至る家族関係，父母の葛藤や争いが子どもの経験に及ぼす影響は深刻である。

離婚に先行する子どものパーソナリティを社会的特徴と知的特徴を中心に調査した研究[8]によれば「離婚群の子どもたちは，両親が実際に別居するかなり前から，ときには何年も前から，他の子どもたちとは多くの点で明らかに違っていた」ことが明らかにされている。「たとえば，後に両親の離婚を経験することになった男児は，3歳の時点ですでに落ちつかず，強情で，情動的に不安定だった。7歳時の評価では，攻撃的，衝動的，非協力的でストレスがかかると統制群と比べて自制心を失いやすいとされ，しかもこのパターンは青年期でも見られた。顕著だったのは，こうした行動が，両親が結

婚を解消するずっと以前から明らかだった点である」。「いわゆる親の離婚による影響は，実際に別れるずっと前にすでに表われていると結論しなければならない。ゆえに（子どもに）影響を及ぼす要因は，結婚の崩壊によって関係が断絶されることだとは言えない。それはむしろ両親がまだ一緒にいるときからの，角突き合わせる雰囲気のほう」であり，「子どもの行動問題の原因は，離婚そのものよりも，むしろ両親が実際に別れるずっと前から家庭にあったであろう争いの雰囲気なのだ」という[9]。

すなわち，離婚後の子どもの不適応については，非監護親との離別を含む，離婚そのものの影響より，子どもが継続して父母の不和・葛藤・対立にさらされ続ける経験にこそ影響されることが明らかになっているのである。

2 家庭内の争い・暴力にさらされることの不利益

発達心理学者のH. R. シャファーは，以下の心理学的調査の分析に基づき，「家庭内に漂う情動的な環境は，子どもの心理発達の過程に強く影響する」とし，子どもに対する直接の身体的暴力と並んで，親の間の暴力を目撃することによっても「ほぼ間違いなく有害な影響を受ける」と指摘する。

すなわち，E. M. カミングスらの調査[10]では，1歳から2歳半という「非常に幼い年齢でも家族間で噴出する怒りに動揺し，身体的な攻撃が含まれたときに苦痛が最も高い確率で示されたり，親どうしの争いを繰り返すほど，子どもたちは敏感になり，情動的に混乱する可能性も高くなった」。

J. M. ジェンキンズらの調査[11]では，9歳から12歳までの子どものいる家族で，「親どうしのこうした争いが頻繁になるほど，また激しくなるほど多くの子どもの心理的困難が報告された」。

P. ジャフェらの調査[12]では，4歳から16歳までの男児を対象に問題行動を調べると「家庭内暴力を目の当たりにした男児と，自身が虐待を受けた少年たちにほとんど差がな」く「どちらの群も，暴力のない対象群とは有意に違っていた。前者の2つの群は，内向性の領域と外向性の領域のどちらについても適応に困難があった」ことが報告されている。

これら心理学的知見に基づけば，両親の別居離婚による子どもの困難を軽

減するためには，父母の争い，特に暴力にさらされる状況を収束させることが何より重要なことであり，むしろ，非監護親の接触が父母の争いを引き起こすなら子どもに有害であると言える。

なお，この有害な影響は，父母が子どもの前で争いを見せないようにするという，表面的な対応で防げるものではない。人間は内なる情動を隠し通して家族に接することはできないし，子どもは家族の情動に非常に敏感である。したがって，監護親と非監護親の間に深刻な葛藤があれば，たとえ彼らのやり取りする言葉がきれいでも，その発声・声音・抑場・表情・態度等に，悪意・不安・攻撃といったネガティブな情動は自ずとにじみ出るし，父母の争いにさらされ鋭敏さを増した子どもはその葛藤をますます敏感に感じとり，一層の不安や混乱に陥る。[13] 父母間の離別に至る葛藤を解消できないのに，子どもの前で争いを見せないようにすれば子どもへの影響を無視できるというのは，有害な面会交流を実施するためのフィクションである。

3 別居・離婚直後の子どもを争いから遠ざけること

別居・離婚は父母の共同生活の破綻であるから，これに先行して父母の葛藤・対立があるのは，むしろふつうのことである。その中には，葛藤・対立が高度であるもの，児童虐待やDVという暴力が絡んで厳しい対立に及んでいるものもある。内閣府の調査によれば，女性の3人に1人は配偶者からの暴力を受けた経験があり，10人に1人は何度も被害を受けており，[14] DVは深刻な離婚原因であるから，離婚・監護の裁判事案の中には，父母間に身体的・非身体的DVの事例が相当あるはずである。その子どもたちには，別居・離婚に至る前からDVにさらされ傷ついてきて，加害親との別居により辛うじてDV曝露を免れている者も少なくない。

非監護親との面会交流による接触が，子どもを再び争いに巻き込み，困難を負わせるなら，子どもの利益は害される。特に，別居の直後や離婚紛争の最中は，父母の葛藤・争いが激しい時期でもある。父母の争いは子どもの養育環境の質を害するが，その争いを円満に解決することが破綻によってかなわないなら，せめて司法がこれ以上子どもを父母の争いにさらして子どもの

困難を積み増すようなことは避けるべきである。父母の葛藤が低減し，紛争が鎮まる時期を待って，非監護親との接触を開始するという配慮こそ必要ではないだろうか。

　また，子どもは上記のとおり，暴力を受けても，暴力にさらされても，深い傷を負う。その傷を癒すためには，まずは暴力加害から離れ安全の回復を得て，安堵し，傷の痛みを表出できなければならない。いかなるトラウマからの回復も，「まずは子どもの身体的，心理的安全性が保障され得ない限り」始まらない。[15] 傷を負った子どもは，その加害が再現するかもしれない外界の刺激に非常に敏感であり，いつそれが起こってもおかしくないと考え，未解決の恐怖を抱え，不信感に苦しみつつ，時には退行することで発達をやり直そうともがきながら，長いプロセスを経て傷を癒そうとする。DVのあった父母が別居したから，再度子どもの目の前で激しい暴力が起こらないから「もう安全」というわけではない。外界が，外部の他人には安全に見えても，傷を受けた当の子どもにそう感じられるとは限らない。まして傷の回復という課題は，別居・離婚の直後には，未だ緒に着くか否かという段階にある。そんなときに，過去の暴力加害を棚上げして，加害者との接触再開を急ぐことは，健康を回復して健やかに発達するという「子どもの利益」を犠牲にして，加害親の「会いたい」欲求を遂げることにほかならない。

　DV虐待という暴力があれば，もとより監護親と非監護親の葛藤・対立は厳しいものになる。家庭の中の暴力は客観的証拠が残りにくく外部から発見しづらいから，外目には，高葛藤，厳しい対立の事案と映るものが多いであろう。面会交流が争われる事案では，父母の葛藤・対立には，子どもの背負う心理的困難に引きつけた十分な留意が払われるべきである。

第3　面会交流が子どもの福祉にかなうための要件

1　子どもの生存と発達

　子どもは，守られて生存し発達する存在であり，適切に守られた環境のも

とで、物質的経済的なニーズと精神的心理的なニーズが充足されなければならない。適切に守られた環境であるためにとりわけ重要なのは、監護関係である。子どもは発達するために、特定の重要な他者に依存するからである。すなわち、子どもは、自分を保護し献身的に養育してくれる者を選択して、その者との間に心理的・生理的・身体的な結びつきをなすアタッチメント（愛着）を形成し、それを拠りどころに情緒的・知的・社会的に発達を遂げていくから、安定的なアタッチメントが維持されることで、子どもの健やかな成長が進むのである。そして、こうした子ども期の健やかな発達は、生涯にわたる健康福祉の要である。

　それ故、子どもの面会交流は、こうした子どもの発達の土台を損うことなく行なわれなければならない。

2 安全

　子どもは生存し発達するために、身体的・物理的な安全と、のびやかな精神活動ができるための心理的・情緒的な安全を必要としている。

　子どもと暮らし養育に当たる監護者は、もっとも重要な養育環境要因であるから、監護者には、その子の「安全基地」として不安や緊張をほぐし安心を与えられる親が就くべきである。監護親の言動や態度が、子どもの身体的・心理的安全を害するようなことは、子

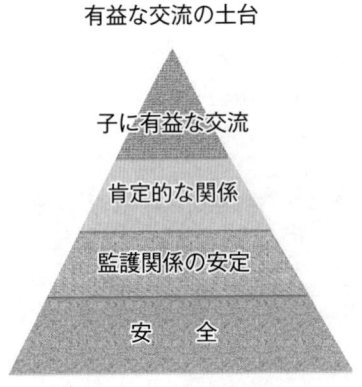

どもの福祉に適さないから，DV虐待が疑われる事案では，子どもの安全を保障するために，加害親を監護者にしないよう慎重な検討が求められる。

そのうえで，非監護親との面会交流でも，子どもの身体的・心理的安全を保障することが必要である。

心理的・情緒的な安全は，身体的な危険や，心理的な恐怖と不安により害されるのはもちろん，上記のとおり，父母の葛藤や争いにさらされることでも侵害される[16]。

面会交流をめぐる安全は，面会交流をする時間中だけの要請ではない。面会時間中は第三者の立会いを得て暴力を受ける危険がなくても，離婚前父から虐待を受けた子どもは，父親との接触を恐怖・嫌悪し，面会日を前に連れ去られる悪夢を繰り返し見て怯え，面会中子どもに「裁判で決まったことだから会わなければならない」と繰り返す父とさらに面会しなければならないことに深く苦悩し，トラウマからの回復が進まず，学校生活にも長期に深刻な支障をきたした。

DV虐待の加害親との接触を強いることは，子どもに虐待トラウマを受け続けるのと同じ多大なストレスを継続的に背負わせる。児童期の逆境体験の研究によれば，逆境体験が累積するほど，青年期・成年期にまたがって，その子の精神保健の問題——不安，抑うつ，自殺企図，PTSD，薬物・アルコール乱用等——を生じるリスク，病気——心臓病，ぜんそく，糖尿病，関節炎，慢性疼痛・慢性頭痛のリスクが高まる[17]ことが分かっている。また，脳科学研究は，小児期の被虐待・DV曝露体験が，海馬をはじめとする大脳辺縁系の発達のほか，虐待の種類ごとに特有の脳領域の発達を阻害して解剖学的変化までもたらすことを明らかにし[18]，それら脳神経の発達の阻害が，生涯にわたる重大な精神保健上の問題を引き起こすリスクがあることを改めて警告している。子どもが心身の安全を脅かされないことは，子どもの基本的ニーズであって，これを害する面会交流は実施されてはならない。

なお，子どもが生きるのに必要な婚姻費用や養育費の不払いは経済的剥奪であり，物心両面の安全を脅かす。子どもの生存と発達の基盤を剥奪する者に，子どもの福祉に寄与する関与は認めがたい。非監護親による経済的な扶

養義務の履行は，面会交流実施の前提というべきである。

3 依存する関係（監護関係）の安定

子どもは，特定の重要な他者に依存して生存し発達を遂げるのであるから，その者から養育を受ける監護関係が安定すること——良好なアタッチメントを形成している監護親のもとから引離されないこと，心身ともに安定した監護親から良質のケアを受けられることは，子どもの生存と発達を支える基盤をなす。

したがって，第一に，子どもがそこに選択的に安定したアタッチメントを形成している監護親のもとから子どもを連れ去ることは，子どもから「安全基地」を奪う重大な利益侵害である。面会交流の機会に子どもを連れ去るリスクは，子どもの利益を守るための面会交流制限事由である。[19]

また，低年齢の子どもの面会交流では，監護親との分離が，愛着形成を阻害しないように注意する必要がある。養育者への愛着形成は幼年期に進み，その子の生存と発達の基盤となるところ，幼年期に宿泊つき面会等により養育者と長時間分離されることで，子の愛着形成が障害される危険があることが報告されている。[20]

次に，「安全基地」が子どものために機能するためには，基地となる監護親が安定していなければならない。監護親が健康で情緒的に安定し，子どものことに配慮する余裕が要る。ゆえに，非監護親との面会交流が，監護親を危険にさらしたり，その情緒の安定を害したり，あるいは葛藤・争いに巻き込んで子どもの養育に必要な関心と余裕を奪うような事態をもたらすなら，それは，子どもの「安全基地」を害する，有害な関わりと言わなければならない。[21]

そして，「安全基地」は子どもがそこを信頼して拠りどころにできることで機能するのであるから，面会交流を通じて非監護親から子どもの監護親への信頼をむしばむような操作がなされることも，子どもの利益を害する。[22] 例えば，面会の機会に，監護親を誹謗中傷・侮辱・嘲笑する，監護親の監護方針にあえて反する放縦を子どもに許す，不適切な遊興に誘い監護親に秘密

させるなど。面会交流を求める非監護親は、その動機・目的として、監護親への嫉妬や報復等の害意を公式に語ることはないけれども、紛争になる面会事案には、残念ながらこうした不正な動機・目的が潜入していることがまれではない。こういう懸念に対し、最近の家裁実務では、調停で監護親を侮辱し誹謗中傷する言動が見られる事案でさえ、非監護親に面会の心がけを説くだけで足りると片付けられることが多いが、疑問である。面会交流についての紛争において、子どもの利益を守るために、子どもの「安全基地」である監護親の懸念は丁寧に検討され、面会実施にはそれが払拭されることを要するとすべきである。

4 肯定的な関係──子の強い拒絶がないこと

　面会交流も、人と人との関係に根ざした交流である。子どもは面会交流の一方の当事者であるから、面会相手である非監護親との間に肯定的な関係がなければ、面会交流が子どもにとって肯定的なものにはなりえない。肯定的な関係と言えるためには、非監護親が子どもに愛情を注ぎ接触することのほか、もう一方の当事者である子どもが強い拒絶をしていないことが不可欠である。

　子どもの非監護親との関係ないし非監護親に向けた意思心情は、子どもが十分に信頼する相手にリラックスした状況で言語的・非言語的に表明するものを、その子どもが他で示す兆候や変化と対照しつつ、丁寧に吟味して把握する必要がある。周囲の働きかけや面会の実施方法にかかわらず、子どもが非監護親に対し、強い拒絶を持ち、非監護親と肯定的な関係をもてない場合には、子どもの福祉にかなう面会はできない。

　もし裁判所が非監護親の申立てに応じて、子どもが強い拒絶を抱いても面会を命じるなら──もし、子どもの「会いたい」は受け入れられるが、「会いたくない」は否定され無視されるなら──、子どもの意思心情は、「会いたい」非監護親の求めに合致する場合だけ「尊重される」ということになる。これでは「子どもの意思心情」は、非監護親の欲求の着ぐるみ同然で、面会交流は、裁判所が権力を用いて、子どもの人格を非監護親の欲求に従属させ

る場になってしまう。

　現実の家族の関係は多様である。非監護親を強く拒絶するその子は，非監護親からの虐待やDVのある家庭を生き抜いてきて，その被害に由来する恐怖や不安から，非監護親との接触を強く拒絶しているのかもしれない。もしくは，実際の面会交流を重ねる経験から，面会する非監護親に対し嫌悪や不安を抱き，「会いたくない」という強い拒絶を抱くようになったのかもしれない。子ども自身が非監護親との関係に基づき面会交流を強く拒絶しているなら，「子どものための交流」は強行すべきではない。

　逆に，子どもが面会を望んでも，それが不健康な関係に基づく場合には，面会の実現には慎重さが求められる。すなわち，DV曝露や虐待被害を受けた子どもには，過酷な環境を生き抜くために加害親に外傷的な絆を形成し，加害親に同一化した意思を表明する者がいる。このような子どもの言葉を理由に加害親と接触させたら，面会交流は加害継続の機会になってしまう。非監護親との関係が外傷性の絆である場合には，まずは，子どもを加害親から切り離して安全を保障し，外傷をケアして，その子の健康回復をはかることを優先するべきである。

　なお，子どもが非監護親を拒絶すること自体を，一般的に病的な現象とみなして否認し，そのような拒絶を，非監護親でなく監護親の帰責事由として，監護親を非難し制裁を科す言説（「片親引離し症候群PAS／片親引離しPA」）がある。これは，非監護親の要求を押し通すため，非監護親の求めに沿わない子どもの拒絶を，暴力や争いなど子どもの安全に関わるものを含め，原因を一切調べないまま病的現象と片づける，心理学を装った，しかし実証的な根拠をもたない言説である。このような言説を裁判実務へ導入して，面会交流原則的実施策を推進することは，事実に基づいて具体的妥当性を追求する裁判の役割を放棄するもので，裁判の自殺を招く。十分な批判的検討が必要である。

　非監護親との面会交流の可否を決めるに当たっては，面会交流が子の生存と発達という基本的利益を侵害しないために，上記の3要件は必ず吟味されるべきである。

第4　裁判に持ち込まれる事案

1　面会交流原則的実施政策をとることの誤り

　非監護親と子どもの関係が離婚前から良好で，父母の葛藤や対立が少なく，離婚後の監護について，子どもを中心にして話し合える家族は，自分たちのやり方で協議して決着する。子どもは生きて日々成長し，その家庭生活も社会生活も，興味関心もどんどん変わるし，非監護親や監護親も離婚後の生活は，変化するのがふつうである。そういう関係者の間で，子どもと非監護親が，充実した交流をしたければ，互いの都合と興味関心を大事にしながら，柔軟に会った方がよいに決まっている。こういう交流をするときに法律の条文を当たる必要はない。裁判所が頻度や時間や場所を硬直的に決めるより，関係者が互いの信頼に基づいて子ども中心に柔軟に協力しあえれば，はるかに内容の豊かな面会交流を子どもに経験させることができる。そういう交流は，もちろん，子どもの適応によく作用するであろう。

　しかし，このような「あるべき家族」は裁判所の扉を叩かない。離婚後の面会交流をめぐり，家庭裁判所を利用するのは，協議することができない，紛争家族である。

　監護親と非監護親が面会交流に関して協議し合意できないのは，暴力が背景にある場合をはじめ，強い葛藤や争いがあり，互いを信頼できなくなっているからである。そこには，多分に子どもの基本的利益が絡む。暴力があればもとより，それがなくても，父母が別居離婚後もなお激しく争い，若しくは，子ども自身が拒否しても非監護親との面会交流をしないでは済まされずに揉めている，そういう紛争家族のもとで生きる子どもの困難は，尋常ではない。

　そのような事案で，面会交流を実施したら，これら子どもの困難は一層厳しさを増すであろう。しかるに例えば，東京高裁平成25年7月3日決定（判タ1393号233頁）は，別居前父（非監護親）から母（監護親）への身体的暴力と暴言虐待があり，母が父への恐怖と不安を訴えている事案で，「夫婦の不和に

よる別居に伴う子の喪失感やこれによる不安定な心理状況を回復させ，健全な成長を図るために，…（中略）…面会交流を実施していくのが相当である」と判断した。あるいは同裁判所同年6月25日決定（家月65巻7号183頁）は，母（監護親）が父（非監護親）のモラルハラスメントによりPTSD症状を伴う適応障害と診断され，かつ面会時連れ去りの懸念を主張する等，当事者の信頼関係が失われている事案において，「非監護親の子に対する面会交流は，基本的には，子の健全育成に有益なものということができるから，…（中略）…原則として認められるべきもの」とした原審判断を肯定した。いずれも別居前母親が精神的失調を来すほどのDVを父親から受けているのに，子どもがそれにさらされている事実，監護環境の安定が害される危険を無視して，面会実施を認めている。裁判事案を原則的実施で処理するという政策は，事案の具体的な事情，子どもの利益に関わる事実から目をそむけ，実施例外事由であるはずのDV虐待があっても面会を命じる裁判を生みだしている。原則実施政策のもとで，子どもを守れる歯止めはない。

　父母の葛藤や争いが続く弊害だけを取り上げても，非監護親との面会交流は，父母に面会の連絡や段取りをめぐる接触を強い，新たな葛藤や争いを生みだす。父母の争いのきっかけを減らそうと，上記東京高裁平成25年7月3日決定のように，調停や審判で，面会の日時，代替日，行き先など細目を決めれば面会交流は柔軟性を失う。その結果，子どもは決まったスケジュールに合わせて敵対的な父母の間を自分の気持ちによらずに行き来させられることになり，緊張し疲労する。そればかりか，裁判による決着は，面会交流が，監護親と対立する非監護親に，子どもを占有する時間を分け与えるものであるかのように錯覚させ，子どもの幸福を脇におき，子ども占有時間の獲得と延長を自己目的化した紛争を激化する弊害も引き起こす。他方で，面会を拒絶したのに裁判所で面会が決まった子どもは，監護親が，自分を守れなかったことに失望し，子どもの「嫌」という気持ちを知りながら，審判に従って面会に送りだそうとすることに不信感を募らせ，裁判所が「おとなの意見ばかり採用する」という失望から，大人社会へ不信感を拡大することになる。[23]

　面会交流をめぐって争いになり裁判所に係属する事案では，前記子どもの

福祉にかなうための要件——安全,監護関係の安定,子どもの強い拒絶がないこと——を満たさない場合が少なくない。協調的な家族が子どもの幸福にかなう面会交流を自律的に実施することは,何の制限も受けるべきでないけれども,面会交流により子の福祉を害するリスクが問題になっている事案が構造的に多く集まる裁判実務では,むしろ慎重に,面会実施により子どもの福祉が侵害されないかを事案ごとに具体的に検討するべきである。そこに具体的事案の妥当な解決を図る裁判所の役割がある。面会交流を実施すれば,子どもの基本的利益を侵害するリスクのあるものの方が多いのに,家庭裁判所の実務において,原則的実施の方針で臨むのは,政策として誤りなのである。

2 面会交流の強制と交流の質

実務では成立した調停や確定した審判に従った面会交流が行われないとき,債務者である監護親に向け,子どもを非監護親に面会させるよう間接強制を命ずる。最高裁判所[24]は「面会交流の日時又は頻度,各回の面会交流時間の長さ,子の引渡しの方法等が具体的に定められているなど監護親がすべき給付の特定に欠けるところがないと言える場合は…(中略)…間接強制決定をすることができる」として,7歳の長女の拒否を理由に面会交流をさせなかった監護親に対して,このような法的強制を認めている。

しかし,監護親を面会交流の法律上の債務者として,その履行を強制することは,監護親を介して子どもに面会交流を強いる結果になる。子どもは,非監護親に依存して日々を生き発達を遂げている存在であるから,監護親が法的に強制されれば,子どもがその結果を免れる術はない。

だが先述のとおり,面会交流とは,人と人の関係に基づく接触であり,それによって子どもがプラスの経験をすることを目指す関わりである。人間関係なら,関係が良好でなければ交流がスムーズに行かないのは当然であるし,人間関係は常に変化するから,かつて適当であった面会交流でも,実情に合わなくなることは当然に起こる。面会がうまくいかないときに,それを強制することで,人間の関係は改善するであろうか。そこでよい交流が生まれる

であろうか。面会交流を強制をすれば，子どもが福祉を得られるであろうか。本質的に人の交流は司法が取り持って続くものではないのに，その継続を司法が権力的に強制することには，重大な疑問がある。

　実際にも子どもの意向や都合抜きで決められ，厳格に実現させられる面会交流は，社会と裁判所の通念に反して，子どもの福祉を侵害する。例えば，広く知られた研究では，米国のウォーラーシュタインによる，父母が離婚した子どもの長期研究がある。この最終報告書[25]でウォーラーシュタインは，裁判所命令に従って非監護親との面会交流を強いられた子どもたちが，面会交流をさせられる自分について「自由を奪われた下級市民のよう」「飛行機に乗せられたごみくずみたいな気分」（飛行機に乗って面会に行かされた経験の子どもの感想）など，そろって否定的な感想を抱いたと述べたこと，「大人になってから一人残らず，親のことを嫌っていた。大半は，訪ねることを義務づけられていた親の方に腹を立てていた。彼らは皆大きくなると，無理やり訪ねさせられていた親を拒絶した」という衝撃的な事実を報告している。そして，父母が当事者となる裁判所の手続で，子どもの意向や都合を無視した面会が取り決められ，それを子どもに強いることが子どもの福祉を甚だしく侵害し，非監護親と子どもの関係を台無しにしてしまうことを強く警告している。[26]

　面会交流原則的実施政策を支持する論文は，しばしばウォーラーシュタインの研究を引いて，面会交流が子どもの福祉にかなうと論じながら，同人のこの強い警告を全く紹介していない。しかし，裁判所が関わる面会交流を論じるのであれば，面会裁判によって，子どもたちが経験したこと，彼らの評価，非監護親との親子関係が台無しになったという現実は，直視し真剣に受け止めるべきではないだろうか。

第5　原則的実施政策が子ども・監護親・非監護親の関係にもたらす結果

　家庭裁判所の原則的面会実施政策は，非監護親が求めた面会交流事案に適用される方針である。面会の他方当事者である子どもは意思能力が認められない限り，自ら非監護親に面会交流を求めることはできない（家事事件手続法252条1項2号）し，監護親が子どものために非監護親を相手方として面会交流を求める申立てをしても，非監護親が応じないときに，非監護親に審判で面会が命じられることはない。これは，非監護親に面会の熱意がないなら，面会しても子どもが失望するだけで，実のある交流は図れない，というふうに説明される。しかし，非監護親が面会を求めたときは，子どもに熱意がなくても，子どもの福祉のために面会交流を実施しなければならないと監護親を強力に説得するのであるから，裁判所が想定する面会交流は，非監護親の熱意があれば足り，子の熱意は不要だということになる。このように，裁判所の原則的実施政策は，非監護親が面会を求めれば進め，求めなければその実施を進めないという，非監護親の意思に乗りかかった偏頗な政策である。それは，非監護親にのみ面会交流を行なうか否かの選択権を与え，子ども・監護親からその選択権を拒否権とともに取り上げるものである。

　裁判所の原則的実施論がそのような政策であるために，裁判結果は監護親だけを拘束する内容になっている。すなわち，面会事件の調停や審判の条項は，多くの例で，監護親の非監護親に対する債務として，「【監護親】は，【非監護親】に対し，【非監護親】が【子ども】と別紙面会交流実施要領記載のとおり面会交流することを認める。【監護親】は上記義務を履行せよ」などと定められており，監護親だけが，実施要領に記入された面会交流の実現について給付の義務を負い，面会を求めたはずの非監護親は面会の実現につき何らの法的責任を負わない。

　その結果，面会交流が条項通り実現しない場合，非監護親が望めば，監護親に履行を間接強制し，監護親を介して子どもに面会を強いることができるのに対し，非監護親が面会をすっぽかしても，子どもや監護親には非監護親

にその順守を強制する術がない。監護親と子どもの側にも，非監護親の側にも，親の再婚や転居等面会交流を変更ないし中止する事情は発生し得るのに，現行の偏頗な原則的実施政策のもとでは，非監護親だけがその都合や要求に合わせて面会交流を求めて強制することも，説明なく中止して放置することもでき，かつその結果に何らの責任も負わないことが，是認されている。

このような偏頗な法的関係を調停や審判で確定させ，法制度を通じて強制することは，面会交流を通じて，非監護親の立場を強め，子ども・監護親の立場を脆弱にする結果をもたらす。子どもの利益最優先どころか，非監護親の地位の強化と非監護親の利益最優先を結果するのである。

第6　先進国の経験

先進国といわれる国々は，離婚後も非監護親が子どもに関わることで子どもが幸せになるという「あるべき家族像」を想定して，非監護親の子どもとの接触や関わり——面会交流，共同監護責任の強化，選択的共同養育の導入など——を法政策として強化してきた。非監護親の関わりを強化することで，養育費の支払いが進み，子どもの貧困が防止できるという期待もあったと思われる。

しかし，現実の家族は多様であり，離婚後の子どもの監護に，法律の規定を参照し，問題の決着に裁判手続を利用しなければならない家族は，「あるべき家族像」とはかけ離れ，むしろ非監護親の関わりには慎重な検討を要する。それなのに一律に非監護親の関わりを強化する法政策を推進したことで，皮肉にも紛争家族におけるほど，監護裁判を通じて，非監護親の関わりが強化され，安全の懸念のある接触や父母の葛藤への巻き込みなど，紛争家族で育つ子どもの困難を増し福祉を害する結果を生じてしまった[27]。

また，離婚後の子どもの監護に関して非監護親の関わりを強化する法政策は，非監護親に，子どもに関する何らかの固有の権利があるかのような錯覚を許してしまい，裁判紛争を一層激化させた[28]。

同時に，非監護親の関わりを強化する法政策は，非監護親が，それを離婚給付引下げの交渉カードとして利用し，子どもへの濫用的な関わりを恐れる監護親から譲歩を引き出すことを可能にする結果，子どもの暮らす家庭の経済的水準を低下させる傾向がある[29]。しかも，このような法政策により養育費の支払いの改善効果は認められず，むしろ減少したという報告もある[30]。

そこで，離婚後の共同養育を推奨する法改正の提案について，「子どもに何らかのダメージが生じ得るという，受け入れがたいリスクを負わない限り，法が（共同養育の）推定をすることはできません」として，非監護親の関わりを強化する推定規定を設けることに反対する結論を出したところもある[31]。

先進国が「あるべき家族像」を想定して，非監護親が子どもに関わることが子どもの利益になると信じて進めてきた政策が，その理念とは裏腹に，紛争家族で育つ子どもの困難を一層積み増してしまった経験は，日本が同じ轍を踏まないためにしっかり学ぶ必要がある。

家族法は一般論では全ての人に適用されるけれど，現実に，問題の解決に法律の規定を頼るのは，協議で解釈できない紛争を抱えた人々である。法政策を議論するときには，常にこの現実に立ち返るべきである。

第7　おわりに

戦後の家族法改正作業を家族法学者として担当した中川善之助は，「親権は権力的・支配的のものとして発生し，発達してきたものであり，それが社会的・保護的なものとして理解されるまでには千年も二千年もの過程が必要であった」と述べている。そして，「今や親子法の基調は『子のため』以外にはありえない」と戦後の新しい家族法の目標を掲げながら，人々が，権力的・支配的・父権的なものとして親子法を解釈してしまう危険に留意し，自戒すべきことを以下のように述べている。

「しかしそれにも拘らず，『子のため』にすっかり塗り替えられた新立法の中にも，思わぬ片隅に昔の塗りがのぞいていることがないとはいえない。殊

に法律の解釈適用ということになると，解釈者の主観が基礎になるため，時として古い権力的・支配的・父権的なものの忍びこむ可能性が多くなる。これが親子法を科学的に研究する者の最も留意しなければならぬ点である。」[32]

　これは親権の理解，面会交流を含む監護問題を議論する際に，「子どもの利益」の名のもとで，親の欲求を子どもの利益に優先してしまう過ちを犯さないために，全ての大人が自戒すべきことである。面会交流に関しても，今一度，子どもの視点に立ち返って「子どもの利益」を考察し論じなおすべきではないだろうか。

1）中川善之助『註釋親族法（下）』（有斐閣，1952）21頁。
2）松本哲泓「子の引渡し・監護者指定に関する最近の裁判例の傾向について」家月63巻9号1頁。
3）最高裁判所判例解説 民事編 平成12年度（下）21事件（最高裁平成12年5月1日決定）511頁以下。
4）W.Marsiglio et al, "Scholarship on Fatherhood in the 1990s and Beyond"（*Journal of Marriage and the Family*, 62, (2000), pp1173-1191）は，1990年以降公刊された38の研究をもとに，子どもの福祉と別居父とのつながりを調査して，一般的にこれらの調査から，別居父の面会が子どもに利益をもたらすと信ずべき所見を見いだせなかったことを報告している。また，Amato et al, "Parental divorce and the well-being of children: A meta-analysis"（*Psychological Bulletin*, 110, (1991) pp26-46）は，メタ分析の結果，父親不在の影響は家族の葛藤により変わるという意見を支持し，父の不在それ自体は子どもの福祉に影響しない，家族間の葛藤に関する見方は，データで強く確証されること，高葛藤の双親家族にいる子どもが離婚家庭の子どもと同様の福祉に関わる問題を抱えることを報告している。
5）細矢郁＝進藤千絵＝野田裕子＝宮崎裕子「面会交流が争点となる調停事件の実情及び審理の在り方―民法766条の改正を踏まえて―」家月64巻7号53頁。
6）東京高裁平成25年7月3日決定，東京高裁平成25年6月25日決定，東京高裁平成24年1月12日決定，大阪高裁平成21年1月16日決定など。
7）H.R.シャファー，無藤隆＝佐藤恵理子訳『子どもの養育に心理学がいえること――発達と家族環境』（新曜社，2001）148頁。
8）J.H.Block, J.Block and P.E.Gjerde, "The personality of children prior to divorce: a

prospective study", *Child Development*, 57（1986), pp827-40.
9）H.R.シャファー・前掲注7）154頁。
10）E.M.Cummings, C.Zahn-Waxler and M.Radke-Yarraw, "Young children's responses to expressions of anger and affection by others in the family",*Child Development*, 52（1981), pp1274-82.
11）J.M.Jenkins and M.A.Smith, "Marital disharmony and children's behaviour problems: aspects of a poor marriage that affect children adversely", *Journal of Child Psychology and Psychiatry*, 32（1991), pp.793-810.
12）P.Jaffe, D.Wolfe, S.Wilson and L.zak, "Similarities in behavioral and social maladjustment among child victims and witnesses to family violence", *American Journal of Orthopsychiatry*, 56（1986), pp.142-6.
13）渡辺久子「赤ちゃんとの心の響きあい―Cowlyn Trevarthenの理論と研究―」（小児看護, 31巻6号）は, 乳幼児期にも間主観性（相手と自分の複数の主観の共同作業により世界を認識する現象）があることを紹介し,「赤ちゃんは, 母親や父親など自分を養育してくれる人の気持ちや意図を察知する能力を生まれながらに持つ」という。
14）「男女間における暴力に関する調査（平成23年度調査）」〈http://www.gender.go.jp/e-vaw/chousa/h24_boryoku_cyousa.html〉参照。
15）ルース・S・ケンプ「虐待された子どもの心理的ケア―発達的アプローチ」メアリー・エドナ・ヘルファほか編『虐待された子ども ザ・バタード・チャイルド』（明石書店, 2003）1025頁。
16）子の心身の安全を考慮して面会を認めなかった裁判例として, 東京高裁平成19年8月22日決定, 横浜家裁相模原支部平成18年3月9日審判, 東京家裁平成14年10月31日審判, 東京家裁平成13年6月5日審判などがある。
17）田中究「DVによって傷つく子どものこころ」（兵庫県こころのケアセンター平成25年事業報告書）55頁。
18）友田明美『いやされない傷―児童虐待と傷ついていく脳』（診断と治療社, 新版, 2012）61頁は, ストレスホルモンであるコルチゾルが慢性的に多量に分泌されると脳内に入り, 神経系の細胞に直接作用して損傷を与えることを引いて, 小児期に虐待を受けた成人の海馬が形態的な変化をきたすことを説明している。また, 153頁は,「虐待によるトラウマ（心的外傷）がストレスホルモンや神経伝達物質の変化を促し, とくに大脳辺縁系や前頭葉など, 脆弱で出生後も発達を続ける脳の領域に変化を起こすのではないか」との仮説を紹介している。
19）連れ去りの懸念があり面会が認められなかった裁判例として, 東京高裁平成19年8月22日決定, 横浜家裁相模原支部平成18年3月9日審判, 東京家裁平成13年6月5日審判などがある。

20) McIntosh J. et. al (2010) Post-separation parenting arrangements and developmental outcomes for infants and children. Attorney-General's Department: Canberraは，オーストラリア政府司法省の委託による大規模ランダム調査の結果として次のように指摘している。「社会的経済的背景，子育てや親の間の協力に関わらず，4歳以下の子どもを宿泊つきで養育分担することは，いくつもの情緒面と行動面の統制にかかる発達に独自の有害な影響がある。」
21) 監護親への攻撃を考慮して面会を認めなかった裁判例として，東京家裁平成14年5月21日審判，横浜家裁平成14年1月16日審判などがある。
22) 監護方針への介入等による監護教育への支障等を考慮して面会を認めなかった裁判例として，福岡高裁那覇支部平成15年11月28日決定，那覇家裁平成15年9月29日審判，長野家裁上田支部平成11年11月11日審判などがある。
23) 日本DV防止・情報センター「別居親と子どもの面会交流に関する調査報告書―面会交流が子どもに及ぼす影響―」(2012) 43頁以下。聴取時11歳の子どもは，「1回も私の気持ちを，裁判所もなんか全然聞き入れてくれなくって……それはやっぱりおかしいんじゃないかって，私自身も思うし，……大人の意見ばっかり採用してしてる感じだから，ちゃんと子どものことも考えて（欲しい）」，「（面会交流に関して）お母さんから明日とかあさってとか，今秋の土曜日とか，会うからねとか言われたらもう，それまで平和だったのに，急に最悪みたいな……急にテンション下がるみたいな感じ」と語っている。
24) 最高裁判所平成25年3月28日決定（民集67巻3号864頁）。
25) ジュディス・ウォラースタイン＝ジュリア・ルイス＝サンドラ・ブレイクスリー著，早野依子訳『それでも僕らは生きていく―離婚・親の愛を失った25年間の軌跡』（PHP研究所，2001［原著は2000年］）270頁。
26) 日本DV防止・情報センター・前掲注23）に挙げた11歳の子どもも，強く拒絶するにもかかわらず，裁判所が命じた面会交流を強制されることへの苦痛と苛立ちを訴えている。
27) 犬伏由子監修，駒村絢子訳「オーストラリア2006年家族法制改革評価報告書（要約版）（オーストラリア家族問題研究所，2009年12月）」法学研究84巻3号。
28) 小川富之コメント「離婚後の親子の交流と親権・監護・親責任」／日本弁護士連合会2013年4月6日シンポジウム「子の安心・安全から面会交流を考える―DV・虐待を中心に―」報告書〈http://www.nichibenren.or.jp/library/ja/committee/list/data/130406_sympo_report.pdf〉52頁。
29) Bell, A et al, "An Investigation of CSA Maintenance direct Payments : Qualitative Study", Research Report no327, National Centre for Social Research on behalf of the Department for Work and Pensions は，監護親たちが子どもの養育費で譲歩するこ

とによって非監護親との対立を回避しようとすることが多いことを紹介している。
30) Margaret F.Brinig, "Does Parental Autonomy Require Equal Custody at Divorce？", *The University of Iowa College of Law, University of Iowa Legal Studies Research Paper*（2005）。
31) Family Justice Review Final Report（2011 UK.gov）／日本弁護士連合会・前掲注28）〈http://www.nichibenren.or.jp/library/ja/committee/list/data/130406_sympo_report.pdf〉61頁参照。
32) 中川・前掲注1）。

子どもの本音・声を歪めない面会交流とは?
―乳幼児精神保健学からの警鐘―

渡辺 久子

第1 離婚にいたる子どもの否定的体験

1 両親の葛藤にさらされて育つこと

　子どもは，生まれた直後から主体的に周囲の世界と関わり，刻々と成長発達する。子どもは誕生直後より，全身で「間主観性」という早熟な対人関係のアンテナを張りめぐらしている。「間主観性」とは相手の主観的世界の情動を見抜く能力である。子どもは，一緒にいる相手（人，物，場）を識別し，安心して心を開いたり，警戒して閉ざしたりする。胎内で羊水に包まれ心地よく過ごした身体感覚記憶が，人の最早期の記憶である。誕生直後から刻々と要求に応じてもらいながら生きることへの基本的な信頼が育まれていく。子どもにとって，両親の争いは危機的な不安緊張を引き起こす。親の葛藤にさらされ続けた柔らかく幼い脳は，関係性障害のストレスにより歪み，生きづらい機能をもつ人格に発達し，人生にわたるその影響は計り知れない。

2 「累積トラウマ」と「発達的トラウマ障害」

　離婚にいたる家族葛藤の渦中で生きる子どもは，日々ストレスにさらされ

る。乳幼児期から虐待，ドメスティックバイオレンス（DV），父母の深刻な喧嘩，いじめ，親の精神障害などを経験したり，入院手術や事故などで怖い体験が加わると，普通の適応力を生まれもつ明るい子どもでも，「累積トラウマ（cumulative trauma）」を抱えるようになる。幼児期からの「累積トラウマ」が，やがて児童思春期以降の精神障害の発症につながると考えられてきた。

近年この「累積トラウマ」に関する神経生物学的データが集積し，人生の早い時期からトラウマにさらされ続けると，乳児の脳がうまく発達しないことが分かってきた。トラウマ状態では，脳内でストレスホルモンが過剰に分泌され続ける。すると中枢神経系統のメチル化などが阻害され，分子レベルで脳の障害が生じる。脳の形成不全と機能不全は，周りとの適応が困難であったり，日常生活をごく普通に過ごすことが苦手であるために生きづらさをもつ人格を生み出す。

ヴァン・デア・コーク（B. van der Kolk）らを中心に，この状態は「発達的トラウマ障害（developmental trauma disorder）」と名付けられ，現在では世界的な規模で研究が進んでいる。「発達的トラウマ障害」は，後天的に養育環境における関係障害がもたらす反応性愛着障害である。かっとなったり，傷つきやすかったり，被害的不安にとらわれ，ひきこもったり荒れたりし，疎外感や自己嫌悪感により周囲との関係の悪循環を作り出してしまう。

「発達的トラウマ障害」は「広汎性発達障害」によく似た社会対人機能不全や衝動調節の悪さや，ちぐはぐな感情行動を示す。そのため，日本ではしばしば「発達障害」とも混同されている。[1]

(1) **離婚過程で累積するトラウマ**

父母の離婚紛争にまきこまれながら生きる子どもは，離婚が表面化した時点で，既に深く傷ついている。離婚はある日突然起こるのではない。段階的に父母関係にひびが入り，亀裂が深まり膠着し，家族関係は崩壊に向かって悪循環に陥っていく。子どもは有害なストレスにさらされ，日々疲弊していく。父母関係を覆う空気の毒素をカナリアのように察知し怯え，目は輝きを失い無表情になっていく。子どもらしく友だちと笑い転げて遊んだりできな

くなる。

　離婚裁判は，父母間での離婚の話合いや調停が決裂した結果をうけての裁判である。離婚裁判に至っている段階で，父母の葛藤は泥沼化している。父母の争いの身近にいる子どもには，かつて笑顔で慈しんでくれた両親の面影はもはや残されていない。別人のように冷え切った両親の関係に深く傷つき，対象喪失感や無力感にうちのめされていく。

(2)　**父母の諍いにさらされる経験は子どもの脳に消えない傷を残す**

　父母の諍いは，子どもの柔らかい脳に有害なストレスを与え，消えない脳の傷を残す。傷はストレスの強さ，長さ，子どもの感受性の繊細さや鋭さ等により千差万別であるが，どの子どももトラウマを抱えながら，歪んだ心身の発達を遂げることになる。見方によっては，別居・離婚は父母の諍いから子どもを解放する機会でもありうる。父母の強い葛藤にさらされ続ける状況が一時的にも消失することは，子どもにしてみれば朗報と言っても過言でない。それでも，別居・離婚後，子どもの転居や転校，別居親との面会交流，同居親の就労による不在や貧困など，ひとり親世帯にありがちな生活の苦労が待ち受けている。日本では，別居・離婚後に子どもを養育するひとり親世帯のためのセーフティーネットはいまだに手薄である。[2] そのため父母の紛争によるトラウマに更に二次障害が加わり，子どもは新たなトラウマを受けて傷ついてしまいやすい。こうした状況がいかに子どもの発達・成長にとって有害であるか，大人たちは十分に理解しなければならない。

(3)　**脳画像研究が示す「脳の癒えない傷」：**

　今日，タイチャー（M. H. Teicher）や友田明美ら脳神経研究者たちが，脳画像分析の研究を国際的なプロジェクトとしてに進めている。脳画像分析は，大人になってから精神的症状を示す人で，生育史において，幼児期から養育者による脅しや罵詈雑言を浴びたり性虐待を受けた人の脳は，明らかな形態異常を示すことを提示している。子ども自身が直接の暴行・暴言を受けていなくても，父親が母親を虐待する場面を目撃するかその物音・声を聞くだけでも，その子の脳には委縮や変形が起きる。家族の病的な関係性は，子どもに生涯にわたり消えない脳の歪みを残す。これは父母の諍い，特にDVが身

体的虐待以上に深刻な「癒えない傷」を子どもの心と脳に与えることを社会に警告している。

早熟な対人関係能力を生まれ持つ乳幼児は，関係性の世界に刻々とアンテナを張る。脳画像研究は，別居によって父母の諍いからやっと解放された子どもについて，親との面会交流自体が，子どもにとって更に有害な父母葛藤に引きずりこむことを警告している。つまり，離婚裁判になる事案などで，父母の感情のもつれが鎮静するのを待たずに面会交流を急げば，子どもは安心を取り戻すことが困難になる。大人の希望と都合から，有無を言わさず子どもに父母の間を行き来させることは避けるべきである。

(4) 父母の諍いを生きのびる「偽りの自己」

乳児は出生直後から刻々と，周囲との関係性の中で自己感を形成し，生後7か月頃にはプライドをもつことが知られている。自己存在のよりどころであるはずの両親に対して，諍いが繰り返されている状況であっても，何をさておきアンテナを張りめぐらしてしまう。そして子どもなりに必死に親をなだめ，機嫌をとるうちに，過剰に負の感情を抑圧してしまう。子どもらしく，ありのままの喜怒哀楽を発散しながら，健やかな自己感を発達することができなくなる。

このようにして，ウィニコット（D. W. Winnicott）が「偽りの自己（false self）」と呼んだ，大人にとって都合のよい子が作られていく。しかし，過剰に押し込められた負の感情は消失したわけではなく，何年も後にその子が思春期・成人期に至ってから心の問題を引き起こすリスクが高い。

怒号が飛び交う，重い沈黙が続く，これから一体何が起こるか予測のつかない生活では，子どもは穏やかな基本的信頼や自己肯定感を育みにくい。さらに日本では，親の離婚を機に，大多数の子どもが貧困に直面する。住み慣れた家や友人たちと別れ，衣食住の窮乏に耐えねばならない。子どもの意欲は潰され，適応不全，学力低下，進学の問題を含め将来への不安などが雪だるま式に膨らむ。次節で述べるように，離婚後の同居親と子どもの生活が経済面・精神面において安定しなければ，同居親への気遣いと，唯一信頼し本音をぶつけられるからこその親子喧嘩も，悪循環となって子どもを追い詰め

てしまう。

　裁判所が父母に子どもの前で争わないことを諭したところで、父母の争いが本当に解決するものではない。子どもは押し隠された父母の対立を敏感に感じ取り、苦しむのだ。父母の争いを表面的に禁じるだけでは子どもを争いに巻き込まれる苦しみから解放することにはならない[3]。

　裁判所が、父母間のDV虐待に根ざす争いに、正義を貫いた評価と法的決着を示さずに、子どもは、苛まれてきた体験に整理をつけ、回復に向かったり時間を経て、加害親との関係を再構築することができない[4]。

第2　子どもが面会交流を拒否するとき

1　別居・離婚後の面会交流の強要は子どもに有害

　子どもが面会交流を拒否するとき、その第一の理由は、父母の高葛藤が鎮静していない状況そのものがその子にとって地獄のような拷問に等しく、意味ある面会交流などありえないからである。離婚裁判は、父母が協議や調停などでは解決できなかった大きな困難・高葛藤を抱えて行き着くところである。家庭裁判所は、子どもの拒否にもかかわらず面会交流を強要して子どもの不安を一層増幅させてはならない。子どもの拒否を無視した強制的な面会交流は、子どもにとって理不尽であり行き場のない憤りを植え付け、大人への信頼を失ってしまうという点で非常に有害である。

　事例A：

　ある幼児は、「パパは嫌いだ。僕は会いたくない。だって僕の大好きなメロンを『お前は食べられない』と取り上げて食べた」と訴えた。「そんなことぐらいでパパとの面会交流がいやなの」と笑った家庭裁判所調査官に対して、子どもは怒りを抱いた。後に、その父親が息子に近親憎に近い病的嫉妬をもつことが判明した。その子は鋭い感性で、他人には気づきにくい父親の病的情動を見抜いて拒否していたのである。

2 面会交流の拒否には子どもの身体感覚記憶に基づく根拠がある

(1) 身体感覚記憶と生気情動

　子どもが面会交流を拒否するのには必ず根拠がある。別居親との嫌な記憶が体に焼き付いているからである。乳幼児であっても相手の意図を見抜く間主観性をもち，かつ刺激の本質を見抜く生気情動をもつ。今身体感覚的に実感しているものと過去の記憶とを照らし合わせることができるのである。

(2) 無様式感覚と乳首実験

　乳児でさえ，無様式感覚により，自らの生存を左右する大きな体験を身体で記憶している。メルツォフ（A. N. Melzoff）は新生児の「乳首実験」によって，新生児期から子どもが無様式感覚により対象をとらえ記憶することを明らかにした。

　メルツォフの実験の概要は次のとおりである。まず目隠しをされた乳児たちが，形状の異なる乳首を吸う。目隠しを外された後，乳児たちは目の前に形状の異なる乳首が並べられているのを見る。いぼいぼの乳首を吸った子は，間違いなくいぼいぼの乳首を目でしっかりと選び注目する。どの子も乳首の形状は，吸った舌触りからしか分からない。ところが舌の感触でとらえた乳首の感触は，自動的に視覚的感触に翻訳されている。

　この実験は，誕生直後から新生児が無様式感覚という，様式を超越した感覚をもち視聴覚・触覚・痛覚などの末端受容器を超越して，体験刺激を記憶することを示している。

(3) 全体のコンテクストの識別とコミュニケーション的音楽性

　乳幼児は対人世界のコンテクスト，つまり文脈も見抜いている。スターン（D. N. Stern），ビービ（B. Beebe），トレヴァーセン（C. Trevarthan）らは，乳児が0.1秒単位で相手のしぐさを継時的に識別し反応することを証明した。トロニック（E. Tronick），マレー（L. Murray）の「能面実験」やマレーの「ビデオスクリーン画面差し替え実験」では，乳児は自分の働きかけと一致せずに，ずれた不自然な母親の反応を即座に察知し，緊張と驚きを示す。乳児が対人相互作用の自然で調和的な脈絡に混入してくる不自然な要素を瞬時に識別す

ることを実証した。

これは乳児を含め子どもたちが，大人のすりかえ，うわのそら，手ぬき，ずる，嘘，悪意などを鋭敏に見抜くことにつながる。そのメカニズムの基礎をさらに裏付けるのが，トレヴァーセンとマロック（S. Malloch）の「コミュニケーション的音楽性理論」である。乳児に接するとき，大人が優しそうな外面で嘘や悪意をカモフラージュしようとしても，声，視線，仕草，表情に，異様な抑揚やリズムが生じることを乳児は見逃さない。

(4) 乳幼児のプライドと主体性

乳児は生後半年間の1次間主観性の発達段階を経て，2次間主観性の時期に進む。この時期，およそ生後7か月までには，どの子も既に自尊心，つまりプライドをもち，相手が自分を尊重するかどうかに敏感である。親の評価や意図も見抜き，自分をけなす意図を見抜くと明確に拒否を示す。そのことは身体感覚的に記憶され，次の警戒材料となる。子どもが面会交流を拒否するとき，それはほとんどの場合，その子の全身で体験した記憶が，その相手を信頼するに足るものではないことを示している。どんなに幼い子どもの訴えや意見でも，大人はまず本気で耳を傾けるべきである。子どもが別居親との面会を拒否するのであれば，まず子どもの言い分をよく聞かなければならない。その上で，なぜ子どもが別居親との面会交流を拒否するのか，その理由，内容，意味や程度を大人たちが多面的に理解し，深く精査することが重要である。

(5) 子どもの拒否は，母親に吹き込まれたものではない

子どもの意思表明が自分に不都合であるとき，しばしば別居親は同居親が子どもを洗脳しているせいだと非難する。しかし，本書の第4章で詳述されているように，このような主張には科学的な根拠は全くない。また，2014年9月に名古屋で開催された第20回ISPCAN国際子ども虐待防止学会世界会議においてケンプ賞を受賞した児童精神科医オーツ（K. Oates）[5]は，記念講演で次のように述べた。「子どもの面会交流拒否は同居親（母親）に吹き込まれたものではない。自分の意思で拒否する。大人が子どもを唆すことは簡単でない。また，子ども時代の被虐待体験とはすぐに消える『砂の上の足跡』で

はなく，永続的な影響がある『セメントの足跡』なのだ」，と。

3 子どもの気持ちを理解しようとしない大人は親と言えるのだろうか？

「親とは，自分の要求を後回しにして子どもの要求に応じることのできる大人である」。これは，コルドリー（W. Coldry）の述べた親の定義である。親は自分が子どもに会いたい気持ちを押し通すのではなく，子どもが拒んでいるのならその気持ちを汲まなければならない。子どもは誰かを信頼できるようになると，心にためておいた辛いことを打ち明け始める。心の中の消えることない記憶をつぶさに語る。その一部を別居親に伝え，別居親が子どもの気持ちに気づいて反省し，それまでの態度を改め，自分の言動で子どもを傷付けたことを内省できれば，子どもはその親を許し和解にいたることもある。ただし，急いではならない。子どもには十分な時間が必要である。子どもが自ら親に会いたいと言い出すときを根気よく待ちながら，親は大人として内省を深めなければならない。

第3　家庭裁判所におけるドメスティックバイオレンス（DV）への対応

1 DVから子どもを守る家庭裁判所の責任

(1) トラウマ治療と裁判

DVから逃れた子どものトラウマ治療には，家庭裁判所の的確な判断と対応が必要である。母親に残酷な父親[6]には幼児でも敵がい心を抱く。裁判官が父親の残酷な仕打ちを阻止してくれれば，世界は正義が支配すると安心する。ところが裁判所が父親に味方し，母親を苦しめると，子どもの心は捻じれ，憎しみに燃えあがり，DVのトラウマを治療しようにもそれは焼石に水になって進まない。

(2) 離婚裁判では常にDVを疑うこと

離婚裁判の背景には頻繁にDVが存在することがもっと認識されるべきで

はないだろうか。DVなどごくまれな例外に過ぎないとみなし，実態から目をそらしてはいないだろうか。DVは母への支配・暴力にとどまらず，子どもへの虐待や性虐待を合併する。DVのある家庭生活は密室で隠ぺいされ，そこでの加害は完全犯罪に近く外からは見えず，密室の中にいる母親さえも子どもの被害の実態を知らないことが多い。母子が外部から孤立させられ無力化されてDVの犠牲者であり続ける限り，父は良い外面を貫き，世間には，なんて優しいご主人で，幸せな奥さんね，と映る。

しかし，母親が，このままでは落命し子どもまで道連れになるという危機感を抱き，意を決して別居し離婚を求めるとき，DV加害者である父親は容赦なく制裁を加え始める。裁判所での一連の手続きは，しばしば逃げた母親への制裁の舞台になる。父親の中には裁判所に自分が先に離婚の裁判を申立て，相手を悪妻に仕立てあげて慰謝料を巻き上げる者もいる。母親はお金で解決できてよかったと割り切っても，一部始終を知る子どもは，異常で下品な父親の子どもであることに苦しむ。旅行先で笑顔でほほ笑む家族写真を裁判所に提出して，DV被害を受けたという母の訴えを否定し，離婚を阻止して永遠に母子をいたぶり続けようとする加害者もいる。

親権や面会交流の要求，子どもの誘拐は，このようなDV加害者である父親が相手を打ちのめそうとして繰り出す切り札でもある。子どもとの関係が悪かろうが，子どもの気持ちがどうであろうが，こうした父親は，母親を打ち負かし，更にいたぶるために，子どもを影響下におこうとするのである。

(3) **DV加害者の父親による子どもへの脅しと口封じ**

DVの恐怖のもとでは，大人に限らず，子どもも真意に反する言動を強制される。母親のところへ行きたいという子どもに，「言うことを聞かなければ，母を殺すぞ」と脅して，その口を封じることもある。子どもにも意思があり，それに基づく拒否であれば，尊重すべきことは既述のとおりであるが，表明された内容が子どもの真意に基づくものであるか否かは，特にDV事案の場合，慎重に見極めなければならない。そのためには，DV加害者である父親の影響下で，家庭裁判所の調査官が子どもと数時間面談するなどということでは全く用をなさない。そのような「調査」は強制された表明の上塗り

にすぎず，裁判所はDV加害の加担者になり，子どもは救われない。

事例B：

夫（娘の父親）の不倫を発見し，思春期の娘を連れて家を出て別居した母親は，つつましいが娘と良い関係で日々を過ごしていた。そこへ父親による母娘へのストーキングが起き，父親が娘を誘拐しようとして未遂に終わる事件も起きた。そしてある日，娘は下校中の校門の前で，父のさしがねの車に押し込められ連れ去られた。数日後，娘の筆跡で，母親を罵倒し「二度とひどいママには会いたくない」と書かれた手紙が届いた。それを家庭裁判所は娘の真意とみなし，ストーキングと誘拐という暴力に及んだ父親に親権を与え，離婚を成立させた。

子どもの意思表明を的確に評価するためには，子どもを安全安心な環境のもとにおいて，中立性が確保された，子どものからだと脳と心の発達を理解する専門家が，子どもの信頼を得てその真意の聴取に当たらなければならない。例えば，聴取の場所は，どちらかの親の家でなく，子どもを不安にさせる裁判所でもなく，子どもの心とからだの健康を守る小児科の病棟などを選ぶべきである。聴取者は，父母のいずれからも独立した子どもの発達の専門家チームが，その任に当たるべきである。このような専門家たちが，子どもに寄り添って，そのからだと脳と心の状態を評価しながら，子どもの声を聴き，その表明を事案のコンテクスト（文脈）に沿って分析し，子どもの擁護者の立場で裁判所に対してエビデンス（根拠）を挙げて意見を述べる，そういう仕組みが，子どもを守るために必要である。

家庭裁判所はDVへの感知力を高め，子どもの意見を積極的に聴く姿勢を持ち，子どもへの被害を防ぐべきである。DVに潜む母子の精神保健への悪影響は計り知れない。DVは外面が抜群によい人物の，身内への密室の支配抑圧であるが，見えにくい実態をどう見抜くかが，司法関係者の専門職としての技量であろう。今日では，欧米の代表的な医学雑誌が，家庭のかかりつけ医たちにDVを見逃すなと警告する記事を記載している。

第4　子ども中心の面会交流のために

1　まず害をすることなかれ

(1)　まず害をすることなかれ　primum non nocere

　ヒポクラテスの時代から受け継がれるこの「医の原則」は，広く乳幼児や児童，病者や障がい者ケアの原則でもある。争いの解決していない父母の間を行き来することは，子どもにとってストレスやトラウマにつながる。そうした時期に面会交流を強要することは，著しく子どもの福祉に反することである。

(2)　まず二次被害を避けること

　子どもが家庭裁判所の調査官を信頼しなくなる体験は，権威・責任ある大人たちへの全面的な不信へとつながり，その子の心の治療にも悪影響が及ぶ。子どもは大人の関係性を鋭く感知し警戒する。葛藤を生き抜く子ほど，容赦ない冷ややかな目で，大人に疑惑を向けてくる。治療者も信用できない大人の共謀者だと疑われている間は，子どもの心の治療は進まない。

(3)　まず子どもの言い分を聴くこと

　子どもは言い分をもつ。特に責任ある立場の大人は，子どもの言い分を無視したり子どもに嘘をついて傷つけないことを出発点とすべきである。

事例C：

　1歳半の時に父母が離婚し，父親が親権をとり，父宅で養育されていた男児は，5歳のある日，母親との面会の後，母親宅に逃げこんだ。父親からの連絡に怯え，毎晩夜驚症で荒れるので，小児科に受診した。男児は「おじちゃん（調査官）は，僕がママと暮らしたいと言うと『ママと暮らすのもいいねえ。それならまずパパのところに帰ろう』と言って，僕をだまそうとした」と怒りを医師にぶつけた。家庭裁判所と医師が話し合い，夜驚症の改善を優先し，母親との同居が許可された。男児は遊戯治療で人形を殺しまくり怒りを発散した。やがて父親に直接会うと言い出し，診察室での面会が実施された。

面会の当日，男児は父親を警戒し，母親，診察医，遊戯治療担当の心理士の同席とビデオ記録を要求してきた。父親に会った男児は，「ママと暮らしたい！」とはっきり主張した。「わかった」と父親が答えると，その子は安堵した。「そんなに父さんが嫌か？」と父親が問いかけると，男児は「大嫌いだ！」と叫び，祖父母のいる隣室にかけこんで泣いた。この場面に居合わせた大人たちは子どもの明確な意思を痛感し，父親も子どもの希望を受け入れた。そのことにより，子どものトラウマ治療は進み，子どもも成長した。

家庭裁判所の調査官の配慮により救われたケースもある。

事例D：

離婚した父親が，2歳未満の息子と面会交流をしたとき，母親に無断で息子を自宅に拉致し監禁した。父親は家庭裁判所の返還命令にすぐには応じず，約1年後に男児は母の元に返された。男児は深い心の傷を負っており，児童精神医による治療が行われた。しかし，父親は男児が自分に懐いているから面会したいと執拗に要求した。子はおびえ，父に似た男性を怖がり，母親からの分離不安を示し続けた。治療者は父親と面接し，父親が被害妄想傾向をもつ人格障害者と評定した。しばらくして家庭裁判所調査官が治療者の元にきて，父親の人格的な歪みが幼児に悪影響を及ぼす危険を認めるので，面会交流は停止したい旨を語った。調査官として的確な親評価と子どもへの配慮であった。そのおかげで男児の治療は進み，やがて保育園を元気に卒業できた。小学校生活に慣れた頃に，子どもも父親と面会しても怖くないと言えるようになり，慎重に面会が再開され順調に続いた。子どもの基本的信頼の回復と自我機能の発達を待つことを尊重し，子どもが救われた事例である。

性急な面会交流の強要ではなく，子どもにとって回復の時間の意味を理解することが重要である。

2 子どもの信頼に応える司法であるために

(1) 内省的臨床の導入

子どもがなぜ別居親との面会交流を拒否するのか。親が振り返る姿勢が欠如している場合に，家庭裁判所が内省し，親と共に考えねばならない。司法

は司法関係者だけでなく，児童臨床家をはじめとする他分野とのオープンな連携がもっと必要である。

　一人一人の苦しむ子らに，自分たちは専門家として納得してもらえる対応ができただろうか？と内省することが内省的臨床である。家庭裁判所，弁護士，児童臨床家たちは，離婚裁判の渦中の子どもたちへの対応を内省する必要がある。家庭裁判所の調査や片親との面会は，実施記録を第三者によるスーパービジョンも含めて検討し，内省する体制が必要である。

(2) **調査官面接の透明性**

　子どもへの面接について高い透明性が確保されていなければ，子どもは傷つき苦しむ。面接場面はビデオで記録し，家庭裁判所が保存し，必要に応じて専門家がチェックできるようにするべきである。スーパーバイザーがワンサイドミラーから面接を観察する方法もある。家庭裁判所の調査官面接において，密室での誘導尋問や操作が無自覚に行われている疑念を，筆者は強く抱いている。実際，調査官面接の後，暗く落ち込み荒れる子どもが多い。二次被害を受ければPTSDの治療も阻害されてしまう。そのため子どものトラウマなどをケアする専門職にとっては，その子の治療のために，調査官面接での子どもと大人のやりとりを逐一知る必要がある。子どもの同意のもとで面会を必ず観察記録し，複数で責任をもってチェックすべきではないだろうか。内省と透明性の担保のためのオープンな努力がない限り，家庭裁判所での調査官面接による子どもの傷つきは後をたたない。前述の事例Cはその典型的な実例である。

　事例E：

　DV加害者である父親との面会交流を拒否し続けた４歳男児がいる。外では人気者として振る舞う父親は家では豹変する。母親に罵詈雑言を浴びせて威嚇し，男児を威圧し操作して母親を愚弄する。男児は１歳半頃から，自分をからかいいたぶる父親の悪意を見抜き，父を嫌い，父を避け，見張り，夜驚症や癇癪発作を示したために，こころの治療が必要となった。しかし，家庭裁判所は父親の美辞麗句をうのみにし，治療者の意見を無視して面会交流を強要してきた。子どもは嫌だと訴えて，不安定な状態が悪化したが，聞き

入れられず，調査官に会うために裁判所に連れていかれた。
　この男児に家庭裁判所調査官は「パパはもうよくなった。もういじわるをしないから会ってみない？」と勧めた。男児は咄嗟に「それは嘘だ！　ぼくは嫌だ！」と激しく反発した。調査官面接後の男児は，「パパはよくなっていないのに嘘をついた」と調査官に激しい怒りを示し，数日間にわたる解離状態に初めて陥った。治療者はこの深刻な事態に驚き「君の気持ちを先生は電話して伝えよう。『子どもには嘘をつかないで下さい』と必ず伝えるよ」と約束し，男児の目の前で裁判所に電話し約束を果たしてようやくおさまった。
　このケースは子どもの父親憎が激しいため，海外の専門家からの意見や助言を仰ぎながら治療している。子どもを裁判所に呼びつけることについても，欧米の児童精神科医からは批判の声が挙がっている。子どもへの誠実な態度と適切な配慮が欠落し子どもを苦しませている現状は，速やかに改善しなければならない。

(3)　裁判で命じられた面会交流が子どもの適応と発達に与える影響を検証し，知見を蓄積すること

　裁判で命じられた面会交流が子ども一人一人にどのような影響を及ぼすかは，裁判後をフォローアップしなければ分からない。例えば，医療において外科的な手術や医療的処置は，その後の患者の健康やQOL（生活の質）に及ぼす影響をフォローアップすることで，必要に応じて以後の対処を修正していけるだけでなく，当該症状に対する医学的適応や処置としての適否を検証することができる。検証の結果を蓄積することでこれらの知見を集積し，治療の進歩に役立てることができる。司法の裁判も，この点では同じではなかろうか。
　裁判官が，子どもの幸せを願って面会交流の裁判をしたとしても，それによって子どもがどのような経験をし，影響を受け，適応・不適応を示し，発達していくのか，子どもの「その後」を少なくとも5年の間は定期的にモニターすることが必要である。このフォローアップは，子どもの利益と裁判の適合性を検証・確認することを目的にしているから，子どもの側に立つ第三

者（面会交流など子どもの監護の裁判で，子どもが初期に信頼関係を作った第三者機関）が，子どもが生活する家族，地域，学校などの協力のもとで行うべきである。こうした第三者によって，毎年，裁判の結果として面会するいろいろな子どもの声が聴きとられ，分析されて公表され，経験と反省が蓄積されることで，家庭裁判所の裁判も，子どもの側に立ったものに進化していくはずである。

3 子どものこころの真実を見る目を養うこと

(1) 非言語的なコミュニケーション能力の評価

　もの言わぬ子どものこころの真実を聴取するための観察眼，洞察眼の専門的な訓練が必要である。最新の情報を古典とともに読みこなすだけでなく，机上の空論ではない，実践的な児童面接や家族精神医学の臨床研修トレーニングが必須である。

　裁判官，調査官，調停委員及び弁護士など司法関係者たちは，乳幼児精神保健学が今日までに既に明らかにしている，子どもの敏感な対人アンテナ，ミクロトラウマの累積による愛着障害や発達的トラウマ障害についての知見を共有し常にアップデートする必要がある。

　このような家庭裁判所のシステムの改善が，所内の職員の中から自発的に生まれることが大切である。児童と家庭に関する専門性をもつ部門に改善しようとする動きこそプロフェッショナリズムである。家庭裁判所の調査官が，ケース・スーパービジョンを受け，教育分析を受け，よりよい職務を果たそうとしてきたことは，戦後の精神分析学会への関与などから評価できる。しかし，家庭裁判所が全体として，個々の家庭の子どもについて児童専門家による評価機能を積極的に取り入れていこうとする姿勢があるのかどうかは疑問である。

(2) 親の社会的地位に惑わされずに，子ども中心に判断する力

　事例 F：

　ある離婚裁判中の心理専門家の父親が離婚の条件に，幼児の息子との定期的面会を求めた。幼児は強く拒否している。その子は普段はやんちゃで元気なのに父親のことを耳にすると，途端に不安定になり，悪夢，嚙みつき行動

などの問題を示す。そのために遊戯治療が開始された。父親は家庭裁判所で，自分こそ母親に虐待された被害者だと訴え，父子関係が良好であることを示すために写真やビデオを提出した。裁判所はその写真を見て，父子関係は良好と判断し，子どもの拒否を尊重せず，子どもに父親への拒否を吹き込んでいるとして母親を非難した。

　治療者を信頼し始めると，その子は父親に咬まれいじわるく弄ばれた記憶を一つ一つ語り，父親に見立てた人形をやっつける遊びに没頭する。治療者は，こんな激しい攻撃性は誰かに吹き込まれたものではないと評価した。この子は言葉では言えないが父親に何かひどいことをされた身体記憶をもつに違いない。この子は父親が自分を咬んだり，意地悪をしたことを治療者に打ち明けた。父親は一切咬んでいないと主張した。

　この局面で明らかなのは，子どもが父親との面会交流を拒否している事実である。強要しようとすれば病的に荒れ，母親にも不信感を向ける。この不安定な状態が続くことは子どもの治療にも人格形成にも有害であることは，誰の目にも明らかである。

　父母両方の了解を得た上で，欧米の乳幼児精神臨床の専門家たちが父子関係のビデオを検討した。どの専門家も即座に，父子関係は良好とは言えないと述べた。父親が子どもの名を優しい声で呼んでも，子どもは目をそらしている。普通の父親に向かう親しみの仕草さが認められない。結局，複数の専門家たちが，この父子関係には回避型の愛着障害を認めるという一致した結論に達した。

(3)　**日本の児童専門家自身の内省の必要**

　事例G：

　娘が1歳半の時に両親が離婚し，母親が親権者として娘を養育し，隔週父親の実家に女児が1泊週末外泊する面会交流が実施された。毎回父方祖父母にかわいがられて楽しく過ごしてくるはずの女児が，2歳近くから，父親との面会を嫌がった。ある日母親に，「パパが触るから嫌」と言い，胸や股を指さした。怪訝に思った母親が区役所に相談し，児童精神科医を紹介された。児童精神科医は約1時間女児を診察し，女児が遊びの中で性被害を受けた子

ども特有の行動を示していたため，家庭裁判所に報告し面会を止めてもらうことを決め意見書を提出した。家庭裁判所はすぐに女児の面会を停止した。

しばらくして，父親が母親と診察医を名誉棄損と冤罪で訴える裁判を起こした。父親が裁判に提出した書類には学会重鎮による精神鑑定書が添えられ，診察ビデオ記録からは女児への性被害所見は見当たらず，当初の児童精神科医の診察は稚拙で不適切と断定された。また，この鑑定書には，ビデオ記録から見た父宅での父娘は仲睦まじく父子関係は良好だとする判断も記されていた。

筆者はこの件に関するセカンドオピニオンを求められ，性被害専門家の研究会のメンバーの複数の目で，精神鑑定書とビデオを検討した。診察ビデオには性被害所見の疑いが，父子のビデオには不適切な父親の関わりが認められたので所見を提出した。その結果，父親の訴えは退けられた。

ここで注目すべきは，父親が依頼した医師が幼児の訴えを精神鑑定書の権威によって否定したことである。このようなことは二度とあってはならず，同業者として他山の石にしたい。今では小学生になったその女児は，父親にされたことの記憶を母親につぶさに語り，「なぜお母さんはあんなエッチな男と結婚したの」と詰問している。専門家はその時点で判断したことを，その後もフォローし，繰り返し振り返るべきである。

権威ある大人の抑圧・支配によって潰された魂は生涯癒えることはない[7]。近年の脳画像をはじめとする加害の深い爪痕のエビデンスは，子どもだからと侮ってならないという警鐘である。

おわりに：

「子どもは大人の親（The Child is Father of the Man）」と詩人W. ワーズワースは詠った。離婚裁判に巻き込まれる子どもは，瞬く間に大人になる。

離婚裁判で意に反した面会交流により傷ついた子が，大人になったとき，日本社会のありようをどのように振り返るであろうか。少子化の日本で，離

婚裁判の増加に伴い，子どもの苦しみも増えている。親の離婚による子どもの喪失体験とトラウマを少なくするために，家庭裁判所がまず子どもを第一に尊重する姿勢をもたなければならない。

　子どもの発達についての理解なくして，子どもの最善の利益を適切に判断することはできない。本章において筆者は，児童精神保健の臨床家として，いくつかの事例を通して，子どもたちの直接の訴えを紹介してきた。乳幼児の心と脳の発達を最新の研究知見に基づいて理解し，子どもの本音・声を歪めずに聞き取って初めて，子ども中心の面会交流が実現できる。私たち大人には，子どもの発達にとって大切な生育環境を安定させ子どもの心と脳を守る責任がある。

1）概念的には，「発達的トラウマ障害」は，普通の日常生活では起こりえない災害や事故の恐怖体験により生じる「外傷性ストレス障害PTSD：post-traumatic stress disorder」や，PTSDの3兆候である回避，過覚醒，トラウマ記憶想起がそろわなくても，人災などに起因する「極度のストレス障害DESNOS：disorders of extreme stress not otherwise specified」に関連している。

2）多くの欧米諸国では離婚後の養育費が遅滞なく支払われるよう法・社会制度が整えられている。また，北欧社会では，大学や専門学校までの教育費がほぼ無償であり，養育者の離婚の有無や家計の状況などに制約されないで，子どもたちがそれぞれ希望する進路を選択する可能性が開かれている。

3）子どもが父母の争いにさらされ続けることの弊害については，Bair-Merritt, M. et al. (2013), "Silent Victims - An Epidemic of Childhood Exposure to Domestic Violence", *The New England Journal of Medicine*, 360 (18) (2013), pp.1673-1675 〈http://www.sciencedaily.com/releases/2013/10/131030185719.htm（2015年1月20日アクセス）〉も参照のこと。

4）子どもにとっての「正義」の認識上の問題点に関しては，Carel, Havi & Györffy (2014), "The art of medicine. Seen but not heard: children and epistemic injustice", *The Lancet*, 384 (2014) 〈http://www.thelancet.com/pdfs/journals/lancet/PIIS0140-6736％2814％2961759-1.pdf（2015年1月20日アクセス）〉も参照のこと。

5）オーツ氏はオーストラリアのシドニー大学名誉教授であり，児童虐待研究のパイオニ

アの一人であり，ケンプ（H. Kemp）の名を冠したケンプ賞は，児童虐待分野における世界的な功労を称えて授与されている。
6）DVの加害者全員が父親ではなく逆の場合もあるが，大半のケースで加害者は父親で被害者は母親であるという事実を踏まえ，本章では父・加害親，母・被害親という設定で議論している。
7）例えば，近年では，あるカトリック神父による少年性虐待事件が欧米社会で明るみに出ているが，被害児が大人になり訴えるまで，権威ある聖職者により隠ぺいされた。訴えた子どもの陰には，おびただしい数の犠牲児がいる。

3

DVと離婚，子どものトラウマへの配慮と面会交流

田中 究

第1 はじめに

　本書は，養育者の離婚における面会交流に伴う課題を抽出しようとしている。筆者は児童精神科臨床においてトラウマを抱える子どもたちに出会う機会が多い。家庭外で起きる事故や事故のみならず家庭内で起こる子どものトラウマには，子ども虐待やDVの目撃，死に至るような事故や犯罪，自殺など様々なものがある。これらは子どもの人生に大きな影響を与える。中でも，子どもを保護し養育すべき大人が子どもに大きな衝撃を与え，無力な状態にとどめ続ける子ども虐待では顕著である。また，配偶者に対する暴力（DV）は子ども虐待を伴うことが多い上に，さらに養育をめぐって養育者間での諍いに巻きこまれる子どもも多い。特に，面会交流について争っている場合などには，子ども自身の意思を尋ねられることは少なく，子どもの同意も尊重されず，そこに挟まれ子どもは強いストレスを抱える。

　本章では，最初に2つの事例を紹介し，子どもにもたらされる影響について精神医学的な見地から述べる。なお，2事例ともに母親から御了解をいただいているが，個人が特定されないように細部は変更している。

第2 事 例

事例A君

1 受診までの経緯

　A君は，8歳時（小学校2年生）に母親と筆者を初診した。最初，A君は小さい身体を一層小さくして母親の影から筆者の顔を見ないようにしながら，筆者の様子をうかがっていた。専ら母親がA君について述べたことは『些細なことで「どうせ僕はだめ」と言う』『何かに失敗をすると自分で頭をたたく（自傷）』『何かあるとすぐに「ごめんなさい」と言う』『「父親の怖い夢を見る」と言う』等であった。また本児と母親は父親と別居しており，父親のDVによる離婚調停中であった。

　父親（46歳）は，男尊女卑が顕著な家庭に育ち，3人兄弟の第2子であった。高校卒業後，工業技術員として10年ほど企業に勤務した後，技術系の大学に入学し，大学2年生（30歳）のときに母親と知り合った。母親（39歳）は，信仰の厚い円満な家庭で育った3人姉妹の第1子で，大学を卒業後，事務員として勤務し，23歳のときに旅行先で父親と知り合ったという。

　知り合ってから1年で結婚したが，このとき父親はまだ学生のため母親が働いて支え，母親の実家が経済的に支援をしていた。しかし，結婚直後より母親は父親から暴力を振るわれており，母親が家を逃げ出すと数時間後には父親が迎えに来て泣いて謝り，そして母親が家に戻ることが繰り返されていた。父親は34歳のときに資格を取り技術職として勤務したが，対人関係がうまくいかず数か月で退職することを繰り返し，職場を転々としていた。

　結婚後7年目にA君が出生し，A君が4歳のときに父親は自営業を始めた。母親の実家を父親名義で事務所とし，開業資金約五千万円の保証人には母方両親がなった。開業した直後から父親は母親のみならず，義理の両親（A君にとっての祖父母）にも暴言を吐くようになり，義理の両親は別居することになった。父親，母親，A君は引き続き3人で同居したが，その間も父親から

母親へのDVは持続していた。

　A君が5歳のとき，家族旅行をした際，宿泊先のホテルのフロントの前で，A君の些細な言動に父親は興奮し，A君の髪の毛を持って引きずり回し殴る蹴るの暴行を加えたため，ホテルの従業員により警察に通報されるという事件が起こった。この事件を契機に母子も父親と別居するようになったが，A君が6歳のときに，父親に呼び出された母親が顔面を蹴られ目の周囲に皮下出血をつくり，これが祖父母の知るところとなり，離婚調停に入った。

2 診察の経過

X年12月（初診時）

　A君（当時8歳）は父親からつけられた自身の名前を嫌っており，自分は「Aという名前だけどXと呼んでほしい」と，別の名前で呼ぶように筆者に要請した。彼は学校の出来事などを楽しそうに語る利発な子どもであったが，父親の話題については避けていた。また，母親からは「離婚調停の書面づくりが大変で負担です。作っているといろんな昔のことが思い出されて涙が出てくるし，体調不良になり，それをA君が見て反応するのでしんどいのです」と言われ，離婚調停の書面作りが彼女の大きな負担になっているとうかがえた。

X年12月（2回目）

　家庭裁判所調査官から，「たとえ暴力を振るう父親であってもA君とは会わせなければならない。直接会わせるのは無理な場合でも調査官が会って，父親からの手紙やプレゼントを渡す方法をとりたい」という提案をしてきたと母親は話した。しかし，当然A君の同意は全くないうえに，「裁判所はそう言ってもA君がすごくおびえるから嫌なのです」と母親は困惑して話していかれた。

X＋1年2月（3, 4回目）

　父親には愛人があり，その証拠物を提出した（写真など）ところ，裁判所は和解勧告をしてきたが，その後，父親は面会交流を要求してきた。一方，父親が母子の生活費や養育費を払わないので，母親はパート勤務に就いてい

たが，仕事から戻って離婚資料を見たり，作ったりすることで気分不良になると話していかれた。A君はその様子に敏感に反応しており，かつ経済的に大変な状況も察していておねだりも遠慮しているように感じられると言った。

X＋1年4月（5回目）

A君は父親のことを思い出して嫌な気分になると述べ，母親も朝まで眠れず，気分が落ち込んで生きているのがしんどいと述べた。調停では父親側は生活費を払うつもりはないと言っているとのことであった。

X＋1年5月（6回目）

父親がA君に直接手紙を渡したいと言ってきていると，調停で言われた。それを聞いたA君は『調査官にも会いたくない，父親に会わせようとするから。調査官は「3分間だけ会いなさい」と言う』と語った。A君は父親から離れてやっと子どもらしい表情になったこと，母親と二人きりのときには，父親にたたかれたり，蹴られたり，硬いボールを投げつけられたり，父親の性器を触らせた（母親が目撃）ことや，母親を殴ったという話などをしたり「置き去りにされて母親から引き離される」という夢を見ることも話してくれる，と母親は語った。

X＋1年6月（7回目）

調停で，父親側がA君との面会を要求しており，調査官はこれまでの状況から「無理でしょう。プレゼントを用意したらどうですか」と伝えたようだが，調停委員が「少しぐらい会わせてもいいでしょう」と述べたとのことで，母親は困惑していた。

X＋1年7月（8回目）

母親は「学校では落ちついていました。しかし，調査官と会うことは避けられない状況で『弁護士事務所に行って調査官に会う』と伝えると，大泣きをしてA君は不安定になった」と母親は語った。調査官から父親のプレゼントと手紙を渡されるのだと言えば，A君は行かないだろうと母親は考え，その点は伏せて調査官に会うことを伝えただけなのに大泣きしてしまったとのことだった。

X＋1年8月（9回目）

　7月終わり（初診より約10か月後），A君は弁護士事務所で調査官に会った。A君は警戒して母親から離れなかったが，徐々に調査官と遊び始め，1時間半程遊んでいたが，おもむろに調査官が父親からのプレゼントを出したところ，おびえて身体を強ばらせてフリーズしてしまった。その直後に調査官は「調査は終わりです」と言って面接は終了したとのことであった。その後，A君は泣いて「だました」と母親を責め続けて大変だったと母親は述べた。

X＋1年9～12月（10～12回目）

　この結果，A君を父親に会わせるのは無理だという報告が出たようだったが，この調査官との面接以後A君の不安定は2～3か月続いた。父親の性器を触らせられたことを思い出したり，父親から「あほだ」と何回も言われていたことから「自分はあほなんでしょ」と言って自分の頭をたたいたり，悪夢を見て，夜中に泣きだし，寝たまま泣いているので抱いてやるといったことが続いていると毎回母親から報告があった。

X＋2年2月（13回目）

　結果的に父親は面会交流を取り下げ，離婚が成立し，親権や養育権は母親が持つことになった。面会交流も主張しないが財産分与もないし養育費も支払わないという結果であった。事務所にしていた母方の実家などもすべて父親が持つこととなった。

X＋2年4月～X＋3年11月（14～19回目）

　その後もA君には，自信のなさと母親への甘えと攻撃がみられた。母親は，自分に対し甘えておねだりをしているだけと分かっているのだが，その様子が父親の要求の仕方と似ており，父親のまねをしているのではないかと感じてぎょっとしてしまうと言う。さらには，外出の際に父親と似た人を見ておびえる症状も続いた。

　A君はその後，悪夢などの症状も次第にみられなくなり，母親との関係でも過剰な要求や甘えも少なくなり，元気に登校しており，通院は間遠となり，母親だけが報告に来院した。

3 診断と裁判所への意見書

(1) 改名にかかる意見書

その後，A君はXに改名をし，その際に筆者は意見書を求められた。初診時には別居から既に1年半が経過し症状は軽減していた。父親に関する話題が出ると症状が出現したが，父親に関する刺激がなければ症状が見られず，PTSDの診断基準は満たさず，適応障害と診断した。「Aさんは父親の命名によるAが父親や暴力の記憶とつながっていてそれらを回想してしまうことから，Aを忌避して母親と相談の上でXと改名し，それを別居後より使用しています。その結果学校生活でも次第に落ちつきを取り戻して精神的な安定を得られるようになっており，特に離婚が成立し母親姓を名乗ることになって，本人も安心できているようです。こうした経緯を検討すれば，Xと改名することは父親の暴力の想起を減少させて，本人の今後の健やかな成長のために役立つと考えます」と意見書に書いたが，これはスムーズに受け入れられたようであった。

(2) 面会交流にかかる意見書

経過中に筆者は面会交流に関する意見書も求められた。「将来にわたる面会を制限するものではないが，現在の状態から見て面会することが精神症状を悪化せしめる可能性が非常に高く，現在は医学的見地からは面会は認められない」という趣旨を書面にした。これがどのように認められたのかは不明である。しかし，将来，本人の意志で面会することを選択する可能性もあり，それまでを制限するものではないことを伝える方が，相手側は受諾しやすいだろうと考えたのである。加えて，調査官の調査によって，A君が父親と面会することは無理だろうと報告されたことがあって，父親側も面会交流の主張を取り下げたものと推測している。

事例Bちゃん

1 受診までの経緯

初診時2歳10か月の女児，他院からの紹介状を持ってX年来院した。生育歴，家族歴は次のようなものであった。

X－4年
母親は2人の子ども（Bちゃんの異父兄・姉）を連れて再婚した。

X－3年
Bちゃん出生。仕事場が遠方なのでという父親の主張から別居していたが，週末に飲酒運転で家に戻ることが増え，母親が注意すると暴力を振るうようになった。

X－2年
突然父親の愛人から電話があり，父親は別宅に愛人と居住していたことが判明する。それを母親が問いただすと更に暴力を振るい，離婚を申し出ると母親だけでなく子どもたちにも暴力がおよび，1歳過ぎのBちゃんもまた壁に投げつけられることがあった。この状況で父親は別宅から本児たちが住む自宅へと転居してきた。その後も母親への暴力が続いた。子どもたちへの暴力は常にあったわけではなかったが，母親への暴力は続き，子どもたちはそれを目撃していた。

X－2年夏から秋
親戚の立会いで話し合い，警察も介入したが暴力はおさまらず，母親と子どもたちは母親の実家に身を寄せることになった。

X－1年
Bちゃんが生まれてから2年後，父親は「愛人と別れ，もう二度と暴力は振るわない」と言うため，一家は再び同居をはじめたものの，暴力はすぐに再開した。ついに包丁を振り回し全裸で戸外に飛び出すといった事件が起こり近隣から警察に通報された。その後，裁判所から母親及び子どもたちに対する接近禁止命令が出され，父親は自宅から出ていくこととなった。

母親は，Bちゃんが1歳11か月頃から何も話さないで震えて，じっとしているという様子に気づいていた。父親が出て行った2歳6か月頃から，夜中に「パパ怖い」「やめて」「いやいや」と泣き出し，大人を怖がるようになったため，近医を経て筆者のところへ紹介をされてきた。

2 診察の経過

初診時

Bちゃんは最初に筆者を見るなり泣き出した。2歳10か月のBちゃんは会話がそれほどできず，筆者は床に座って診察室にある玩具に誘った。それでもなかなか遊びに乗れず，非常に警戒しているのが伝わってきた。若い女性の医師が陪席していて，上手に遊んでくれたために，次第にほっとした様子になり，こわごわ玩具で遊びはじめた。遊びながらも，ちらちらと母親と筆者が話をしている様子を見ていた。

症状〜母親からの聴取

母親からの聴取では，Bちゃんは実物でも本やミニカーでも，パトカーを見ると身をすくめて，怖いとおびえるとのことだった。また，成人男性の大きな声に怯え，成人男性を見ると「パパ」と叫んで走り回り，パパという言葉に過敏に反応すると母親は述べた。また，父親の居場所だった和室と書斎には入れず，そこのドアが僅かでも開いていると「閉めて！」と母親に閉めさせ，壁や床の小さな染みを見つけて「血！血！血！」と叫び走り回ると母親は報告された。暴力を受けて母親の血液が床や壁に飛んで付着することがあり，すべて丁寧に拭ってあるにもかかわらず，それに似た染みを見つけると叫ぶとのことであった。また，母親がトイレに入ると一緒について入り鍵を閉め，ドアノブを開かないように手で押さえてじっと待ち，夜は母親から離れられず，母親の乳房を触っていないと落ち着かず眠れないと母親は述べた。そして母親が一緒に眠っていても夜中に中途覚醒し「パパ怖い」「やめて」などと叫んで起きて再入眠がなかなかできない様子が語られた。

その後の経過

毎月1，2回来院して，Bちゃんは臨床心理士とプレイセラピーを中心と

した心理療法を受けて，一方，母親は筆者に様子を報告するかたちで治療は進んだ。最初母親から離れられなかったBちゃんも1年後には少し離れられるようになって，心理士との治療を1人で受けられるようになった。そして，心理療法が終わると母親のいる診察室に入ってきて，筆者とハイタッチをして帰っていくということが習わしとなっていった。治療は順調で生活も安定していったが，以前に父親も一緒に出かけたことのあるビアガーデンのちょうちんを見ておびえて失禁したり，父親と一緒に宴会をした際の知人に会って泣き出すなど，フラッシュバックが思わぬところで突然出現することがあった。保育園では分離不安が強くなかなか馴染めなかったが，幼稚園入園後，最初は余り他児と交わりにくかったものの，次第に保育士を介して他児と遊べるようになり，さらに友達の広がりもでて，健康な姿を見せるようになった。5歳頃にはフラッシュバックもほぼ消退し，小学校入学を機に通院終了する話題も出たが，Bちゃんは「いやだ，来る」と言って，2～3か月に1度来て，元気な姿を見せてくれた。

経過を振り返って，母親は離婚調停資料の作成が大変だったという話をされた。経済的困難もあり，仕事をしなければならず，仕事でくたくたになって家に帰り，子どもたちの世話をして，夜中に資料作成をするという毎日だが，資料を作ると自分が受けた被害を想起し，泣きながら夜中に書いたと回想された。事件そのものも大変だったが，その資料作成の姿を子どもたちが見て反応することもあったと述べられた。Bちゃんに対する父親からの面会交流は，真にBちゃんへの愛情からではなく，母親への嫌がらせ，言いがかりだったと言われた。

3 PTSDの診断

Bちゃんについて筆者は，DSM-IV-TR ("Diagnostic and Statistical Manual of Mental Disorders"「精神疾患の診断・統計マニュアル」アメリカ精神医学会による精神疾患の世界的な診断基準・診断分類 第4版) 及びICD-10 ("International Statistical Classification of Diseases and Related Health Problems"「疾病及び関連保健問題の国際統計分類」世界保健機関憲章に基づき世界保健機関が作成した分類における10回目の修正

版）の診断基準に沿って，心的外傷後ストレス障害（PTSD）の診断書を書いた。このDSM-IV-TRの診断基準では，PTSDは，外傷的体験後の再体験（侵入）症状，回避症状，覚醒亢進症状の三大症状によって診断され，基本的には大人と子どもは同じ診断基準が用いられていた。

　初診時Bちゃんは2歳10か月で，心的外傷の体験そのものの言語化や症状の言語化は困難だった。しかし，事件そのものは母親が目撃しており，また母親の撮影した写真や，繰り返された警察介入によって明らかであった。これは，ロナルド・ケスラー[1]が作成した心的外傷となる事件リストにも含まれている。すなわち，本人が「身体的な暴行」を受けており，かつ母親らも身体的暴行を受けそれをBちゃんは見ており「身近な人物に起こって大きなショックを受けた」と考えることができる。

　また，再体験症状としては，悪夢を見ていること，父親が暴力を振るい何度もやってきたパトカーを見てパニックを起こすこと，男性の声が聞こえると「パパ！」と叫んで走り回る，小さな染みをみて「血！」を叫ぶことなどに見られている。回避症状としては，母親に対する極端な退行，強い分離不安などに見出される。さらに過覚醒症状は，睡眠障害や極端な警戒心や過剰な驚愕反応に見出すことができる。

　すなわち，BちゃんにはPTSDのすべての症状が見出されており，PTSDが診断された。

　これに対して父親側は，2歳児ではPTSDはあり得ないと主張し，文献を探したが，児童精神科医に尋ね，最終的にありうることを父親も理解したらしいと弁護士から聞いた。

第3　子どものトラウマ関連障害に関する診断基準

　ここで子どものトラウマ関連障害に関する診断基準について簡単に触れる。上記症例Bにおいて筆者が用いたDSMの第4版（DSM-IV-TR）は，その後第5版（DSM-5）に改訂された。第4版までのPTSDの概念は，成人の症状を

中心として記述されており，発達や行動への影響を十分に記述しているものとは言えないと指摘する論者も少なくなかった。

また，第4版までは，急性ストレス障害やPTSDは，「不安障害」の範疇に入れられていた。一方，不適切な養育で生じる「反応性愛着障害」といった障害は「通常は幼年期，少年期，または青年期に初めて診断される障害」というカテゴリーの中に分類されていた。第5版では，これらに加えて適応障害，特定不能の心的外傷及びストレス関連障害が「心的外傷およびストレス関連障害」というカテゴリーに分類されることになり，理解しやすくなっている。また，これまで「反応性愛着障害」とされていたものは，訳語が代わり，さらに「反応性アタッチメント障害」と「脱抑制型対人交流障害」の2つに分けられることになった。

さらに，第5版では，PTSDの診断基準は6歳を超える子どもは成人や青年と同様の診断基準で扱われるが，6歳以下の子どもには別の診断基準が設けられた。すなわち，子どものトラウマについて議論が積み上げられ，子どもの臨床に即したものに改定されてきたと言える[2]。

第4 トラウマ体験の子どもへの影響

子どもにとってのトラウマ体験は，PTSDの症状だけではなく，養育者，成人との愛着（アタッチメント）の問題をもたらし反応性アタッチメント障害，脱抑制型対人交流障害やそれに類似した症状をもたらす。加えて，養育者の精神状態への子どもの反応，それが養育者の経済的状況や対人関係などに影響されているなど，複雑な状況の中にこれらの症状が生じる。そのため，子どもだけではなく，養育者の治療や支援を考慮した対応が必要な場合も多い。

子どもの発達は，養育環境や養育体験に影響され，その子のもつ資質と行動の中で育まれていく（Sameroff & Emde, 1989）[3]。新生児や乳児であっても，周囲の状況へのそれなりの認識があり，情報を発信し，無様式知覚や情動調律によって自分と養育者との情動を共有することが分かっている（Stern,

1985)[4]。また，脳は環境依存性，体験依存性の内分泌器官とみなされ，子どもの脳は環境や体験によって成長し，生来の資質よりも環境要因の総合的影響を受けるとされている (Schore, 2001)[5]。こうしたことから，早期乳児期のトラウマ的養育環境は，前頭葉-辺縁系の組織化を阻害し，共感性や情動調節機能の組織化を阻害し，情動調律障害を引き起こすと言われている (Perry, 1995)[6]。

アメリカ疾病予防管理センター（CDC）での子どもの逆境体験の調査研究 (http://www.cdc.gov/violenceprevention/acestudy/index.html) は，児童期の逆境体験が，その後の鬱やPTSDといった精神保健の問題だけでなく，健康状態の問題（神経学的，筋骨格系，呼吸器系，循環器系，消化器系）や物質乱用（薬物，アルコール，複数の物質），犯罪行動（再被害，犯罪）あるいは家族機能不全（養育力の乏しさ，児童虐待とネグレクト，DV），また社会的な問題（貧困，失業，社会福祉とヘルスケア利用の増加）を引き起こすことを明らかにしている。また，アメリカのノースカロライナ州グレートスモーキー・マウンテンにおける疫学研究では (Copeland, 2007)[7] では，トラウマ被害が多いと16歳までに不安や抑うつや行動異常と診断される割合が高くなると報告されている。

CDCでの調査研究は，ACEスタディと呼ばれる子ども時代の逆境体験と生涯における精神的あるいは身体的な健康との関係を明らかにしようとする研究である。このACEとは幼少期の逆境経験（Adverse Childhood Experiences）の頭文字であり，こうした逆境体験の数がどれくらいあったかを調査している。これは具体的には下記の10項目の体験であり，それを18歳までにいくつ体験したかがACEスコアとなる。

幼少期の逆境経験

・心理的虐待 ・身体的虐待 ・性的虐待 ・精神的ネグレクト ・物理的ネグレクト ・DVの目撃	・家庭内でのアルコール・ドラッグの乱用 ・家族の精神疾患・自殺企図の有無 ・親の別居又は離婚 ・家族の服役

このACEスタディは現在も継続して行われているが，いくつかの結果が中間報告されている。ACEスコアが高い，すなわち逆境体験数が多くなればなるほどそれに比例して抑うつ，自殺企図の割合が高くなるのである。これはグレートスモーキー・マウンテンにおける疫学研究でも同様の報告がされている。[8]

また，ACEスコアと身体疾患との関係では，心臓病，ぜんそく，糖尿病，関節炎，慢性疼痛それに慢性頭痛のリスクと正の相関をもつと報告されている。すなわち，精神的な問題だけではなく身体の問題として現れてくることを明らかにしている。

さらに，ACEスコアと学習や行動の問題との関係についての調査では，ACEスコアと学習や行動上の問題が正の相関をもつことが示されている。

また，児童期の虐待やネグレクトの累積がオピオイド，アルコール，コカインなどの薬物乱用のリスクを増大させるとの報告（Ducci, 2009）[9]や，いじめや虐待あるいは不適切な子育てが子どもの精神病性症状を増加させるとの報告（Arseneault, 2011）[10]など，子ども時代の虐待体験はストレス関連障害のみならず，それ以外の精神疾患の可能性を高めるという報告は多い。[11]

こうしてみると，A君もBちゃんもACEスコアはかなり高い。比較的早い時期に介入されたためPTSDなどストレス関連障害からは回復しているが，母親との健康な暮らしを取り戻していくことが重要な課題となると考えられる。

第5　まとめ

ACEスタディに見られるように，DVの目撃，親の別居や離婚は子どもにとって逆境体験となる。DVはしばしば子ども虐待を伴い，また養育者はアルコール問題や司法関連の問題を引き起こしている。本論で挙げた事例は，こうした例に当てはまっている。こうした，逆境体験といった強いストレス状況にある子どもにとって，さらにそこに面会交流が，本人の同意のないま

ま，大人の都合によって要求されることは，ようやく安定した生活の可能性に期待し始めた子どもにとって極めて重い心的なトラウマをもたらす出来事である。このことは，一層子どもに負荷をかけ，子どもの身体や精神に障害を与える可能性がある。これらは，その時ばかりではなく，将来にまで影響を及ぼす可能性があることが，文献によって明確に示されているのである。

　少なくとも，面会交流を行うことが，子どもに対してそのようなトラウマ的体験を延長させ繰り返させて，精神症状を悪化させる危険がある場合には，精神医学的に認め難い。面会交流の是非を判断する場合には，これらの影響とそのリスクが正当に判断されること，子ども本人の同意を得ることが必要であると考える。

1）Kessler RC et al, "Posttraumatic stress disorder in the National Comorbidity Survey" *Arch Gen Psychiatry*, 52(1995), pp.1048-1060.
2）American Psychiatric Association: Diagnostic and statistical manual of mental disorders : DSM-5（『DSM-5 精神疾患の診断・統計マニュアル』（医学書院，2014）269-278頁）。
3）Sameroff AJ, Emde Robert N, *Relationship disturbances in early childhood: A developmental approach*（New York,Basic Book,1989）（『早期関係性障害—乳幼児期の成り立ちとその変遷を探る』（岩崎学術出版社，2003））。
4）Stern DN, *The interpersonal world of the infant*（New York,Basic Book,1985）（『乳児の対人世界』（岩崎学術出版社，1989））。
5）Schore AN, "The effects of early relational trauma on right brain development, affect regulation, and infant mental health", *Infant Mental Health Journal*, 22(1,2)(2001), pp.201-269.
6）Perry BD et al, "Childhood Trauma, the Neurobiology of Adaptation, and "Use-Dependent" Development of the Brain: How "States" Become "Traits"", *Infant Mental Health Journal*, 16(4)(1995), pp.271-291.
7）Copeland WE,Keeler G,Angold A,Costello EJ, "Traumatic events and posttraumatic stress in childhood", *Arch Gen Psychiatry*, 64(5)(2007), pp577-584
8）The Adverse Childhood Experiences Study〈http://www.acestudy.org/〉参照。

9) Ducci F,Roy A,Shen PH,Yuan Q,Yuan NP,Hodgkinson CA,Goldman LR,Goldman D, "Association of substance use disorders with childhood trauma but not African genetic heritage in an African American cohort", *Am J Psychiatry*, 166(9)(2009), pp.1031-1040.
10) Louise Arseneault et al, "Childhood trauma and children's emerging psychotic symptoms: A genetically sensitive longitudinal cohort stud", *Am J Psychiatry*, 168(1) (2011), pp.65-72.
11) N.J.Burke et al, "The impact of adverse childhood experiences on an urban pediatric population", *Child Abuse Neglect*, 35(6)(2011), pp. 408-413.

片親引離し症候群PASと片親引離しPA
―研究レビュー―

ジョアン・S・マイヤー (Joan S. Meier)
訳・監修　髙橋　睦子

　アメリカでは，離婚・別離後の監護権や面会交流をめぐる裁判で「片親引離し症候群」(PAS) や「片親引離し」(PA) が直接・間接に持ち出されることが少なくない。本章はPASやPAの歴史的背景と関連の研究についての精査を踏まえ，虐待された女性[1]や子どもの支援者のための戦略的な課題を明らかにし，裁判所での対応の改善に向けたガイドラインを提案する。

第1　片親引離し症候群・PAS

1　歴史的背景

(1) アメリカでの離婚研究の萌芽期：ウォラースタインらの初期の研究

　離婚という状況下で子どもが一方の親に敵意を抱くことを病理現象として最初に特徴付けたのは，離婚問題の研究者ウォラースタインとケリーであった。非監護親を子どもが拒絶し，面会交流に強く抵抗・拒否するのは，思春期の子どもと激怒している監護親との「病的な」同盟による場合もあり，この同盟関係は子どもの反応を含む別離の力学によって更に煽られると理論付けられていた (Wallerstein & Kelly 1976, 1980)。これは意味深長な論考であった

が，監護権評価や司法判断に影響するほど注目されなかった。なお，この2人の初期の研究は「片親引離し（parental alienation）」という表現は用いておらず，一方の親に対抗して，子どもがもう一方の親と「同盟（alignment）」することに注目している。さらに，ウォラースタインは，その後の長期的な追跡調査から，離婚後の別居親に対する子どもの敵意はどのケースでも一時的で，通常は 1 ～ 2 年経てばおのずと解消すると述べている（Bruch 2001; Wallerstein et al. 2000）。人間関係の修復や子どもの成長について長いタイムスパンから考慮せずに，裁判所が拙速かつ強制的に介入することは子どもに大きな負荷を強いるリスクがある。

(2) 1980年代初頭以降の「片親引離し症候群・PAS」

「片親引離し症候群・PAS」への関心がアメリカで劇的に高まったのは1980年代初頭からで，リチャード・ガードナーの存在が大きい。ガードナーは精神科医で[2] 離婚した親のカウンセリング診療を行っていた。ガードナーは，自らの臨床データの自己解釈だけから，監護権裁判で子どもへの性的虐待の訴えが頻発しているが，こうした裁判では子どもの90%が混乱していると断定し，これを「片親引離し症候群」（Parental Alignment Syndrome, PAS）と命名した。PASとは，復讐を企てる母親が，元夫を罰し自分の監護権を確保するための強力な武器として，子ども虐待を主張する「症候群」とされる（Gardner 1992a, 1992b）。PASでは，父親に対する子どもによる「中傷キャンペーン」であり，母親が子どもを「洗脳」あるいは「プログラミング」し（Gardner 2002, pp. 95-97），父親による虐待を子どもに信じ込ませ，その結果，事実ではないことを子ども自身が本当の話に仕立てるようになると理論化された（Gardner 1992b, p. 162, 193; 2002, pp. 94-95）。

ガードナーは，一部の母親たちの復讐心は意図的な悪意ではなく病理であり（Gardner 1987, 1992b），監護権裁判での子どもへの性的虐待の主張は大半が虚偽だという見解を示した（Gardner 1991）。ガードナーによれば，子どもが父親を拒絶し，子どもと母親が虐待を主張するのなら，それは虐待の実体験ではなく，PASの産物である可能性が非常に高いとされる。PAS理論は，子ども虐待の主張の信憑性や信頼性が極めて疑わしいという推論を前提として

いる[3]。

　ガードナーは，子どもの敵意の理由となる虐待が実際にある場合にはPASではありえないと認めてはいるが (Gardner 1992a)，彼の「診断基準」は父母や子どもの様々な人格面の特徴に集中している (Gardner 1992b; Hoult 2006参照)。「でっちあげられた」虐待と「正真正銘の」虐待の区別に関して，ガードナーは，「片親引き離し症候群・PASの存在」そのものが「極めて有効な差別化（基準）」だとしている (Gardner 1987, p. 109)。

　PASは虐待の非難に対して無傷でいられる防御の抗弁である。虐待の主張を裏付けようとするあらゆる証拠が「症候群」を更に証拠づけることになるからだ (Bruch 2001)。子どもやその子を守ろうとする親が虐待の主張を繰り返せば，それは極端な「引離し」とみなされ，虐待の主張を続けることを禁ずる裁判所の命令によって罰せられる。子どもを守ろうとする親が子どもは虐待されていたというセラピストの所見を証拠として出せば，そのセラピストは「三人組精神病」だと非難される ("folie à trois"：フランス語に由来する臨床用語で共有妄想障がいの同義語) (Bruch 2001)。証拠を集めようとする努力は全て，その母親には父親から子どもを「引離す」病的な必要性があるという更なる証拠とされる (Gardner 1987, 1992a)。

(3)　ガードナーのセクシュアリティ観とPAS治療

　ところで，セクシュアリティについてのガードナーの基本的な考えは極端であり，それを承知の上で裁判所がガードナーのPAS理論を採用したとは信じがたい。第一に，ガードナーは，監護権裁判で子どもへの性的虐待があったと母親が虚偽の主張をするのは，「軽蔑された女性の怒りほど怖いものはない」(Gardner 1992b, pp. 218-19)，あるいは，子どもが父親と性的関係をもったと想像する母親が「自分も満足感を得る」からだと述べている (Gardner 1991, p.25; 1992a, p. 126)。第二に，ガードナーは，人間のあらゆる性的倒錯は，小児性愛，サディズム，レイプ，動物性愛その他の性的な逸脱行動を含め，「社会における全般的な性的興奮の度合いを高める」ことで「種の保存の目的に資する」と述べている (Gardner 1992b, p. 20; Hoult 2006参照; Dallam 1998)。

　小児性愛について，ガードナーは，大人と子どもの性行為は子どもにとっ

て本質的に必ずしも有害ではなく，大人との性行為で子どもの性的発達が促され，その子の遺伝子が早い段階で次に伝えられる限り，種にとって有益だという (Gardner 1992b)。彼は,「大人と子どもの性行動は古来からの伝統」かつ「世界的な現象」で，過去にも現在にも，ほぼ全ての社会に存在するものだと主張している (Gardner 1992b, pp. 47-48)。もちろん，これらの主張は事実無根である。

ガードナーは子どもに対する性的虐待の報告を義務化することに反対し，娘にわいせつ行為をしたバスの運転手を訴えないよう母親を説得できた事例について詳述している。ガードナーは，性暴力の通報は,「自然な減感プロセスを妨げ」,「罪悪感を高める可能性があり」,「心理的な悪影響をもたらす」と主張している (Gardner 1992b, pp. 611-12; Dallam 1998も参照)。あるインタビューでは，父親に性的暴力を受けたと子どもから聞かされた母親は,「嘘でしょ。そんなこと言うと叩きますよ。お父さんのことを二度とそんなふうに言ってはいけません」と子どもに言いきかせるべきだとガードナーは述べていた (Waller 2001)[4]。これらが示唆しているのは，PAS理論は，虐待の報告を抑圧すべきだという強い意図から，子ども虐待の主張を否定するということである。

重度のPASへのガードナーの「治療法」は極端で，母子の連絡の完全な遮断，子どもを逆方向に洗脳する「脱プログラミング (de-programming)」が含まれる (Bruch 2001; Gardner 1992a; http://www.rachelfoundation.org参照)。このような治療を受け，かつて自分が虐待を証言した父親との同居を裁判所によって命じられ，自殺願望的になった子どもや実際に自殺した子どももいる (Bruch 2001; Hoult 2006)。ガードナーが推奨した「威嚇療法」(「引離し」問題を扱う厳格な心理学者の常套手段) の1つとして，裁判所が子どもを拘置所や少年院に送ることを命じた例もある (Hoult 2006; Johnston & Kelly 2004a)。ある裁判官は，面会交流の予定日に9歳の少年が父親の車に乗ることを拒んだために，警官3人で取り押さえて少年院に入れるよう命じた。その子は，父親の交際相手の息子から性的虐待を受けており，父親による母親への暴力も目撃していた。その子は，少年院で他の少年たちから3日間虐待された後，裁判所の

命令に従うことに同意した。裁判官は,「片親引離し」への「処置」が効果を上げたと結論付けた (E. Stark 2007年5月,筆者宛て私信)。

2 PASの問題点

(1) PASには実証的な根拠はない

ガードナーがPASの根拠とした主張は実証的研究によって全面的に覆されている。ガードナー (Gardner 1991, 1992b) は,監護権裁判で子どもへの性的虐待が数多く主張されているが,その大多数は虚偽だと主張した。この根拠は,ガードナー自身の臨床事例についての自己解釈だけで,それ以外の実証的な根拠はない。一方,監護権裁判での子どもへの性的虐待の主張に関する最大規模の研究によれば,子どもへの性的虐待の主張は極めてまれで(2%未満),一般に保守的な裁判所や政府機関の法廷評価人によるアセスメントでも,こうした主張の約50％が正当とされていた (Thoennes & Tjaden 1990)。主張の約70％が正当と判断されたという研究もある (Faller 1998)。主要な研究者たちは,「子どもへの性的虐待の評価における最大の問題は虚偽の主張ではなく,虐待やネグレクトが起こったであろう状況下で立証できない虐待が発生している確率が高いこと」だと指摘している (Trocme & Bala 2005, pp. 1342-44)。

実証的研究からすれば,PAS理論が真実に反する前提の上に形成されていることは明らかである。PASは,子どもを守ろうとする母親が復讐心に駆り立てられて病的に子どもを「プログラミング」すると推測する。しかし,実際,子どもへのマルトリートメントの主張をでっち上げる可能性が高いのは,監護権のない父親であって,母親や子どもではない。このことについての最大規模の研究は,『報告された子ども虐待とネグレクトに関するカナダの発生率研究1998』の分析であり,子どもの面会交流を争う裁判で主張された子ども虐待やネグレクトのうち意図的な虚偽の主張は12％にすぎなかったという結果に至っている (Trocme & Bala 2005)。特に,意図的に虚偽の主張をした最大のグループは監護権を持たない親(一般に父親)たちで43％を占め,親戚・近隣住民・知人が19％,監護権を持つ親(一般に母親)たちは14％,子ど

もは2％にすぎなかった（Trocme & Bala 2005）。

(2) **PASは権威ある科学者や専門家から無効とされてきた**

「片親引離し」について臨床的な「症候群」を示す科学的な根拠はない，というのが学界での支配的な定説である。主要な研究者たちは，「PASの科学的地位はゼロである」という点で一致している（Emery et al. 2005, p. 10; Gould, 2006参照; Johnston & Kelly 2004b; Myers et al. 2002; Smith & Coukos 1997; Wood 1994）。「アメリカ心理学会・家庭での暴力に関する大統領タスクフォース」は既に1996年に次のような見解を示していた。

「片親引離し症候群」と呼ばれる現象（子どもが父親に愛着を持つのを妨害するとして母親が非難される）を裏づけるデータは皆無である。にもかかわらず，一部の法廷評価人や裁判所は今でもこの用語を用いて，好ましくない環境や心理的虐待の状況におかれた子どもの恐怖心を軽視している。（APA 1996, p. 40）

ポール・フィンク博士（元アメリカ精神医学会会長）はPASを「エセ科学」と評し（Talan 2003 line 9），アメリカ検察官研究所や全米地方弁護士協会もPASを否定している（Ragland & Field 2003）。PASはアメリカ精神医学会によって科学的な根拠を欠いているとして何度も拒否され，「精神障害疾患の診断・統計マニュアル」（DSM）に含めるに値しないとされてきた。PAS擁護者たちは（改名した）「片親引離し失調（Parental Alienation Disorder, PAD）」をDSMに入れようと総力をあげてキャンペーンを展開したが，2012年のDSM-V編纂委員会は一蹴した（Crary 2012）。

第2　片親引離し・PA

ガードナーが散々に批判された結果，監護権評価の主要な研究者たちは，PAS支持からPASの再構築へと移行し，PASに替えて「片親引離し・PA」あるいは「引離された子ども・AC」という呼称を用いるようになった（Johnston, 2005; Steinberger, 2006）。ジョンストンとケリー（2004b）は，ガード

ナーのPAS概念は「単純化しすぎた」堂々巡りの議論であり,「引離し」を「症候群」と呼ぶことを裏付けるデータはないと明言している (p. 78; 2004a, p. 622)。ジョンストンとケリーは,離婚や監護権紛争において子どもたちの「少数派」が体験した現実の現象を描写する有効な概念として,「片親引離し」または「引離された子ども」に言及している (Johnston 2005, p. 761; Johnston & Kelly 2004b, p. 78; Drozd & Olesen 2004参照)。ジョンストンは,引き離された子どもについて次のように定義している。

「一方の親に対し,理由もなく否定的な感情や考え（怒り,嫌悪,拒否,恐怖など）を見境もなく執拗に表明するが,その子どもがその親と実際に経験したこととはひどく不釣合いである。引き離された子どもの特徴は,はっきりした罪悪感や葛藤なしに,その親をきっぱりと大げさに拒絶する点にある。」(Johnston 2005, p. 762)

1 PASとPA

PASとPAは一体どう違うのか。PAは,ガードナー流の「意図的に引き離している親」に焦点を絞ることを止めて,親や子ども自身の弱さによる言動も含め,子どもが親に敵意や恐怖を抱く複合的な原因をより現実的に評価することへと重心を移している (Johnston 2005; Johnston & Kelly 2004b; Kelly & Johnston 2001)。ジョンストンとケリーは次のように述べている。

「子どもに自分の考えを吹き込む親を子どもの引離しにおける中心人物とみるPAS理論とは対照的に,自分たちのこの研究［彼ら自身の研究］では,子どもが親を拒否する原因は複数あることがわかり,子どもが一方の親を拒絶することについての多元的な説明が裏付けられた。問題の原因は親だけでなく子ども自身の弱さも関わっている。情緒面で満たされていない親の引離しの行為は,子どもがその相手役として,もう一方の親を拒絶するようになることを強く予測させる。拒絶された親による子ども虐待とともに,拒絶された親が心暖かく子育てに参加していなかったことも重要な要因であった。」(Johnston & Kelly 2004b, pp. 80-81)

ジョンストンは彼女自身のアプローチについて,ガードナーの過酷なPAS

治療法から距離を置くことでガードナーのアプローチとの差異化を図っている。ガードナーの処方箋を「暴虐の許可証」と批判し，ジョンストンとケリーは，親の権利よりも子どものニーズに留意し，子どもと親の養育の両方を個別に評価するよう求めている（Johnston & Kelly 2004b, p. 85）。理論上は，子どもに嫌われた親と子どもとの和解を唯一の望ましい目標とするのではなく，両方の親と子どもとのより現実的で健全な関係を目標としている（Johnston 2005）。

2　片親引離し（PA）の問題点──専門家たちの批判にもかかわらず世間一般の支持は根強い

「症候群」としてのPASが強く批判・拒否されて，法廷や研究文献ではこのレッテルを用いることが減ったが，世間一般の関心や政治的な認知度は高まり続けている。例えば，アメリカ心理学会や州・自治体の弁護士協会は，PASに関するワークショップを2000年から10年間後援していた。2005年頃からは，PAS支持者たちのグループ（Parental Alienation Awareness Organization-United States n.d.）の要請によって，約15名の州知事がいわゆるPAS問題についての声明を出している。

PAS擁護論はまだ根強く，著名な社会科学者にも研究を誤用・歪曲するケースがみられる（Lasseur & Meier 2005）。PASやPAは，多くの社会科学の文献で描写・引用されているために，これらの実証的な根拠を逐一問いただすことは労力を要する（Turkat 2002）。このような文献の多くが，科学的な文献を引用せずにPASやPAを主張し，さらにインターネット上で公開され，信用がありそうな執筆者や支持者との関連付けによって，PASやPAに信憑性のオーラを与えている。

ジョンストンらが示す実証的な根拠は次の2点に集約される。(i)一方の親が他方の親を傷つけるような言動や主張があっても，本当の子どもの「引離し」は非常にまれであり，(ii)子どもが一方の親と疎遠になっている場合には必ず複数の理由があり，その理由のいくつかは親自身の言動である。ジョンストンらによれば，研究に参加した家族の大多数において両方の親による引

離しの言動があっても，子どもが本当に「引き離されていた」のは20％にとどまり，「顕著な引離し」は6％に過ぎなかったとされる。一方の親を拒否していた子どもたちは皆，その敵意について複数の理由があり，その理由には，子ども虐待や不適切な養育のように，子どもが嫌っている親のネガティブな言動，子ども自身の発達面や人格面の困難などが含まれていた（Johnston 2005; Johnston et al. 2005）。

親同士の敵意や親による「引離し」行為にさらされていても，子どもたちのごく一部しか実際には引き離されていないという事実からすれば，「引離し」を注視するのは，コップの中の嵐をひたすら覗き込むようなものだ。その結果，子どもへの虐待や子どもの安全に関わるリスクについての的確なアセスメントの必要性から注意をそらし，そうしたアセスメントを阻み続けることになる。また，ジョンストンらも認めているように，引き離された子どもは情緒的・心理的発達が大幅に損なわれるという「臨床観察を裏付ける実証的なデータは皆無に等しい」。ジョンストンとケリーは，「引き離された子どもの適応性や健康を，そうでない子どもと比較した体系的な長期データはなく，長期的な予測は推論にすぎない」と率直に述べている（Johnston & Kelly 2004b, p. 84）。

第3　PA・PASと裁判所の判断

アメリカの家庭裁判所の大半は，PASの科学的な有効性や許容性を全く疑問視せず，法廷評価人や子どもの法的代理人（GAL: Guardian Ad Litem）の見解に含まれているPASを受容している。正式な控訴審において，上級裁判所も，PASの科学的な有効性や許容性について直接の判断を下すことを避けている（例えば，Hanson v. Spolnik, 685 N.E.2d 71（Ind. App. 1997），Chezem裁判官は，第一審裁判所も上級裁判所もPASという「通俗的な心理学」に依拠していると強く批判して異議表明）。結局，これまでに実際にPASの法的許容性を分析し判断を公表した事案は3件だけで（全てニューヨーク州），いずれも，PASは法的許容性の基

準を満たせるだけの十分な科学的な有効性を欠いているという見解である (Snyder v. Ceder, 2006 (2009); People v. Fortin, 2001; People v. Loomis, 1997)。第一審レベルでの4件はPASが認められるとしたが, いずれも上訴され, 上級審の判決はPAS問題についての判断にまで踏み込んではいない。第一審の裁判所の意見に好意的とされるものは数件あるが, 公表された判決はない (Hoult 2006)。

一方の親から引き離された子どもたちがいるという考えは, 科学性は低いが, 事実に関する主張には近い。そのため, 法廷では, 科学的証拠の許容性をめぐる論争の引き金を引かずに,「引離し」を主張しやすくなる (Gardner 2002)。しかし,「片親引離し」はどの程度計測できてどのくらい本当に有害な影響があるのか, あるいは,「片親引離し」(PA) とは, 無効とされたPASに替わる, 反論がより少ない新しい名称にすぎないのか, という論点については, 激しい論争が研究者や支持者たちの間で続いている。PAが法廷でPASとほぼ同義として広く用いられるのであれば, 理論上の相違は実際には問題ではないだろう。

新しい「引離し」理論としてのPAのアプローチは, 子どもが片方の親と疎遠になる多様な理由や経緯を認識する点で, ガードナーの古い理論よりも合理的で現実的である。それでも, PASとPAは,「虐待の主張は子どもと同盟している親による引離しキャンペーンに過ぎないという考え」を共有している。このため, PAとPASの相違点は, 多くの弁護士や裁判所, 法廷評価人にとって明確ではない。[5] 筆者 (マイヤー) が最近関わった事案では, 裁判所の法医学専門家が以前はPASと呼んでいたものを, 分析内容そのものは全く変更せずに,「片親引離し」(PA) と名称だけを変えて使っていた。PAとPASの違いを問われても, その法医学専門家はほとんど何も答えられなかった。「新しい」PA理論の主唱者たちは, 焦点を明確に移そうとしながらも, 相変わらずPASの資料に依拠している (Bruch 2001; Steinberger 2006)。

第4　片親引離し・PAとDVのつながり ── PAのパラダイムの逆転

　ジョンストンとケリーの研究は，DVと引離しの関係について興味深い根拠をも明らかにしている。

　「DVの前歴のために一方の親を子どもが拒絶することは直接には予測されないが……引離しの行為（例えば，子どもの母親の品位を貶めるような行為）をしていた男性たちは配偶者・パートナーへのDV加害者であった可能性がかなり高く，自分の子どもに対するこの種の心理的な支配が身体的な虐待や支配的な言動の延長とみなしうることを示している」(Johnston & Kelly 2004b, p. 81)。

　「引離し」問題を専門とする研究者たちが，DV加害者である男性の多くは，故意に母親の品位を貶め子どもたちに母親を尊敬しないよう教え込む男性でもあると述べていることは，DV被害を受けた女性たちや彼女らの支持者たちの経験を強く確証する。筆者（マイヤー）が担当した事案の1つでは，自室に逃げ込んでいた子どもたちをDV加害者が呼び出し，「尻軽」で「身持ちの悪い女」だからこうしなければならないのだと言いながら，母親を殴るところを子どもに見せた。他の監護問題の専門家や研究者たちも，加害者がもう一方の親から子どもを「引き離す」ことに実はもっとも長けていると述べている（Bancroft & Silverman 2002）。

　PAの主唱者たちは，虐待などのために非監護親から疎遠になっている子どもたちと，子どもが好いている方の親からの不当な影響によってもう一方の親を嫌ったり怖がったりするようになった子どもたちとを区別できていない場合に，最も不適切なPAの誤用をする。PA理論の主要な提唱者たちは，係争中の子どもたちの症状や心理的な傷を描写し，これらを「引離し」に起因するものだとし，また同時に，自分たちの研究によれば，「引き離された」子どもたちには，子どもに嫌われている親自身の言動のためにその親から疎遠になった子どもたちも当然含まれていると認めている。筆者（マイヤー）

が担当した事案では，虐待された子どもたちにみられる症状の多くは，PA理論の提唱者たちの文献でしばしば「引離し」によるものとされる症状である（Johnston et. al. 2005と対比; Johnston & Kelly 2004b; Righthand et. al. 2003）。PAの提唱者たちの議論が「引離し」による弊害だとしているものは，実は，子どもの嫌う親自身の言動による可能性が大きい（Meier 2010）。

　子どもの敵意の原因は「引離し」であると，虐待の加害者が裁判所を説得できれば，その加害者は虐待によって恩恵を得る。Jordan v. Jordan訴訟では，第一審は，父親が過去2度にわたり家庭で母親に暴力をふるったことが分かっていたが，（「引離し」を支持する2名の心理士の証言から）2人の子どものうち上の子が父親から著しく引き離されていると判断された。裁判所は，子どもの「引離し」を認め，虐待の加害者には共同監護を認めないという法的な推定を退ける判断をし，引離しがその子（娘）に情緒面で有害なので，（娘が面会をかたくなに拒んでいた）父親ともっと長い時間を過ごせば最良の治癒に至るだろうという見解を示した。この判断の問題点は，事案に関わった心理学の専門家たちも裁判官も皆，「引離し」が少なくとも部分的にも，子どもの面前での父親から母親への暴力やその娘自身への父親による虐待への反応であり得る可能性を考慮しなかったことである。その子の父親への敵意が父親自身の虐待の作用による可能性は全く排除されなかったにもかかわらず，結果的には，父親が共同（実質的には単独の）監護権を勝ち取った（Jordan 2010）。控訴審は，「引離し」があれば，加害者には共同監護を認めないとする法的推定を退けるに十分な根拠になるとしたが，加害者自身による虐待の可能性には言及しなかった（Jordan 2011）。

　「引離し」問題の研究者たちは，大人のDVに子どもがさらされることを子どもへの情緒的虐待の一形態として論じていない。しかし，これまでの研究で，子どもが身体的または性的な暴力を直接受けなくても，大人のDVにさらされれば子どもに甚大な悪影響が及ぶことは疑いの余地がない（Lewis-O'Connor et al. 2006; Bancroft & Silverman 2012）。したがって，子ども自身が直接に虐待されていない場合でも，母親を虐待する加虐者に対する子どもの恐怖や敵意は完全に予測される。

「引離し」を支持する研究文献におけるPAの議論は，裁判でのPA理論の適用のされ方が「引離し」支持の研究者や理論家たちの理解と一致していることを示している。例えば，ジョンストンらは，一方の親からの子どもの「引離し」には多くの要因があることを十分に意識しながらも，子どもが父親に対し敵意や恐怖を抱いていれば母親が病んでいると考え続けている。以前の著作でジョンストンらは，「子どもに拒絶された親は，暴力，身体的または性的虐待，ネグレクトなど何らかの形で子どもにとって危険だ」と信じ込んでいる「（子どもと）同盟している」親を病気だとさえ考えていた（Johnston et al. 2005, p. 258）。さらに，安全を確保するための法的な保護その他の手段を求めることは，「接近禁止令を含む複数の隠れ蓑が付けられていると推定された危険から子どもを守ろうとするキャンペーン」だと述べている（Johnston et al. 2005, p. 258; Meier 2010参照）。

有能な母親たちを病気だと決めつけようとする姿勢は，母親たちの「暖かく密に子どもと関わろうとする」養育にも矛先を向け，そのような母親の子育てが子どもに「引離し」を強くあおるのだと主張する（Johnston et al. 2005, p. 208; Kelly & Johnston 2001）。こうした議論が明らかに支持しているのは，母親と子どもの気持ちが父親に対して揺らいでいる場合には，その母親の養育が愛情に満ちていればいるほど，母親が虐待を主張すれば必ず「引離し」の一形態とみなされるということである。

片親引離し（PA）理論は，科学的な研究でも実証的な研究でもなく，主張を反復することで形成されてきた。今日，それは，最初のガードナーのように極端ではないが，一部の心理学の専門家たちの歪んだ主張である。しかも，片親引離し（PA）は，家庭裁判所では片親引離し症候群（PAS）と本質的に同等とされ，子どもを守ろうとする親と子どもへの反撃として虐待の主張を覆す（Meier 2010）。

「逆転判決」の研究によれば，裁判所が父親は危険だとは初めは信じなかったケースで，子どもへの害悪が分かってからは，第二審が第一審の間違いを訂正していることが確認されている。この研究によれば，虐待者だと非難された親（多くは父親）の危険性を間違って否定し，起こっている子ども虐

待を放置することにつながる三大要因の1つとして，片親引離し・PAが指摘されている（Silberg 2013）。この研究は，逆転判決で誤審とされた第一審の45％（31件のうち14件）は片親引離し（PA）によるという結果を示している。直接に片親引離し（PA）でなくとも似通ったやり方で，子どもを守ろうとする親（通常は母親）が病んでいるとされた5つのケースを合わせれば，比率は61％に上る。この研究によれば，虐待を否定するという間違いに至ったPA以外の主な要因は，(i)子ども福祉機関が子どもの保護に失敗したこと，そして，(ii)中立的な監護権評価人が誤った結論付けをしたことである（Silberg 2013）。

第5 専門機関や専門家とPAS・PA

1 子ども福祉部門によるPAS・PAのレッテル貼り

　子ども福祉部門は子どもの安全を優先することを公言しているが，PAS・PAを適用することも多い。逆説的なことであるが，子ども福祉部門の多くが，監護権裁判で持ち出される虐待の主張について非常に懐疑的である。監護権裁判における性的虐待の主張は大半が虚偽だとガードナーが何度も述べていたが，実証的な研究によれば事実は逆であった。それでも，PASやPAの理論の影響が強く，監護権・面会交流裁判で母親が虐待を主張することについて，子ども保護機関の多くが懐疑的であることが正当化されている（Lesher & Neustein 2005; Neustein, & Goetting 1999）。実際，PAS・PAを支持する同じ顔ぶれの監護権評定人たちが子ども福祉部門と協力している裁判所管轄区もある。筆者（マイヤー）は，子ども福祉部門が父親による子ども虐待の主張を信じようとせず真剣に調査することさえ拒否するような監護権裁判の事案に関わり，同様な事案が非常に多いことも知った。

2 評価人によるPAS・PAのレッテル貼り

　NCJFCJ（全米少年・家庭裁判所判事協会）は次のように述べている。

「監護権争いのケースでは、子どもたちはいずれかの親への恐怖、懸念、嫌悪あるいは怒りを実際に表明しているのであろう。あいにく、このようなケースでもっとも一般的な実務では、一方の親と大変強い絆と同盟があり、同時に、他方の親を強く拒絶する子どもたちを、「片親引離し症候群PAS」に病んでいると法廷評価人が判断する。有意な証拠のみ採用するという司法の判断基準によれば、裁判所はこのような証言を受容すべきではない」(Dalton et al. 2006, p. 24)。

筆者（マイヤー）がよく知る事案では、裁判所の法廷評価人は、裁判所内の監視付き面会交流センターで1度だけ短時間の面会交流で父親と子どもが暖かで熱中していたという観察をもとに、父親が性的虐待をしたという母親と子どもの主張は「引離し」によって説明されると断定した。この評価人は、裁判所では専門家として高く評価されていたが、性的虐待が事実ならそのような愛情に満ちた2人のやり取りが起こりうるとは思い至らなかった。しかし、他の専門家の研究はこの評価人の考えとは反対の結果を示している。このような性的虐待の主張の真偽は、当事者たちのやり取りの観察からは評価できない (Anderson 2005; Bancroft & Silverman 2002)。

近年の重要な研究によれば、中立的とされる監護権評価人たちは、実はDVや虐待について有意な知識や専門性に事欠いていることが確認されている (Saunders et al. 2011)。とりわけ、（とくに民間の）監護権評価人たちの多くは、別離後に加害者から他の大人たちや子どもに対するリスクを理解しておらず、客観的な評価方法を用いず、危険度の判定に関するDV分野の知識を活かそうとしない。そうした知識がなければ次のように考えがちである。「(1)DV被害者は他方の親から子どもを引離す、(2)DVの主張は典型的に虚偽である、(3)DV被害者が共同養育に抵抗すれば子どもにとって有害である、(4)監護権の決定においてDVは重要ではない、(5)エピソードでの支配的なコントロール・暴力は調査に値する要因ではない」(Saunders et al. 2011)。このような評価人たちの価値観は「父権的な」規範に依拠していたことも判明している (Saunders et al. 2011)。

監護権評価人たちは，DVや虐待を理解し監護権においては重要な要因だと考える評価人たちと，DVや虐待について理解しておらず虐待の主張について懐疑的でそうした主張は引離しの証拠だと考える評価人たちの二群に分かれている（Saunders et al. 2011; Haselschwerdt et. al. 2011; O'Sullivan, 2011; Erickson & O'Sullivan 2010）。監護権評価人たちも誤りを免れない。つまり，「研究によって，事案に関する事実よりも，評価人がその事案について何を持ち出すかが，その家族の運命を大きく左右することが示された」（O'Sullivan 2011）。

　虐待の力学やリスクの理解の程度についての評価人や裁判官たちの間のギャップは，家庭裁判所やメンタルヘルスに関する研修において，離婚後も子どもたちが非監護親と強固な関係を維持することの重要性が非常に強調されていることで更に深まる。このことから，監護権裁判での主な特徴として「共同養育」を強調することが支配的になっている。「引離し」理論は，訴訟当事者たちに「共同」養育への同意を強調することを完璧に強化する。そのため，NCJFCJ（全米少年・家庭裁判所判事協会）は，監護権評価における裁判官の手引きで次のように述べている。

　「評価人は……一方の親が虐待親と前向きな関係を築こうとしていないと誤った判断をし，暴力の前歴があっても虐待親に監護権や監視無しの面会交流を認めるよう不適切な提案をするかもしれない……」（Dalton et al. 2006, p. 25）。

第6　訴訟当事者にとっての戦略的課題
——具体的な事例において

　虐待被害者に向けられたPASやPAの主張に対抗する理想的な戦略としては，PASが有効な「科学理論」ではないと証言し，PAの科学性の限界を解説する専門家の育成が必要である。このような専門家は，PASやPAが，過去の虐待と将来のリスクから（関係者の）目をそらし，これらに対する客観的な評価を無効にするために，広く用いられていることについても説明すべ

きである。こうした専門家の証言は,虐待の証拠がある場合,PASやPAの主張を無視するよう裁判官を説得するうえで有効でありうる。第一審で勝訴できなくとも,科学的根拠に基付く的確な記録が第一審で作成されれば,PASやPAに依拠した判決が上級審で覆される可能性が高まる[6]。

当事者や支援者は,PAの主張に対して,一人一人の子ども,親に対する子どもの態度,そのような態度をとる理由を個別に評価する必要性があると主張すべきである。虐待の主張は,「引離し」の主張と切り離して十分に精査されなければならない (Drozd & Olesen 2004; Meier 2010)。理想を言えば,虐待がなかったと判明しない,あるいは,虐待がなかったと明らかになるまで,「引離し」の主張は退けるべきである。そうでなければ,近年の研究が示すように,「引離し」の主張があまりに安易に用いられ,虐待についての真剣な思量が簡略化され,本当の虐待が「引離し」の枠組みにすりかえられ,危険な誤謬が生じる。こうした理由から,一部に人気のある「決定の木 (decision tree)」[7]は,影響力のある研究者や法医学心理学者たちが提唱しているが,虐待と「引離し」とを同時に評価するように評価人を誘導し,「引離し」について既述の同じ間違いを繰り返すだけであろう (Meier 2010)。

監護権裁判におけるPASやPAの主張はとりわけ執拗で,論破することが難しい場合がある。というのも,PAS理論は循環論的で,全ての虐待の主張,証拠,補足の証拠が「症候群」の更なる証拠とされるため,直接的な反証はほとんど不可能である。こうして何人もの母親が,父親の虐待から子どもを守ろうとした結果,監護権を失い,子どもと全く接触できなくなった (Lesher & Neustein 2005)。そのような状況に直面した被害者やその支援者は,母親による「引離し」への裁判所の関心を低減させるには,虐待の主張を取り下げるしかないという結論に至ることもある。このような場合,危険な父親との間で,監督なしの面会交流や共同監護権を受け入れる方が,まだましだという判断もありうる。

DV加害者(多くは男性)が子どもをDV被害者(多くは女性)から積極的に引き離そうとする行為を目にした被害者には,別の戦略的なジレンマも生じる。それは,加害者である親に全面的な監護権を与えられる場合に多い。それは

ど頻繁ではないが，加害者が監督なしで子どもと面会交流する場合にも生じうる。虐待被害者の支援者の大多数が承知していることだが，他方親との「引離し」は加害親の常套手段である (Bancroft & Silverman 2002; Johnston 2005)。この場合に，被害者とその支援者は，加害者に対して「引離し」の主張をするかどうか決めなければならない。主張すれば，虐待の女性被害者に対して広く誤用され，またDV専門家や支援者が，曖昧な概念で有効性がないと強硬に反対してきた概念が，有効であったことにされるだろう。女性を非難して使われることが多い悪意のこもった「片親引離し」から，虐待加害者の「引離し」を区別するために，「母親による引離し (maternal alienation)」という用語も造り出されたが (Morris 2004)，現場ではまだ受け入れられていない。

第7 「片親引離し」(PA) の主張への対処：虐待を看過しないアプローチ

「再構築された」PA概念にも内在的な問題があり，(1)裁判所や評価人がこれまでの考え方を直ちに放棄するとは考えられず，(2)「引離し」行為は現にあるがその多くは虐待する父親による。これらを勘案して，「引離し」問題にどう対処すべきか，その概略を以下に示す[8]。これを誠実に実行すれば，「引離し」が正当な問題とされる少数の事例に限定して「引離し」が主張されることになる。

　① まず第1に虐待の有無を判定する

　虐待の主張があれば，まず虐待の有無を判定すべきである。虐待が事実だと確認されれば，あるいは実質的なリスクがあれば，残りの評価は安全性や保護を主要な関心事として行い，親子間の関係性の維持は二次的な関心事とすべきである。

　② 評価人は子ども虐待とDVについて的確な専門知識を持たなければならない

　評価人に子ども虐待やDVについて適切な専門知識がない場合，外部の専

門家を採用する必要がある。これはAPAの監護権評価における倫理ガイドラインで要求されている（APA 1996）。虐待の評価は，評価人が虐待の主張を信用するかどうかで決まる。だからこそ，妥当な評価を行うには，実際に虐待被害者と関わる研修や経験が不可欠である。

③　虐待が認められたら，「引離し」に関する加害者の主張は考慮すべきでない

虐待が事実なら「引離し」はないという原則について，「引離し」に関する論文はほぼ全て表面上同意している。しかし，ジョンストンとケリー（Johnston & Kelly 2004a; 2004b）やドロッズとオルセン（Drozd & Olesen 2004）は，虐待と「引離し」とを同時に評価する「多変数」アプローチを提唱しがちである。「多変数」アプローチでは，「引離し」の主張に関心が集中し過ぎ，虐待の事実についての主張の正当性と影響への認識が薄れる（Meier 2010）。

④　「引離し」の認定は，子どもが好いている親による虐待の主張や法的な保護の申請に基づいて行ってはならない

ここで思考実験をしてみよう。母親または母親の新しいパートナーが子どもを虐待していると父親が主張したが，裁判所がその主張を事実と認めない場合，父親は有害な「引離し」行為者だから，子どもを父親から守らなければならないということになるだろうか。筆者（マイヤー）の実務経験からすれば，家事事件を扱う経験豊富な弁護士や評価人，あるいは支援者がそのような対処を期待したり求めたりすることはない。虐待を主張する母親にも同じ基準を採用すべきである。つまり，虐待の主張を「引離し」と結びつけてはならない。「引離し」が重大な懸念事項なら，虐待の主張とは独立して扱うべきである。現在，一般に虐待の主張が「引離し」の証拠とされるが，それでは既述のレトリックの罠にはまるだけである。

⑤　「引離し」の主張は次の２つの状況に限定して評価すべきである

(1) 子どもが他方の親に実際に不合理なまでに敵意を示し，面会交流を嫌がる場合，ならびに，(2) 子どもと「同盟する」親が積極的に「引離し」行為をしている場合

次のような場合は除外される。親が「引離し」行為をしているが，子ども

は実際に引き離されてはいない場合（ジョンストンの研究によれば，大多数の子どもは引き離されていない）。子どもが不合理なまでに敵意を示すが，子どもが好いている親がその敵意の原因ではない場合。更に，子どもが嫌っている親との交流体験から子どもの敵意が理解される場合も除外される。これらを除外することで，子どもを保護しようとする親や虐待され沈黙を続ける子どもを非難するような，「引離し」理論の誤用による誤りを論理的に回避できる。本当の意味での「引離し」が問題になるケースはごく一部であり，該当するのは離婚・別居家庭の子どもたちの10％未満である。その数少ないケースで，子どもが一方の親に不合理なまでに敵意を示すのであれば，不合理な敵意の原因を明らかにするアセスメントが必要となる。

⑥　一方の親による「引離し」があったとされるのは，その親が意識的に「引離し」を図り，具体的な「引離し」行為が確認できる場合に限られる

先述の事例では，裁判所は，母親が子どもに指示したのではないと認定する一方，子どもは父親に対する母親の敵意を察して性的虐待のシナリオをつくったと断定した。言うまでもなく，敵意があるという推定はほとんどの事案で可能であり，この推定は虐待の主張をことごとく否定する。裁判官や評価人によるそうした事実無根の推定が正当化されたのは，PAS理論に付随し，ガードナーらPAS主唱者が主張した通俗的な心理学が広範に受け入れられたためである。最良の対処は単純明快──「引離し」の評価では精神分析を禁止し，確認できる行為のみを考慮すべきである。

⑦　確認された「引離し」への対処は，引き離された親と子どもの関係を修復することに限定される

ネグレクトや虐待，加害者による「引離し」を除外したうえで，問題のある「引離し」が認められるまれなケースでは，評価人は，子どもと子どもが好いている親との関係を阻害するのではなく，子どもと子どもが嫌っている親との関係の修復を図るべきである。子どもと子どもが嫌っている親への家族療法のほか，子どものセラピー，子どもが好いている親のセラピーが適切であろう。両方の親に互いに非難中傷するのをやめるよう命じるのも適切な対応と考えられる。子どもと子どもが嫌っている親の関係が修復され，監護

権者を変えても子どもが安心して暮らせると判断できなければ，監護権者を無理に変更してはならない。

　本章は次の論文に基づいている。本書への日本語版の掲載について，National Resource Center on Domestic Violenceのご快諾をいただいたことに感謝する。
Meier, J. (2013, September). Parental Alienation Syndrome and Parental Alienation: A Research Review. Harrisburg, PA: VAWnet, a project of the National Resource Center on Domestic Violence. Retrieved October 16, 2014, from: http://www.vawnet.org/assoc_files_vawnet/ar_pasupdate.pdf

引用文献

American Psychological Association. (1996) Report of the American Psychological Association Presidential Task Force on Violence and the Family. Washington, DC: APA.

Anderson, C. (2005) Report in Wilkins v. Ferguson, DR－757－01 (on file with author).

Bancroft, L. & Silverman, J. (2002) *The Batterer as Parent: Addressing the Impact of Domestic Violence on Family Dynamics.* Thousand Oaks, CA: Sage Publications.

Bancroft, L. & Silverman, J. (2012) *The Batterer as Parent 2: Addressing the Impact of Domestic Violence on Family Dynamics.* Thousand Oaks, CA: Sage Publications.

Bruch, C.S. (2001) Parental Alienation Syndrome and Parental Alienation: Getting It Wrong in Child Custody Cases. *Family Law Quarterly,* 35, 527－552.

Crary, D. (2012) Parental alienation not a disorder, American Psychiatric Association says, available at http://www.huffingtonpost.com/2012/09/21/parental-alienation-is-no_n_1904310.html

The Custody Center (n.d.). *What is Parental Alienation Syndrome (PAS)?* Retrieved May 15, 2007, from http://www.custodycenter.com/PAS

Dallam, S. (1998) Dr. Richard Gardner: A Review of his Theories and Opinions on Atypical Sexuality, Pedophilia, and Treatment Issues. *Treating Abuse Today,* 8(1), 15－22.

Dalton, C., Drozd, L. & Wong, F. (2006) *Navigating Custody and Visitation Evaluations in Cases with Domestic Violence: A Judge's Guide* (Rev. ed.). Reno, NV: National Council of Juvenile & Family Court Judges.

Drozd, L. & Olesen, N. (2004) Is it Abuse, Alienation, and/or Estrangement? A

Decision Tree. *Journal of Child Custody*, 1(3), 65 – 106.
Emery, R.E., Otto R.K. & O'Donohue, W.T. (2005). A Critical Assessment of Child Custody Evaluations: Limited Science and a Flawed System. *Psychological Science in the Public Interest*, 6(1), 1 – 29.
Erickson, N. & O'Sullivan C. (2011) Doing our Best for New York's Children: Custody Evaluations when Domestic Violence is Alleged, *NYS Psychologist*, 23: 2.
Faller, K.D. (1998) The Parental Alienation Syndrome: What Is It and What Data Support It? *Child Maltreatment*, 3(2), 100 – 115.
Gardner, R.A. (1987) *The Parental Alienation Syndrome and the Differentiation Between Fabricated and Genuine Child Sex Abuse*. Cresskill, NJ: Creative Therapeutics.
Gardner, R.A. (1991) *Sex Abuse Hysteria: Salem Witch Trials Revisited*, Cresskill, NJ: Creative Therapeutics.
Gardner, R.A. (1992a). *The Parental Alienation Syndrome: A Guide for Mental Health and Legal Professionals*. Cresskill, NJ: Creative Therapeutics.
Gardner, R.A. (1992b). *True and False Accusations of Child Sex Abuse*. Cresskill, NJ: Creative Therapeutics.
Gardner, R.A. (2002). Parental Alienation Syndrome vs. Parental Alienation: Which Diagnosis Should Evaluators Use in Child Custody Disputes? *The American Journal of Family Therapy*, 30(2), 93 – 115.
Haselschwerdt, M. L., Hardesty, J. L. & Hans, J. D. (2011). Custody evaluators' beliefs about domestic violence allegations during divorce: Feminist and family violence perspectives. *Journal of Interpersonal Violence*, 26(8), 1694 – 1719.
Hoult, J. (2006) The Evidentiary Admissibility of Parental Alienation Syndrome: Science, Law and Policy. *Children's Legal Rights Journal*, 26(1), 1 – 61.
Johnston, J.R. (2005) Children of Divorce Who Reject a Parent and Refuse Visitation: Recent Research and Social Policy Implications for the Alienated Child. *Family Law Quarterly*, 38, 757 – 775.
Johnston, J.R. & Kelly, J.B. (2004a) Rejoinder to Gardner's 'Commentary on Kelly and Johnston's 'The Alienated Child: A Reformulation of Parental Alienation Syndrome.' *Family Court Review*, 42(4), 622 – 628.
Johnston, J.R. & Kelly, J.B. (2004b) Commentary on Walker, Brantley, and Rigsbee's (2004) 'A Critical Analysis of Parental Alienation Syndrome and Its Admissibility in the Family Court.' *Journal of Child Custody*, 1(4), 77 – 89.
Johnston, J.R., Walters, M.G. & Olesen, N.W. (2005) Is It Alienating Parenting, Role

Reversal or Child Abuse? A Study of Children's Rejection of a Parent in Child Custody Disputes. *Journal of Child Custody*, 5, 191–218.

Jordan v. Jordan, 14 A.3d 1136 (D.C. 2011).

Jordan v. Jordan, Brief of Appellant, FM–10–FM–375 (2010) (on file with author)

Kelly, J. & Johnston, J. (2001) The Alienated Child: A Reformulation of Parental Alienation Syndrome. *Family Court Review*, 39(3), 249–266.

Lasseur, D. & Meier, J. (2005) Response to the Father and Families "Critique of the Scientific Basis for Key Assertions in Breaking the Silence: Children's Stories" (on file with the author).

Lesher, M. & Neustein, A. (2005) *From Madness to Mutiny: Why Mothers Are Running from the Family Courts–and What Can Be Done about It.* Lebanon, NH: University Press of New England.

Lewis-O'Connor, A., Sharps, P.W., Humphreys, J., Gary, F.A. & Campbell, J. (2006). Children Exposed to Intimate Partner Violence. In M.M. Feerick & G.B. Silverman (Eds.), *Children Exposed to Violence* (pp. 3–28). Baltimore: Paul H. Brookes Publishing Co.

Meier, J. (2010) Getting Real about Abuse and Alienation: A Response to Drozd and Olesen. *Journal of Child Custody*, 7:4, 219–252.

Meier, J. (2003) Domestic Violence, Child Custody and Child Protection: Understanding Judicial Resistance and Imagining the Solutions. *American University Journal of Gender, Social Policy & the Law*, 11(2), 657–731.

Morris, A. (2004, September) The Story of Naming Maternal Alienation: New Research Enters the World of Policy and Practice. Paper presented at 2004 Home Truths Conference, Melbourne, Australia. Retrieved September 20, 2014, from http://pandora.nla.gov.au/pan/52391/20051020-0000/hometruths.com.au/index.html

Myers, J., Berliner, L., Briere, J., Hendrix, C.T., Jenny, C. & Reid, T.A. (Eds.). (2002). *The APSAC Handbook on Child Maltreatment* (2nd ed.). Thousand Oaks, CA: Sage Publications.

Neustein, A. & Goetting, A. (1999) Judicial Responses to the Protective Parent's Complaint of Child Sexual Abuse. *Journal of Child Sexual Abuse*, 8(4), 103–122.

O'Sullivan, C. S. (2010) Custody Evaluations when There Are Allegations of Domestic Violence: Findings and Implications for the Court. *AFCC Ninth Symposium on Child Custody Evaluations*, October 28–30, 2010, Cambridge, MA.

People v. Fortin, 289 A.2d 590 (N.Y. App. Div. 2001).

People v. Loomis, 658 N.Y.S.2d 787 (N.Y.Ct.Ct.1997).

Ragland, E.R. & Field, H. (2003) Parental Alienation Syndrome: What Professionals Need to Know. Update Newsletter, 16(6). Alexandria, VA: National District Attorneys Association's American Prosecutors Research Institute. Retrieved October 30, 2005, from http://www.ndaa.org/ncpca_update_v16_no6.html

Smith, R. & Coukos, P. (1997) Fairness and Accuracy in Evaluations of Domestic Violence and Child Abuse in Custody Determinations. *The Judges' Journal*, 36(4), 38−42, 54−56.

Saunders, D., Faller, K. & Toman, R. (2011) *Child Custody Evaluators' Beliefs About Domestic Abuse Allegations: Their Relationship to Evaluator Demographics, Background, Domestic Violence Knowledge and Custody-Visitation Recommendations*, Final Technical Report submitted to the National Institutes of Justice.

Silberg, J. (2013) *When Allegations of Abuse Intersect with Intimate Partner Violence, Divorce and Separation*, Presentation to Child Welfare Agency of Montgomery County (on file with author)

Snyder v. Cedars, 2006 Conn. Super. LEXIS 520 (2009)

Steinberger, C. (2006) Father? What Father? Parental Alienation and its Effect on Children. *Law Guardian Reporter*, 22(3). Published by The Appellate Divisions of the Supreme Court of the State of New York August, 2006 Volume XXII, Issue III. Retrieved November 26, 2008, from http://www.drhavlicek.com/Parent%20Alienation%20Effects%20on%20Children.htm

Talan, J. (2003) The debate rages on ... In Death, Can He Survive? Newsday.com July 1, 2003. Retrieved November 12, 2008, from http://www.leadershipcouncil.org/1/pas/talan.html

Thoennes, N. & Tjaden, P. (1990) The Extent, Nature, and Validity of Sexual Abuse Allegations in Custody/Visitation Disputes. *Child Abuse and Neglect*, 14, 151−163.

Trocme, N. & Bala, N. (2005) False Allegations of Abuse and Neglect When Parents Separate. *Child Abuse & Neglect*, 29(12), 1333−1345.

Waller, G. (Producer). (2001) *Small Justice: Little Justice in America's Family Courts* [Motion picture]. Seattle, WA: Intermedia Inc.

Wallerstein, J.S. & Kelly, J.B. (1976) The Effects of Parental Divorce: Experiences of the Child in Early Latency. *American Journal of Orthopsychiatry*, 46(1), 20−32.

Wallerstein, J.S. & Kelly, J.B. (1980) *Surviving the Breakup: How Children and Parents Cope with Divorce*. New York: Basic Books.

Wallerstein, J.S., Lewis, J.M. & Blakeslee, S. (2000) *The Unexpected Legacy of Divorce:*

A 25 Year Landmark Study. New York: Hyperion Books.

Wood, C. (1994) The Parental Alienation Syndrome: A Dangerous Aura of Reliability. *Loyola of Los Angeles Law Review*, 27, 1367-1415.

1） 本章で，子どもを守ろうとする親や加害親についてジェンダー（男女）を特定する表現を用いるのは，リチャード・ガードナー自身がジェンダーを特定する理論枠組みによってPASなどを論じたことに対応している。

2） ガードナーは「無償ボランティア」として，コロンビア大学医学部児童・思春期精神科で時々教えていた。*The New York Times*（June 14, 2003, correction）〈http://query.nytimes.com/gst/fullpage.html?res=9F05E0DB1539F93AA35755C0A9659C8B63〉

3） ガードナーはその後この理論を敷衍して，子どもが一方の親によって「プログラミング」されて「他方の親から引き離された」場合も対象とし，さらには性的虐待の主張はPAS事件のごく少数にすぎないとも述べている（Gardner 2002, p.106）。

4） ガードナーが精神的に不安定であったことは2003年の彼自身の自殺で悲劇的に暴露された。*The New York Times*（June 14, 2003）

5） ある弁護士のウェブサイトには，「PAS（片親引離し（PA）とも言う）は，主に監護権争いに絡んで生じる障害である」と書かれている（The Custody Center n.d., line 1-2）。確かにガードナー自身，裁判所において「PAS」の主張によって生じる攻撃を回避するために「片親引離し」という用語を用いる評価人が多いと認めている（Gardner 2002）。実際のところ，2つの概念を区別せずに使っている法律実務家が多いようだ。

6） 調査によれば，DV裁判は上級審では驚くほど勝訴している。DVが主張された監護権裁判の上級審を筆者（マイヤー）が調べたところ，虐待加害者を勝たせた裁判の3分の2が上級審で覆された（Meier 2003）。監護権裁判の場合，上級裁判所は一般に第一審の判断を踏襲することを考えれば，この変更率は驚くほど高い。

7） 「決定の木（decision tree）」については，Drozd & Olesen（2004）〈http://www.drdrozd.com/articles/DrozdOlesenJCC1(3)2004.pdf〉参照。

8） この提案の詳細についてはMeier（2010）を参照。

児童虐待(不適切な養育)に陥った親と児童との面会交流の実情について

岩 佐 嘉 彦

第1 児童虐待ケースと親子の関係性について

　児童虐待とは，保護者がその監護する児童に対して行う，身体的虐待（児童虐待の防止等に関する法律（以下「児童虐待防止法」）2条1号），性的虐待（同2号），ネグレクト（同3号）及び心理的虐待（同4号）をいう。なお，ここにいう「児童」とは18歳未満の者をいうが（児童福祉法4条1項），18歳及び19歳の未成年者についても対応可能なメニュー（児童福祉法31条2項，33条の7等）もある。
　なお，平成16年10月1日に施行された「児童虐待の防止等に関する法律の一部を改正する法律」（平成16年法律第30号）により，心理的虐待として，「児童が同居する家庭における配偶者に対する暴力」が明記された。
　児童虐待は，児童に対する権利侵害であり，身体面，知的発達面，心理面等に様々な悪影響を与える。[1] 虐待ケースの対応に当たっては，児童の安全・健全な発達の確保が優先され，それが確保されている状況のもとで，必要となる家族の支援がなされる。また，児童が不適切な養育を受けているからといって児童と親との関係を完全に切ってしまえばよいという単純な問題でもない。児童自身が親との交流を望むこともあるし，関係者の努力で時間をか

けて,親子の交流が可能になるケースもある。親子が一緒に生活するに至らなくても,また,親子が面会交流するに至らなくても,児童自身が親を自分との関係においてどう位置づけるのか,自分にとって親とは何かを整理することが重要になることも少なくない。その意味では,広い意味で,親子の関係性を整理調整していく必要がある。

　最近,親と児童との再統合の必要性や再統合に向けた親指導のあり方が強調されることも多いが,ケースによっては,親子を分離した後,親と同居することなく自立することもある。また,その間,親との面会をしないまま自立するケースもある。ただ,そのようなケースでも児童自身が,自分の親のことをどう考えればいいのか整理する必要があることが少なくない[2]。

第2　面会交流の制限が問題となる場面

　児童福祉法上,親と児童との面会が問題になる場面は,児童と親とが別の場所で生活している状況にあるときであり,具体的には次の場合となる。

　なお,児童相談所が親権停止又は親権喪失の審判を利用して,親子を分離する場合もあるが(児童福祉法33条の7),児童が児童養護施設等を利用する場合は,未成年後見人の同意のもとで措置がなされることになる。

1　児童が一時保護されている状況

　児童相談所が,虐待通告を受ける等して児童虐待を疑うに至った場合,児童の安全確認を含め,様々な調査を行うが,調査の過程において,必要な場合に,児童を保護者から分離し,一時保護所に保護することがある(児童福祉法33条1項,2項。なお,一時保護委託として適当な場所に委託して一時保護を行うこともある)。一時保護の期間は,原則2か月とされるが(児童福祉法33条3項),延長が可能である(児童福祉法33条4項,5項)。一時保護は,親権者の意思に反しても実施することができ,現行法上は裁判所の許可等は要しない。

2 児童が児童福祉施設等に入所している状況

児童相談所による調査の結果，親子を分離して児童の支援を行う必要があると判断した場合には，児童養護施設等の施設に児童を入所させたり，里親に委託したりする。これらの措置は，親権者の意に反しない範囲で行い（児童福祉法27条1項3号，同条4項），親権者の意に反する場合には家庭裁判所の承認を得て措置する（児童福祉法28条1項）。家庭裁判所の承認を得て措置を行う場合に，その期間が2年を超えるときは，2年ごとに家裁の承認を要する（児童福祉法28条2項）。

3 統 計

平成24年度の全国の児童相談所の児童虐待対応件数と，当該虐待対応件数中，一時保護，施設入所措置等がなされる件数は，以下の通りである[3]

平成24年度
(件)

児童虐待相談対応件数	66,701
うち一時保護	14,891
うち児童養護施設等入所	4,057
うち里親委託	429

第3 親子が分離されている場合の面会交流の制限について

1 法律の規定

児童虐待防止法12条は，児童虐待を受けた児童について児童福祉法27条1項3号の措置（以下「施設入所等の措置」）がとられ，又は一時保護が行われた場合，児童虐待の防止及び児童虐待を受けた児童の保護のため必要があると認めるときは，児童相談所長及び施設長は，児童虐待を行った保護者について，当該児童との面会，通信の制限ができると規定している。

2 法律改正の経過

　平成12年に児童虐待防止法が制定された際に，本条が設けられたが，制定当時，面会通信の制限ができると記されていたのは，施設入所措置等がなされた児童のうち児童福祉法28条1項に基づいて措置された児童に関してのみであった。一時保護中の児童についても規定されていなかった。

　厚生労働省の通知「「児童虐待の防止等に関する法律」の施行について（平成12年11月20日児発第875号）」では，児童虐待防止法12条の規定について，「児童福祉法第28条に基づき，保護者の意に反する措置が採られた場合には，児童に対する保護者の監督権や居所指定権などの親権が制限されていることに鑑み，児童相談所長又は児童福祉法第27条第1項第3号に規定する施設の長は，第12条に基づき，保護者に対して面会又は通信の制限を行うことができること」と説明しており，このような面会制限ができる正当性（児童福祉法及び児童虐待防止法上の体系との整合性）を児童福祉法28条により裁判所の承認により親権が制限を受けていることに求めており，一定の強制力（親権者の意思に反しても行うことができる）はあるが裁判所の承認を得て行うわけではない一時保護や，親権者の意に反しないことを要件としてなされる児童福祉施設等への入所等（以下「同意入所等」）の場合の面会通信の制限については，具体的に規定されていなかった。

　その後，「児童虐待の防止等に関する法律及び児童福祉法の一部を改正する法律」（平成19年法律第73号）により，本条による面会通信制限の対象として，一時保護中の児童，同意入所等がなされている児童についても，明記された。

　厚生労働省の通知「「児童虐待の防止等に関する法律及び児童福祉法の一部を改正する法律」の施行について（平成20年3月14日雇児発第0314001号）」においては，「一時保護及び同意に基づく施設入所等の措置の場合にも，強制入所等の場合と同様に，児童相談所長等は，児童虐待を行った保護者について当該児童との面会又は通信を制限することができるものとされた。」と記載されている。

3 児童虐待防止法12条による面会通信制限の規定と児童福祉法47条3項との関係について

　以上の通り，現行法上は，いわゆる同意入所の場合も含め面会通信の制限が可能であると明記されている。この点，いわゆる同意入所は，親権者の意向に基づいた措置であり，このことと，同意入所であっても行政処分として面会通信を可能とする児童虐待防止法12条の規定とが体系的に整合しているのかが問題となりうる。

　しかし，そもそも同意入所の場合であっても，施設長は，児童福祉法47条3項により，親権の一部を事実上制限する措置をとることも可能なのであり，児童虐待防止法12条の規定が置かれる前から，児童の利益にならない親との面会は，児童福祉法47条3項に基づいて制限ができたと解釈すべきであり，児童虐待防止法は，これを明文の規定によって明らかにしたものと考えるべきであろう（なお，児童相談所長による制限ができるとした点は「創設的」な規定である）。

4 児童虐待防止法12条に基づく面会通信の制限の実情について

　児童虐待防止法12条は，面会，通信の一部又は全部を制限できるとしているところ，平成25年度の同条に基づく面会通信の制限件数は，以下の通りである[4]。

平成25年度

	（件）
面会通信全部制限	45
面会のみ制限	30
通信のみ制限	16

　先にも触れた通り，平成24年度の児童虐待対応件数のうち，一時保護の件数が1万4,891件，児童養護施設等に措置されている件数が4,057件であり，児童虐待のケースにおいては，児童の安全・健全な発達の確保の観点から，面会通信の実施は慎重に行う運用となっていることから考えると，ほとんど

の面会通信の制限は，親権者の承諾のもと「行政指導」として行われており[5]，面会通信の制限がなされているもののうちごく一部だけが，児童虐待防止法12条に基づき，行政処分として制限がなされている実情にあると考えられる。

第4　面会通信制限の要件について

児童虐待防止法12条は，面会通信の制限をなしうる要件の1つとして，「児童虐待の防止及び児童虐待を受けた児童の保護のため必要があると認めるとき」と規定している。

1　一般の面会交流との状況の違い

通常両親の間で問題となる面会交流と児童福祉の領域で問題となる面会交流とは，次のような違いがある。

(1) **児童福祉においては親子を分離せざるを得ない状況において問題となっていること**

児童福祉の分野において，親と児童との面会交流のあり方が問題になるのは，上述の通り，児童を一時保護したり，児童養護施設等に入所措置したりしている場合であり，これは親の側に不適切な養育がなされていると考えられ，親と児童とが同居することが，児童の安全，健全な発達の確保の観点から，問題があると判断された場合である。

それだけに，そもそも面会を認めるのか否か，面会を認めるとしても，どのような方法で行うのか等について，慎重さをもって対応することが求められる枠組みとなっている（後述のとおり，各種のガイドラインにおいて，児童の安全を第一に考え，慎重に対応することを要求している）。

その意味では，一般的に別居・離婚した両親間で面会交流が問題になっている場面とは異なる。ただ，いわゆる一般の面会交流にあっても，面会交流の可否やその方法は，児童の最善の利益を基本に考えることは共通している

し，一般的な面会交流においても，面会に関する児童の意向や従前の養育状況や夫婦関係等から，慎重な検討が求められるケースも当然存在する。

(2) **両方の親から引き離された状況にあること**

児童福祉で問題となる場合は，児童は両親から引き離されて，一時保護所，施設，里親といった両親以外の者の監護下にある。一方の親のもとにあって，他の親から面会を求められている場合とは状況が異なる。当該監護親の状況にもよるが，とりわけ一時保護所や施設で生活することと比較すると，児童にとっては，課題のある環境下にある状況で生活している状況にはない。

なお，両親が別居状態にあり，両親間の面会交流の争いが，一時保護所や児童養護施設内に持ち込まれるようなケースも中にはある[6]。

(3) **親子の面会が持つ意味**

児童虐待ケースにおける親子の面会は，親子の交流を実現するということにとどまらない。

児童虐待ケースでは，親子の面会は，一旦分離された親子について，親子関係を再構築していく上でのひとつのステップとしての位置付けもある（段階的親子再接触アプローチ）[7]。親子で一緒に生活することが目標となる場合，通常は，親子の情報の交換，（ケースによっては）通信や間接的な面会[8]，実際の面会，外出，外泊とステップを踏んでいく。なお，一緒に生活をすることが目標とはならない場合でも，親子の情報を交換共有すること，通信の実施，面会の実施をすること自体が，児童の中で自分の親をどう位置付けたらよいのかということの助けになるという面もある。

ただ，親子関係の再構築の枠組みに入っていくと，「児童相談所の支援が当事者との関係性の中で展開するに従い，評価的・管理的視点が徐々に状況に流されやすくなるというプロセス上の課題がある」と指摘されている[9]。

2 基本的な考え方

児童と親との面会を行うか否か，行うとしてどのような方法で行うかは，児童の安全，健全な発達の確保が最優先事項となる。子どもの安全・安心が脅かされるおそれがある場合には，原則として面会を控えることとなる。

虐待対応は，児童の安全・安心において一歩も妥協しない姿勢とともに，安全・安心を構築できる主体は家族自身であり，真にそれが実現するとすれば，その可能性は家族の中にこそあるというスタンスが基本とされるが[10]，児童との面会交流を実施するか否か，実施するとしてどのように実施するかの判断に際しても，このような考え方に立脚して行うこととなる。

　一時保護中，児童養護施設等に入所措置中の児童と親との面会は，法的には，親の「権利」や児童の「権利」を実現するという枠組みではなく，児童虐待防止法12条（原理的には児童福祉法47条3項）に基づいて，児童相談所や児童の「監護」に当たっている施設長が，その権能の1つとして，面会を認めるかどうかを決めるという枠組みにある。

　面会通信の制限ができるか否かは，「児童虐待の防止及び児童虐待を受けた児童の保護のため必要があると認めるとき」に該当するかどうかを検討することとなる。具体的には，当該条文が「虐待の防止」「児童の保護」といった広い概念を使っていることからすると，面会通信を実施することが，児童の成長発達に悪影響を及ぼす「おそれ」があればよいと考える。面会を実施してそれが児童の心に傷を与えるとなると，面会が虐待場面の再現ともなってしまうこと[11]や，面会の影響について，一定の推測で判断せざるを得ないことを考えると，悪影響が生じることが確実であるとか，明らかであるなどといった高度の必要性まで要求すべきではない。

　児童への悪影響が生じるおそれがあるか否かは，面会に関する児童の意向，過去になされた不適切な養育（虐待）の内容やそれによって児童が受けたと考えられるダメージ，児童自身が現時点で持つ力量（面会の場面で仮に問題が生じたとしてリカバリーできるだけの力があるか），親の側が面会の意味・意義を理解しているか，親が適切な面会交流を実施することが期待できるか等といった事情のほか，その児童の長期的な支援目標との関係で面会を実施することがどのような意味を持つのか等を総合して判断することとなる。

　また，児童に悪影響が生じるおそれがあるかどうかは，一定の専門的な判断に基づくものであり，行政裁量に属する。

　この点に関し，東京地方裁判所平成25年8月29日判決（判時2218号47頁）は，

「児童虐待防止法12条は，児童福祉法27条1項3号，28条の規定に基づく措置がなされた場合において，児童相談所長に，児童虐待の防止及び児童虐待を受けた児童の保護の観点（児童虐待防止法12条）から，面会，通信の制限をすることができる旨を定めており，児童相談所の所長及び所員には児童の福祉等に関する一定の専門知識を有することが要求されていることからすると（児童福祉法12条の3），児童虐待の防止及び児童虐待を受けた児童の保護の観点から必要性があるか否かの判断を，児童相談所長の専門的合理的な裁量に委ねているもので，その判断が，著しく不合理であって裁量の逸脱又は濫用と認められる場合に限って違法となるものと解するのが相当である。」としている。

なお，一時保護の場合の面会については，施設入所中の場合とは異なる特殊性もあるので，次に触れる。

3 一時保護中の児童の親との面会交流について

児童虐待の疑いを理由に一時保護され，児童福祉法27条1項に基づく施設入所措置や，場合によっては児童福祉法28条1項に基づく施設入所措置が視野に入っており，児童の安全の確保や将来の措置に向けての調査を主目的としている場合は，面会通信を認めないことが多い。

児童相談所の業務のガイドラインともいえる児童相談所運営指針においては，「入所中の児童に関する面会，電話，手紙等の文書等への対応については，その児童の人権に十分配慮しつつ，その福祉向上の観点から行う必要がある。」と記載されている。「子ども虐待対応の手引き」でも「面会が子どもに精神的なマイナスを及ぼすおそれがあれば行うべきではない」[12]としている。

先に指摘した面会を制限すべき要素のほか，一時保護中の児童の場合，養育状況等について未だ調査段階であるとの特殊性もあり，一層面会が制限されやすい状況にあると考えられる。中には，児童福祉法28条1項に基づく裁判所への申立てを考えているケースにおいて，「敵対」関係にあるのに，面会を認めるのは難しいという意見を聞くこともある。

ただ，虐待を理由に一時保護したケースについて一切面会を認めないとか，

児童福祉法28条申立て準備中は一切面会を認めないという運用がなされているとしたら，それは硬直しすぎた運用と思われる。

例えば，児童福祉法28条申立てを行うケースの中には，（数は限られているとは思うが）親が児童とほとんど関わろうとしておらず，今後，一旦，施設に措置をせざるを得ないものの，その後は，積極的な親子の交流を促す必要があるものもある。このようなケースでは，むしろ一時保護中から積極的に親子の交流を促すべきである。

また，一時保護を利用して，家庭復帰に至るケースもある。このようなケースについては，児童福祉施設措置後の対応と同様の対応を（施設入所措置ケースよりも短期間で）実施することになる。

第5　児童福祉の対応からみたいわゆる「原則面会」論の問題点

東京高決平成25年7月3日（判タ1393号233頁）は「子は，同居していない親との面会交流が円滑に実施されていることにより，どちらの親からも愛されているという安心感を得ることができる。したがって，夫婦の不和による別居に伴う子の喪失感やこれによる不安定な心理状況を回復させ，健全な成長を図るために，未成年者の福祉を害する等面会交流を制限すべき特段の事由がない限り，面会交流を実施していくのが相当である」としている。筆者の実感として，非監護親が監護親と同居していた時期にDVや児童虐待ともいえる行為がなされていたケースにあっても，「とりあえずは面接させる」「面接場面でよほどのことがなければ面接を継続する」という事例に当たったり，見聞きしたりすることもある。調停委員が，親子の面会交流は行われるべきものだという素朴な考えから，きめ細かな検討もなく，強く面会交流を勧められることもある。

民法766条は，児童との面会交流について，「子の利益を最も優先して考慮しなければならない」と規定しており，この理念は，児童福祉法に基づく虐

待ケースにおける対応と変わるところはない。

　これまで説明した通り，児童虐待ケースでは，不適切な養育があり親子分離にまで至ったという経過も踏まえ，面会通信について，慎重な姿勢で行われ，児童の安全・安心の確保を犠牲にしてはならない旨強調される。

　ところで，一般の面会交流事案においても，DVケースを含め,[13] 一方親による虐待があると評価できるようなケースがある。これらは，場合によっては児童相談所が介入し，親子分離をしていたかもしれないが，一方当事者ないし関係親族の支援で，両親間での家事事件上の紛争になったケースといえる。仮に児童相談所が関与していれば，親子の面会について相当慎重なアプローチがなされたはずの事案について，家事手続きにおいて，単純に面会交流を実施しようとしているケースもあるのではないか。

　家庭裁判所における両親間の面会交流の可否の判断について，先に掲げたような面会に関する児童の意向，同居中の非監護親の養育内容やそれによって児童が受けたと考えられるダメージ，児童自身の現時点での力量（面会の場面で仮に問題が生じたとしてリカバリーできるだけの力があるか），非監護親の側が面会の意味・意義を理解しているか，非監護親が適切な面会交流を実施することが期待できるか等といった事情のほか，その児童の長期的な支援目標との関係で面会を実施することがどのような意味を持つのか等といった点が検討されているのかという疑問もある。

　少なくとも，このような点を丁寧に考え，面会の可否やその方法について考える姿勢が不可欠である。

---

1) 具体的な影響について，厚生労働省雇用均等・児童家庭局総務課「子ども虐待対応の手引き（平成25年8月改正版）」5頁〈http://www.mhlw.go.jp/seisakunitsuite/bunya/kodomo/kodomo_kosodate/dv/dl/130823-01c.pdf〉参照。
2) 厚生労働省雇用均等・前掲注1）では，施設入所措置等に至った事例で家庭復帰を目指せる事例は15％から17％という現実も踏まえ，「親子が一緒に暮らす見通しはないものの，親子としての関係性を再調整して発展させていく支援までを含んで「親子の

再統合」あるいは「家族再統合」と理解することが適当」としている。
3）子どもの虹情報研修センター「児童相談所長研修（前期）子ども家庭福祉の動向と課題2014年4月22日」より「平成24年度児童虐待相談対応の内訳」厚生労働省による行政説明資料〈http://www.crc-japan.net/contents/situation/pdf/20140602.pdf〉参照。
4）政府統計の総合窓口ウェブサイト【社会福祉行政業務報告＞平成25年度＞福祉行政報告例＞児童福祉＞年度次＞2013年度】30．児童相談所における児童虐待防止法に関する対応件数，都道府県—指定都市—中核市別〈http://www.e-stat.go.jp/SG1/estat/List.do?lid=000001128544〉参照。
5）親権者との通信面会の制限につき，ほとんどのケースが「行政指導」としてなされている現在の運用ないし制度のありかたについては，問題があると考える。
6）東京家審判平成24年6月29日では，申立人（非親権者父）と情緒障害児短期治療施設又は児童養護施設に入所中の未成年者らとの面会交流については，各々が入所する施設の未成年者らに対する指導方針を尊重しながら行われる必要があるから，その具体的な日時，場所及び方法を入所施設と協議して定めることとした上で，これを認めるものとするとともに，相手方（親権者母）が上記協議の上で実施される面会交流に承諾を与えないなどとして妨げることはできないものとするのが相当であると判断した（家月65巻3号52頁）。なお，当該審判は，父母間での子の監護に関する関係を判断したものであり，施設として面会を実現するかどうかは，児童福祉法47条3項（ないし児童虐待防止法12条の問題）の問題として，別に検討することとなる。
7）山本恒雄ほか「児童相談所における保護者援助のあり方に関する実証的研究」日本こども家庭総合研究所紀要第49集。
8）ビデオレターのような方法で，「面会」をすることもあり得る。
9）山本ほか・前掲注9）論文。
10）厚生労働省雇用均等・前掲注1）205頁。
11）学校に行けなくなってしまうとか，一緒に生活している児童たちとの関係を悪化させてしまうといった行動面に影響が出てくる場合もあるし，このまま自分の気持ちを言えないまま引き取られてしまうのではないかという不安にかられることをはじめとして，いろいろな不安を抱くことにもなる。
12）厚生労働省雇用均等・前掲注1）112頁。
13）いわゆるDVが児童虐待と定義されていることは前述した。なお，DVが児童に対して与える影響について言及しているものも多いが，このような影響のほか，DV事案では，児童への直接の暴力がなされていることも多く，DVを目撃するだけではなく，様々な形で子どもが巻き込まれて，特殊な家族内の人間関係を形成させられ，心理的な悪影響を受けている。

6

離婚後の親子の交流と
親権・監護・親責任

小川 富之

第1 はじめに

　近年，子どもを取り巻く様々な法律問題に関する裁判所の判断[1]が，法律家だけでなく，一般の人たちの関心を集めている[2]。離婚後の子の養育に関しては，いわゆる「ハーグ条約」が日本でも批准され[3]，2014年から発効することになり，これに関連する事件の扱いにも，注目が集まっている[4]。この「ハーグ条約」の影響もあって，日本では離婚後の子の養育に関する法制度の見直しが検討され，「欧米で採用されているような共同親権制度を日本に導入する必要がある」という考え方が強くなってきているように思われる[5]。研究者の間でも，共同親権制度の導入に肯定的な意見が多数派を形成しつつある[6]。

　離婚しても，子との関係では父母が継続して，子の養育に関わることが望ましいと主張される。その場合，父母ができるだけ均等な関わり方をすることが有益であると言われる。また，そのような状況を実現するうえで，日本の現行法で採用されている，離婚後の単独親権制を見直し，共同親権制を導入することが必要であると指摘される。

周知のとおり，日本では，父母の婚姻中で，共同生活が存在している場合であっても，父（夫）の家事や育児への関与は欧米先進工業諸国と比べて極めて少ないのが現状である[7]。もちろん，婚姻中は父母の共同親権が原則で，法律的には父母が共同して子の養育に関わっていることになっている（民818条）。離婚をすると，当然のことであるが父母の共同生活は解消され，子は父母のいずれか一方の下で養育されることになる。そこで，子と同居していない他方の父母は，子と定期的に面会交流を行うことになる。日本の現行法である離婚後の単独親権制の下でも，多くの場合，子との面会交流は行われている。従来は，子との面会交流について，法律に明文の根拠がないことが問題として指摘されていたが，2011（平成23）年に民法766条が改正され，子との面会交流について協議をすることが明記された[8]。ただ，離婚の要件としては，子の親権者を定めることが要求されているだけで，離婚後の子との面会交流についての協議がなされなくても，また，協議をして合意が形成されなくても，離婚は認められることになる。この改正では，子との面会交流とともに，子の養育費についても明記され，協議離婚届に確認欄も設けられた。この改正については，話合いが行われる事例が増えたことと，面会交流の実施が促進されたという成果についての報告がなされ，おおむね肯定的に受け止められているようである。しかしながら，このことによって，DVや児童虐待が存在する場合に，問題が深刻化していないかどうかについての調査研究も必要であり，この点からの研究成果の公表が求められている。

　本章では，離婚後の子の養育問題について，子の最善の利益を実現するうえで，日本ではどのような法制度で対応することが望ましいかについて検討する。離婚後の親子の面会交流について，まず比較法の観点から検討する。離婚後の子の親権者の問題については，様々な視点から多様な意見が提示されているが，子の最善の利益の実現が最終的なゴールであるということでは意見が一致している。それを実現する方法について，意見が対立しているわけである。たとえば，子の最善の利益に沿う形での親子の交流を実現する方法について，片親疎外症候群（PAS）を懸念する立場から，また，ドメスティック・バイオレンス（DV）や児童虐待を懸念する立場から，それぞれ異

なる意見が主張されているわけである。この問題に関しては，子の最善の利益を実現するという目的達成の過程で，子を含めた家族構成員にとって，どのような方法がより好ましいかという考え方ももちろん重要であるが，視点を変えて，どのような方法が子の安全にとって，より危険度が高いか，また，より深刻な状態を引き起こす可能性が高いかという点から問題を検討する必要もある[9]。本章では，この観点から問題を考えたい。

第2　諸外国における別居・離婚後の子の養育について

　子の最善の利益を実現できるような，安定した家族関係の構築が，日本も含めた世界の国と地域の共通目標であることについては，異論はないであろう。本章では，父母の離婚後も，子が適切な養育を受け，子の最善の利益を実現することができる環境をどのようにして実現していくかということを検討したい[10]。

　この問題について，欧米先進工業諸国の動向を参考にしながら，検討を進めるが，多くの国が注目しているオーストラリアの最近の動向[11]を中心に紹介しながら，日本の参考になるような視点を追求したい[12]。オーストラリアでは，離婚後の子の養育に関して使用されていた法律の文言が，当初の「Parental Authority（親権）」から，「(Joint) Custody（〔共同〕監護）」へ変更され，さらに現在では「(Shared) Parental Responsibility（〔分担〕親責任）」という表現に再度変更されてきた。このことから，父母による子の養育への関与に関する考え方が，「権利」から，「監護（保護）」へ，さらに「責任」へと，大きく変更されてきたことがわかる[13]。欧米先進工業諸国の多くでも，近年このような流れに沿う改正が進められているようである[14]。

　オーストラリアの現行家族法は，1975年に制定され，12か月の別居で婚姻破綻を推定し，反証のない限り離婚を承認するという，世界で最も先進的なものとして注目を集めていた[15]。これにより，離婚の紛争において，裁判官は婚姻破綻についての実質審理の必要性がなくなり，家庭裁判所の役割は，

夫婦関係の解消という過去の清算から，離婚の際の財産分与と離婚後の子の養育問題の解決という，未来志向のものへと大きく変更されることとなった。

オーストラリア家族法は，2006年と2011年に改正され，子の養育に関する考え方が大きく変更された。[16] 2006年の改正では，片親疎外症候群（PAS）の観点から別居や離婚後も父母が子の養育に均等に関わることを重視するものであった。2006年家族法改正では「Shared Parenting Time（養育時間分担）」という表現が使われ，これは，別居や離婚後も父母による子の均等な時間配分での養育分担が望ましいという考え方を示すものであると，一般の人々には受け止められた。この2006年改正は，片親疎外症候群（PAS）という考え方を背景にした，（別居や離婚後に）子と会う機会が制限されている親（多くは父親）の側から問題点を主張する「父親の権利擁護団体」の積極的なロビーイングにより実現されたと言われている。[17] 別居や離婚後も，父母が子の養育責任を分担し，養育に均等に関わることで，子の最善の利益を実現するという理念での法改正であった。改正法の内容を詳細に分析すれば，必ずしも，「養育時間配分の均等」を原則として採用したわけではなかったが，多くの人たち，特に，別居親側（多くの場合は父親）は，そのように考えて行動した。法律の内容として，別居親の権利性を強める内容も含まれてはいたが，それよりも，実態として，別居親側からの権利主張が非常に強く為されたということのほうが重要で，子の養育に関して深刻な問題を生じさせることとなった。この2006年改正は，世界的に大きな注目を集め，子の養育時間配分についての法改正を進めていた多くの国や地域がその動向と成果を見守っていた。[18] しかしながら，オーストラリアでは，改正の直後から多くの問題点が指摘され，[19] 僅か5年後の2011年に再度の法改正が行われた。2011年改正は，2006年改正の結果として問題が顕在化し，深刻の度合いを増したドメスティック・バイオレンスや児童虐待を防止するという，前回とは全く逆の観点が背景にあった。この改正のなかでは，ドメスティック・バイオレンスや児童虐待を含めた，より広い概念でファミリー・バイオレンスという表現が採用された。この2006年法改法の理念である別居や離婚後の父母による子の養育責任の分担と，それに基づく法改正の状況については，これまでに日本

にも紹介されてきた。確かに，円満な家族生活が継続しているときと同じように，仮に夫婦が別居や離婚をしたとしても，親子という繋がりではそれまで同様に父母が養育責任を分担していくという考え方を否定するのは難しい。日本にこのような紹介が為されたとすれば，オーストラリアのような素晴らしい制度をぜひ日本でも実現していこうということになるのも当然だと思われる。オーストラリアの2006年改正法の狙いについてはそのとおりであるが，現実は必ずしも理想どおりにはいかず，僅か5年で，全く逆の観点からの再改正が2011年に行われているのである。

　欧米先進工業諸国では，「共同監護」が採用されており，別居や離婚後も父母が継続して子の養育に関わっているということが日本で多く紹介されてきた。これに対して，日本では，離婚後は「単独親権」で，父母の一方が親権者として子を養育している。夫婦という関係は離婚により解消されたとしても，親子という関係は継続すべきであり，離婚後も父母が（婚姻中と同じように）共同で子の養育をすべきであると主張される。つまり，欧米先進工業諸国のような制度を日本にも導入し，離婚後も「共同親権」にすべきであるということが主張されているわけである。

　筆者も，以前はそのように考えていたが，国連の国際家族年を契機に，少し考え方が変わった。国際家族年が一つの契機になって，「世界会議『家族法と子どもの人権』」が組織された。[20] この世界会議の第1回大会は，1993年にオーストラリアのシドニーで，第2回大会は1997年にアメリカのサンフランシスコで開催された。第2回大会では，カリフォルニアの「ウォラースタイン家族問題研究センター」の創設者である，ジュディス・ウォラースタイン先生による研究結果が公表された。周知のとおり，ウォラースタイン先生はアメリカの心理学者で，離婚経験者を対象として，長期的に追跡調査を行い，離婚が子に及ぼす影響について貴重な研究成果を公表している。[21] 研究成果として，親が離婚した場合に，その子は精神的に強い衝撃を受け，親から見捨てられているのではないかという不安を持ち，学業成績が低下し，人間関係の形成にも影響が生じ，成人して社会に出てからもその影響が否定的に継続し，自分の婚姻および家族生活もうまくいかないことが多いといった

ことが指摘されている。このような研究成果は大きな論争を呼び，多くの国や地域で関連する調査が実施され，ウォラースタイン先生の研究成果が正しいことが確認されている。先生から指摘された問題をどのように解決するかが次の課題で，これに関して，ウォラースタイン先生は，離婚後も父母が継続して関わりを持つことができれば，離婚後の子に否定的な影響を与えることを軽減できると指摘している。この指摘が，アメリカやヨーロッパでの別居や離婚後の「共同監護」制の導入に大きな影響を与えたわけである。離婚が家族に及ぼす影響について，多くのサンプルを対象に，5年，10年，15年，20年，25年にもわたって追跡調査し，その成果についてまとまった研究成果を公表するということでは，ウォラースタイン先生がその草分けで，別居や離婚後の子の養育に関して，今日まで大きな影響を与えている。筆者も，1997年にサンフランシスコで開催された家族法世界会議第2回大会の打合せの際に先生から直接ご説明を受けたときには，日本のような単独親権制では，離婚後の子の養育問題の解決は難しいのではないか，やはり日本も将来的には「共同監護」制を原則とするような制度作りが必要ではないかと考えた[22]。

　1980年代にアメリカの一部の州で「共同監護」制度が法制度として採用され，その後ヨーロッパに広がった。これら欧米先進工業諸国の「共同監護」制度の導入については，多くの先行研究が公表されている。その傾向としては，「共同監護」制度の導入に関しては，肯定的なものが大多数のように思われる。

　「世界会議『家族法と子どもの人権』」は，4年ごとに開催され，第3回大会は2011年にイギリスのバースで開催された。この前後から，大会で「離婚後の子の養育」が幾つかあるメイン・テーマの一つとして取り上げられるようになってきた。いかにして「共同監護」の抱える問題点を克服していくか，というのが大きな課題となってきたようである。もちろん，離婚後も父母が「協調・協力して」子の養育に「適切に」関われる場合には問題がない。しかしながら，そうでない場合には「共同監護」制のもとでは解決困難な状況が生じてしまうということが指摘されるようになった。世界会議以外の国際会議でも同様な問題が取り上げられ，「共同監護」制を採用した多くの国々

で生じている「共同監護の問題点」について研究している先生方から，研究成果の報告が行われ，激しい議論が交わされるようになった。筆者も何度か「別居や離婚後の子の養育問題」をテーマとするシンポジウムで報告し，「日本の単独親権制」について取り上げたが，その際に「日本の単独親権制」について肯定的な意見も提示された。この「共同監護」の問題点については，その後も継続して取り上げ，この問題の解決に向けて，ワーキング・グループを作って検討を続けている。「共同監護」という考え方から親の権利性が強まり，それにより，子の最善の利益を疎外するような状況が生じていると指摘される。たとえば，ドメスティック・バイオレンスや児童虐待が存在する場合に深刻な問題となってきたようである。2013年6月に世界会議の第6回大会がオーストラリアのシドニーで開催され，筆者は「共同監護」に関するセッションを設定し，司会を担当したが，問題解決に向けた議論のなかで，父母の権利性をいかにして軽減，払拭していくかということが議論の焦点であった[23]。

第3 日本の制度を考える上で必要なことは

　日本では「共同親権」という表現が使われて，現在議論されている。欧米先進工業諸国では，前述のように，「Parental Authority」「(Joint) Custody」「(Shared) Parental Responsibility」という表現に変わってきている。日本語で表現すれば，「親権」から「監護」へ，さらに「親責任」へと変化しているわけである。それも，最近では，「共同」監護から親責任の「分担」へ変わり，共同や権（利）という概念は法律の文言からは姿を消してきている。周知のとおり，日本の法律では「親権」という表現が使われている。一般に，「親権」は「親が子に対して有する権利義務の総称で，権利というより義務の色彩が強い，または，権利ではなく義務が中心である」といったような説明がなされる。しかしながら，「親権」と表記された場合には「親の権利」という意味で一般の人々には捉えられる。この親権は英語では「Parental

Authority」ということになる。注意が必要なのは，日本では「共同親権」の枠組みの中で議論をしているということである。法務省がホームページで公開している英語の表記でも明確に「Parental Authority」と表記されている[24]。このように権利性が非常に強い表現のままだということをまず認識する必要がある。

また，欧米先進工業諸国における別居や離婚後の子の共同養育の理解についても見直す必要がある。「共同監護」制を採用している国々では，別居や離婚後も父母が均等に子の養育に関わっている，または，均等に近い形で関わっていると認識されることが多いのではないであろうか。「共同監護」を採用してきた欧米諸国では，離婚後に父母が子の養育に均等に関わっていると理解されているが，このような例は少数派で，例えばイギリスでは僅か3パーセント程度と推計されており，多くの場合「同居親 (Resident Parent)」の下でほとんどの時間を過ごしているのが現状である[25]。残りの97%は基本的には同居親のもとで生活をしており，大部分の時間を同居親とだけ過ごしているということである。もちろん別居親と面会交流している比率は日本よりは高く，頻度も多いかもしれないが，「単独親権」制を採用している日本の状況とそれほど大きくは変わらないというのが現状である。

オーストラリアでの法改正には，子と会う機会の無い，または，少ない別居親側，多くの場合は父親からの要望が大きく影響を与えてきたと指摘される。父親の権利擁護団体からの「Shared Parenting Time」，つまり養育時間の均等な分担を原則とする法改正が強く求められ，その影響を受けて2006年の法改正が行われた。この法改正に関する調査報告書の結果をもとに整理して紹介すると次のとおりである[26]。

- 別居や離婚をする人たちが，子の養育に関する問題を裁判所で争う事例が増加した。
- 父母間に葛藤のある人たちに関しては，（それぞれ）養育分担の要求が非常に強くなり，結果として養育分担の比率や時間配分が高まった。
- 別居や離婚した人たち全体としては，子の養育分担の状況には大きな変化は生じなかった。

この結果が何を意味しているかについて，オーストラリアの調査報告書では，次のようにまとめられている。
- 別居や離婚後の子の養育に関しては，2006年改正前は，多くの場合，父母間の（円満な）話合いで解決がなされ，子の養育の必要に応じた養育の形態が実現されていた。
- 法改正は，子の養育に関して対立のある父母で，子との交流を制限される側に，「子の養育時間の均等な配分」を原則とするという認識を持たせ，父母間の紛争性をさらに高めた。
- 本来であれば，当事者の（円満な）話合いで解決していた子の養育問題まで裁判所で争われるようになった。
- 結果として，父母間の葛藤をより高めることになり，高葛藤事例での共同養育の比率と，時間配分の割合を高める事態が生じた。

　これは，親の権利性を高める方向での改正がなされた場合に，どのような親がその権利を主張することになるかを考えてみれば，当然予想される結果だと思われる。少なくとも，従来から，協調・協力して，適切に子の養育をすることができる父母にとっては，この法改正は全く必要のないものであるが，逆に，そのような対応ができない父母にとっては，自分の権利主張をする上で非常に有効な武器を与えることになったわけである。
　2006年の法改正の背景には片親疎外症候群（PAS）の考え方があったことについては既に説明したが，これに付随して，いわゆる「フレンドリー・ペアレント（友好的な親）」条項が規定に盛り込まれていた[27]。また，養育時間の均等な配分を求める主張が背景にあるということについても前述したが，これに付随して「子の養育費の履行確保」にも影響が生じた[28]。
　「フレンドリー・ペアレント」条項の影響で，ドメスティック・バイオレンスや児童虐待が潜在化する結果が生じることとなった。裁判所で子の養育について争われた際に，同居親側がドメスティック・バイオレンスや児童虐待を主張した場合に，その証明が十分にできないときには，相手方と子との交流を不当に疎外しようとする「フレンドリーでない」親とみなされ，子の

養育には不適切であると認定されることとなった。最悪の場合には，相手方に監護親としての子の養育責任を渡さなければならない事態が生じることもある。そこで，実際には，ドメスティック・バイオレンスや児童虐待が存在したとしても，あえてこれを主張せず，自分が同居親として子の養育を継続できることを確保するということが多く生じた。子の養育費に関しては，別居親側の父親のもとで子が過ごす時間が多くなったことから，それに応じて父親が母親側に支払う養育費の支払額の減額を求めることになった。養育費の支払額が少なくなっても，同居親である母親が子の養育に要する費用の主たる部分，例えば，衣食住，教育，医療といったような基本的に必要とされる費用はそれほど変化がない。したがって，別居親が子と面会する比率が高まり，時間配分が高まれば高まるほど，母親からすると子の養育に必要な費用という点ではより厳しい状況となるという皮肉な結果が生じた。他にも，「リロケーション（転居制限）」の問題，つまり，別居親の同意がなければ同居親が子を伴って転居することができないという問題，財産分与にも影響が生じる等，多くの問題が顕在化し，更なる法改正の必要性が認識されることになったわけである。

　このような理由から，2006年法は僅か5年で見直され，ドメスティック・バイオレンス（DV）や児童虐待からの保護といった方向性で，親の権利性を軽減，払拭するための規定を盛り込む形で再度改正がなされた。この法律が施行されてからまだそれほど時間が経過していないので，その評価については，これから注目していきたいと思うが，子の安全を最優先にして対応するという点では効果が上がっているようで，前回の2006年法のように改正当初から多くの問題点が指摘されたというようなことは無いようである。

第4　おわりに

　日本では「共同親権」制の導入が議論されており，法律関係の研究者および実務家のなかでは，これを肯定する見解が多数を占めているようである。

もちろん、最終的なゴールは、離婚後の子の養育に関して、子の最善の利益を実現するということで、そのために、父母がどのようにして協調し協力して適切に子の養育に関われる環境を作り出すかということを検討しなければならないわけである。「共同親権」制を導入すれば問題なくそれが実現できるというのであれば、全く異存はないが、諸外国の動向、特に、父母の権利の共同性を強める、または、少なくともそのように一般の人々に理解されるような法改正がどのような結果を生じさせたかについては、例えばオーストラリアの最近の動きを見ても容易に予測することができる。私たちは、諸外国の「共同性」の問題点について十分研究したうえで、その対策を議論する必要性がある。

　日本では、親権者として子と同居している母親が父親の面会交流の要望を不法・不当に拒絶しているといった主張がなされる。父母間の葛藤を高め、離婚問題の紛争性が長期化し困難度を増す要因の一つとして、単独親権制のもとでの父母の親権争いが指摘されている。また、これらと関連して、離婚後に親権者にならなかった父親が子の養育費の支払いを怠るという事態が生じていると主張される。少なくとも、オーストラリアの最近の動向を見る限り、「共同性」を強めることによってこれらの問題が解決するとは考えられない。

　子を含めた家族構成員にとって、より危険度の低い、悪影響の少ない方法を選択すべきであると指摘したが、ドメスティック・バイオレンスや児童虐待から子を守るという点から考えた場合には、別居親の権利性をより軽減する方向での対応が望ましいと思われる。父母が離婚後も協調・協力して適切に子の養育ができる場合には、現在の「単独親権」制でも大きな問題は生じない。しかし、父母間に葛藤があり、協調が望めない、また、協力が難しい場合に、「共同親権」制を導入すれば適切に子の養育ができるかどうかについては疑問が残る。そこに何らかの暴力の危険性がある場合には「共同親権」制がどのように影響することになるかを考えなければならない。もちろん、子の生命身体に危険が生じるような場合には「共同親権」制での例外措置を講じることになるであろうが、逆に、現在の「単独親権」制を原則とし

て，子の最善の利益の実現に重大な問題が生じる場合に例外措置を講じるという方向での法改正でも対応は可能であると思われる。

　離婚後の子の養育問題を考える場合には，これら以外にも多くの検討課題が存在する。例えば，欧米先進工業諸国の多くでは，離婚原因としての婚姻破綻を一定期間の別居の継続で認定するという法定別居制度を導入し，離婚手続から有責性の概念が払拭されている。つまり，離婚の際に夫婦間で相手の有責性を攻撃して争うことは無く，離婚慰謝料という概念も存在しない[29]。離婚するためには，まず父母として離婚後にどのように子の養育をするかについて協議しなければならないわけである。離婚の際の財産分与や，子の養育費に関しては，当事者が対立することなく客観的に決定され，履行確保の制度も整備されている[30]。夫婦間，父母間に対立がある場合には，別居や離婚の前段階から家族問題に関わる多様な専門家の協力体制が整えられており，離婚後も継続的に経過を観察し必要に応じた専門家による関与が制度化されている。また，政府が十分な予算を配分して，家族問題について研究するための機関が設立され，必要に応じた調査が実施されている。オーストラリアの「ファミリー・リレーションシップ・センター」や「家族問題研究所 (Australian Institute of Family Studies)」などは，日本にも大いに参考になるであろう。

　「共同監護」を採用している国々では，このような法整備や環境整備が既に整えられているわけであるが，それでも，子の養育について多くの問題が生じており，いかにして父母の権利性を軽減，払拭するかということが，今日では議論されている。これに対して，日本では，いまだに「共同親権」制の導入という形で議論されている。もちろん，親の権利としてではなく親の義務として議論を進めているようであるが，まず表現の変更から検討すべきであろう。父母の離婚後も，子が適切な養育を受け，子の最善の利益を実現するという目標やゴールについては，意見は一致していると言える。ただ，これをどのようにして実現するかという，その方法について，「共同親権」と「単独親権」の立場からそれぞれ異なる意見が主張されている。「共同親権」の考え方を全面的に否定するわけではないが，まず，欧米先進工業諸国

のように，離婚手続全体にわたる見直しや子の養育費の履行確保制度を確立する等の離婚後の子の生活に必要な法整備が不可欠である。そのうえで「共同監護」制を導入している国々の抱える問題を詳細に調査検討し，解決のめどをつけた上で，「共同親権」を日本に導入する可能性についての検討をすべきではないであろうか。少なくとも，現時点では，日本で長期にわたり採用されてきた「単独親権」制を原則とする法改正を検討し，このような対応では，子の最善の利益の実現が不可能な場合に，初めて次の対応を検討すべきであろう。

---

1) 法律上の親子関係の問題や離婚後の子の養育問題などで，最高裁判所の判断が示され，家族の多様化や国際化の進展，医学・生物学等の科学の進歩する中で，従来の法制度では対応が困難になっているのではないかと思われるような現象が生じている。例えば，下記判例等を参照のこと。
 ・性別の取扱いを変更した人の婚姻と嫡出推定
　（最決平成25年12月10日民集67巻9号1847頁）
 ・嫡出子・非嫡出子の区別記載を義務付ける出生届
　（最判平成25年9月26日民集67巻6号1384頁）
 ・子を出産した病院が子を取り違え長期間経過した後の親子関係
　（東京地判平成25年11月26日判時2221号62頁）
 ・民法772条の嫡出推定とDNA鑑定
　（最判平成26年7月17日裁時1608号1頁，6頁）
 ・嫡出子と非嫡出子の法定相続分の差
　（最決平成25年9月4日民集67巻6号1320頁）
 ・間接強制に対する執行抗告棄却決定に対する許可抗告事件
　（最決平成25年3月28日民集67巻3号864頁）
2) これらの事件は，新聞やテレビ等でも大きく取り上げられ，関心の高さがうかがわれる。例えば，「DNA鑑定では親子関係がない場合で，民法772条の嫡出推定の及ぶ範囲の子についての法律上の親子関係」の事件については，日本だけでなく，海外でも大きく取り上げられ，注目を集めている。
　Supreme Court rules DNA test results cannot revoke paternal status of child's

father 〈http://www.japantoday.com/category/national/view/supreme-court-rules-dna-test-results-cannot-revoke-paternal-status-of-childs-father〉

3) ハーグ条約，正確には「国際的な子の奪取の民事上の側面に関する条約」は，国境を超えた子の連れ去りや監護をめぐる国際裁判管轄の問題を解決する国際制度構築の必要性から，1980年にハーグ国際私法会議が作成した条約で，2015年1月現在で93か国が加盟しており，日本は，2013年の第183回通常国会において同年5月22日にハーグ条約の締結が承認され，同年6月12日に「国際的な子の奪取の民事上の側面に関する条約の実施に関する法律」（いわゆるハーグ条約実施法）が成立した。

4) 条約が発効してから，東京家庭裁判所と大阪家庭裁判所で，かなりの事件が審理されており，2014年11月19日に大阪家庭裁判所による初めての判断が示された。この事件は，スリランカ在住の日本人夫婦とその間の子の問題で，日本に一時帰国し，日本で母親が子を留置している事件で，子をスリランカに返還させる決定が下された。この件に関しては，伊藤弘子【外国（身分関係）法制研究会・小川富之監修】「〔外国法制事例研究3〕わが国における初めてのハーグ条約に基づく国外への子の返還決定について」戸籍時報722号32頁で速報として取り上げている。

5) 例えば，国会議員の中で議連を組織して，共同親権制度導入を目指した活動をするものもある。2014年3月18日に衆議院第2会議室で親子断絶防止議連の設立総会が開催され，自民党，公明党，民主党及びみんなの党等の超党派の議員43名が議連に名前を連ねている（朝日新聞2014年4月3日朝刊）。

6) 例えば，私法学会で家族法改正をテーマにシンポジウムが開催され，共同親権の導入の可能性を示す立場の意見が公表されている。（水野紀子「親権法」ジュリ1384号69頁）また，「日本家族〈社会と法〉学会」でも「家族法改正──子の利益を中心に」というテーマでシンポジウムが開催され，離婚後の共同親権制度導入が提案されている。（犬伏由子「親権・面会交流権の立法課題」家族〈社会と法〉26号39-40頁）さらに「家族法改正研究会」でも，同様の傾向にある（山口亮子「IV共同親権・面会交流」戸籍時報673号21頁）。

7) これについては，様々な調査結果が公表されているが，例えば，子の年齢が高くなるにつれて，父（夫）の関与が減少し，中学以上だと全く関与しない割合が3割を超えるという結果が示されている。
公益財団法人・家計経済研究所「『消費生活に関するパネル調査』について（第21回調査結果・2014年10月15日）」〈http://www.kakeiken.or.jp/jp/jpsc/pressrelease/〉

8) この改正については，おおむね賛成意見が多いが，有力な反対論も提示されている。例えば，棚村政行「民法766条の改正と意義：民法の視点から」法時86巻8号49頁，梶村太市「民法766条改正の今日的意義と面会交流原則的実施論の問題点」戸籍時報692号18頁などを参照のこと。

9) この視点から検討するものとして,小川富之「婚姻解消と子どもの問題について——単独親権・共同親権の問題を中心にして」日本弁護士連合会両性の平等に関する委員会編『離婚と子どもの幸せ——面会交流・養育費を男女共同参画社会の視点から考える』(明石書店,2011) 206頁を参照のこと。
10) この問題について,民主主義科学者連盟法律部会でシンポジウムを開催し検討した。その概要については,「小特集・離婚後の面会交流——問題の多様性と望まれる法システム」法時85巻4号55-69頁に掲載されている。
11) オーストラリアの最近の動向を紹介しながら,離婚後の子の監護の問題についての在り方を示す貴重な論稿として,例えば,Belinda Fehlberg and Bruce Smyth, with Mavis Maclean and Ceridwen Roberts, "Caring for children after parental separation: would legislation for shared parenting time help children?" *Family Policy Briefing 7, Dept of Social Policy and Intervention*, (University of Oxford, May 2011) を参照のこと。
12) オーストラリアの親権についての最近の動向は,小川富之「オーストラリア」床谷文雄=本山敦編『親権法の比較研究』(日本評論社,2014) 55頁を参照のこと。
13) この傾向は,他の国でも同様で,例えば,ドイツでは,「親の権力 (elterliche Gewalt)」から,「親の配慮 (elterlich Sorge)」に変更されている。ドイについて詳しくは,床谷文雄「連載・親権——各国法の外観(3) ドイツの親権法」戸籍時報693号63頁以下参照。
14) Belinda Fehlberg and Bruce Smyth with Mavis Maclean and Ceridwen Roberts・前掲注11) では,イギリス等でも,オーストラリアの動向に注目が集まっていることが指摘されている。
15) オーストラリアの現行法制定の経緯及びその後の推移については,小川富之「オーストラリアにおける離婚法の改革」小野幸二教授還暦記念論集刊行委員会編『21世紀の民法』(法学書院,1996) 725頁でその概要をまとめてある。
16) 2006年改正法の影響についての詳細な調査結果に基づいて,2011年に再度改正がなされた。2006年改正法のオーストラリアにおける調査報告書については,駒村絢子「オーストラリア2006年家族法制改革評価報告書(要約版)(オーストラリア連邦政府・オーストラリア家族問題研究所,2009年12月) (翻訳)」法学研究84巻3号55頁を参照のこと。
17) この傾向は,オーストラリアだけのものではなく,多くの国や地域でも同様のようである。Belinda Fehlberg and Bruce Smyth with Mavis Maclean and Ceridwen Roberts・前掲注11) 特に1頁および10頁参照。
18) Belinda Fehlberg and Bruce Smyth with Mavis Maclean and Ceridwen Roberts・前掲注11) で,世界的に注目を集めたオーストラリアの2006年改正法を含めた欧米先進

工業諸国の研究成果がまとめられている。

19) J McIntosh and R Chisholm, "Shared care and children's best interests in conflicted separation: A cautionary tale", *Australian Family Lawyor* 20/1. (2008) ほか。

20) この「世界会議『家族法と子どもの人権』」について，その設立の経緯および検討テーマ等を紹介してあるので参照のこと。小川富之「国際家族年と家族法国際会議」法の支配165号141頁。

21) 研究成果については，日本でも公表されている。15年間の経緯については，ジュディス・ウォラースタイン＝サンドラ・ブレイクスリーほか『セカンドチャンス・離婚後の人生』（草思社，1997），25年の経緯については，同『それでも僕らは生きていく——離婚・親の愛を失った25年間の軌跡』（PHP研究所，2001）にまとめられている。

22) ウォラースタイン先生の報告も含めて，この家族法国際会議の第2回大会については，小川富之「第二会世界会議『家族法と子どもの人権』」法の支配108号119頁以下を参照のこと。

23) 2013年の第6回大会のテーマ及びこれまでの歩みについては，その概要を，小川富之「世界会議『家族法と子どもの人権』」戸籍時報700号12頁-16頁で紹介した。また大会のウェブサイトとしては，World Congress on Family Law & Children's Rights Inc. 〈http://www.lawrights.asn.au/〉を参照。

24) 法務省の公式英文法令については〈http://japaneselawtranslation.go.jp/〉を参照。

25) イギリスの全国的なサンプル調査結果によると，非同居親の半数は年に数回程度しか子と面会交流をしていないということも報告されている。
Belinda Fehlberg and Bruce Smyth with Mavis Maclean and Ceridwen Roberts・前掲注11) pp.2-3.

26) オーストラリアの2006年改正法についての研究は多岐にわたるが，政府関連の主要なものとしては，
Cashmore, J., Parkinson, P., Weston, R., Patulny, R., Redmond, G., Qu, L., Baxter, J. Rajkovic, M. Sitek, T. and Katz, I. (2010), *Shared Care Parenting Arrangements since the 2006 Family Law Reforms: Report to the Australian Government Attorney-General's Department*. Social Policy Research Centre, University of New South Wales: Sydney.
Kaspiew, R., Gray, M., Weston, R., Moloney, L., Hand, K., Qu, L., & the Family Law Evaluation Team. (2009). *Evaluation of the 2006 family law reforms*. Melbourne: Australian Institute of Family Studies.
の2つを挙げておく。

27) 2006年改正法では，60条cc(3)(c), (4), (4A)で子の最善の利益を決定する際の考慮事項として，いわゆる「フレンドリー・ペアレント（friendly parent）」条項が規定さ

れていたが，2011年の改正で廃止された。詳しくは，小川・前掲注12) 65-67頁を参照のこと。
28) この点について指摘する論稿もいくつかあるが，例えば，Fehlberg. B. & Millward, c., & Campo, M. (2010) Post-separation parenting arrangements, child support and property settlement: Exploring the connections, Australian Journal of Family Law, 24(2), 214-241. がある。Cashmore, J., Parkinson, P., Weston, R., Patulny, R., Redmond, G., Qu, L., Baxter, J. Rajkovic, M. Sitek, T. and Katz, I.・前掲注26) も同様の指摘をしている。
29) オーストラリアにおける破綻主義の徹底については，度々紹介をしたが，例えば，小川・前掲注15) 725頁，小川富之「オーストラリアの家庭裁判所」家族〈社会と法〉21号101頁，「夫婦関係と不法行為」『21世紀の家族と法』(法学書院，2007) 334頁等を参照。
30) 子の養育費の履行確保についての法整備については，近年多くの論考が公表されているが，オーストラリアを含めて欧米先進工業諸国の動向をまとめたものとして，小川富之「子どもの養育費の履行確保について」棚村政行＝小川富之編集代表『家族法の理論と実務』(日本加除出版，2011) 493頁を挙げておく。

7

DV・児童虐待からみた面会交流原則的実施論の課題

水野 紀子

第1 日本家族法と家庭内暴力

　「プライバシーとは，女にとっては無法地帯なのだ」「私的な領域とは，市民社会のただなかにありながら，『法の真空地帯』，市民社会の『外部』なのである」(上野千鶴子)[1]と言われるように，家族の中における暴力行為は，家庭内の私事として不問に付される傾向があった。しかし西欧諸国の家族法がすべての離婚を裁判離婚として公的なチェックをかけてきたのに対して，日本法では一切の公的なチェックのない協議離婚が原則的離婚形態であるように，西欧諸国の家族法の果たしている機能を比較すると，日本家族法は，西欧諸国の法よりも家族をはるかに「法の真空地帯」に置いている。

　かつての日本社会のように，大家族や近隣社会の交流が密であれば，家庭内の人権侵害や暴力行為に対する歯止めをかける周囲の力が働く一定の社会的安全弁があり，子は加害者以外の大人との交流で人間らしい共感を感受する能力を培える。しかしこの数十年で大家族や地域共同体の力が急速に失われてしまい，閉ざされたコンクリートの箱の中で孤立して生活する家族には，暴力からの安全弁がなくなっている。日本の社会福祉は遅れているが，児童

虐待に対応する社会福祉はとりわけその遅れが顕著な分野であり，その遅れの弊害は現在の被害としてのみならず被虐待児の成長後の将来に深刻に現れる[2]。全国の児童相談所が対応した児童虐待の件数は，統計を取り始めた1990年度から毎年連続して過去最多を更新している。児童虐待はエスカレートしがちであり，死亡事件の報道は後を絶たない。無事に生き延びた場合も，被虐待児の脳は傷つけられており，適切な救済と治療がなされないと，成人した後，本人にも社会にもダメージをもたらす深刻な後遺症が残る場合が多い。たとえ子自身が肉体的暴力を受けなくても，DV曝露は深刻な児童虐待であり，子の脳の成長を損傷する[3]。暴力のある家庭で育った子は，暴力的・支配的人間関係の中で成長するために精神的な病理を抱えることが多く，加害者あるいは被害者として人間関係を再現しがちである[4]。

　家族の内部に暴力があるとき，公権力が社会的介入をしなければならない。しかし行政による介入が著しく不足しているのみならず，家族に対する強制的な行政介入に必要な司法チェックを果たすには，日本の司法インフラは絶対的に不足している。児童虐待対応において，親を監督しながら子を育てさせる親権制限がもっとも望ましいのにもかかわらず，2011年の親権法改正では，親権の喪失以外に停止を立法するしかなかったのは，恒常的な監督は，今の裁判所体制には望み得ないからであった。児童福祉法が児童の一時保護を行政権の判断だけで可能にしているのは，仮に近代法の枠組みに従って司法チェックを必須として設計すると，司法インフラの不備が必要な救済の手足を縛ってしまうことになるからである。

　日本の裁判離婚は，全離婚数の僅か1％である。それが貧弱な司法インフラでも日本法がなんとかしのげてきたひとつの大きな理由であった。明治民法は家族を「家」の自治に委ねて公的介入を廃したため，権利義務の内容を実効的に担保できないという弱点をもつ家族法であった。そして戦後の改正も，この基本的性格を変更するものではなく，「家」の自治から当事者の自治に委ねる書きぶりに変更されただけであった。このような家族法は，家庭内弱者を救うことはできず，実際に追い出し離婚は多かった。むしろある意味では，民法改正よりも戦後の最高裁判例が，妻の地位を守る役割を果たし

たと言えるかもしれない。最高裁の消極的破綻主義判例によって，妻たちは自分が同意しなければ離婚されないという権利を得た。しかし妻の地位は，意思に反して離婚されないという一点で保護されるにすぎず，妻が離婚を望む場合には，むしろ妻の保護にはならず，妻は，夫の離婚合意を得るために妥協して，離婚給付のみならず親権まで放棄することもまれではない。

　消極的破綻主義の判例が周知されると，やがて離婚が成立しないまま，別居する夫婦が増加して，婚姻費用の分担請求や養育費請求が行われるようになった。戦後，裁判官の不足を調停委員で補うことによって，敷居の低い裁判所として家庭裁判所が創設されたことが，これらの請求権行使を現実化するために意味をもった。とりわけ時代が下って2003年に，家庭裁判所の養育費等研究会による養育費及び婚姻費用算定表が公表されたことは，請求件数の増加に大きな影響力を及ぼした。とはいえ，扶養料債権行使に公権力が支援し，扶養義務懈怠に刑事罰を設けている西欧諸外国と比較すると，現在でも日本家族法が家族の経済的権利を実現して家族内の弱者を救済する力は非常に弱い。このような経済的権利擁護の脆弱さは，身体的暴力対応問題とは一応は別物ではあるが，経済力のない被害者が加害者から逃亡することを妨げている。家庭内暴力が顕在化するケースは，氷山の頂上部分のみが見えるように全体のごく一部にすぎず，水面下にその多くの部分が隠れている。そしてこのような経済的権利の擁護において無力な家族法は，周囲の海温を著しく低下させて氷山ができやすい環境を準備していると言えるであろう。

第2　家庭内暴力と親権の行方
　　　――最高裁判例に現れたDVケース――

　裁判所に現れる離婚事件は，ごく僅かであり，例外なく高葛藤事案であると言える。それではその僅かな離婚事件において，日本の裁判所は，暴力に対応して被害者を救う役割を果たしてきたと言えるだろうか。

　最判昭和46年7月23日民集25巻5号805頁は，財産分与と慰謝料の関係に

7 DV・児童虐待からみた面会交流原則的実施論の課題 *115*

についてのリーディングケースとされている判例であり，前訴の離婚訴訟で既に財産分与を得ていた元妻が慰謝料を請求した事案において，重ねて慰謝料を認めたものである。この事案は，元夫による典型的なDVケースであった。元妻である原告が元夫のDVにより負傷して身体を壊し身の危険を感じて実家に戻ったことにより破綻した事案で，教子という名の子は元夫である被告側に引き取られて親権も被告が得ている。裁判所が認定している子の奪い合いの経緯は次のようなものであった。「被告の母が箒を持つてきて原告から教子を取りあげ『教子に手一本出してみよ，手も足も叩き折つてしまうぞ。』と申し向けたので，原告は自分の実子すら連れて行くことができず，やむなく教子を被告方に置いたまま一応実家に帰つて養生することにした。」「その後原告は再々被告方をたずねて，教子を実家の方に連れて行きたいと懇願したが，被告は全くこれに耳をかさず，『出て行け，出て行け。』というばかりであつた。」。最高裁判決は，「右教子を出生し，その引取養育を熱望していたのにこれと別居せざるをえなくなつたこと，離婚の判決において被告に責任ある離婚原因をも参酌された上で洋服タンス一棹，整理タンス一棹，水屋一個の財産分与を受けたこと。」ということから，原告に重ねて15万円の慰謝料を認容した。

　もとの離婚判決における財産分与も理解に苦しむ低額さであったから，原告が離婚給付として慰謝料を得た結論も当然と思われる。しかしそもそもこの事案の最大の問題点は，そこにはない。子の生年月日は判旨に現れていないが，昭和35年4月頃殴打された段階で原告は妊娠6か月であったとされているから，原告が実家へ逃げた昭和37年8月には，子は2歳になるかならないかであった。その後，原告は離婚並びに子の親権者及び監護者を原告と定めること等を求める民事訴訟を提起したが，下された判決は，原告と被告を離婚する，原被告間の長女教子の親権者及び監護者を被告と定める等の趣旨のものであり，昭和40年2月24日のその判決段階で，子は4歳である。父である被告は，原告との婚姻前に2回の離婚歴があり，それぞれ短期間で婚姻生活が破綻している。認定されている父のDVのすさまじさから考えても，前婚の破綻原因もおそらくDVであったと思われる。このような暴力的・支

配的な父のもとで育つ環境よりは，母側の環境のほうが望ましいものであったろう。DV加害者が児童虐待の加害者になる比率は高い[5]。しかし親権を得たのは，父であった。原告である母は，子との面会交流もかなわなかったものと想像される。

　この事案でもそうであったように，両親間で子の奪い合いが生じたとき，継続的に養育をしている親が，既得権として事実上離婚後の親権を獲得することが多い。子を手元に確保したことが親権争いの帰趨を決める既成事実となるため，子の養育をめぐってもっとも熾烈な争いが生じるのは離婚成立前であり，子を監護している親は，非監護親の子との接触を拒絶することが少なくない。このような争いに裁判所が介入することについて，平成時代になってさえ，高松高決平成4年8月7日判例タイムズ809号193頁は，「『家庭に法は入らず』の法諺どおり，子に対する親権の行使に係る紛争は，親権者間で解決し調整すべきもの」と否定していた。この高裁決定には，親権者間における解決が子の福祉に合致しない結論である場合への危惧，親権者間で解決できないからこそ法が介入しなければならないという発想は，およそ感じられない。このような発想では，仮に家庭裁判所の調停に受け入れたとしても，ただ調停で長々と時間を取ってその事件を「発酵」させることになってしまうであろう。そして実際にそのような「発酵」事件は少なくなかった[6]。

　最決平成12年5月1日民集54巻5号1607頁[7]は，次のように判示して，裁判所が介入することを承認した。「別居状態にある父母の間で右面接交渉につき協議が調わないとき，又は協議することができないときは，家庭裁判所は，民法766条を類推適用し，家事審判法9条1項乙類4号により，右面接交渉について相当な処分を命ずることができると解するのが相当である。」。こうして家庭裁判所が「相当な処分」を命ずることは認められたものの，しかし，より困難な問題は，裁判所がどのように介入し，どのような処分をすることができるかということである。

第3　子の奪い合い紛争への介入の難しさ

　離婚紛争のうち，裁判所にとってもっとも解決が難しいのは，子の問題であると言われる。困難である理由は，いくつもある。金銭であれば，夫婦で分けることができるが，子を分けることはできない。どちらの親に親権を与えるかという決定は，子の福祉をもっとも重視して判断しなくてはならない。しかし子の福祉の判断は，つまり子の将来の状況を予測することであり，裁判官は，過去の事実の裁断をすることには慣れているが，将来の予測には慣れていない。さらに子の福祉に関わる，間違いの許されない難しい判断でありながら，子の成長は著しいので，子へもたらす影響を考えると判断は迅速に行われなくてはならない。

　また通常の民事裁判は，当事者の立証の失敗が敗訴を招いてもよいという当事者主義の前提で運営されているが，子の福祉に関わる判断では，両親の立証の得手不得手が結論を左右してはならないから，裁判所の職権による調査が必要である。しかし職権による調査もまたやすいことではなく，当事者のパーソナリティの偏りや精神的暴力の有無などは，専門的な訓練を経たプロフェッショナルでなければ正確に見抜くことはできない。一見したところ，家庭内暴力の加害者は社会的地位があって理性的で安定した印象を与え，暴力の被害者のほうが不安定な精神状態を示すことも少なくない。西欧諸国では，精神科医などのプロフェッショナルが親の生育過程，つまり親の親の状況まで詳しく調べる体制をとる国もある。日本の家庭裁判所では，調査官がこの立証過程をカバーする存在であるが，現状では短時間の調査官調査には様々な限界がある。まして調停委員は，そのような訓練をまったく受けていない素人である。調停制度は「一般市民の良識」を活かそうとする紛争解決制度であるが，家庭内の病理は，通常人ならとるであろう振る舞いから逸脱したものであり，一般社会の常識が通用しない。裁判官も調停委員も，少なくとも自分の常識では推量できない病理があることを知る必要があるだろう[8]。

この困難を解決する基準として，子自身の自己決定を尊重する主張がある[9]。この主張が社会が子に関与して保護することを通じて，子が自己決定できる健康な自我の成長を促す主張であれば，もとより望ましい。しかし現在のきわめて貧弱な保護体制のもとで，親権争いの段階で子に自己決定させることは，戦時の拷問として仲間の誰を先に尋問にかけるかなど，本来選べない対象を選ばせる「擬似選択」と呼ばれるものに近い。この拷問の被害者は，「自発的」に「選んだ」という自責の念や罪の意識にさいなまれて，「人間性」を破壊される[10]。DVの典型的技法のひとつに，母子関係の破壊がある。同居中から加害者である父が母を侮蔑し母の判断力を否定して，子を洗脳するのである。まして別居後，同居親が非同居親に否定的な評価をすり込むことはこの上なくたやすい。児童虐待を受けた子は，健康な子よりもむしろ強く，虐待親に執着するという症状を示す。子の様子は暴力の病理に詳しい専門家が注意深く観察する必要はあるが，子の主張を裁判所の決定の理由にしてはならない。

　そしてなにより強制力の問題がある。裁判所が両親のどちらかがより親権者にふさわしいと判断しても，その判断と現実の子の状況が食い違うとき，引き渡しを強制することは非常に困難である。その無力さを前提にしたとき，子を現実に監護している親の状況がよほど悪くないかぎり，裁判所は現状を追認しがちである。

　日本の裁判所は，原則としては，長年，この困難な判断から逃れてきたと言わざるをえない。子の奪い合いに人身保護法が使われたのは，アメリカ法のヘイビアス・コーパス理論を直輸入したためのむしろ例外的事態であって，地方裁判所と家庭裁判所のこの紛争に関する消極的管轄争いの結果，最高裁が人身保護法の利用に子の幸福に反する「明白」性の要件を課したため，家庭裁判所が正面から取り組むようになったのは，それほど古いことではない[11]。民法は，婚姻中は両親の共同親権，離婚後は単独親権としているが，婚姻中に両親間で親権行使の意見が異なった場合の解決方法について規定を欠いている。このような民法の規定ぶりそのものが，両親間の紛争への介入を予定していなかったとも言える。しかし介入しないことは，力づくの奪い

合いを放置することを意味する。離婚を前にして憎しみあう両親にとって，相手方が子に執着する場合には，子と接触させないことが最大の復讐となり，子は「戦利品」となってしまう。

　国際的な立法傾向が，離婚後の単独親権を廃止して離婚後も共同親権を原則にするようになったのは，そのほうが子の奪い合い紛争を激化させないという判断が大きかった[12]。もとより共同親権にすることによって親権行使紛争は離婚後も長期化するが，日本と異なるのは，婚姻中であっても両親の親権行使紛争への介入は，子の保護のために当然に必要なことという前提に立っていることである。日本法においては，両親の親権行使紛争は「法の真空地帯」におかれてきた。親権行使において協調できないときは，離婚によって解決するしかなく，[13] 離婚後に親権を得られなかった親は電信柱の陰から登下校の子の様子を眺めるだけという日本のかつての「常識」は，「法の真空地帯」において戦う力がないか戦いに敗れた親が「諦める」ことによって保たれた「平和」であった。

　離婚後の共同親権や非嫡出子の共同親権の立法はまだ具体化していないが，日本法においても，2011年に成立した民法改正で，民法766条に面会交流が規定された。面会交流は，いわば最小限の親権行使とも言えるから，親権行使紛争への裁判所の介入がはじめて日本民法で明示されたとも評価できる。それは必要な改正であったし，将来的には，離婚後も共同親権行使を選べるように立法されるほうが望ましいであろう。しかしあまりにも長い間「法の真空地帯」に慣れていた裁判所には，この問題に対応する準備がきわめて不十分である。とりわけ家庭内に暴力があるDVケースにおける共同親権行使や面会交流においては，慎重に対処しなければならない。共同親権行使や積極的な面会交流は，家庭内の暴力から有効に救済する準備とセットで行われる必要がある。共同親権行使や積極的な面会交流が教条主義的に望ましいとされると，DVからの救済システムが整っていない日本では，暴力の現場に当事者を拘束することになりかねないからである。けれどもそれを理由に後戻りして「法の真空地帯」に留まる選択肢も，もはやとれない。子の奪い合い紛争が自力救済に任されると，子は実力による奪取の対象となるため，監

護親の自衛的行動や非監護親の奪取行動が，子の健全な成長を阻害し，子の心身に深刻な悪影響を及ぼす。あらゆる手段を使って実務を改善して前進するしかないのである。

第4　介入の手段と方向性

　面会交流の強制執行について，最決平成25年3月28日民集67巻3号864頁は，具体的な面会交流の方法が特定されている場合に限り，間接強制を承認した。最高裁の要求する特定の程度は相当に高く要求されている。育児環境は，子の心身の状況や両親の状況に応じて日々変化するので，面会交流計画は柔軟に設計されなくてはならない。これほど堅く設計された面会交流でなければ強制執行できないとなると，実務は運営に困難を来すだろう。

　もっとも望ましい面会交流は，両親が継続して協力し，柔軟な設計をすることである。その協力を支援し，指導するカウンセリングの試みも有効であるが，強制力には限界がある。欧米諸国では，子どもの奪い合いに対する抑制という場面では，刑事罰のサンクションを発動する。たとえばフランスでは，1987年以降は離婚後も共同親権が可能になっているが，それで紛争が解決するわけではなく，元配偶者同士で一方が他方の権利を妨害しようとすることは珍しいことではない。宿泊権や訪問権を妨害された場合には，損害賠償や間接強制という民事的なサンクションも可能であるが，より有効なのは刑事罰である。[14]　フランス刑法は，刑法227-5条で不当な妨害行為に1年の禁固刑と15000ユーロの罰金刑を科しており，同227-6条は子どもを連れて転居したら，裁判所で認められた訪問権や宿泊権をもつ者に1か月以内に新住所を通知しないと，6か月の禁固刑と7500ユーロの罰金刑を定めている。

　日本においても，親権者による子の奪取に，最判平成17年12月6日刑集59巻10号1091頁は，未成年者略取罪を肯定した。しかしこの判決には，「子の監護をめぐる紛争は子の福祉を最優先し，専ら家庭裁判所の手続での解決にゆだねるべきであって，他の機関の介入とりわけ刑事司法機関の介入は極力

避けるべきものと考える」とする滝井判事の少数意見がついており，今井判事の補足意見も「家庭内の紛争に刑事司法が介入することには極力謙抑的であるべき」とするもので，法廷意見の結論が自明ではなかったことが推測される。今井判事の補足意見は，次のように述べる。「家庭裁判所は，家庭内の様々な法的紛争を解決するために設けられた専門の裁判所であり，そのための人的，物的施設を備え，家事審判法をはじめとする諸手続も整備されている。したがって，家庭内の法的紛争については，当事者間の話合いによる解決ができないときには，家庭裁判所において解決することが期待されているのである」。しかしここに述べられている日本法の家事手続にこそ，基本的な問題が内在している。

　日本の家庭裁判所の手続の実態は，現状を変える力をもたない，比較法的にはきわめて無力なものである。たとえばDV被害者である妻が救済を求めてきたとき，家庭裁判所は彼女の求める救済を提供することができない。妻が自力で別居して，一定の年月の実績を作ったときに，法的に離婚を宣言するだけである。欧米諸国の裁判所であれば，夫にただちに別居命令を出し，妻子の生活が成り立つように夫から養育費を強制的に取り立てるであろう。つまり裁判所に申し立てれば，救済は与えられる。その前提で，子を連れて逃げるという妻の自力救済が禁じられる。日本法では，財産法の領域では，判決と強制執行による救済を前提に自力救済の禁止が確立しているが，家族法の領域では，そうではない。DV被害者の妻は，自力救済しなければ救われず，彼女に残されているのは逃げる自由だけである。日本の家裁実務は，家庭内における暴力の深刻さにふさわしい手続になっていない。DVは家庭内における支配の構造であって，被害はきわめて深刻であり，被害者は極度の緊張下で過ごし，自己の尊厳を根こそぎ奪われる。[15] 日本法の現状では，彼女の逃げる自由を封じるような解釈，つまり子どもを連れて逃げることを封じる解釈をとるべきではない。

　「国際的な子の奪取の民事上の側面に関する条約」（ハーグ子奪取条約）の批准[16]にあたって危惧されるのは，日本国内においても，子どもを連れて逃亡することがすなわち許されない自力救済だとみなされることである。この

条約批准問題の困難さの背景にあったのは，共同親権者間のトラブル，特に両親間の子の奪い合いに対する，日本と外国との制度設計が全体的にまったく異なっていることであった。[17)]この条約を締結することが当事者を相互に自国内の制度に乗せる約束を意味するだけですむ欧米諸国とは異なり，日本では，その体制がそもそも国内にない。公権力に救済を求めればかなえられる準備があってはじめて，救済を求めずに自力で逃亡することを責めることが可能になる。しかし日本ではその前提条件が整っていない。このような彼我の相違をみると，日本は，高度に発達した発展途上国であるという感を禁じ得ない。家族法領域において法の保障がない欠陥は，社会の輪のもっとも弱い部分に被害が集中する。

　それでは，日本では，自力救済によるしかない現状のままでいたしかたないのであろうか。それは，現状の悲惨を固定することになる。被害者への支援や援助が圧倒的に足りない現状であっても，公権力が家庭へ介入し，子どもの福祉を見極めて両親間の紛争を解決する方向に一歩でも進めるべきであろう。面会交流を明示した民法766条の改正も，その方向への政策の切り替えの一環として理解したい。

　社会の安全弁を失った日本社会の変化は激しく，ゆっくり改善をしている余裕はない。児童虐待は，社会が介入しないと救われない。高葛藤ケースにおける面会交流の紛争は，実質的には，児童虐待の問題と重なる。面会交流として顕在化した虐待問題を，面会交流を禁じることによって解決することはできない。面会交流を保障しないことは，実際には家族を「法の真空地帯」に放置することを意味する。

　自己の中に葛藤や病理を抱えているため，育児の下手な親はいる。それを責めることはたやすいが，その障害は，社会が支える必要がある。児童虐待という病理に対する正しい対応方法は，虐待親を処罰することではなく，親を支援して親子を共に救済することである。緊急時に親子を切り離すことはもちろん必要であるが，それは将来の再統合を視野に入れた応急措置であることが原則であって，親を教育・支援しながら親子の交流を目指すのが本道である。

　もちろん暴力的な親との交流は連れ去りや子への悪影響など危険性が高い

ので，被害をもたらさないように配慮するとともに，専門家によるサポート体制がとられなくてはならない。公益社団法人家庭問題情報センター(FPIC)は，貴重な支援組織ではあるが，このような民間団体に頼るのみならず，児童相談所をはじめとする行政との連携も，また家庭裁判所内で監督下で面会交流するような工夫も，必要である。そして現状では裁判所の判断はその場限りのものとなっているが，このような事案は継続的なサポートが必要なので，サポートの連携機関との協力によって継続的な関与方法を構築することも課題である。しばらくは，問題の本質を理解した上で，安全な面会交流を実現するあらゆる努力を続けるしかないのだろう[18]。

---

1) 上野千鶴子「『プライバシー』の解体―私的暴力と公的暴力の共依存をめぐって―」『生き延びるための思想・ジェンダー平等の罠』(岩波書店，2006) 119頁以下 (初出は，アディクションと家族17巻4号)。
2) 水野紀子「児童虐待への法的対応と親権制限のあり方」季刊社会保障研究45巻4号361頁以下。
3) 友田明美『いやされない傷―児童虐待と傷ついていく脳』(診断と治療社，新版，2012)。
4) 上岡陽江=大嶋栄子『その後の不自由―「嵐」のあとを生きる人たち』(医学書院，2010)。暴力という自己の境界線を侵害する行為にさらされて成長すると，健全な人間関係の距離がとれず，相手と自分がぴったり重なった「ニコイチ」の関係を望む。「ニコイチとDVは表裏一体」(同書33頁)とされる。
5) DV家庭では娘が父親から性的虐待を受ける率が普通の家庭より6.5倍高いなどの報告がある。宮地尚子『トラウマ』(岩波書店，2013) 127頁。
6) 両親間の奪い合いのケースではないが，一時的に子を預かった叔父夫婦が実親からの返還要求に応じず実効性のある救済もなされなかったため，実親から送られた衣服を子に切り裂かせるなど，子が11歳になるまで実親を憎む教育を受けた痛ましいケースとして，最判昭和61年7月18日民集40巻5号991頁。
7) この最高裁決定については，水野紀子「父母の婚姻が破綻して別居している場合に子と同居していない親の面接交渉に関する家裁の相当な処分の可否」私法判例リマークス23号74頁参照。
8) DV当事者に出会う専門職として，医師や法律家には，DVの知識が不可欠である。現在の日本の貧弱な体制を前提にして，実務家にDVの構造を理解させ，使える手段の

可能性と限界を整理する実用書として，宮地尚子『医療現場におけるDV被害者への対応ハンドブック』（明石書店，2008），打越さく良『Q&A DV事件の実務』（日本加除出版，改訂版，2015）など。

9) 二宮周平＝渡辺惺之『離婚紛争の合意による解決と子の意思の尊重』（日本加除出版，2014）など。家事事件手続法65条などの子の意思を考慮する義務が，子の意思を機械的に確認する実務になることが危惧される。

10) 宮地・前掲注5) 35-36頁。

11) 人身保護法の利用を制限した最判平成5年10月19日民集47巻8号5099頁については，水野紀子「別居夫婦間での幼児引渡請求と人身保護法」ジュリ1046号95頁，同様に最判平成6年4月26日民集48巻3号992頁については，水野紀子「共同親権者間における幼児の人身保護請求につき被拘束者に監護されることが請求者による監護に比べて子の幸福に反することが明白であるものとして拘束の違法性が顕著であるとされる場合」民商113巻2号110頁参照。なお，水野紀子「子の奪い合いの法的解決をめざして」家族〈社会と法〉18号37頁。

12) フランク・E．A・サンダー，水野紀子訳「子の監護権――アメリカ家族法の現状」ジュリ782号82頁以下など。30年以上前のこの講演記録の段階では，アメリカでもまだ共同親権（joint custody）は「実験段階」であった。

13) 内田貴『民法4』（東京大学出版会，補訂版，2004）236頁は，「父母の意見の調整がつかず，裁判所に問題を持ち出さざるを得ない事態になれば，実際上は父母の婚姻関係は破綻していることが多いだろう。そうなれば，あとは離婚の際の親権者の決定という形で処理するほかない。」としてこの結論を示唆する。

14) Jean CARBONNIER, Droit Civil, PUF, 2004, p.1385.

15) 宮地尚子『トラウマの医療人類学』（みすず書房，2005）は，DV被害や児童虐待によるトラウマ等について示唆に富み，分析されるDV被害者や被虐待児童，性暴力被害者などのトラウマの深さには慄然とする。

16) ハーグ子奪取条約の批准問題については，早川眞一郎「『ハーグ子奪取条約』断想――日本の親子法制への一視点」ジュリ1430号12頁など参照。

17) ハーグ子奪取条約の問題が，児童虐待や配偶者間暴力などに対する西欧諸国と日本の対応の相違を浮き彫りにすることについては，水野紀子「児童虐待，配偶者間暴力，離婚」町野朔＝岩瀬徹編『児童虐待の防止――児童と家庭，児童相談所と家庭裁判所』（有斐閣，2012），同「公権力による家族への介入」水野紀子編『社会法制・家族法制における国家の介入』有斐閣（2013）など。本章はこれらの論文と一部重複する。

18) 本章のテーマに関する主な先行業績として，山口亮子「ドメスティック・バイオレンスと離婚後の子どもの監護に関する取り決め」民商129条4・5号534頁以下。裁判例については，梶村太市『裁判例からみた面会交流調停・審判の実務』（日本加除出版，2013）参照。

臨床心理士，面会交流援助者からみた面会交流原則実施論

山口 惠美子

第1 はじめに

　家庭裁判所が面会交流の原則実施の方針を公にして以来[1]，子の最善の利益にとってのその方針の妥当性をめぐって，批判的波紋が広がっている。当時，家庭裁判所は，事案が増加の一途をたどる中で，最も時間とエネルギーを要し，面会の可否が同居親の意向次第等といわれてきた面会交流の調停に対し事案の早期解決を迫られていた。また，ハーグ条約締結（2013年5月22日）前夜のわが国では，子の引渡しにおける明確な要件と面会交流の制度的保障が求められていた。家庭裁判所が面会交流の原則実施へ踏み切った動機，あるいは追い込まれた動機には，解決に困難を極める事案の増加への対応と，子の監護の国際基準化ともいうべきハーグ条約に備えた条約適合義務としての国内法の整合的運用の必要があったと考えられる。ハーグ条約への整合性としては，2013年3月28日に最高裁第一小法廷が，不履行の面会交流に対する間接強制の給付特定条件を示したのも同様である。そこへ，子の福祉を最優先して父母が話し合うことを要請する改正民法が登場し，調停においても新しい非訟手続として位置づけられた。

この時点では，原則実施論は，話し合いによる合意解決の優先を重視するハーグ条約との整合性も視野にあり，父母が相互に認め合えるような関係性へと変容していくアメリカのトランスフォーマティヴ・メディエーション(変容型離婚調停)[2]と同様に，改正法の趣旨に沿って粘り強く協議を尽くす調停の促進剤となる可能性を持っていた。総合的比較衡量論あるいは限定論に立っていた従来の調停技法との間に，実態的，結論的には大きな乖離を生じさせることなく，調停の質的向上に貢献できたのではないかと考える。しかし，現実にはそのような方向には進まず，子どもの福祉の侵害が危惧される機械主義的一律実施論，マニュアル化として批判にさらされている。原因を，改正法の趣旨に沿って原則実施論を生かし切れないわが国の調停委員の力量不足に求める傾向がある。しかし，より重大な原因は，解決の全てを調停にのみ依存する一極集中主義にあり，調停を効果的に機能させるためのバックアップシステムの不在にあるというべきである。

　外圧的国際基準化の要請が背景にある原則実施論が，今後早々に修正，変更されることは期待できない。その認識に基づき，原則実施論の問題点の学術的な分析，考察は他の法律家に譲り，本章は子どもの福祉の実現のために，原則実施の下で今後必要かつ可能なバックアップシステムの在り方を，面会交流援助者の立場から論述してみたい。バックアップシステムの中核は，親教育を含めた面会交流援助制度の構築と充実拡大と考えるので，民間の既存モデルの提示の意味で，FPICの子ども中心の面会交流援助の実態にもページを割いた。

　なお，文中の挙例は，プライバシー保護のため，事情説明に必要でない限り部分的に変更・割愛，あるいは類似のケースを複合している。また，子どもの両親は，権利性とは無関係に生活事実にのみ基づいて同居親，別居親としたほかは父母とした。

　文中の表現「FPIC」は，筆者が所属する公益社団法人家庭問題情報センターの略称である。

第2 援助現場における最近の状況

1 法改正がもたらした父母への影響

　厚生労働省の人口動態調査[3]によれば，2012年から2013年のこの2年間に，未成年の子をもつ夫婦の離婚が137,334件から135,074件に減少したにもかかわらず，法務省調査によれば協議離婚における面会交流の取決めは比率（55.4％から61.0％）だけでなく，実数（72,770件から77,869件）も増加した。司法統計においても，面会交流は調停，審判の合計でこの2年間に11,515件から12,446件に増加した。FPICにおいても，2012年と2013年の比較において，全国の新受件数（324件から442件），年間援助件数（672件から721件）とも，同様の増加傾向を示している。このような変化は，法の改正趣旨の浸透による父母の関心の高まりとして，一般的には肯定的に評価されるのであろう。
　では，穏やかで子の健全な成長の糧となるような面会交流が実現できているのかといえば，援助現場には，むしろ逆の状況が現出している。子の福祉にかなった面会交流の指標の1つが交流の継続であるが，最近，継続困難ケースが増えたとか，親とも子とも信頼関係が築け，皆が成長して援助者の手を離れるケースが少なくなったとの声を聞くようになった。
　原則実施論がその変化に重大な影響を与えていることは否定できないが，原因の一元論的理解にはやや慎重でありたい。援助の現場では，同居親，別居親の間に法の改正趣旨の受け止め方に著しい相違が見られ，その影響の大きさを否定できない。FPICで出会う別居親の多くが，法改正を別居親に対する面会交流権の付与と受け止め，「権利だから」と直接的面会交流を求めて退かなくなった。
　他方，別居親の権利意識を反映した義務化ないしは不可避論が浸透した同居親は，3つに大別されるような反応を示している。

(1) **A　法改正が自力実施への触発効果を上げている**
　面会交流の意義，目的を説き明かす必要がなく，夫婦と親子の問題を分け，感情をコントロールする（腹をくくる）ことができる。かつては要援助だった

ものが，短期間で援助から自立したり，援助を求めなくなったと考えられる。

(2) B　面会交流を養育費とのバーターないしは離婚の方便として合意している

離婚が調停の目的であり，面会交流実施への意思，意欲は初めから希薄である。アリバイ的に何度かは実施に応じるが，長く継続することは難しい。継続しても形式的履行になりやすい。援助者批判，子どもの拒否や不都合，親または子の疾病等の中止理由を挙げて面会交流に応じなくなる。

(3) C&D　精神的な疾患及び生活困窮タイプ

実家の支援等を得て比較的早期に健康を回復する産後うつ，適応障害，軽度のDV被害者等の一過性リスク群 (C) と，PTSD，精神疾患，それに不安定就労等が重なり，養育機能の低下が長期化しているダブルリスク群 (D) である。法改正で勢いづいた別居親からの強い要求に追い詰められ感を抱いて，更に精神不安定になる。前者C群は疾病利得を助長せず，自信回復を支援する援助が得られれば，子ども中心の面会交流は可能になる。面会交流では，援助が必要かつ効果的な一群である。

後者D群の場合には，面会交流以前に既に同居親の親子関係が不安定であり，面会交流の強要は同居親に対する子どもの愛着形成まで損ねかねないリスクを負っている。合意内容がどうあれ，同居親の親子関係と生活を支えるサポート，ケアが喫緊の課題となっている。

改正民法は，権利論には一切踏み込んでいない。にもかかわらず，裁判所の用意した原則実施論と，改正法に背中を押された別居親の権利者意識の出会いが，同居親の意向次第といわれた調停の流れを変えた。逆風をまともに浴びている上記(2)(3)の同居親の子どもたちに，情緒不安定，身体症状，不登校等さまざまな悪影響が及んでいるというのが，原則実施の実態的弊害であろう。原則実施論における面会交流禁止・中止の判断基準は，別居親による子の連れ去り，虐待の恐れ，監護親に対するDVという，いずれも別居親側に禁止に値する事由が認められる場合に限られている[4]。同居親自身の面会交流応需能力が著しく低下しているD群の中には，実施不能状態に陥っている同居親がいる。それでも同居親側の事情では面会交流をやめることは認めら

れないのか。認められないとすれば，子の福祉にかなった面会交流をどのように探求すればよいのか。そこが問題の焦点であろう。

2 父母による子どもの意向への対応事例（事例Ｅ）

　法改正後の手続法が，子どもの意向の尊重を具体的手続として保証したことは，原則実施のリスク回避のために評価に値する。子どもの意向を無視することが，子どもを深く傷つけた事例を考察しておきたい。

　母が離婚の方便として合意した面会交流を，父の選んだ援助機関の受渡援助によって開始したが，初回で挫折した。面会目的の事前告知がなかったことを騙されたと言って怒った小学４年生の子どもが面会に応じなかった。その後，父は弁護士の援助の申し出を断り，３度にわたって母子の家を訪ねた。１回目は母から父に説得要請があっての訪問。子どもはドアを開けたものの，父からの謝罪はなく要求と弁明を10分程度聞かされたのみ。２回目は父がドアチェーン越しに，「早く帰って」と言われたのみ。３回目は，裏から逃げた気配の子どもを，父が終日ドアの前で待ち続け，夕刻子どもを連れ帰った祖母と言い争って，結局会えずに終わった。父は履行勧告をした。

　今度は母が履行意思表明のために，FPICに子どもを連れてきた。父は，最初の訪問を詫びの好機と思わなかったかとの質問に対し，誰もそんなことを教えてくれなかったと外罰的な反応をした上に，子どもが条件とする母の同席を拒否して子どもに会えなかった。親の愛情の対象ではなく，父母の自己正当化の道具としての利用価値でしかない自分の存在に気付き，子どもは幼児のように激しく泣いた。援助者は，振り回された挙句に，自己価値の低下の確認の場でしかない面会交流の強行を子の福祉に合致しないと判断し，子どもへのケアを優先するために，スクールカウンセラーにつないで援助を断った。

　以前なら，同居親が拒否し続けたであろうこの事例は，子どもに責任を負わせる形で強引な実行を迫っている。子どもの意向の尊重を，実態において子どもの福祉を実現する手続にするためには，子ども手続代理人の活用も必要だが，合意前の親教育の必要を示す事例である。

第3　子ども中心の面会交流実現のための民間機関の実践[5]

1 FPICにおける面会交流実施へのスタンス

　面会交流は適切な援助があれば高葛藤事例でも軌道に乗ることが多い。FPICの援助事例はほぼ全ケースが父母の対面回避を必要とし，その背景に身体的または言語による暴力が認められる。第三者援助を条件とした合意があれば，事前相談（父母ガイダンス）と契約書において誠実な実行意思を確認して，まさに原則実施する。ただし，援助事業の開始時から子ども支援を標榜し，面会交流の継続的実施を最優先するので，実施率8割で了承をとっている。

　援助の現場は理念論では動かない。極めて個別性が高く，当該ケースが学説や統計結果の示す所と一致するとは限らない。できるものはできる，できないものはできない，やってみなければ分からない。だから最初からできないと決めてかからないという現実論で動き，援助の可否の判断を急がない。

　家庭裁判所が第三者援助を公にした最初の審判例[6]を例にとれば，子どもは面会を嫌がり，父母は自力実施の合意ができず，審判によってFPICに持ち込まれた。援助開始後に，歩調の合わない双方弁護士と父母による試行面会を，子どもが父母の紛争の再現と感じて面会を拒否していたことが分かった。紛争被曝から守ってくれる援助者を子どもが深く信頼し，その後の面会交流は極めて平穏に継続した。援助を離れて自立した後も子どもは親との連絡を保っている。反対に，事例Eのように，合意自体は見かけ上問題なく成立しても，合意が離婚の方便だったりすれば実施が難航する。多くの場合，面会を否定しても，それで問題が解決するわけではないので，FPICでは合意形成過程での問題を克服しながら，子ども中心の面会交流の可能性に挑戦し続けている。

2 子どもとともに創り上げるFPICの面会交流

(1) 子ども対応の原則

　FPICの援助の対象児は，乳幼児から小学校低学年が中心であり，中学生以上は対象外である。援助を必要とするほど父母の葛藤の強いケースであるから，子どもに前もって意向を聞けば多数は「会いたくない」と答えるだろうが，本音を語れる信頼関係が成り立つ前には意向は尋ねない。その代わり，援助者が大事にしている原則がある。

① 子どもの人格を尊重し，子ども目線で考え行動する。
② 親の紛争の再被曝を防ぎ，子どもに寄り添って安心と安全の基地となる。
③ 段階を踏んで，時間と手間をかけながらゆっくり進む。

(2) 子どもの安全，安心感を支える援助手順

① 子ども同席の事前相談：

　同居親との分離が困難な場合，事前面接に子どもが同席する。日常の子育ての様子が具体的に把握でき，子ども対応のための貴重な情報が得られる。子育て相談を兼ねることもある。親だけの来室は既に分離ができている証明でもある。

② 親子見学：

　子どもが面会交流の場所と援助者に慣れる機会を提供する。乳児の場合には子どもの住居地近隣での面会交流もあり，援助者が当該の実施場所に出向き，別居親抜きの予備的交流を行うこともある。予期せぬ出会いを苦手とする発達障害の子どもには，①，②は必要的準備である。

③ 子ども面接：

　子どもの抵抗，DV被害のある場合，付添いのある交流場面を説明し，子どものエンパワメントを行ったり，面会交流の可否を見極めたりする。

(3) 交流場面における配慮

① 交流開始の準備：

　同居親の焦りや緊張は子どもに直に伝わる。不安の強い子どもは，遊

びに慣れて子どもの方から同居親を離れるのを待つ。子どもの意思に反した引き離しをしない。不安防止のために，同居親が近くに待機することもある。ゆっくり食事をとってから開始する例もある。

② 子どもの怒りや不安の扱い方：
　　子どもは親に言えずに封印していた感情や本音を援助者に打ち明けてくる。父母の紛争を自分の所為とする自責感情を否定し，安心，安全の基地として聴き役になり，秘密を守る。
　　怒りや不安の感情は，遊戯療法的に箱庭，ボール投げ，描画等の遊びの中で表出させ消化させることもあるが，面会交流そのものが最も有効な解消方法である。

③ 子ども中心の日時，場所の決め方：
　　子どもの事情や希望を尊重して決定する。親子の関係が安定すれば，援助者が付き添ってFPICの外部で実施し，次のステップでは付添いを外して引渡し援助にする。

(4) **子どもの変化と成長**
当初拒否的だった子どもが，「パパもまた来てくれる？」等と徐々にまたは劇的に変化を遂げていく。子どもは親を善悪で絶対評価せず，関係を維持できるような相対評価をして，4歳児が，お母さんをいじめるお父さんは嫌いだけど，遊んでくれるお父さんは好きでもいいかと聞いたり，6歳児が，虐待を疑われる別居親からの引取り要求に対して，一緒に遊びに行くのは楽しいけれど，お泊りは嫌だ等と言う。自らその時点で必要な親子の距離を確保し，かつ，関係修復への道を残しながら成長していく。

(5) **別居親へのサポート**
父母の鉢合わせを避け，別居親が子どもを訪ねる形で出会う。子どもに恐怖を与えない接近の仕方，接し方を助言して，子どもとの適切な距離を計らせる。別居親の緊張や不安の軽減のために，一緒に遊んで遊びのモデル提示をすることもある。別居親の努力を積極的に評価するとともに，不適切な言動には直接ブレーキをかける。問題がなければ親子の空間を尊重して，援助者は距離を保つ。

(6) 同居親へのサポート

　子どもの意向を左右する同居親の協力は極めて重要である。特に，面会交流後の子ども対応への助言を前もって行うことが大切である。それを怠った失敗例がある。詫びた父を許した子どもが，母から「どうして許しちゃったの」と言われて情緒不安定になったり，待機する母から「さみしいから早く帰ってきてね」と言われて，落ち着いて面会交流ができなくなった例である。逆に，エンパワメントによって，最初は震えていた母親が別居親との顔合わせが可能になり，1年後に自立できたケースもある。

　親教育はもちろん必要であるが，経済的，心理的に余裕のない同居親が面会交流を実施している。その努力に対する尊崇の気持ちは，言葉にして伝える。子育ての労苦に対しても同様である。同居親の健康回復や同居親の親子関係，特に愛着形成が先決課題と思えるケースでは，面会交流の即時開始を勧めず，別居親への時期待ちカウンセリングを行うこともある。

第4　課題と展望

1　原則実施を前提とした調停における個別ニーズへの対応

　事案は極めて高い個別性を持っている。子ども中心の面会交流を実現できるか否かは，父母の合意に対する納得感にかかっている。そのために面会交流の調停に求められる条件が4つほどある。

　第1は，結論先行を排し，特に初回調停では父母の心情，事情を丁寧に聴き取ること。第2は子どもの具体的な生活実態，子どもの意向（本章第2の2事例E）等の子ども情報を父母が共有し，その上で，別居親には子の監護環境を尊重した謙抑性を求めつつ，子どもが継続して参加できる現実的な取決めができるように支援すること。この2つは，父母の自己決定を支える調停関係者の責務である。第3は，子どもの生活実態を考慮した，却下要件の拡大ないしは実施猶予条件を運用の中で検討していくこと。同居親が経済的，精神的に極度にレベルダウンし，愛着障害の親子関係の修復，生活の再建等

を優先しなければならない場合（本章第2の1の(3)D群），同居親の治療専念，間接交流等の条件付きで，面会交流を中断あるいは延期を決め，調停を早期に終了させることが子の福祉にかなう。FPICの援助経験では，D群や子どもが振り回された事例E（B群でもある）のような事案の面会交流継続率は低い。第4は，調停前親教育と実施援助制度を前提とした調停制度の抜本的制度改革を行うこと。親教育は家庭裁判所が直接抱え込むのでなく，諸外国の例に習って自治体，援助団体等に外部委託して，家庭裁判所は調停そのものへエネルギーを傾注する制度にするべきである。しかし，親教育未整備の現状では，家庭裁判所は親教育の重要な担い手にならざるを得ない。第3，第4は一家庭裁判所が解決できる課題ではない。国家的施策として取り組むべき課題である。

2 面会交流援助体制構築の必要性

(1) 親教育（父母ガイダンス）の制度化

協議離婚における離婚届への養育費と面会交流の取決めの記入は，それ自体画期的なことではあるが，履行の確保や子ども中心の面会交流の内容を保証するものではない。これを保証するには調停，裁判離婚に限定せず，協議離婚をも含めた全ての父母に対して，親教育（父母ガイダンス）の機会を公的責任において提供される必要がある。養育に関するワンストップサービスを開始した明石市は，養育ガイダンスの名称で親教育の取組みも始めている。[7] 韓国の協議離婚には届け出前の相談と熟慮期間制度が導入され，一定の効果があがっている。[8] 協議離婚制度のない欧米では，調停前の有償の親教育が義務として課せられているところが多い。[9]

(2) 親教育（父母ガイダンス）の内容の充実

① 夫婦間紛争を児童虐待として同定し，予防教育を重視する

子どもに与える親の離婚紛争の影響については，主に心理学的立場からマイナス影響が指摘されてきた[10]が，2011年，友田は[11]脳神経科学の立場から，夫婦間紛争が画像診断で可視化できる脳の変異を起こすことを報告した。夫婦間紛争は長期間癒されない傷を脳に与える児童虐待であり，離婚紛争の

被害者が子どもであることを科学的証拠をもって示したものである。

　FPICでは，紛争の早期解決，深刻な被害の予防のために，脳神経科学の新しい知見を父母に提供することに努めている。この科学的知見は，今後の父母教育（父母ガイダンス）にとって欠かせないメッセージである。

②　親教育（父母ガイダンス）の対象の拡大

　離婚後の子どもの生活基盤である家族の小規模化，ひとり親家庭の社会的孤立化現象を見る限り，面会交流を別居親に限定せず，一定の条件のもとに祖父母等にも認めるべき時代にきている。FPICでは，同居親の同意を条件に，祖父母との面会交流を行っている。子どもに愛情を注ぐ親族は少ないより多い方がよいという点で，再婚家庭の面会交流援助と同じ視点である。ただし，祖父母には面会促進型と阻害型があり，事前の教育が重要である。父母ガイダンスの制度化は，祖父母ガイダンスを含めた制度設計であることが望ましい。

(3)　面会交流実施援助機関の質・量の拡充

①　援助機関への公的支援

　わが国の細々と点在する民間機関への依存状態は，制度化の整った諸外国から見れば，前近代的である。民間援助機関の共通の悩みは経済基盤の脆弱にある。誠意と熱意は重要であるが，それだけに頼る組織は疲弊につながり，存続自体が脅かされかねない。今後のニーズの増加に備える援助の量的拡大は，財政基盤の安定なしにはありえない。援助の質の担保に不可欠な人材の確保，育成についても，将来的には面会交流援助士のような資格認定も必要と考えるが，援助者は，土日に集中する需要に追われて健康管理さえままならないのが現実である。法改正時に付帯決議された援助団体に対する支援の実現が待たれる。

②　医療，療育関係者・機関との連携

　面会交流に対する児童精神科医の関与の現状は，問題解決に効果を上げているとは言えない。根底に医師不足があるが，調停には，子どもを見ずに同居親の説明だけで作成された診断書が提出されることがある。援助現場では，診断書付でも面会交流を楽しみにしている子どもをみるにつけ，本当に禁じ

るべきときに診断書が信用されない怖さを覚える。もう少し援助現場に近い所に医師の関与があれば，専門家としての知見が生かされるのではないだろうか。

　名古屋には，児童精神科医が参加している援助団体がある。[12] 当該ケースの面会交流実施の是非を，医師と父母の双方弁護士が同席して検討することがあると聞いている。参考になり得る先行モデルである。

3　総合的養育支援の必要性

　子ども中心の面会交流を保証する原則実施は，親教育（父母ガイダンス）と実施の援助を前提にしなければ成り立ち得ない。この2つは，今後の日本の重要な政策課題となったといえる。

　しかし，子ども中心の面会交流が実現できたとしても，それで子どもの福利が充足されるわけではない。日本のひとり親家庭の貧困率は世界第3位である。ひとり親家庭の貧困，不安定就労，ダブルワーク，ネグレクト，子どもの罹患のしやすさ等を考えれば，面会交流の合意形成や実施の困難を父母の感情や都合という個人レベルの問題に矮小化してはならない。背景要因の改善を含めた総合的養育支援の一環として実現することこそ必要である。[13]

---

1) 細矢郁＝進藤千絵＝野田裕子＝宮崎裕子「面会交流が争点となる調停事件の実情及び審理の在り方―民法766条の改正を踏まえて―」家月64巻7号1頁以下。
2) 棚瀬一代『離婚と子ども―心理臨床家の視点から』（創元社，2007）100頁以下。
3) 政府統計の綜合窓口ウェブサイト【人口動態調査＞人口動態統計＞確定数＞離婚＞年次＞2013年】第10-9「夫妻が親権を行わなければならない子の数別にみた年次別離婚件数及び百分率」〈http://www.e-stat.go.jp/SG1/estat/List.do?lid=000001127002〉参照。
4) 細矢郁「裁判官の立場から　シンポジウム面会交流の理論と実際」戸籍時報No.690 42頁以下。
5) FPIC「面会交流援助の案内　FPICルール　健やかな子どもの成長を願って」（2013年

4月改定）によって援助内容を公表している。
6) 東京家審平成18年7月31日家月59巻3号73頁。
7) 明石市「広報あかし」No.1165（2014年5月15日）。
8) 二宮周平「別居・離婚後の親子の交流を支援する仕組みの追求〜韓国・カナダ調査を参考に(1)」戸籍時報708号2頁以下。
犬伏由子＝宋賢鐘「韓国法における親の離婚と子の養育について〜子の利益（福利）を実現するシステムの構築に向けて」法学研究86巻1号133頁以下。
9) FAIT-Japan研究会（福丸由佳ほか）2010年以来アメリカで普及している親教育プログラム（グループ用FIT及び個別用PACT Joe H.Brown, P.H.D. 作成）の修正及び日本への導入を進めている。
10) 明石市・前掲注7)。
11) 友田明美『いやされない傷 児童虐待と傷ついていく脳』（診断と治療社，新版，2012）81頁以下。
12) 養育支援制度研究会・家族と法共催シンポジウム（2014年7月26日）「みんなで支える離婚後子ども養育〜行政による面会交流・養育費支援モデルの展望〜」志水久夫報告「双方の弁護士＆チャンスの話し合い」。
13) 赤石千衣子『ひとり親家庭』（岩波書店，2014）115頁以下，201頁以下。

心理学的知見の教条化を排した実務運用はどうあるべきか
――子ども中心の面会交流の背景を踏まえて――

渡辺 義弘

第1 はじめに

　在野の弁護士にとって面会交流紛争解決の依頼人は，99％が子の親である。依頼人の苦悩がひしひしと伝わってくる。2012年頃から東京家裁の面会交流原則的実施方針[1]（以下，原則的実施論と略称する）が全国の家裁実務の流れを支配し大きな影響を与えつつある。そして，家裁による解決が更に当事者の矛盾をはらみ，無力であると感じる体験に接することが多い。紛争の多発，拡大，泥沼化の真の原因は何だろうか。
　原則的実施論が当然のように思い込んでいる心理学的知見は，本当に子ども中心の知見なのだろうか。
　紛争の真の原因に対し，家裁が暖かく接し解決への道筋をつけるのか，家裁が思い込んだ心理学的知見を，無知な当事者に道徳のように説くのか，どちらの道を選ぶのかが問われている。家裁の態度の決定に能動的に働きかけることを可能とする当事者の立場に立った実務運用はどうあるべきか。
　本章の目的はこれらの問題の考察にある。

第2　紛争の実質と原則的実施論の出現

1 なぜ紛争が生ずるのか

　紛争自体は「子の最善の利益」が争点となる。しかし，筆者の実務的体験では，まさに紛争の実質は，親相互の自らの利益（多くは精神的苦痛を軽減する利益）の葛藤にある。

　ノーマルな円満夫婦であれば，例えば，その一方が単身赴任などで長期に別居していても，他の一方の元で過ごす子と面会したり，交流することは，その子の心神の成長にとってプラスになることは当然で，双方の親も心が癒され，なんらの矛盾も生じない。

　しかし一転，関係が破綻し深刻な葛藤と憎悪のなかにある両親に，同じ原理を強要することはできない。子をめぐる親の次のような精神的苦痛が紛争を生み出す。

(1)　非監護親の「寄る辺のない孤立感」

　わが国の核家族の割合は，1920年から2000年までの80年間に55％から60％に増加した程度である。しかし，その質は大きく変化した。①家族規模が小さくなった。②一代限りの家族になった。③個人の自立が進んだ。④社会が機能化したため，家族への情緒的依存が増した。──という点である。すなわち，現代の核家族は小さく身軽である。この身軽さは同時に不安定でもある。[2]

　一方，政治の流れも深刻である。1980年代にイギリスの「サッチャリズム」，アメリカの「レーガノミックス」が動き出した。[3]「小さな政府」を目指し個人の自助努力，自己責任を求める新自由主義（新保守主義）である。この経済政策と政治思想は，10年ないし20年のサイクルの遅れで，わが国に浸透してしまった。それは，わが国の社会に幾筋もの亀裂を生んだ。[4] そして，これが重層的に若い成人層を飲み込んだ。大量の非正規雇用層の発生，相対的貧困率が高まり，各種の生活不安に象徴される。このような成人層に，具体的人間関係の中で目標を得ること，自らの存在を承認され「生の意欲」を高

める場が失われていった。この承認の場が小さな核家族であったとするなら，婚姻関係から離別後の非監護親は「真空に浮かぶような寄る辺のなさ」[5]を痛感するであろう。

　ゆえに，子に対する面会交流という家裁の権利形成策の副作用に非監護親が意識を集中していく必然性が生まれた。本来は，総合的な社会政策としての救済策が必要である

(2) 監護親の面会交流義務の「感情労働」性

　近年，労働法の研究者により，「感情労働」（「感情管理労働」ともいう）の概念が，新たな研究テーマとなっている。「感情労働」とは，「自己や他者の感情管理を核心もしくは重要な要素とする労働」と定義され，現代社会のサービス労働に不可分に内在する。それは，感情の可視化としての「演技労働」も含み，労働者自身が怒りや衝動的行動を抑制し，感情管理が強く求められる労働である。そのため，労働者は絶えずストレスにさらされ，結果的にメンタル不全に陥りやすく，うつ病などによる労働不能の原因になる。[6]

　面会交流紛争の監護親（とりわけ母親が多い）は「感情労働」性を持った継続的な行為の履行義務者の立場に置かれる。[7] そのストレスの高低は事案により多彩である。例えば，親権・監護権獲得紛争は面会交流紛争と不可分である。先行する親権・監護権獲得紛争において，代理人弁護士は依頼人の監護親に，面会交流に対する「寛容性のテスト」（フレンドリー・ペアレント・ルール）[8] の意味を説明する。高葛藤事案の監護親は愚かではない。裁判官の面前で本心を語って不利益を受けるのを恐れる。本心を語らない依頼人を，高みに立って弁護士が責めることなど人道上できない。このような経緯などを含めて「感情労働」性をもった役務を監護親が負担することになる。現在の家裁は「寛容性のテスト」には注目しても，監護親の「感情労働」性に基づくストレスの受忍限度（神経の強弱による個人差があるのは当然）をそのメンタルにまで立ち入って検討のテーマとしていない。監護親に対する救済策も急務である。

2 原則的実施論出現の原因

　第1は，離婚後の共同親権・共同監護の法制を志向する研究の高まりである。面会交流法制を，比較法的に研究[9]する熱意が高まり，立法論としての限界を，面会交流の強化として取り組もうとする志向が裁判所の原則的実施論を励ました。

　第2は，非監護親の団体による家裁での実務運用批判と立法改革運動の反映である。2014年3月には衆参43名の議員が名を連ね「親子断絶防止議員連盟」が設立されるに至った。[10]

　第3は，監護親側の団体の運動が，ひとり親の経済生活の窮乏に対する支援施策と制度改革要求に追われ，面会交流についての深い把握に及ばないでいることである。

第3　原則的実施論の理念把握の核心
　──その心理学的知見──

1 その理念把握

　東京家裁において採用された原則的実施論を最も体系的に論述する文献は，細矢郁，進藤千絵両判事，野田裕子，宮崎裕子両家裁調査官により執筆された家裁月報64巻7号1頁以下の論文（以下，細矢ほか論文と略称する）である。代表的文献である細矢ほか論文は，原則的実施論を支える理念を次のとおり定式的に表現する。

　「<u>我が国及び海外の心理学の諸研究からは</u>，一方の親との離別が子にとって最も否定的な感情体験の一つであり，非監護親との交流を継続することは子が精神的な健康を保ち，心理的・社会的な適応を改善するために重要であるとの<u>基本的認識が認められる</u>など，子の福祉の観点から面会交流を有益なものととらえる<u>意識が社会の中の定着しつつある</u>」[11]（下線は引用者）。

2 検討

(1) 「意識が社会の中に定着しつつある」という根拠の評価

本来，面会交流を有益とする心理学的知見が正当であるか否かは，社会の意識いかんに関わりなく，科学的に正しいかどうかによって決せられるべきである。筆者には「両親が対立している」事案に，そのような意識が定着しつつあるとは思えない。しかし，仮に定着しつつあったとしても，その命題としての知見が科学的に正しいといえないのであれば，その意識の方が正しくない。裁判所に登場するほどの葛藤の中で「両親が対立している」事案に，「皆がそう思っているから，あなたもそう思いなさい」と言ったところで，その事案に有益性が客観的に発生するわけではない。科学とはそういうものである。

(2) 核心となる心理学的知見に，単純な「科学的教条」の想定はないか

細矢ほか論文が知見の根拠として引用する文献・研究の内容把握の当否を検討する。

ア　わが国の調査研究文献

① 野口康彦，櫻井しのぶ「親の離婚を経験した子どもの精神発達に関する質的研究―親密性への怖れを中心に―」三重看護雑誌11号9頁ないし17頁（2009年）[12]

親の離婚が，特に青年期成人期の発達段階に焦点をあてたとき，子どもの精神発達にどのような影響を及ぼすかという点の研究である。論者が，大学生男女14人，独身社会人男女10人，婚姻経験又は有子経験ある成人女性7人に対し面接調査した結果として，ウォラースタインが述べるように，成人期又は青年期に人間関係に対する「親密性の怖れ」として顕在化する場合があるとの結論を述べる。親の離婚がそのような現象を生むことは，ウォラースタインの述べるのと同様かもしれない。しかし，全体で7頁のこの研究文献に，面会交流の有無と子どもの「親密性の怖れ」との因果関係についての記述は皆無である。

②　青木聡「面会交流の有無と自己肯定感／親和不全の関連について」大正大学カウンセリング研究所紀要34号5頁ないし17頁（2011年）[13]

内容は次のとおりである。青木教授は2010年7月に，授業時間を使って国立大学，私立大学の学生計510人（有効回答）から質問紙調査を行った。質問紙において面会交流の有無など事実把握の質問とは別に，例えば「私は自分のことを大切だと感じる」という命題に，「まったくあてはまらない」「あまりあてはまらない」「ややあてはまる」「よくあてはまる」のいずれかに○印をつけるなどの方式により，37命題について質問を行った。この調査結果を青木教授が分析したところ，その核心は，親が離婚した家族につき，面会交流の有無により，次のとおり得点に有意差があったという点にある。

【自己肯定感の平均得点】　両親のそろっている家族のもとにある回答者429人の平均得点21.35・標準偏差4.50。両親が離婚した家族のもとにある回答者の内，面会交流のある回答者30人の平均得点20.70・標準偏差2.98。両親が離婚した家族のもとにある回答者の内，面会交流のない回答者23人の平均得点17.78・標準偏差4.63。

【親和不全の平均得点】　両親のそろっている家族のもとにある回答者434人の平均得点3.07・標準偏差1.00。両親が離婚した家族のもとにある回答者の内，面会交流のある回答者30人の平均得点3.28・標準偏差1.16。両親が離婚した家族のもとにある回答者の内，面会交流のない回答者22人の平均得点3.79・標準偏差1.02。以上である。

しかし，常識的に考えても，面会交流が実施されている場合は，両親が多かれ少なかれ子どものために良いと考えて実施されているのである（間接強制により強制実施される場合は例外中の例外，大量観察においては希有）。その結果，それが子どもの心理に良い結果を与えたからといって，驚くにはあたらない。青木教授も，わが国の現状において，協議離婚が90％近い（2008年，87.8％，厚労省）状況では，標本の抽出に困難を極めるという。したがって，経験則上，この研究の標本となった学生中，親が離婚した学生の約9割は協議離婚に該当するケースと考えられる。家裁に登場するケースは，葛藤の程度に強弱はあるもの，法的紛争性の高いケースである。この研究の大量観察におい

て,子どもの自己肯定感や親和不全に良好な状態が存在するのは,面会交流のあるグループである。しかし,逆は必ずしも真ならずといえる。家裁に登場して面会交流を争う葛藤グループ(当然,高葛藤グループも含まれる)に面会交流を実施させることが,子どもの自己肯定感を高め,親和不全を低くすることは,何ら実証されていない。

イ 外国の調査研究

① ウォラースタインらの研究[14]

ウォラースタインらの25年目の追跡調査研究の発表(2000年)[15]は,まさに原則的実施論者が面会交流の効果として考えている内容とは逆であった。そこで,細矢ほか論文は,ウォラースタインらの研究には,「比較対象の統制群がない」「母集団に偏りがある」「臨床的な描写にすぎず客観性がない」などとの批判が存在すること[16]を述べる。それは,あたかも家裁調査官の世界が,それまでウォラースタインらを讃美していた過去を弁解しているとも解される。たしかに2004年に,コンスタンス・アーロンズは,ウォラースタインらが対象とした母集団の60家族の性格を論じている。その母集団について,ウォラースタイン自身が,以前の著書などで,新聞やチラシなどで子どもをもつ離婚カップルを募集し,調査に協力する代わりに無料カウンセリングを提供したこと,応募して参加した人々の多くは重大な問題を抱えていたこと,その半分程度は男女とも,慢性的なうつ状態,ときには自殺願望を抱えていたことなどを述べていると,アーロンズは指摘している[17]。しかし,そのようなことのない残りの半分をプラスした母集団の全体は,まさに,わが国の家裁で面会交流の成否をめぐって鋭く対立している高葛藤事案の全体像にも匹敵するのではなかろうか。ウォラースタインらは,「私の研究では,裁判所の命令のもと,厳密なスケジュールに従って親を訪ねていた子供たちは,大人になってから一人残らず,親のことを嫌っていた。」[18]等の厳しい現実を明らかにした。ウォラースタインらは,その採用した研究手法を次のように述べる。「大規模な研究の多くは」「お膳立てされた電話インタビューや,表面的な情報だけを引き出すアンケートなどに頼っている。信頼関係のもと,何時間もかけて直接話し合うことによってのみ,自然な会話のなかか

ら予想外の話題が生まれ、統計値の向こうにある生の体験に踏み込めるのだ」[19]と。この研究を、「臨床的な描写にすぎない」「客観性がない」などと評価することは、その研究手法の長所を、あたかも短所のごとく描き出しているにすぎない。

② アメイトらの研究[20]

細矢ほか論文が引用するアメイトとキースの「親の離婚と子どもの幸せ—メタ分析」(1991年) は、わが国での紹介文献[21]を読む限り、なぜ、原則的実施論の把握理念の根拠になるか不明である。アメイトとキースは、既に発表されている92の研究を結びつけるメタ(高次)分析の手法により、全部で1万3,000人以上の子どもを、学業成績、品行、心理的適応、社会的適応、母子関係、父子関係、その他の8つのカテゴリー別に、離婚によるひとり親家族にある半分の群と、離婚経験のない家族にある残り半分の群とを比較した。その結果、前者の子どもは、後者の子どもより「幸せの得点が低かった」という結論を統計的に明らかにしたにすぎない。仮に得点の比較に差があったとしても、それが面会交流いかんに原因があるなどという根拠は、この研究のどこにあるのか疑問である。

③ その他の各種研究

細矢ほか論文が、ケリーとエミリーの文献から引用する離婚の長期的影響に関するテーゼは、アメイトとキースがメタ分析により明らかにした結果と大同小異である。同文献が、面会交流いかんの差として明らかにしたもの[22]は、親同士の紛争の激しい高葛藤事案は子どもの適応に逆効果(悪い効果)となり、紛争性の低いものはより良いその適応が生ずるという当たり前の常識論を示したにすぎない。アメリカにおいては、わが国で約90％を占める協議離婚に相当するものは存在しない。わが国の残り約10％に相当するアメリカの事案こそ高葛藤事案ではなかろうか。

以上の検討によっても、裁判所に登場するほどの対立紛争事案のグループに、原則的実施論が適用しようとする心理学的知見は科学的根拠に乏しい。葛藤の低い事案につき常識で分かる効果を裏付ける文献を、あたかも知見の「教典」であるかのように引用し単純な「心理学的教条」を想定し、理念と

したにすぎない。

第4　原則的実施論の方針の核心
　　――一元的な特段事情の苛酷な絞り込み――

1　その方針

　禁止・制限する特段の事情なき限り面会交流を実施する。特段の事情（禁止・制限事由）は，①非監護親による子の連れ去りのおそれ　②非監護親による子の虐待のおそれ等　③非監護親の監護親に対する暴力等　④子の拒絶　⑤監護親又は非監護親の再婚等の類型ごとに判断する。ただし，④については慎重に判断し，⑤については，直ちに禁止・制限事由ありとはいえない。以上が原則的実施論の把握理念と連動する方針である。

2　検　討

(1)　原則的実施論によらない従前の比較基準方式との対比

　従前は，家裁における面会交流の具体的形成は，多彩な判断要素（榮春彦，綿貫義昌両判事執筆の2008年時点での文献が，その判断要素を要約)[23] を総合してなされていた。これは，複雑な比較と総合判断を重ねる比較基準方式と呼ばれる。この方式と対比するなら，原則的実施論の方針は，複雑多彩な判断要素をいくつかに単純化し，更に重大なことに，監護親側からの「抗弁事実」的要件に一元化してしまったことに特徴がある。このことは，監護親側が面会交流を禁止・制限されるべき要件を主張し証拠の裏付け（職権探知は事実上，補充的）に成功しない限り，原則的に面会交流義務が形成されるという家裁の判断枠の激変をもたらした。既に述べた根拠に乏しい教条的「心理学的知見」の適用であるから，現実との軋轢は必至である。

(2)　現実との軋轢

　原則の実施なのであるから，「感情労働」ともいえる受忍役務の精神的苦痛が大きければ大きいほど監護親は必死の抵抗を行う。精神的素質は一律で

はない。神経の繊細な監護親は子育てに自信をなくし子ども共々精神に変調をきたし，心療内科に通院を余儀なくされるという事例もある。このような事案では，いくら間接強制の執行をしたからといって，事実上面会交流は実現されるはずはない。事態を悪化させるばかりである。精神的苦痛を跳ね返すためには神経の図太い監護親もいる。調停期日には何回呼び出されても出頭しない。試行面会交流には絶対に協力しない。弁護士を代理人としてあらゆる不服申立にエネルギーを注ぎ別件の係争の準備をする等々に及ぶ。一方，非監護親の「孤立感」は募る。原則的実施論の教条的「心理学的知見」により，入り口での主張，立証が免除されたからといって，目標達成が楽になるわけではない。神経の繊細な非監護親は，事実上面会交流が実現されない精神的苦痛に，孤独なうつ状態に陥り自死した事例もある。間接強制可能な債務名義を持ちながら，法的強制による事実上のトラブルの深刻化がうつ病を悪化させることを周囲から心配され，間接強制申立てをしない事例もある。

　このような現実の展開を射程に入れるなら，裁判所の手続過程においては，とりわけ当事者の納得，自然法則に反しない解決への配慮が求められる。

(3) **要件事実論からの検討**[24]

　職権探知主義の下でも，裁判所の判断枠組みとして，客観的証明責任が想定されうる。原則的実施論によれば，非監護親の申立適格さえ明らかになれば，客観的証明責任は，面会交流を禁止・制限する限定的な特段の事情，すなわち監護親の「抗弁」的事実に集中してしか機能しない。面会交流実施の枠組みを「請求原因」的と「抗弁」的との二元的に構成するか，「抗弁」的のみの一元的に構成とするかは個別事件の当事者にとっては重大な影響がある。前者を請求原因説，後者を抗弁説と呼ぶとすれば，抗弁説は在野の実務家の多くの弁護士に違和感をもたらす。要件事実論に造詣の深い伊藤滋夫教授もこの点につき，抗弁説的な裁判所の運用方針について，「相当数の弁護士さんがそうではないと思っておられる。」[25]と率直な感想を研究会の意見交換の場で述べている。杉井静子弁護士は，「少なくとも，『申立人と子の面会交流は，子の健全な成長にとっては不可欠である』『申立人と子はもともと良好な関係あった事実』『遅滞なく婚姻費用や養育費は支払っている事実』

は申立て時の要件事実といえるのではなかろうか。それに対して相手方からの『①子が申立人に対していまだ恐怖心を抱いている事実』『②子が面会を拒否している事実』『③子に申立人との面会を勧めるだけで身心症状（じんましんの発疹，急性胃炎等の症状）が出現する事実』『④申立人が突然学校や保育園に現れたため，子がパニック症状を起こした事実』等は，抗弁事実と把握できるであろう。」[26]と述べている。裁判所で，是非を鋭く争点とする総合判断型一般条項の事実認定に，教条的「心理学的知見」による証明不要の分野を設けることはできない。杉井弁護士の考え方（請求原因説）が正しい。

面会交流の可否，程度を決する総合判断型一般条項（民法766条—所定の，最も優先して考慮すべき「子の利益」）を構成する各種の事実についても，「請求原因」的事実と「抗弁」的事実に振り分けることができる。これらは「抗弁の積極否認」的事実，「請求原因の積極否認」的事実とその境界が分かちがたいほどに結びついている。

山本和彦教授は，総合判断型一般条項の審理においては，訴訟，非訟の区別なく，客観的証明責任の観念は妥当せず，個々の事実ごとの証明度を踏まえて，それを総合判断の一要素とすれば足りることを指摘する[27]そうであるとしても，当事者の個々の事実の主張が存在する以上，主張当事者は，その主張の証明度が低ければ，事実上の不利益を受けるのだから，その意味では，事実上の証明責任類似責任を担うことになる。職権探知に事実上の限界がある以上，両当事者の手続保障を活性化させる実務運用を大切にすべきである。

第5　関連する諸問題

1 実体権の存否論争について

協議又は非訟裁判で具体的な面会交流権が形成される前に，その根拠となる抽象的な実体権としての面会交流権が存在するのか否か。これを肯定することに意義があるのか否か。これらが論争点となる。その存在を肯定した方

が原則的実施論を説明しやすく見える。そこで，実体権としての面会交流権は，実体法上の根拠に乏しく，また最高裁決定との整合性からも，その存在が否定されるので，弊害をはらむ原則的実施論には理論的根拠がないことが提唱される。[28] 他方，東京家裁の方針を示す代表的原則的実施論は，実体権としての面会交流権が存在するとは断定していない。[29] むしろ，同家裁の実務を担った有力な裁判官は，民法上の実体権としての面会交流権の存在を否定することを明言している。[30] 同家裁にみる実際の裁判例[31]も，最高裁決定との整合性を図り実体権の存在を肯定せず，しかも原則的実施論を貫こうとしている。

　これらの実体権の否定的見解から原則的実施論を導くためには，家裁に申し立てた際，非監護親であるという申立適格さえあれば，面会交流を原則可とする民訴理論上の「事実上の推定」を裁判所が付与するのである。このような否定説の使われ方があることは，当事者の権利主張の攻防を裁判所の裁量的専権より劣位に置こうとする志向を持つ否定説自体に，パターナリズム（いわば，裁判官を家父長とする干渉主義）を助長する素地があると筆者は考える。実体権の存否に関する見解の相違と，原則的実施論に対する賛否とは連動しない。人権が承認される根拠として「人間性」「人間の尊厳」があり，宗教的に無色の自然法を想定することも可能である。このような人権概念を裏付ける原理として，親子が切断されない原理，子どもの最善の利益が保護される原理，親子関係に関して人間性に反する精神的苦役を受けない原理などが存在すると考える。子の側からの面会交流権（子どもの権利条約9条）はもちろん，自然法に根拠を置くかどうかは別として，抽象的な非監護親の面会交流権を認めることは，これと対抗する子どもの幸福追求権，監護親の精神的苦役に対する人格権との攻防関係を尊重することになる。このような当事者主義的要素を活性化させる見地に立ちつつ，請求原因説（抗弁も含む二元的構成）を採ることは何ら矛盾しないと筆者は考える。請求原因説に立つ限り上記の「事実上の推定」は生じない。この見地によれば，子の利益に劣後する実体権としての面会交流権を認める民法学の多数説とも共同の基盤を得て原則的実施論を批判しうる。

2 間接強制の効果

　筆者は非監護権者から監護権者への子の引渡し債務の履行については積極的に直接強制を認め、また、立法論的には、このような場合の子どもの引渡し拒否に限り、水野紀子教授が紹介している[32]フランス刑法227－5条と同様に刑罰を課してもその実効を確保すべきと考える。この問題と、監護権者から非監護権者への面会交流させる債務の強制問題とは、区別して考えなければならない。そして、筆者は梶村太市教授（同教授は一定の留保付きで間接強制を認める見解に従前の見解を修正された）[33]の修正前の見解（民商法雑誌131巻3号481頁以下（2004年））を支持する。面会交流の任意履行的、継続的、人格不可分的性格は、直接強制はもちろん、間接強制にも馴染まないと考える。この点に例外を設ければ、基本的ポリシーが一貫しなくなる。梶村教授と家族思想において対極にあると思える心理学者の棚瀬一代教授が「間接強制は、監護親ばかりでなくて子どもにも『私との接触をお金で強制しようとするの？』との反発を招き、葛藤を低めるどころかますます火に油を注ぐ行為であり、逆効果以外の何物でもなく、長い目で弊害の方が多いと私は思っている」[34]と述べていることが注目される。

　最高裁判例（最一小決平成25年3月28日民集67巻3号864頁）の存在にもかかわらず、面会交流と間接強制との親和性は、執行の現実の結末がもたらす実態調査とともに、更なる検討が求められると筆者は考える。

第6　結びに代えて
―裁判所自身による再検討と追跡調査を―

　係争の当事者は親である。子の利益が争点であっても、解決は、紛争を奥深く支える親の利益の葛藤に道筋をつけなければならない。親の利益（ないし苦痛）は微妙に子の利益と不可分である。それは、現実の社会の中での親の人間としての苦悩に根ざしている。依頼を受けた弁護士にはよく分かる。

しかし，紛争解決を担当する裁判所が，自らの信じた心理学的知見を絶対視し，その知見を当事者も納得するのが当然であるかのごとき目線に立つならば，当事者はその内心を語らず，真の納得を得ることはできないであろう。今まさに必要なのは，裁判所自身による心理学的知見を含む理念把握の再検討と，苛酷な特段事情の絞り込みに象徴される原則的実施論の当否の追跡調査である[35]。

1）細矢郁＝進藤千絵＝野田裕子＝宮崎裕子「面会交流が争点となる調停事件の実情及び審理の在り方—民法766条の改正を踏まえて—」家月64巻7号1頁以下など。
2）夏刈康男ほか編著『不確実な家族と現代』〔石井秀夫〕（八千代出版，2006）87頁以下。
3）仲正昌樹『アメリカ現代思想—リベラリズムの冒険』（日本放送出版協会，2008）150頁以下。
4）宮本太郎『生活保障』（岩波書店，2009）2頁。
5）宮本前掲注4）12頁。
6）水谷英夫『感情労働とは何か』（信山社，2013）13頁以下。
7）小島妙子『DV・ストーカー対策の法と実務』（民事法研究会，2014）33頁以下は参考となる。
8）若林昌子「親権者・監護者の判断基準と子の意思表明権」野田愛子ほか編『新家族法実務体系2』（新日本法規，2008）390頁。
9）最近の比較法的研究として，佐々木健「ドイツ法における親子の交流と子の意思—PAS（片親疎外症候群）と子の福祉の観点から—」立命館法学327・328号347頁，栗林佳代『子の利益のための面会交流—フランス訪問権の視点から—』（法律文化社，2011），高橋由紀子「ドイツの交流保護制度—親子の面会交流実現のための親権制限—」帝京法学27巻2号15頁，遠藤隆幸「面接交渉の執行について」棚村政行ほか編中川傘寿記念『家族法の理論と実務』（日本加除出版，2011），同「面会交流の第三者関与—ドイツ法を素材として」田井義信編『民法学の現在と近未来』（法律文化社，2012）314頁，棚村政行代表・法務省委託研究『親子の面会交流を実現するための制度等に関する調査研究報告書』に所収の，原田綾子「アメリカにおける面会交流支援」・南方暁「イギリスでの交流権と英国の子ども交流センター」・高橋由紀子「ドイツにおける面会交流支援」・色川豪一「フランスにおける面会交流援助」（いずれも法務省ウェブサイト〈http://www.moj.go.jp/content/000076561.pdf〉に公表，2011），

進藤千絵＝小澤敦子「アメリカにおける子の監護と面会交流について―ニューヨーク州を中心に―」家月64巻4号1頁など。

10) 自民党保岡興治議員のブログ（2014年3月18日）〈http://yasuokaokiharu.blog.fc2.com/blog-entry-64.html〉ほか。
11) 細矢ほか・前掲注1）74頁。
12) 細矢ほか・前掲注1）45頁，54頁に引用。
13) 細矢ほか・前掲注1）47頁，55頁に引用。
14) 細矢ほか・前掲注1）43頁に引用。
15) ジュデイス・ウォラースタイン＝ジュリア・ルイス＝サンドラ・ブレイクスリー，早野依子訳『それでもぼくらは生きていく―離婚・親の愛を失った25年の軌跡』（PHP研究所，2001［原著は2000年］）（以下，ウォラースタインら邦訳と略称）。同書の内容につき，渡辺義弘『子の監護権紛争解決の法的課題―弁護士実務の視角から問う』（弘前大学出版会，2012）129頁以下参照。
16) 細矢ほか・前掲注1）43頁。
17) コンスタンス・アーロンズ，寺西のぶ子監訳『離婚は家族を壊すか―20年後の子どもたちの証言』（バベル・プレス，2006）10頁以下。
18) ウォラースタインら邦訳・前掲注15）282頁。
19) ウォラースタインら邦訳・前掲注15）40頁，41頁。
20) 細矢ほか・前掲注1）43頁，54頁に引用。
21) H.R.シャファー，無藤隆＝佐藤恵理子訳『子どもの養育に心理学が言えること―発達と家庭環境』（新曜社，2001）147頁以下。
22) 細矢ほか・前掲注1）46頁，47頁。
23) 榮春彦＝綿貫義昌「面接交渉の具体的形成と執行」野田愛子ほか編・前掲注8）333頁以下が述べる総合判断要素は次のとおりである。①【面会交流の目的】専らいやがらせ，復縁などの不当目的の有無（あれば，制限方向の要素）②【非監護親の事情】強度の性格的偏りや反社会的生活態度の有無（あれば，制限方向の要素），同居中の暴力（内容，程度，監護親・子の心身への影響，保護命令の有無，非監護親の反省などの諸般の事情を判断要素），正当理由のない養育費の不払（一種の権利濫用として制限要素）③【監護親と非監護親の紛争等】父母間の激しい感情的対立と紛争（深刻な暴力などを除き鎮静化に努め，感情対立が解消されない場合，他の要素と総合し，子への影響如何を判断要素），面会交流の過程における子の奪取や合意への著しい違反についての紛争・非監護親の監護親の監護方針への不当介入や不適切な行動の，有無（あれば，制限方向の要素）④【子の心身の状況，意思および年齢等】子の心身の状況に重大問題の有無（あれば，否定要素），子の意思（子が相応の判断能力を有している場合は，15歳未満であっても尊重。ただし，慎重に子の真意を調査評価して判

断要素とする）⑤【監護親側の事情】監護親の再婚や再婚相手と子の養子縁組の場合は，子の監護状況の不安定の有無（有れば，否定方向への要素）。

24) 伊藤滋夫編『家事事件の要件事実　法科大学院要件事実教育研究所報第11号』（日本評論社，2013）では，複数の研究者と実務家が，とりわけ面会交流事件の審理について議論を行っており啓発される。
25) 伊藤編・前掲注24）55頁。
26) 杉井静子「当事者から見た家事事件における要件事実」伊藤編・前掲注24）152頁。
27) 山本和彦「家事事件における裁量とその統制のあり方雑考—裁量統制の手法としての『要件事実』論の意義」伊藤・前掲注24）118頁，119頁。
28) 梶村太市「民法766条改正の今日的意義と面会交流原則実施論の問題点」戸籍時報692号22頁以下，同「親子の面会交流原則実施論の課題と展望」判時2177号5頁以下。
29) 細矢ほか・前掲注1）4頁以下。
30) 伊藤・前掲注24）47頁における近藤ルミ子元判事の発言，近藤ルミ子「家事事件における裁判所の役割」伊藤・前掲注24）173頁以下。
31) 東京家審平成25年3月28日家月65巻7号190頁など。
32) 水野紀子「公権力による家族への介入」同編『社会法制・家族法制における国家の介入』（有斐閣，2013）174頁。
33) 梶村・前掲注28）戸籍時報692号29頁，同梶村「面会交流の協議規範・調停規範・審判規範・間接強制規範—面会交流原則実施論の問題点と実務的危険性を考える—」田山古稀記念『民法学の歴史と未来』（成文堂，2014）389頁。
34) 棚瀬一代『離婚と子ども　心理臨床家の視点から』（創元社，2007）125頁。
35) 原則実施論を遂行し決着した全事案につき個人情報を把握している裁判所のみが，被調査者の任意回答であったとしても，総合的に追跡調査をなし得る。

原則実施論の問題点

斉藤　秀樹

第1　序　論

　筆者は，横浜弁護士会所属の一弁護士にすぎず，実際に関与できる数は限りあるが，いろいろな事情で，ここ10数年，特に，配偶者暴力防止法が制定された平成13年以降，数多くのDV被害者からの依頼を受けてきた。大半が子ども同伴の事件であった。面会交流については，その時々で，悩みながら最善の方法をと考え対処してきた。解決から数年経過して，送られてくる年賀状に，「なんとか面会を続けていますが，元夫は相変わらずです」「最近は連絡が途絶えてしまい，面会も頓挫しています」などというはらはらするコメントとともに，びっくりするほど成長した子らの写真も添えられていて，幸あれと祈らざるを得ない。
　ところが，近時，家庭裁判所，特に東京家裁を中心に，面会交流のあり方を大きく変更する方向へ舵を切ってきた。原則実施論の台頭である。
　本章では，原則実施論への批判的検討を加えるが，精緻な理論的検討は学識のある他の論者に任せるとして，筆者が実務の中で感じてきた問題点を中心に以下指摘することにする。

第2　面会交流原則実施論の問題点（理論面）

1　紛争の実態にそぐわない

　面会交流原則実施論の根底には，面会交流は子の発達に良い影響を及ぼすという発想がある。数々の論文もあることは承知している。
　しかし，面会交流に真摯に取り組む各専門家と意見交換すると多くの方から，程度の違いこそあれ違和感を感じると言われる。
　なぜか？離婚して，夫婦は他人になっても，親子関係は存続する。だから離婚しても親子の交流が継続できるのであればいいに決まっている。実際，行政にも司法にもお世話にならず実行している両親も一定数いるであろう。また，ちょっとした援助やアドバイスがあれば，柔軟性をもって面会交流を始めることができる両親もいるだろう。
　しかし，我々実務家が直面する面会交流事件では，両親の間に根深い対立がある事件ばかりであるはずである。実際，過去の審判例を見てみても，面会交流審判に至るまでにも長期間にわたる深刻な紛争を経てきていることが分かる。担当した各審判官が相当苦心して判断したことがうかがわれる事案である。こうした根深い対立がある事案での判断基準として，原則実施論がどれほど意味があるのかという問題である。
　もちろん，そうした事案のために「特別な事情」を考慮することになっているのであろうが，軸足が面会交流を実施するというところにある以上，どうしても例外にはハードルが高くならざるを得ないのが運用の実態で，そこから透けて見えるのは，夫婦間紛争に対する安易な見方である。
　面会交流が問題になる夫婦には，そもそも面会交流以外にも多岐にわたって対立点があることが通常である。離婚の可否，有責性（離婚原因），親権者，婚姻費用と養育費，財産分与といった一連の紛争である。理論的にはこうした紛争は夫婦間の紛争であり，一方，面会交流は子の監護の問題であるから子の福祉の観点から考えるべき問題である，だから区別して扱うことも可能

といえばその通りである。しかし，現実にはそれが難しい場合が多い。とりわけ，別居直後で，離婚問題についてはまだ議論が始まったばかりという状態での面会交流については，当事者間の感情的対立もホットなことが多く，ささいなことでも合意を得ることは困難な状態である。子どもの問題と夫婦の問題は別だからということは理屈であって，紛争の主体である生身の人間には容易には受け入れ難いことなのである。実際，離婚問題で激しく火花を散らしている一方で，面会交流については親として協調することを期待するというのは，机上の空論というほかない。

夫婦間で対立が激しいなか，無理矢理面会交流を実施するとどうなるのか。多くの場合は，何回か実施している途中で（同居中と同様），些細な対立点が続発し，結局，頓挫してしまうのである。

要は，両親の紛争を未解決のままにして，協調を求めることなどできないのである。

2 なぜ，わが子のために矛を収められないのか

しかし，わが子の健全な成長のためである。両親はなぜ，最低限の協調すらできないのであろうか。

非監護親の立場で考える。もちろん，わが子と一緒の時間を過ごしたいという思いは至極当然であろう。しかし，それまでの親子の関わり方（監護状況）からすると，とてもそうは思えない（程度の監護しかしていない）非監護権者も面会交流にこだわるケースがある。背後に祖父母の圧力があることも少なくない。さらには，離婚問題で妻にいいようにやられている，一矢報いたいという夫の「負けたくない」という意地も大きく影響しているケースが多々ある。時として，面会交流で監護親の監護状況の不備を突いて，数年後の親権者変更へとつなげたいという人もいる。

監護親の立場はどうか。子への虐待がある場合に拒絶意思が強固であるのはもちろんである。監護親へのDVにとどまる場合も拒否的である。暴力の連鎖を心配することが多い。子の面前での暴力被害を理由とすることも多い。しかし，そうした理由もなく消極的というケースも少なくない。深く聴取す

ると，そもそも非監護親が真意で面会を求めているとは思っていないことが多い。監護親への嫌がらせ，復讐，駆け引きなどを理由とする。なぜ，そう思うのか。理由は，同居中の非監護親の監護実態である。要は，（監護親からみると）全く監護していなかったのに，何を今更言うのか，ということに尽きる。同居中，子どもの面倒を一切みない，おむつも取り替えない，熱を出しても自分だけ遊びに行く，保育園や学校行事も全て無関心。休みの日も遅くまで寝ていて，たまに近くの公園に連れていくだけ……子どもだけ遊ばせて自分はスマホをいじっている……そんな監護実績（！）を目の当たりしてきた監護親としては，別居後急に会いたいといわれても，真に受けるのは難しいだろう。すると非監護親の要求の狙いは？と疑心暗鬼になるのもやむを得ないところである。

3 リスクが高い状態での面会

　こうした状況で面会交流をさせても，結局，同居期間中の不平不満が再燃する形で噴出することは必至なのである。根本的には夫婦関係が協調関係ではなく「勝つか負けるか」の関係で支配されているのであり，お互い負けたくないという闘争心と不信感で一杯なのである。

　こうした関係で，大切な子どものやりとりなどできないと考えるのは自然の成り行きというべきである。夫婦仲は，いいときは，お互い，見つめ合いキスをするほど接着しているが，仲違いしてお互いそっぽを向くとどうなるか。二人の視線が合うためには地球を一周しなければならない，それほど遠い存在になってしまう。途中にいる赤の他人の方が自分のパートナーよりもよほど信用できる存在なのだ。赤の他人なら，悪口を吹き込んだり連れ去ったりしないが，自分のパートナーは全く信用できないのである。そのような仲で行うのが面会交流なのである。

　離婚調停中の面会交流実施によって生じた問題事象が新たな破綻事由として追加的に主張されるようでは，失敗なのである。

　結局，両親の間に深刻な対立がある場合は，まずもってその解決を図るべきであり，避けてはいけない点なのである。その間の面会交流は仮に定める

としても，暫定的制限的なものにとどめるべきで，面会交流の実施によって新たな紛争を生じさせないよう調整させるのが知恵というものではないか。

原則実施論では，こうした観点からの配慮は一切ないのである。

4 実体的権利説は最悪だ

さらに議論を複雑にするのが，面会交流の法的性質に関する議論である。実体的権利なのか否かという点である。面会交流を実体的権利としてとらえる考え方は，原則実施論と親和性が強い。一般的には，判例は実体的権利とはとらえていないと理解されている（平成12年5月1日最高裁決定に関し，杉原則彦調査官は「面接交渉権といわれているものは，面接交渉を求める請求権ではなく，子の監護のために適正な措置を求める権利である」とする。最高裁判所判例解説民事篇平成12年度（下）511頁）。しかし，実務的には実体的権利であるととらえる立場が多数のようである。

筆者は，実体的権利ではないとする立場である。理由は2つ。1つは実体的権利であるとすると，対応する義務者は一体誰かという問題に直面し，いきおい，監護親が義務者になるからである。日本は欧米に比べて権利義務意識が鮮明ではないといわれるが，近年の新自由主義台頭以降，社会が勝ち組負け組とに二極化し，強者による弱者たたきがあらゆる場面で勃発し，国民の中に，寛容性，寛大性が著しく欠如するようになった。家事紛争の増加はこうした時代背景と無縁ではない。離婚問題に直面する夫婦ではなおさらで，相手に負けたくないという思いは一層顕著である。そうした夫婦の間で，実体的な権利者，義務者を作ってしまうことは，紛争を抱える両者の関係を一層複雑なものにしてしまうことは容易に想像できることである。面会に応じざるをえなかった義務者（監護者）は，リベンジとばかりにこの借りを後続の離婚紛争で挽回しようと，いままで以上に好戦的になることは無理からぬことであるからである。

裁判官の中には，裁判所の判断に対し，従わない当事者については義務であることを前提に履行してもらいたいという思いが根強いようでもある。しかし，監護に関する処分を決定しても当事者におよそ受け入れられないとい

うことは，判断自体にそもそも欠陥があることに気づいて判断内容を改めるきっかけとして欲しい。

この実体的権利は，最終的には，間接執行の多用につながりかねないが，それはまさに実力による権利の実現であり，力による支配にほかならない。DVとどこが違うというのであろうか。司法が力で夫婦関係を牛耳る仕組み，それが実体的権利論だといったら言い過ぎであろうか。

第3　原則実施論の弊害

1　司法の劣化

さて，ここまで原則実施論，実体的権利説を批判してきたが，原則実施論は具体的にどのような弊害があるのか。弊害というと，子どもの精神面への弊害が真っ先に念頭に浮かぶであろうし，実際，今後こうした事態が生じてくるかもしれない。これは今後の調査に委ねるほかない。

筆者が懸念しているのは，それとは別に，原則実施論が司法を劣化させるのではないかという点である。

2　汗をかかない裁判官

劣化する司法の代表は裁判官である。

これまでの面会交流の判断の枠組みは，当事者の主張立証，さらには，調査官調査報告書その他全ての証拠を斟酌して，面会交流の是非及びその方法を裁判官が後見的に判断してきた。正解と思える判断が容易に見つからない一方，誤った判断は顕著に結果に表れるため，判断権者としては非常に負担が大きいところだろう。上記のとおり，これまでの審判書をみると，各審判官，裁判体の苦悩，迷いが滲み出ていることが分かる。

しかし，原則実施論では判断の枠組みが一変する。監護親が子の福祉を害する事情を主張立証しない限り，面会を許容するのであるから，判断プロセスが極めて単純明白である。筆者が関与した平成25年3月の東京家裁での審

判でも，判断の冒頭に「両親の一方のもとで監護されている子については，子の福祉に反するような特別の事情のない限り，非監護親との定期的な面会等の交流の機会が設けられるべきである」として，以下，特別事情の有無のみ判断している。

このような判断の枠組みでは，当事者の主張立証も調査官調査の対象も全てこの点に限定させることが可能なわけだから，裁判官にとっては，判断が容易で，また，要件事実論を念頭に主張整理することに慣れているので非常になじみやすい。

肝心の判断内容が「特別の事情」の認定に非常に慎重であるのも，この判断構造からみて当然といえば当然である。前記東京家裁の審判では，調査官調査で小学校高学年の子が面会は「いや」だとはっきり発言しているのに，非監護者に「遵守事項を定めることも考慮すれば，面会の実施によって，子の福祉を害するような心理的，精神的負担を生じさせるおそれがあるとは認められない」とばっさり排斥しているが，これも原則実施論ならではであろう。それにしても，加害者の反省の弁をこれほど安易に信用するのは，刑事裁判ではあり得ないし，民事事件であってもなかなかお目に掛かることがない。事実認定の際に用いる経験則にダブルスタンダードがあるのではないか。

面会交流審判がこのような状態であれば，従来に比べると短時間で結論を出しやすく未決事件の滞留も起きにくい。迅速に事件を処理できるという点が，先導している最高裁家庭局の隠れた狙いではないかと推測してしまう。

実際，過払金返還請求事件が激減したことで地裁の一般民事部は閑古鳥が鳴き，家裁の少年事件も減少している中で，目立って増加しているのが家裁の成年後見事件と家事事件，とりわけ子の監護に関する処分に関連する事件であり（司法統計年報），おそらく審理時間も長期化傾向にあると思われ，家庭局としては，面会交流事件をなんとか迅速に処理せよ，という要請が強いのであろう。

そもそも，家事事件では平成15年に婚姻費用・養育費についてのいわゆる算定表（判タ1111号285頁）が公表されて，瞬く間に実務を支配するようになってからというもの，調停はおろか審判でも堂々と「算定表によると」などと

いう文言が登場する有様であり，こと婚姻費用・養育費については裁判官の負担は著しく減少している。算定表の不合理性は日弁連を始め当事者からたびたび見直しの必要性が指摘されているところであるが，裁判所は一旦手に入れた便利なツールを容易には手放そうとしない。縦軸と横軸の数字を当てはめる程度の作業は，司法試験に合格し，司法研修所を優秀な成績で卒業した職業裁判官がやることではないと気づいて欲しいところである。もっと，知恵を絞るのが裁判官の仕事ではないか。

　婚姻費用・養育費と併せて，面会交流事件についても，可能な限りの手続きを重ね，頭を絞って，思案してこそ，裁判官のなせる技，力量の発揮どころであろう。子の監護に関する処分で脳みそを絞りきる！それこそ裁判官の使命だと思っていただきたい。

　しかし，悲しいことに現実の裁判所は，原則実施論で悩むことなく審判書を起案し，さらに，審判に従わない場合は，間接強制も辞さないという姿勢が一層鮮明になってきた。横浜家裁ではこんな事案もあった。調停段階から「審判になれば面会を認めるのが相当な事案」との見解を前面に出した審判官に対し，当事者が，裁判所が決めても実行できないと抵抗すると，「それなら間接強制するしかない」，さらに，それでも実行できない場合はどうなるか，と聞くと「あくまで抵抗するなら，制裁金を倍増する！」とまで言い切る裁判官まで登場していると仄聞している。まるでDV当事者のように力で制圧しようという裁判所の動向は異様としか言いようがない。金の力で実現させる面会にどれほどの意味があるというのであろうか。

　裁判官は，己が国民からどのような期待を受けているのか改めて真摯に見つめ直していただきたい。

3　審判官の顔色を伺う調査官

　審判官である裁判官が上記のような状態であれば，その審判官から調査命令を受けて活動するのが建前となっている調査官を責めても酷であることは一応は理解できるところである。

　しかし，それにしても近時の調査報告書はあまりにお粗末ではないだろう

か。

　まずもって，調査官が子どもにどう見られているのかを理解すべきである。多くの家庭，特に，DVで避難している母子家庭では，来客自体が少ない。時として，はじめての来客ということもある。珍客ともいえる調査官は，いきなりノートをテーブルに広げ，訪問の趣旨を伝え，さらに，監護状況の調査といって，間取りの確認を始める。風呂場やトイレのなかまで見てメモを取っていく大人の行動が子どもにとってどれほど異常なことか。自分たちで検証していないのだろうか。

　調査では，大抵，最初，一緒にゲームをしたりお絵かきなどをして遊ぶ時間を設ける。その後，監護者に退席してもらうが，この程度で，子どもとの距離が縮まった，子の真意が把握できるというのはあまりに都合のいい弁解というか，自己満足に過ぎない。同じ家裁の調査官でも少年事件の調査官は（鑑別技官などの援助も受けながら）時間と手間を惜しまず，少年の生育歴まで切り込んでいっているのに比べると，何故，家事調査官はこのような表面的な調査で事足れりとするのか理解できない。

　子どもとの問答もまたお粗末なことが多くなった。開かれた質問よりも閉じられた質問，誘導尋問のような問答が続く。訴訟での尋問だったら異議が出されてもおかしくないような質問が続けられている。さらに，子どもの回答を否定するような質問（「でもね，お父さんは……」という質問を重ねるなど），適切さを欠く問答が多く見られるようになった。子どもからすると，「面会をする」と言わないと許してもらえない雰囲気になる。子どもは，こういうとき非常に敏感だ。目の前の大人が自分にとって味方かそうでないかを直感的に察知する。結局，問答に疲れ，投げやりな回答で，調査官が満足する（質問攻めから解放される）答えをしてしまう。刑事の取調べのようだ。調査官調査を終えた子どもたちの感想は，もう2度とやりたくないという子が大半なのも頷けるし，「あの人（調査官）は，パパの味方なの？」という子すら出てくる。暴力や暴言が怖いと言ったのに対し，「裁判所の人が立ち会うならどう？1人じゃ駄目なら，2人立ち会うならどう？」などと執拗なのだ。ここまで問い詰められれば，子どもとしては会わないといけないんだと，まさ

に退路を断たれた，逃げ場を失った状態で観念せざるを得ない。

にもかかわらず，自由な雰囲気で子の真意を把握したかのような調査報告書を見ると愕然としてしまう。

4 調整機能を放棄する調停委員会

審判官や調査官の実態が以上のとおりであっても，審判という段階に至っているのであれば，一定の判断をせざるを得ない立場である以上やむを得ないところもある。

問題は調停である。調停制度の位置づけについては議論があるところであるが，合意の形成を目指して調整する点に特質があることは疑いのないところであろう。関与する調停委員会はまさに，対立する当事者の間に立ち，中立公平な第三者として互譲を導き出す術を磨いているはずである。これまでも，監護親，非監護親双方への働きかけで互譲を引き出し，合意を形成してきたのであり，そのための技量を研鑽してきたはずである。

ところが，原則実施論が主流となり，困難事案に対し，審判で続々と面会を認める決定が出始めたことで調停も変質してきている。

これまでのように，両当事者の互譲を目指すのではなく，困難事案であればあるほど，主として監護親だけを一方的に説得するようになっている。典型的なのが，「面会を拒んでも，審判になればどうせ面会させなければならないのだから」という論法で，押し切ろうとする調停委員が増えてしまい，これまで築き上げてきた互譲を導き出す技量を放棄している。

それにより失うものは少なくない。何よりも，当事者の調停員会に対する信頼が地に落ちるということである。ひとたび不公平感をもたれると，その不信感は容易には拭い去ることができない，失われた信頼関係を取り戻すことは至難の業である。調停委員会で決めるべきことは，紛争の本丸ともいえる離婚問題などほかにもある。面会交流の段階で信頼を失うとその後の調整機能の発揮など望めないのは当然である。

5 諦めの当事者代理人

　さらに問題なのは，当事者代理人たる弁護士である。弁護士にもいろいろ立場があり，こと面会交流のあり方については，離婚後の親権のあり方に関する立法論的見解とも絡んで，鋭い対立があるところではある。しかし，多くの弁護士はそうした対立とは別に，自分の依頼者の要望を素直にかなえようと腐心することは他の事件と何ら異ならない。したがって，監護親の代理人であれば，監護親の意見・希望を前提に司法手続で活動してきた。監護親が面会交流に消極的であれば基本的にはその意向を前提とする。

　ところが，原則実施論が広まるにつれて，弁護士の方も，初回面談から「面会は避けられない」「面会を実施すべきだ」と方針を鮮明にするケースが目立つようになった。依頼にすら行き着かないでさまよっているような依頼者も散見されるようになった。

　しかし，ここで弁護士が諦めてしまっては，何のための弁護士なのだろうか。裁判所がどうであれ，原則実施論が主流となりつつあろうがどうであろうが，当事者の代理人が闘わずして撤退してどうするのであろうか。

　実際，他の弁護士に相談したが，面会させることが前提でないと受任できないと言われ，信頼関係が築けないといって，筆者のところに来て受任した事件もいくつかある。結果として，面会を完全に拒めるかどうかは事案次第であるが，当事者としての意見，希望，主張を十分裁判所や相手方に伝えるのが弁護士の仕事であり，原則実施論であろうと何も臆することなく活動すべきであろう。

6 無理な面会交流が壊した父子関係

　無理な面会交流を強制しようとして，結局，親子関係を決定的に破綻させてしまった例を紹介する。横浜地判平成21年7月8日（家月63巻3号95頁）である。面会交流をする調停合意があり，1年以上実行してきたが，途中で途絶えてしまい，以後，調停条項で定めたような面会ができないことを理由に，元夫（途中で離婚が成立）が元妻に損害賠償を請求した事案である。審理中に，

監護親である元妻が新たな審判を申し立て，調査官調査を行ったところ，それまでの夫婦間の葛藤の様子，事実上の親子の交流の様子に照らし，父から面会を求めることはできないとする新しい審判が出された。問題はその際の調査官調査で，子（小学校高学年）が，父の自分への接し方が異様であることを切々と訴えているのである。まさに子どもの方から絶縁状である。しかし，こんなことを子に言わせてしまったこと自体が失敗ではないか。別居時は夫婦関係はともかく，親子関係は問題なかったのである。だからこそ当初は面会ができていた。ところが数年後には，一切の面会ができなくなったのである。何が原因か。筆者は，最初の調停で，夫婦間の葛藤の程度に全く配慮しない面会条項を作ってしまったことにあると考える。この段階で緩やかな面会や限定的な面会にとどめておけば，面会交流をめぐって子を巻き込む形での紛争（子どもから見て異様に思える父親の行動）を避けることができたはずである。そうであれば，子どももここまで父を敬遠しなかったはずである。無理な面会交流の強要は，親子関係の致命的な破綻のきっかけになることを知ってほしい。

第4　非監護親へのメッセージ

　筆者は，どういう事情か，圧倒的に監護親側の代理人になることが多いが，非監護親の代理人になることもある。非監護親である依頼者にいつも言っていることがある。それは，親子の交流は一生継続するものであることである。子どもが小さいときは無邪気でかわいい。会いたいというのは当然だし，自然の情であろう。しかし，この時期に会えないからと言って，親子関係が一生損なわれたりするものではない。むしろ，子どもが成長し，成人になってから，それ以降の方が，時間的にも親子の関わりは長いし，重要なのではないか。自分の思春期（小学校高学年から中学にかけて）のことを良く思い出してほしい。そんなに親と一緒に定期的にお出かけなんかしたのであろうか。

　思うように面会できないとしても，別居している子どもが経済的に困らな

いように今以上に精力的に働いて養育費を送金してあげるような「かっこいいお父さん」であれば，成人になってからでも，必ず頼られる存在となるはず。そんな一生ものの親子関係を目指そう。

　残念ながら，すんなり受け入れる非監護親はそういないけれど，いずれ分かってくれると信じている。

面会交流をめぐる家裁実務の問題点
―調査官調査の可視化を中心に―

可児　康則

第1　はじめに

　家庭裁判所の実務では，近時，子の福祉を害するような特段の事情が認められない限り面会交流を実施するとの姿勢が顕著である。

　面会交流に関する「原則的実施論」「原則的実施施策」などと呼ばれるこのような家庭裁判所の姿勢は，「面会交流は，子が非監護親から愛されていることを知る機会として，子の健全な成長にとって重要な意義がある」との一般論から導かれている。[1]

　しかし，このような一般化が果たして可能なのか，仮に，一般化が可能であるとしても，そこから，原則的実施論を導き，これに基づき家庭裁判所に係属している個別の案件につき解決を図ることが，子の健全な成長に有益だといえるのか，疑問である。

　ここで，事例を1つ紹介する。DV事案につき，原則的実施論の立場から直接の面会交流が命じられた事例である（実際の事例そのものではなく，趣旨が変わらない程度に手を加えている。）。

> **事例**
>
> 　X（父）とY（母）は夫婦であり，XY間には，小学校に上がる前の子どもがいた。YはXから頻繁に暴力を振るわれていたため，子どもを連れて避難し，保護命令を得た上で離婚した。
> 　離婚後も，Yと子どもはXに居所を知られないよう生活していたが，しばらくしてXから家庭裁判所に子どもとの面会交流を求める調停が申し立てられた。Yは，直接の面会ではなく，写真の送付などによる間接交流を提案したものの，Xは納得しなかった。
> 　家庭裁判所調査官により，小学校低学年になっていた子どもの意向調査が行われた。子どもはXとの面会を拒否する意向を示したが，調査官は，直接の面会をすべきとの意見を出した。
> 　調停は不成立となって審判に移行し，裁判官は，調査官の意見に沿い，Yに，直接の面会を命じた。Yは，これを不服として即時抗告したものの，抗告は棄却され，直接の面会を命じた審判が確定した。

　上記の事例には，原則的実施論のもと，DV事案でも，面会交流の実施が強行されている現状，そして，その判断に調査官が重要な役割を担っている現状を見て取ることができる。

　本章では，上記の事例にも触れつつ，DV被害者支援に関わる弁護士の立場からDV事案を原則的実施論に基づき解決を図ることの危険性を論ずる。さらに，調査官の意見が，そのまま裁判所の判断になってしまっていることの問題点を指摘した上で，調査官調査の可視化の必要性を論じたい。

第2　DV事案につき原則的実施論に基づき解決を図ることの危険

1　DV曝露の子どもへの影響

　DVとは，親密な関係において暴力により相手を支配することである。精神科医でもある一橋大学の宮地尚子教授は，DVを「親密な関係における恐怖政治」と表現している[2]。DVという恐怖政治は，被害者の心身に重大なダメージを与え，生きる力さえも奪ってしまう。

　当事者間に子どもがいる場合，DVが子どもの面前で行われることも少なくない。また，子どもの面前でDVが行われなかったとしても，音，振動，そして，家庭内の「空気」などから，ほとんどの場合，子どもはDVの存在に気づいている。暴力に曝されるだけでなく，その暴力を止めるべく介入せざるを得ない立場に置かれる子どももいる。学齢期にさえ達しない子どもが，暴力を止めさせようと加害者に立ち向かって行くことも珍しくない。子どもが警察に通報し，駆けつけた警察官によって母とともに保護されることもある。

　DVは，直接の被害者（多くの場合は母である。）だけでなく，DVに曝されてきた子どもにも重大な影響を与える。DVが子どもにとってトラウマ的な体験となり，PTSDなどの身体症状などをもたらすことは，多くの専門家によって指摘されている[3][4]。加えて，最近では，DVに曝されることが子どもの脳の発達に影響を及ぼすことを示す研究結果さえも発表されている[5]。暴力による理不尽な支配が許される空間で成長することにより，自らの中に暴力性を取り込んでしまったり，あるいは，逆に，暴力を受容する意識を身につけてしまう子どももいる[6]。

　DV家庭で育つ子どもがDVと無縁でいることは不可能である。DVの存在は，子どもの成長，発達にとって重大な悪影響を及ぼす。子ども自身もDVの被害者である。

　このような現実を踏まえ，児童虐待防止法は，DVを子どもに対する虐待であると定義している（児童虐待防止法2条4項）。

2 DV事案での面会交流

　DV事案での面会交流は，子どもにとって「虐待加害者との面会」の側面がある。自らの成長，発達に悪影響を及ぼしていた相手と再び接触を持つことでもある。また，面会交流を通じ，現在の住まいを非監護親に知られることで，安心で安全，そして，平穏な生活が壊れてしまう危険も否定できない。

　DV事案では，面会交流を「子どもの健全な成長にとって有益である」などと安易に評価することはできない。

　非監護親との面会交流につき，好意的に評価する立場からも，「虐待，DV事案など常習的反社会的行為の認められる場合は，『消極的子の利益』事由に該当し，面会交流は制限ないし禁止されるべきであると考えられ，どの見解によっても同じ結論になるであろう」[7]「DVがあった場合には危険である」「DVがあった場合は子どもへの直接の暴力でなくとも面会交流はしないか監督付きで実施するということが必要である」[8]など，DV事案での面会交流については慎重に考える必要性が指摘されているところである。

　DV事案での面会交流について，慎重な配慮が必要であることに異論はないであろう。

3 DVと面会交流原則的実施論

　原則的実施論の立場でも，監護親に対する暴力等（DV）の存在は，面会交流を禁止・制限すべき事由の1つとされている。[9]

　したがって，原則的実施論に立ったとしても，DV事案での面会交流は禁止ないし制限されることになりそうである。しかし，冒頭で紹介した事例のように，実際には，そうはなっていない。DV事案でも，調停で面会交流の実施を強く求められ，これに応じなければ，審判で面会交流の実施を命じられる事態が生じている。

(1) DVを立証することの困難さ

　原則的実施論に立った場合，面会交流を禁止・制限すべき事由の存在，すなわち，面会交流の実施に子どもの福祉を害する特別な事情が存在すること

は，事実上，これを主張する側が立証しなければならなくなる。DV事案では，被害者である監護親がDVの存在を立証しなければならない。

　身体的なDVの場合，怪我の写真，診断書などにより，DVの存在を立証することになるが，このような証拠をきちんと残している被害者は必ずしも多くはない。また，身体的DVでも怪我をしていない場合，暴言などの言葉によるDVや，精神的なDVなどの場合では，これを証明できる証拠そのものが存在しないことがほとんどである。

　DVが存在していても，これを立証することは容易ではない。

　DVの存在を立証できなかった場合，DVを理由に面会交流を禁止したり，制限したりすることは難しい。実際にはDVが存在し，子どもが重大な影響を被っていたとしても，また，面会交流により子どもの安全，安心な生活環境が壊れる危険があったとしても，最終的には審判で，「原則」通り，非監護親との直接の面会を命じられることになる。そして，確定した審判に従わず，面会交流を実施しなければ，間接強制によって，面会交流の実施を強制されることさえもあり得る。

(2) **DVの存在を認めつつも直接の面会を求められる実情**

　では，幸いにして，DVの証拠が存在し，DVを立証できた場合，面会交流の実施を避けることができるのかといえば，必ずしもそうとはいえない。

　冒頭で紹介した事例では，怪我の写真，診断書など，暴力に関する多数の証拠が存在していた。そのため，裁判官は，過去の度重なる暴力，子どもの面前での暴力の存在，子どもが暴力を記憶していること，子どもが暴力を止めに入ったことさえあったこと，このことが父親に対する拒否的な感情の一因になっていることに加え，非監護親が不合理な主張を重ねて真摯な反省も謝罪もないことまでも認定した。この認定からは，原則的実施論の立場でも，子どもの福祉を害する特別な事情の存在は明らかであり，面会交流を禁止するか，あるいは，母が提案した間接交流の範囲に制限する結論になるのが自然である。

　ところが，裁判官は，①子どもへの直接の暴力がなかったこと，②父に拒否的な母の感情を子どもが感じ取って父への拒否感を強くしている可能性，

③母と離れて物事を見る能力を身につける機会を失わせ，偏った見方を身につけさせるおそれ，④父の悪いイメージが固定化され，悪人の子であるというアイデンティティが植え付けられ，自己イメージの低下を招くなど今後の子どもの成長に悪影響を及ぼす可能性，⑤父を拒絶したことに対する自責の念などから悩み苦しむという事態が生じる懸念などを理由に，DVの事情を考慮したとしても，父との直接の面会をすることが子どもの福祉を害するとまではいえないとし，子どもを父と直接面会させるよう母に命じた。

　裁判官は，DVの存在を明確に認めつつも，DVが子どもに与える影響への無理解と，客観的な根拠に基づかない「可能性」「おそれ」「懸念」などから，子どもの福祉を害さないとの結論を導いた。DV加害者である父との面会が，落ち着いていた子どもの状況を一変させ，過去の暴力の記憶を蘇らせ，悪夢にうなされたり，母親と離れることができなくなるなどの情緒不安定をもたらすことがある。[10] また，加害者と接点を持つことにより監護親である母が動揺し，不安定となり，子どもへの十分なケアを提供できなくなることもある。このようなDVという事実の存在に基づく現実的な危険性よりも，「可能性」「おそれ」「懸念」といった抽象的な危惧を優先したのである。

　抽象的な「可能性」「おそれ」「懸念」は，事案を超えて存在している。これらを理由に現実的な危険が考慮されなくなるとしたら，あらゆるDV事案で，子どもの福祉を害する特段の事情の存在を否定し，直接の面会を命じることができてしまう。DVの存在は，原則的実施論の立場において面会交流を禁止・制限すべき事由になり得ていない。

4　まとめ

　裁判所が原則的実施論に立つ姿勢を示す以前，DV事案での面会交流については，申立てが却下されることも珍しくはなかった。そのような審判例は，公表されているだけでも，東京家審平成13年6月5日（家月54巻1号79頁），横浜家審平成14年1月16日（家月54巻8号48頁），東京家審平成14年5月21日（家月54巻11号77頁），東京家審平成14年10月31日（家月55巻5号165頁）などがある。また，当面の間は面会交流を行わない，あるいは，写真や手紙のやり取りなど

の間接交流に留め,直接の面会を行わないかたちで調停が成立した事案も少なくなかった。

冒頭に紹介した事例は,従来,申立てが却下された審判の事案と比べ,DVの程度も酷く,非監護親の不誠実さも際立っていた。さらに,面会に関する子どもの消極的意向も示されていた。従来の判断枠組み,いわゆる比較基準説[11]の立場をとれば,面会交流の申立ては当然に却下されていたであろう。この事例でさえ,子どもの福祉を害する特別の事情に該当しないと判断されるのであれば,DV事案で面会交流が禁止,制限される事案は非常に限定され,ほとんどのDV事案で直接の面会交流を命じられる結果となりかねない。

原則的実施論は,DVに曝されてきた子どもに,非監護親との面会を強制する危険を多分に含んでいる。実際の調停の場面でも,「面会交流を実施する」との結論だけが一人歩きし,DV事案であるにもかかわらず,調停委員や調査官から,面会交流の実施を強く説得されることも少なくない[12]。裁判所が原則的実施論に立つ姿勢を鮮明にする以前にはなかったことである。

DV事案では,面会交流を「子どもの健全な成長にとって有益である」などと安易に評価することはできず,慎重な検討が必要である。しかし,原則的実施論の立場に立ちつつ,慎重な検討を行うことは非常に難しい。

DV事案について,原則的実施論により画一的な解決を図ることは,子どもの安心,安全な生活環境を破壊し,健全な成長を害する危険がある。

第3　家庭裁判所調査官による調査の可視化の必要性

1 子どもを巡る紛争における調査官の存在感

(1) 調査官の役割

面会交流について論ずるにあたり,家庭裁判所調査官(以下「調査官」という。)の問題に触れないわけにはいかない。原則的実施論に基づく実務の運用につき,調査官は,非常に重要な役割を担っている。

調査官は，裁判官等の命令を受け，調停，審判の期日に立ち会い，意見を述べるほか，事実の調査を行い，裁判所に報告する（家事事件手続法58条3項，4項，261条2項）。また，事件の関係者の家庭環境その他の調整を行うため，社会福祉機関との連絡その他の措置を行うこともある（同法261条5項，59条3項）。

面会交流が主たる争点となる調停では，初期の段階から調査官が期日に立ち会うことが多い。調査官は，期日において，当事者に働きかけをするほか，裁判官からの調査命令により，子どもの意向，心情等の調査をはじめ，必要な調査を行う。そして，調査結果を裁判所に報告する（家事事件手続法58条）。この報告には，調査官の意見を付することができるとされている（同条4項）。

調停段階において，調査官による子どもの意向，心情などの調査が行われた場合，調査の結果を踏まえ，話し合いを行うこととなる。調停が不成立となり，事件が審判に移行した場合，調査結果の報告と調査官の意見は，審判に当たり，裁判官の判断のための資料となる。

(2) 調査官意見に「拘束」される審判

ところで，調査報告に付される意見は，読んで字のごとくあくまで調査官の『意見』に過ぎない。裁判官は，調査官の意見も判断材料の1つとして判断すれば足り，この意見に拘束される必要はない。しかしながら，実務において，裁判官が，調査官の意見と異なる判断をすることは非常にまれであり，ほとんどの事案で，調査官意見に沿った審判をする。最近では，調査官が，面会交流の回数や時間，面会の際の子どもの引渡し方法などの詳細を定めた「面会要領」を添付した報告書を提出し，裁判官がこの「面会要領」をそのままの利用する形で審判を出すことも珍しくない。

冒頭で紹介した事例では，意向調査の際，子どもは，自分たちの目の前で振るわれていた父の暴力の状況を具体的に語った上で，父のことを「嫌い」「会いたくない」と述べた。しかし，調査官は「直接の面会がただちに子の福祉を害するほどの強い嫌悪感を持っているとは言えない」「通常小学校低学年以下の子どもは同居親の意向や心情を汲んだ発言をしやすく，未成年者らの意向のみをもって面会交流の可否を判断するのは相当でない」とし，直

接の面会交流をすべきとの意見を付した調査報告書を裁判所に提出し，裁判官は，調査官意見に沿って直接の面会を命ずる審判を出した。

(3) **調査官意見の重み**

調査官は，家庭裁判所において，事実上，子どもの問題に関する「専門家」として扱われている。調停委員が，当事者に対し，調停に立ち会っている調査官を「子どもの問題の専門家」と紹介することも少なくない。家庭裁判所の手続において，調査官意見は「専門家の意見」としての重みを持っている。また，調査官が子どもと直接会うのに対し，裁判官が子どもと会うことは非常にまれである。

「専門家」である調査官が，実際に子どもと会った上で述べた意見について，これを覆すほどの材料を裁判官は持っていない。また，後述のとおり，裁判官といえども，調査官による分析の是非を判断することは不可能である。裁判官の判断が，調査官意見に沿ったものになるのも，ある意味で当然である。

2 調査官の分析の是非を争うことが可能か

(1) **分析される子どもの意向**

意向等の調査に際し，子どもが非監護親との面会を希望する意向を示した場合，子どもが示した意向は言葉どおりに評価され，特段の分析が加えられることはない。子どもが表明した意向を踏まえ，面会交流を実施すべきとの意見が調査官から示されることになる。

一方，子どもが非監護親との面会に消極的，あるいは，拒否的な意向を示した場合，子どもが示した意向は言葉どおりに受け取られず，調査官による分析が加えられる。そして，「子どもの拒否は監護親への配慮から出たもの」「子どもが面会を嫌がったのは監護親の非監護親に対する拒否感が原因」「（面会に）積極的ではないが拒否的ではない」などとして，直接の面会を実施すべきとの意見が出されることも少なくない。[13] 冒頭で紹介した事例は，まさしく，そのような場合である。

(2) 争えない分析の是非

　前述のとおり，面会交流の事件について，調査官の意見は，非常に重要な意味を持っている。しかしながら，現在の実務において，調査官の意見のもとになる調査官の分析につき，その是非を争うことは非常に難しい。不可能に近いとさえいえる。なぜなら，当事者は，調査官によって子どもが意向等を調査される場面を目にすることができないからである。

　子どもの意向等の調査は，調査官と子どもだけで行われる。当事者も，代理人弁護士もその場に立ち会うことはできない。調査の結果は，調査報告書にまとめられ，裁判所に提出される。調査報告書には，調査時の子どもとのやり取りなどの調査結果とそれを踏まえた調査官の意見などが記載されている。当事者は，調査報告書を謄写し，これを読むことで，調査の際の子どもの様子ややり取りを知ることができる。しかしながら，調査報告書には，具体的な調査結果の全てが記載されているわけではなく，調査官が必要と考える範囲の記載がなされているにすぎない。調査官が必要性を感じず，記載しなかった情報のなかに，子どもの意向等の分析にとって実際には重要な意味を持つ情報が含まれている可能性もある。調査官が必要と感じ，記載した情報だけから，調査の際の子どもの状況を的確に把握し，調査官の分析の是非を判断することは至難の業である。

　また，当事者が，調査報告書から可能な範囲で是非を判断し，意見を述べたとしても，その意見を，裁判官が，調査官の意見以上に重視することは期待できない。というのも，調査官による子どもの意向等の把握が，子どもが発した言葉を基本に据えつつも，それのみならず，調査の際に子どもが表す様々な情報に基づきなされるためである。具体的には，身体，表情，顔色，見える範囲にある傷等の子どもの外形的な状態や様子，会話や質問の理解の度合い，質問に対する回答とその際の様子といった子どもの内面に関わる事項，その他，同居親や保育園，学校などから得られる情報を総合的に検討するやり方でなされている。[14]　冒頭に紹介した事例では，司法面接の専門家が，調査報告書の記載から調査官の調査を詳細に分析して作成した意見書を提出した。意見書の結論は，調査時の子どもの態度からすると「本事案で面会交

流を認めることは不適切である」とするものであったが、抗告審の裁判官は「嫌悪感の程度に関する分析を適切に行うためには、調査時における未成年者らのわずかな表情等の変化やその場の雰囲気を把握する必要がある」が、意見書は机上の理論に依拠したものにすぎず、信用性に限界があり、調査官の分析結果を覆すに足りないと判断した。

子どものわずかな表情等の変化、その場の雰囲気を把握しうるのは、その場に居た調査官だけである。調査官以外の第三者は、当事者、代理人弁護士のみならず、裁判官であっても、調査の場面に立ち会うことができない。

結局、当事者が、調査官の分析について、その是非を争うことは、現状では不可能ということになる。

3 調査官調査の可視化の必要性

現在の実務では、DVが存在しようとも、子どもが面会に拒否的な意向を示してようとも、調査官から「直接の面会をすべき」との意見が出されてしまえば、審判で、直接の面会を命じられることは避けられない。調査官意見の是非を争うことは不可能である上、裁判官の判断は、調査官意見に沿ったものになるからである。

しかし、その結論を、当事者が納得して受け入れることは難しい。調査官の分析に誤りはないのか、誰からの意見も聴くことができず、疑問と不満を抱え続けることになる。また、家庭裁判所実務が原則的実施論の立場に立つことを鮮明にしている以上、調査官による調査が、初めから「結論ありき」でなされたのではないかとの疑念を払拭することは難しい。このような状態を放置することは、家庭裁判所の手続に対する当事者の信頼を失わせる結果にも繋がりかねない。

この問題を解消するには、調査官の分析につき、第三者の検証を可能とする必要がある。1つの方法として、児童精神科医など、子どもに関する裁判所外の専門家を、調査官による子どもの意向等の調査に関与させ、独自の立場から意見を出せるようにすることが考えられる。しかし、家事事件手続法では、調査官調査への第三者の関与が規定されておらず、現行法上は難しい

であろう。そこで，調査官による意向等の調査の場面を録画し，外部の専門家が調査の映像を見た上で意見を述べられるようにすることを提案したい。調査官調査の可視化である。

現在でも，家庭裁判所内で行われる試行的面会交流については，調査官の手控え資料として，DVDへの録画がなされることがある。試行的面会交流が行われる部屋で子どもの意向等の調査を行うことにより，その場面を録画することは物理的に可能である。

DVDに録画された映像について，当事者は，その複製を請求することができる（家事事件手続法47条2項）。子どもの利益を害するおそれがあると認められるときなど，例外的な場合に当たらなければ，複製は許可されるため（同条3項，4項），当事者は，複製された映像を裁判所の外部の専門家に視聴させ，意見を求めることが可能になる。

家庭裁判所において，調査官は子どもの問題についての「専門家」かもしれない。しかしながら，裁判所の外に目を向ければ，児童精神科医，児童のトラウマケアに関わる臨床心理士など，子どもの問題に関し，調査官と同等，あるいは，それ以上に専門的な知識や知見を有する立場の専門家がいる。DVや児童虐待の案件では，専門機関として，児童相談所もある。子どもの意向や心情等をより適切に把握し，調停，審判に反映させるため，これらの外部の専門家，専門機関の力を借りない手はない。そのためには，調査の可視化が不可欠である。

4 まとめ

原則的実施論のもと，面会交流を促進する立場から，調査官が面会実施の「お墨付き」を与え，裁判官がこれに沿った判断し，従わなければ，間接強制により，子どもに面会を強要する。しかも，調査官の分析の是非を争う手段はない。

このような実務の現状は，家庭裁判所の判断に対する当事者の信頼を大きく裏切るものである。また，子どもの健全な成長に資するものでもない。

調査官調査を可視化することで，裁判官は，調査官意見のほかにも，当事

者から提出された児童精神科医など裁判所外の専門家からの意見も踏まえ，自らの心証を形成し，判断することができるようになる。さらに，裁判官自らが，録画された調査場面の映像を視聴し，心証を形成することも可能になる。

　調査官調査の可視化は，面会交流に関し，調査官の意見のみで結論が決まってしまっている現在の実務に大きな変化をもたらす可能性がある。家庭裁判所の手続に対する当事者の信頼回復にもつながり得るであろう。

　多様な専門家の多様な意見に基づく裁判官の判断こそ，子どもの福祉，子どもの最善の利益にかなうはずである。

第4　おわりに

　原則的実施論に立ったとしても，DVは面会交流を禁止・制限すべき事由の1つとされており，本来，慎重な考慮が必要なはずである。また，わが国も批准している児童の権利に関する条約には「締約国は，自己の意見を形成する能力のある児童がその児童に影響を及ぼすすべての事項について自由に意見を表明する権利を確保する。この場合において，児童の意見は，その児童の年齢及び成熟度に従って相応に考慮されるものとする」(12条1項)と規定されていることから，子どもが表明した意思は，面会交流に当たり十分に考慮されなければならない。

　ところが，これまで述べてきたとおり，DVは面会交流を禁止・制限すべき事由として機能しておらず，子どもの意思についても，面会に消極的な意思については，調査官による分析が加えられる。そして，調査官により，面会交流を禁止・制限すべき事情はなく，「直接の面会をすべき」との意見が出されると，裁判官は，調査官の意見に沿って，直接の面会を命ずる審判を出す。

　一審の裁判所の判断に不服がある場合，当事者は，上訴することにより，改めての判断を求めることができる。

　面会交流を命ずる家庭裁判所の審判も，これが不服であれば，即時抗告に

より，高等裁判所の判断を求めることができる。

　しかし，これまで述べてきたとおり，面会交流について，裁判官が，調査官の意見と異なる判断をすることは非常にまれである。裁判官の判断は，調査官の意見に事実上拘束されている。しかも，現在の実務では，調査の場面に立ち会えない当事者が，調査官の意見の前提となっている調査官の分析の是非を争うことは不可能である。裁判官といえども，分析の是非を判断する術がない。

　不服を申し立てる手段は，形式的には当事者に保障されている。しかしながら，調査官の分析の是非を争うことができない以上，実質的には，不服申立てができないに等しい。

　さらに，裁判官が，憲法上，職権行使の独立が保障されているのに対し（憲法76条3項），調査官にそのような保障はない。裁判所が，原則的実施論の立場から面会交流を促進する姿勢を鮮明にしている現状において，裁判所の一職員である調査官が，面会交流の実施に慎重な意見を述べることは難しい。初めから「結論ありき」ではないとしても，調査官の意見が，裁判所の方針に沿った意見，すなわち，「直接の面会をすべき」との意見に傾きがちになることは避けられない。

　調査官調査を可視化し，裁判所外の専門家の意見を提出できるようにすることで，調査官意見が，即，裁判所の判断となる現状を変えることができる。

　裁判官は，調査官意見のほか，提出された他の専門家の意見や自らも調査場面の映像を見た上で心証を形成し，面会交流について判断することになる。DV事案であれば，怪我の写真や診断書，さらには，子どもの心身状況に関する診断書なども，裁判官が心証を形成する材料になるであろう。

　家庭裁判所の判断に不服のある当事者が即時抗告すれば，抗告審の裁判官が，改めて，調査官の意見，他の専門家の意見，調査場面の映像やその他の証拠などから心証を形成し，再度，判断することになる。「調査官の意見」，即，「裁判所の判断」ではないため，原審とは別の判断がなされる可能性も高くなる。

　調査官調査の可視化は，面会交流に関する事件を，裁判官の判断によって

解決するという通常の民事事件と同様のスタイルに戻すことであり，これにより，当事者の不服申立権も実質的に保障されることになる。

調査官調査の可視化は，面会交流事件をめぐる家裁実務の現状，すなわち，DV事案でさえも「面会交流は子どもの健全な成長に有益である」との一般論から，画一的に解決が図られてしまっている現状を修正するものである。一般的，画一的に面会を強制するのではなく，個別具体的に当該「その子」の実情を踏まえて面会交流の可否や内容を決定すること，これこそが，真に「子どもの健全な成長」を促すことになる。

1) 細矢郁＝進藤千絵＝野田裕子＝宮崎裕子「面会交流が争点となる調停事件の実情及び審理のあり方―民法766条の改正を踏まえて―」家月第64巻第7号30，31頁。
2) 宮地尚子『トラウマ』（岩波書店，2012）115頁。
3) 宮地・前掲注2）126頁以下。
4) 白川美也子「DVにさらされた子どもの影響 現状報告②心の側面から」『DVの次世代への連鎖を食い止める研究会報告 暴力の連鎖をなくすために，いまできること』(AWS, 2013) 25頁以下。
5) 友田明美『いやされない傷 児童虐待と傷ついていく脳』（診断と治療社，2012）86頁以下。
6) 宮地・前掲注2）128頁，129頁。
7) 若林昌子「面会交流事件裁判例の動向と課題―父母の共同養育責任と面会交流の権利性の視座から―」法律論叢第85巻397頁。
8) 赤石千衣子『ひとり親家庭』（岩波書店，2014）106，107頁。
9) 細矢ほか・前掲注1）78頁。
10) 兵庫県こころのケアセンター平成25年度事業報告書51-55頁。
11) 梶村太市『裁判例からみた面会交流調停・審判の実務』（日本加除出版，2013）5頁ほか。
12) 日本弁護士連合会両性の平等に関する委員会第3部会2013年4月6日シンポジウム「基調報告書」3-7頁。
13) 梶村・前掲注11）6，7頁。
14) 秋竹憲一編著『概説家事事件手続法』（青林書院，2012）128，129頁。

12

取り残される子どもの気持ち

安部　朋美

　代理人として面会交流事件を担当して，近年裁判所の流れが変わったと多くの弁護士が実感しているであろう。しかし，その流れの中で，子どもの気持ちが置き去りにされている気がしてならない。
　以下，一代理人として，筆者が最近の面会交流事件について疑問に感じている点を論じる。

第1　面会交流は誰のため？

　こう聞かれたら，法律実務家・裁判所関係者・研究者みな，面会交流は子どもの福祉のためにある，子どものためのものと答えるだろう。
　しかし，実際には現在の裁判所の運用では，面会交流は非監護親のためのものとなってしまっている。面会交流を実施するかは，非監護親の意思次第である。なかには，離婚調停では，子の親権がほしい，親権が得られない場合は頻繁な面会交流をと要求しておきながら，離婚調停が成立したら全く面会交流を実施しない，連絡すら取れない非監護親もいる。その非監護親にとっては，面会交流の要求は，離婚調停において条件闘争のための武器でし

かない。

　子のための面会交流なら，子から非監護親に対して面会交流を請求できるはずだが，非監護親が面会を拒否しても非監護親には何の制裁もない。

　筆者が知っている事例において，再婚後に現在の妻の意向で子との面会交流を拒否するようになった非監護親（父）に対し，父との面会を求めて泣く子のために，監護親が面会交流を求める調停を申し立てたところ，父が，監護親の面会交流調停申立が自分と現在の妻に対する不法行為に当たるとして，監護親に対して損害賠償請求をしたケースがあった。

　このような酷い勘違いは，面会交流を非監護親の意思次第とし，非監護親の意思ばかりを尊重する現在の裁判所の運用から生じていると考える。

　面会交流が子どものためのものならば，子の意思は十分に尊重されるべきである。しかし，悲しいことに，現在の裁判所の運用では子の意思は全く尊重されていない。

第2　子どもの意思は尊重しなくていいのか？

1　子どもの意思は変わる？

　子どもが非監護親に会いたくないという意思を示したとしても，裁判所はその意思は将来的に変わる可能性があると見る。確かに，それはそのとおりだろう。

　しかし，非監護親との面会交流を拒否する子どもの意思が将来的に変わる可能性があるからといって，子の現在の意思を無視して面会交流を押しつけることは，論理の飛躍がある。また，将来的に円滑な面会交流へ導く方法論としても誤っている。

　筆者が小学校1年生のとき，水が怖くて水泳の授業でプールに入ることができない児童がいた。担任教師は，怖い・嫌だと泣く児童を足の届かない深さの25mプールにプールサイドから突き落とした。このような荒療治により，その児童は水が怖くなくなってプールに入れるようになっただろうか。

答えは否だ。その児童は、プールに突き落とされたことで、結局不登校になってしまった。

筆者には、現在、面会交流を嫌がって拒否する子どもたちに、裁判所が性急に面会交流実施を求めることは、水を嫌がる子をプールから突き落とすのと同様だと考える。

2 子どもの意思を変えるためには？

子どもの意思は、確かに変わる可能性がある。

では、何を契機に変わるのだろうか。思いつくところでは、①子ども自身の成長による理解力、忍耐力の向上、②面会交流の成功体験に基づく子どもの面会交流及び非監護親に対する認識の変化が挙げられる。

このうち、現在の裁判所は明らかに②を重視し期待して、面会交流を推し進めようとしている。

しかし、面会交流の成功体験の積み重ねで、子どもの意思を面会交流拒否から受け入れに変化させるには、子どもが面会交流拒否の段階で実施する面会交流は、必ず成功しなければならない。不成功体験は、子どもの面会交流拒否の態度をより強固で和らぐ余地のないものにしてしまう。

よって、面会交流実施においては、面会交流が必ず成功するために、本来は子に過剰な精神的負担が掛からないように細心の注意を払い、面会交流は少しずつ進められるべきである。嫌がる子どもに無理強いしてはならない。無理をして面会交流が失敗した場合の代償はあまりに大きい。

(1) 不成功体験によって生じる害悪

不成功体験は、嫌がることを押しつけられた子に反発心を生じさせ、また非監護親に子が恐怖心を抱いている場合では、面会交流失敗の恐怖体験が心的外傷後ストレス障害（PTSD）を生じさせる心的外傷になってしまうおそれがある。さらには、子の心情を心配しながらも裁判所の審判に逆らえない監護親に対し、子どもは「自分を守ってくれない」という不信感を抱くようになる。両親が別居又は離婚状態にある子どもの心理状態については、両親と同居し円満な家庭にある子ども以上に配慮が必要なことは言うまでもない。

そして，両親が別居又は離婚状態にある子どもにとって，最も重要な精神的なよりどころは監護親との信頼関係である。拙速に面会交流を推し進めて不成功体験を重ねさせることは，監護親が裁判所での調停や審判・決定を遵守しようとすればするほど，監護親と子どもとの信頼関係を破壊し，子どもの精神的安定を根こそぎ奪い去る危険な行為なのだ。

　現に，筆者の担当した事件で，非監護親（父）との面会交流を泣いて嫌がった子ども（小学校低学年）が，それでも玄関ドアから顔を出して「行きたくない」「遊べない」等自分で父親に気持ちを伝えていたにもかかわらず，父親が，受渡場所と審判で定められた自宅前に子どもを出すべきであると執拗に求めたため，監護親である母が，大声で激しく泣きじゃくり暴れて抵抗する子どもを抱きかかえて父親の前に出したところ，子どもが心的外傷後ストレス障害を負ってしまった事例がある（このケースの外傷体験は，審判以前の面会交流時の父親による連れ去り未遂など他にもあった。しかし，これがとどめになり，子どもは玄関に出ることすらできなくなり，父が自宅前に来ると，押入れの中等に泣きながら立てこもるようになった）。また，その後も父親は毎月面会交流のために自宅前に子どもを迎えに来るのだが，子どもは，父親の要求と自宅前への来訪を止めることができない母親に対し，明らかに怒りを見せ，母親に対し激しく暴力を振るうことがあった。

　しかし，現在の裁判所は，そのような危険を全く理解してはいない。そして，子の精神的負担軽減の配慮もなく，拙速に面会交流を推し進めようとするだけである。父母間の紛争と確執が強かったり，子に発達障害があったり，非監護親の子・監護親に対する過去の肉体的又は心理的暴力により子がトラウマを抱えているようなケースで，当事者だけでは明らかに円滑な面会交流実施が期待できない場合でも，非監護親がFPIC等の第三者機関の援助を拒否し当事者間だけでの面会交流を希望すれば，裁判所は，当事者のみでの直接面会交流を認めているのが現状ではなかろうか。まさに水を嫌がる子を足の届かないプールに突き落とすようなものである。

(2) **時間をおくことで面会交流が上手くいくこともある**
　子の面会交流拒否の意思の変化を期待するならば，第三者機関の援助等に

より，少なくとも面会交流実施により子が過大な精神的負担を負うことがないよう配慮をするか，逆に，当面は面会交流実施は見送り，子の成長とそれに基づく心境の変化を待って，面会交流実施につき再度検討するようにする必要があると考える。

現に，筆者担当事例で，中学生男子だが，離婚成立時に面会交流の取決めをしなかったことが，その後の面会交流に結び付いたケースもある。非監護親（父）にモラルハラスメント傾向があり，同居時に母と息子は暴言・暴力を受けており，息子は面会は絶対無理と言っていた。離婚調停成立時には，面会拒否でない妹だけの面会交流を決めたところ，1年半後には息子は週1回父の仕事を手伝って小遣いをもらうようになった。監護親によると，息子は経済的利益優先で父と接触し始めたように思うということだが，1年半の間に1度だけ，彼がお年玉に釣られて妹と面会交流に行った直後，彼から以下の発言があったそうだ。「一緒に暮らしているのはきつくて無理だったけど，距離があれば，まだ何とか付き合えるかもしれないと思った。でも，父親にされたことは，許す・許さないではなく一生覚えている」。監護親の意見では，離婚直後に，非監護親から権利として面会交流を要求されていたら，息子は自分に酷いことをしておきながらと反発し，おそらく面会交流はずっとできなかったと思う，また，自分も反対したであろう，時間を置いたことで今の関係に至ったということである。

3 子の面会拒否の意思は，本当に監護親の非監護親に会わせたくない気持ちの影響なのか

(1) どんな親でも子どもは親が好きなのか

裁判所には，面会交流問題においては，何故か，子どもは親が好きで恋しいのが当然という根拠のない大前提がある。しかし，実際にそうだろうか。

筆者の実感として，非監護親に対する意思を自分で表明できる年齢以上の子どもになるが，子どもは，良識があり自分を大切にしてくれると感じる親ならば好きである。少なくとも嫌いではない。

だが，非常識だったり，粗暴だったり，あまりにも自分本位だったり，社

会的に逸脱していたり，子どもから見て「あの人，本当に困った人だよね」という親の場合，必ずしもそうではない。

「あの親の子どもだから，自分は夢も希望も持てない」「自分がダメなのはあのおっさんのせいだ」等の子どもたちの言葉を聞くことがある。とても心が痛む。親の嫌な部分をこれでもかと見せつけられることは，子どもにとって本当につらいことだ。むしろ親との接触がなければ，子がより客観的に親その人全体を評価できる時が来るかもしれない。しかし，親との接触により嫌な部分を繰り返し見せつけられることで，子どもの親に対する気持ちは「大嫌い」になってしまう。親を好きでいたいという子の生来の気持ちや期待は，その反動から，「好きでも嫌いでもない」を超えて「大嫌い」になる。そして，それはその親の血を半分引く子どもの自分自身の否定に直結する。

(2) 両親の関係に対する子どもの理解

また，裁判所は，離婚原因と面会交流は基本的に別の問題であるとする。だから，不貞をして家庭を捨てた非監護親でも，子ども・監護親に心理的・肉体的暴力を振るった非監護親でも，酒・パチンコ等に散財し家族を困窮に陥れた非監護親でも，面会交流により子に明白な現実的危害があると立証できなければ，裁判所は直接面会交流可能と判断する。

そして，子どもが非監護親との面会交流を拒否した場合，裁判所は，監護親の非監護親に対する否定的感情が子どもに影響しているだけであり，子どもの真意ではないとする。しかし，本当にそうだろうか。

もちろん，監護親が子どもに対し，非監護親の悪口を言い聞かせることがなくとも，同居していれば，子どもは監護親の非監護親に対する否定的感情を感じ取る。そして，それが子どもの非監護親に対する気持ちに何らかの影響を与えることは否定できない。

しかし，上記のような非監護親であれば，監護親が非監護親に否定的感情を持つことは当然であるし，子との面会交流を心配しても全く不思議ではない。監護親は，そのような自然な感情すら持つことを許されず，本意でもないのに，「お父さん（お母さん）は絶対にあなたを怒ったりしない。大丈夫」等と言わなければいけないのだろうか。

小学校低学年以上の子どもは両親の離婚原因や親がいかなる人物であるかにつき，子どもなりに漠然とだが理解している。それは「お父さんがいつも怒っていてお母さんが悲しい顔をしている」とか「お母さんが家事を全然しないから，両親が喧嘩になる」とか「お母さんはお酒を飲むと人が変わる」とか「お父さんはどうして仕事に行かないで，毎日家でテレビを見ているんだろう。お母さんだけが忙しくして疲れた顔をしている。靴が破れているけど，お金が無いみたいだから，買ってと言えない」とか，そのぐらいは理解しているものである。

そして，子どもの非監護親に対する否定的感情は，子ども自身の同居時・面会交流時の体験から得た非監護親に対する理解がまず根本にあるのではないだろうか。元来，子どもは自己防衛本能として，親を嫌いになりたくない心理が働くので，非監護親への否定的感情について，監護親からの子どもに対する積極的働きかけが認められない場合，子どもの非監護親への否定的感情は子ども自身の体験に由来すると考えるのが妥当である。

だから，監護親が子どもに対し，面会交流に応じさせるために「お父さんは絶対怒鳴ったりしない」「きっと楽しいよ」等前向きな発言をしたとしても，子どもは空々しい嘘であると感じており，かえって子どもから面会交流を受け入れる気持ちを失わせている気がしてならない。

4　子どもの裁判所に対する不信感

さらに，子どもが面会交流に拒否的態度を示す場合，子どもの意向聴取の際の近時の家庭裁判所調査官の対応に，子どもの心はかなり傷つけられている。

子どもは調査官の質問に対し，非監護親には会いたくない，無理等何度も答えているにもかかわらず，調査官は子どもに対し，何度も何度も「１分だけでもお父さんに会うのは無理かな？」「もうお父さんとは一生会いたくないの？」等質問して，１分なら会ってもよい，将来的には会う気持ちになるかもしれない等，子どもの非監護親に対する拒否的態度はそれほど強いものではないという結論に結びつけられる回答を，子どもから意図的に引きだそ

うとしているかに見える。

　子どもから見て，調査官の態度が子どもの正直な気持ちを聞きたい・知りたいというふうに見えないのだ。非監護親に会う気持ちが少しはあるという回答をするまで，調査官は子どもに対し，子どもが激しく取り乱して泣いたりしない限り，ずっと非監護親との面会交流についての意見を聞き続ける。子どもは疲れてしまって（高葛藤事案の場合，そもそも面会に関する意向を聞かれること自体が子どもにとってかなり苦痛のようである。子どもが中学生になり，思春期に入って声高に親への批判を始める年頃になれば別である。），意向聴取を終了させるためだけに，調査官の期待する言動をしてしまう。

　上記のような体験をした子どもは，裁判所，特に子どもと直接接する家庭裁判所調査官に対し，不信を抱いている。子どもは，「しつこい」「結局自分の気持ちなんて聞いてくれない」と間違いなく思っている。「だから，（面会交流は）嫌だとずっと言っているのに，何回裁判所に行かないといけないのか」という子どもの言葉を聞いた監護親もいる。このような子どもの裁判所への不信感から，子どもを家庭裁判所に連れて行くことすら非常に困難な場合もある。

　このように面会交流を拙速に推し進めようとする現在の裁判所の運用によって，子どもの心は間違いなく傷つけられている。

　面会交流は，子どもの健全な成長のためのものだ。にもかかわらず，現在，調停や審判の手続段階からずっと子どもの心は傷つけられ続けているのだ。

5　面会交流が子どもの健全育成に有益なのは，円滑に実施できる場合だけ

　面会交流は，子が非監護親からの愛情を確認することのできる機会であり，非監護親との精神的交流により子の健全育成に有益であると，裁判所は審判等で判示する。

　もちろん，非監護親に特に問題がなく，子が嫌がらず，当事者間で面会交流の円滑実施ができるならば，面会交流は子どもの健全育成に有益である。

　しかし，非監護親の人間性や，監護親と非監護親間の紛争性の高さ，子どもの拒否的態度の程度，面会交流時に発生が予想される問題の程度等により，

いかなる場合でも子の健全育成に資するかと言えば，そんなわけはない。むしろ，面会交流が子の健全育成に著しく有害であることすらある。

第3　面会交流を円滑に実施するためには

1　非監護親の態度

　面会交流を円滑に実施するためには，非監護親側が自分の悪い部分，自分の誤った対応について，監護親側から指摘がある場合には，それを受け止め改める態度が必要だと感じる。

　端的に言えば，子ども及び監護親の嫌がることをしないに尽きる。

　現在の生活について子どもから聞き出そうとしない，監護親の養育方針を批判しない，子どもの嫌がる面会方法を実施しようとしないなどである。

　また，面会交流は決められたとおりにできない場合もある。子どもの体調，気分，行事などで急に面会交流ができないこともあるし，振り替えができない場合もある。子どもが早く帰りたいという日もある。そういう必ずしも決められたとおり実行できない場合もあるという事情を非監護親がきちんと理解し，決して監護親の面会交流妨害などと邪推し，監護親を非難してはならない。

　筆者担当事案で，面会交流が特に問題なく実施できている事例では，やはり必ずしも取り決めどおりにいかない場合でも，監護親が非監護親から強い非難等を受けたことはなく，面会交流に応じるという監護親の意向を非監護親がある程度信頼しているのだとうかがえた。

　さらに，子どもと監護親の日常生活への配慮も必要である。

　たとえ楽しいイベントでも，あまりに頻繁だと時間的，経済的，肉体的，心理的に疲弊する。しかも，ほとんどの場合，子どもの面会交流への意欲は，非監護親と同じではなくずっと低い。面会交流が子どもと監護親の日常生活に過度の負担とならないように配慮する必要がある。

2 離婚問題を引きずらない

　面会交流が円滑に実施できている事案は，筆者担当事案では，どれも少なくとも訴訟上の和解までで離婚が成立している。最終的には，離婚に双方が同意したということである。

　双方の同意により離婚が成立したことで，離婚請求者（多くは監護親）の相手方への否定的感情は和らぎ，相手方は離婚問題を解決事項として受容する。そのため，離婚後も面会交流に関し，相手方による離婚問題の蒸し返しや復縁要求，またそれらに対する離婚請求者の恐怖心がなく，面会交流を円滑に行う要因となっていると認められる。

　判決による離婚で，特に相手方が離婚に強く不満を持って上訴等していた事案では，面会交流の円滑実施は非常に困難である。面会交流実施の上での最低限の監護親・非監護親間の信頼関係すらないからである。離婚訴訟における婚姻生活破綻の帰責性が相手にあるとの互いの主張により，双方ともに相手に対して辛辣な感情を抱き信頼関係を喪失している。さらに，相手方が最後まで復縁を求めていた場合には，離婚請求者は相手方に対し強い恐怖心を抱いていることが多く，面会交流への同席はおろか顔を合わせての子の受け渡しすら期待できない場合が多い。

　したがって，円滑な面会交流のためには，できるだけ円満に離婚した方がよいのは間違いない。

3 権利意識の強い非監護親ほど面会交流が上手くいかない

　子どもは成長するし，子ども・監護親・非監護親の生活も変化する。1度面会交流に関する取決めをしても，適切な面会交流の方法・頻度等は常に変化していく。

　にもかかわらず，何時まで子どもと面会する権利があるとか，引渡場所まで厳密に子どもを連れてこなければ義務違反だとか，声高に面会交流権を主張しその厳密な実行を求める非監護親ほど，面会交流は上手くいかない。

　非監護親が権利を強く主張することは，逆に，子どもにとって，非監護親

との接触が自分にとって有益だとか，会いたいから非監護親と面会交流するのではなく，面会交流の義務の側面を強く意識させてしまい，面会交流に対する積極的な印象を失わせ，否定的な見方だけを強く植え付けてしまうのではないだろうか。

第4　面会交流義務とは？

最後に，面会交流義務について論じたい。

筆者は，面会交流の間接強制申立事件で，監護親側の委任を受けた際，面会交流義務の範囲について調べた。

というのも，監護親は面会交流に決して拒否的ではなく，子の受渡しは監護親自宅前路上で行うとの裁判所の決定において，監護親は子に靴を履かせ玄関まで連れて行っていた。子どもは2人（小2と3歳）で，監護親が玄関ドアを開けると，上の子は監護親に姿を見せて「行きたくない」と小さな声で自分の意思を述べていた。監護親が，嫌がる子2人を同時に抱えて非監護親の前に出すことは物理的に不可能で，1人の子を玄関に連れて来て靴を履かせても，監護親がもう1人を掴まえに行く間に最初の子が玄関から逃げてしまう。そして，逃げた子どもはトイレや机の下，大人が入れない狭い隙間に逃げ込み，なかなか出て来ない。監護親は交代に何度も2人の子を玄関まで連れて行くが，子どもたちが交互に逃げるという繰り返しの状態だった。

この監護親は面会交流義務を果たしていないと評価されるのだろうか。

文献を調べても，面会交流権の法的性質論については論じられているが，面会交流義務の範囲についてはあまり議論がされていない。面会交流義務の範囲が定まらないのに，面会交流が結果として実施できなかったら面会交流義務違反があるとする，事実上監護親に結果責任を求めている裁判所の判断が見られ，問題である。

なぜなら，面会交流は監護親の意思だけではできない。何よりも重要な子どもという当事者がいる。非監護親と面会交流をするのは，監護親ではなく

子どもである。

　この点，面会交流義務につき，「面接交渉の審判によって債務者が負うべき義務は，単に債権者と未成年者とを面接させれば足りるというものではなく，断片的に非監護親と接触することによって心理的に動揺する未成年者を包括的な身上監護の義務者として十分にケアし，面接を嫌がるような状況にあれば未成年者の気持ちを十分に受け止めて非監護親と会っても別段，監護親の機嫌を損ねることはないことを理解させて葛藤を感じることなく非監護親と面接してよいことを伝えるなどして，積極的に非監護親との交流を確保すべき義務」とする見解がある（釜元修＝沼田幸雄「面接交渉と強制執行」判タ1087号40頁）。面会交流義務を単なる面会交流を妨害しないという妨害排除義務だけでなく，面会交流実現のための積極的作為義務まで認める見解であるのは間違いなく，現在の裁判所実務でも同様であろう。

　しかし，どこまでの積極的作為義務があるのか。

　前述の監護親は，釜元＝沼田見解後段の面接を嫌がる状況の場合に例示されていることは全てしていた。しかも，後日，子どもの発達障害や面会交流から受けたトラウマなどが児童精神科医の診断等により明らかになり，決して裕福でない家計の中から費用を捻出し，子を毎週心理カウンセリングに通わせている。これでも，面会交流義務違反があるとされるのであれば，それは結果責任を求めるに等しい。

　監護親はどこまですれば面会交流義務を尽くしたと言えるのであろうか。十分な議論が必要である。

　そのような義務の範囲を明確にしないで，間接強制事件において，裁判所が監護親の面会交流義務違反を認めるのは，やはり子どもの意思など，監護親がいかようにも言いくるめられる程度のもの，と子どもの意思を軽んじていることが前提にあると思われる。

　しかし，子どもは子どもなりに意思がある。監護親が説得できない場合も，当然出てくる。そのような場合に，監護親は子どもを引きずってでも面会交流の受渡しに連れて行かないと面会交流義務違反なのか，仮に監護親が子どもを引きずって連れて行ったとしても，子どもが即座に逃げ出したら，説得

義務を尽くしていないとして面会交流義務違反になるのだろうか。監護親は子どもに対し，「あなたが面会交流しないと，非監護親にお金を払わないといけなくなり，そうなると生活できない」と話して，子どもに面会交流を受け入れさせねばならないのだろうか。

いずれにしても，そこまでして面会交流を実施して，そのような面会交流が本当に子どもの健全育成に有益と言えるのだろうか。

第5　面会交流は子どもの健全育成のためのものである

この子どもの健全育成とは，当然子どもの精神面を指している。

しかし，子どもの健全な精神的成長は，まずは監護親との安定し落ち着いた環境での養育により育まれるものである。監護親による落ち着いた養育環境が子どもの食事だとすれば，面会交流による非監護親との交流はおやつと言った程度だろう。食事を栄養的に補完するおやつであれば素晴らしく，食事に響かないおやつであれば精神的栄養としては良い。しかし，食事に悪影響を及ぼすようなおやつなら，おやつなどない方が良い。面会交流も，監護親による落ち着いた養育環境を揺るがすような面会交流であってはならない。

現在の裁判所の面会交流実務の運用は，紛争性の高い事案ではあまりにも子どもの精神への悪影響が大きいと感じる。早急な運用の改善がなされるべきである。

13

弁護士代理人からみた面会交流実施の問題点について
―「子ども中心」とは何か，原則実施論の条件作り―

西片 和代

第1 原則実施論における「事情」の考慮

1

　原則実施論は，「面会交流は，基本的には子の健全育成に有益なもの」との前提に立つから，面会交流が子どものためにならない事情は，「特段の事情」として，考慮される。

　子どものためにならない特段の事情は，①子の連れ去り，②子への虐待，③DV等による子への悪影響，等が面会交流の障害事由[1]として類型化されている。したがって，原則実施論においては，少なくともこれら類型化された事情については，子の健全育成に有益な面会交流を実現する観点から，取り上げて検討する必要がある。

2

　もっとも，家庭裁判所に持ち込まれる多数の面会交流事件の当事者は，実に多様な事情を抱えている。そうした当事者が司法の場で語る事情は，整理されていない混沌としたエピソードや感情等，様々なものがある。

当事者が，前記の類型化された事情を明確に意識して説明することはまれである。そもそも当事者が，積極的に重要な事情を語るとは限らない。当事者の中には，質問されたことに答えるだけで精いっぱいであったり，言葉で上手く説明できなかったりする者もいる。

しかし，前記①ないし③の事情は，子どものためにならない特段の事情として類型化されたものであるから，後見的機能を持つ家庭裁判所においては，意識的に察知されるべきである。面会交流の障害事由となり得る事情がありながら，それが司法の場で取り上げられることがなければ，子どもへの悪影響が見過ごされたまま面会が強行される危険がある。

3

ところが実際の調停や審判の場面では，監護親が同居時のDV被害を説明し，面会交流を口実に新たな暴力を振るわれたり，嫌がらせのために子どもに危害を加えられたりするおそれを訴えても，当事者の深刻さほどには，司法関係者の関心を引かない場合がある。

監護親の上記訴えは，類型化された事情②③に関わるものとして，面会交流の障害となる可能性が検討されるべきだが，実務では，過去に子どもへの直接の身体的暴力や配偶者への強度の身体的暴力が行われた事実でもない限り，重視されない傾向がある。

その場合，監護親の訴えは，単に主観的なものとして「取り越し苦労」と一蹴されたり，面会交流を拒絶する口実として扱われたりして，「ともあれ面会交流は子の健全育成に有益」との信念に基づいて，監護者の心がけを変える方向で説得がなされることが多い。

4

しかしながら，原則実施論において類型化された事情は，いずれも現実に起こってしまった場合には，子ども自身への加害や監護養育環境の破壊といった，子どもにとって取り返しのつかない悪影響をもたらす事情であるがゆえに，面会交流の障害事由とされているものである。そうであれば，類型

化された事情①ないし③は，その「おそれ」，すなわち子どもに悪影響を与える事情が現実化する可能性が認められる場合には，面会交流の実施が妨げられると解される。

そして，その「おそれ」の判断に当たっては，当事者の訴えに傾聴したうえで，同居当時から別居後も含めたこれまでの経緯や非監護親の態度等を客観的に分析する必要がある。

5

例えば，同居時には身体的暴力こそなかったが，配偶者に対する日常的な暴言によって同居生活が維持できなくなったケースを想定する。

児童（18歳未満の子ども）の同居する家庭における配偶者へのDV（身体的暴力及びこれに準じる心身に有害な影響を及ぼす言動）は，子どもに対する直接の暴力がなくても，また児童がDVを直接目撃していなくても，児童の生育に深刻な悪影響を与えることが医療関係者の確立した経験則として認識されており[2]，法は，これを心理的虐待として，児童虐待そのものと定義している（児童虐待防止法2条4号）。

またDVにさらされることによる子どもの脳の発達に及ぼす影響については，年齢が幼いほど脳は脆弱で影響を受けやすく，DVの頻度や程度の差によって安全域があるものではない，と言われている[3]。つまり，子どもの場合，一度のトラウマ体験でも脳が傷つき，トラウマ体験の想起が脳に更なるダメージを与えうるため，大人の場合のように，DVの頻度や程度の差で心身の影響の度合いを測ることはできない。

この確立した経験則や最新の科学的知見を前提にすれば，監護親が暴言等のDVを受けていた場合，DVにさらされた子どもの心身に既に深刻な悪影響が生じている可能性を想定する必要がある。仮に面会を実施した場合には，子ども自身がつらい記憶を呼び起こされ更なるダメージを受けるおそれもある。子どもへの直接の身体的暴力がなければ障害事由には当たらない等といった「思い込み」で説得がなされた場合には，子どもへの悪影響が見過ごされる危険がある。

そこで，こうしたケースは，類型化された事情②③に当たる可能性について，慎重な検討が必要である。子どもについては，暴言の頻度や程度に応じて心身の影響度合いを測ることは妥当でないから，子どもの年齢や成長発達段階に応じ，子どもの個性にも応じて，事情②③に当たるかどうかを事案ごとに検討して判断することになる。

判断にあたっては，小児精神保健や臨床心理の専門的知見が尊重されるべきである。

6

ところで，原則実施論が面会交流の障害事由として類型化する事情①ないし③以外にも，実際問題として，子どもへの悪影響が懸念されるケースや，必要な条件さえ整えば子どものためになる面会を行える可能性があるが，その条件が整わないために面会交流の実現に困難を来す事情は，多様にある。

例えば，面会交流は双方親が協力し合うことが必要なところ，両者の心理的葛藤が高く，協力の前提となる信頼関係が全く失われているケースである。時間の経過によって葛藤が解消されるケースもあるが，解消を待たずに信頼関係がない中で面会を強行した場合には，子どもに過大な心理的負担をかける結果となり，子どもの年齢に応じた精神的発達に悪影響を及ぼすことが懸念される。

また，当事者が，面会の履行を仲介したり手助けしたりしてくれる親族や第三者がいれば，面会を実現できると考えたとしても，そうした活用可能な人的資源や社会資源に恵まれないケースもある。また第三者的機関を利用したいが，経済的理由で利用困難なケースもある。

原則実施論は，当事者の努力だけでは克服できない，こうした事情までは「特段の事情」として考慮していない。

しかし，こうした事情が解決されないまま面会交流を命じた場合には，履行の困難性が当事者に残され，その結果，そもそも面会が実現できない，あるいは負担の多い面会交流を強いられる等，最終的には子どもが不利益を負わされることに留意が必要である。

第2 原則実施論が妥当する「時期」かどうか，紛争段階の見極め

1

　面会交流が争点となる場面としては，①離婚の話合いが進んだ段階で，離婚条件の1つとして，離婚後の面会交流が主張される場面と，②一方配偶者が子どもを連れて別居をした直後ないし話合いの初期段階から，他方配偶者から面会交流を求められる場面，あえて時期を分けるなら，大きく分けてこの2つの時期があると思われる。

　そして，原則実施論は，それが主張される時期によって，当事者の受け止め方や考慮要素について，かなり違いがあると思われる。

2

　離婚の話合いが進み，解決のめどが立った段階で，離婚条件の1つとして面会交流を考える場面では，当事者双方は，離婚後の生活状況（親権の帰すう，居住地，養育費や収入を踏まえた経済的生活設計）を具体的に想定しながら，夫婦関係が途絶えた後も続いていく親子関係の問題として，面会交流に向き合うことになる。

　別居後しばらく断絶していた親子の交流を再開することで，離婚に伴う子どもの喪失感を回復させ，離婚後も双方の親から愛されているという安心感を与える，という面会交流の積極的な意義は，この場面では比較的理解されやすい。また，同居中は非監護親と子どもとの関係が疎遠であったとしても，将来にわたる親子関係構築の手段として，面会交流を活用できる可能性もある。

　面会交流の方法についても，親権者の監護方針を尊重しつつ，子どものために非監護親がどう関わるべきかという観点から，検討することが望まれる。

　こうした時期に原則実施論による説得が行われる場合，生活再建の見通しを持つことのできた当事者にとっては，比較的これを受け止めやすく，関係者の調整努力次第で，面会交流実施に向けての条件を整えやすい。夫婦間の

紛争解決に向けてそれまで努力してきた司法関係者への信頼も，説得に寄与するものと思われる。

3

これに対して，別居直後あるいは離婚の話合いの初期段階から面会交流が申立てられる場面では，当事者の状況や考慮要素は，前記の場合とは相当に異なる。

子どもを連れて別居に至るケースは，同居の継続を困難にする相当な理由・動機を抱えている。別居に至る一方の親は，克服困難な不和や葛藤，あるいは暴力による恐怖から離脱するべく，あえて一時的な不安定を覚悟して，子どもと共に家を飛び出すのである。

こうした別居直後の監護親は，生活環境も心理状態も不安定で混乱しており，離婚後の生活再建の展望など覚束ないことが多い。同時に子どもの監護者としては，生活環境の変化に伴う子どもの混乱をできる限り回避する必要に迫られる。

子どもにとって最も重要な福祉は，安全で安心な生存が保障されることであるが，特に子どもが年少の場合，その安全と安心は，子どもと密接に関わる監護親の心身の安全と不可分の関係にある。

4

この時期は，当事者双方にとって，夫婦間の紛争と切り離して面会交流の積極的意義を理解し，納得することが難しい。

監護親にとっては，別居に至った動機である夫婦間の葛藤がなんら調整されず，解決のめどもたたないうちに，あるいは非監護親に対する恐怖心が拭えない状況で，面会交流に殊更焦点が当てられて，話合いが推進されていくことの違和感が大きい。

監護親は，別居が長い目で見て子どもの安全と安心を保障すると確信したからこそ，一時的な不安定を覚悟して家を出て，生活再建の前提となる紛争解決に期待して，司法の助力を求めている。ところが「夫婦の紛争はさてお

き，まずは面会交流」等と説得されると，肝心の紛争解決と生活再建が後回しにされる印象を持つ。

　また非監護親のほうも，面会交流を子ども中心に理解することが難しい状況に置かれている。すなわち，別居直後から子どもとの面会を求める主たる動機は，離婚に同意できず，子どもを手掛かりとして配偶者を家庭に引き戻したいというものであったり，自らが親権を得るためであったりする場合もしばしばある。共同親権者としての権利意識や離婚の前哨戦としての対抗意識から，面会の方法についても高度の要求をしがちになる。

　また，非監護親の中には，突然子どもを連れて配偶者が別居に至ったという精神的なショックにより，普段の冷静さを失い，いたずらに感情的になり，愛情が裏切られたという恨みから，攻撃的な反応を示すケースもある。

　こうした非監護親の態度を監護親から見れば，面会を通じて子どもが奪われたり，子どもが傷つけられたりする不安を持つことが避けられず，子どもの安全を守りたいという防御反応から，面会交流に対して警戒的な対応になりがちである。

　この時期の面会交流の話合いは，理想はどうあれ現実には，夫婦間の対立や葛藤がそのまま持ち込まれるのを避け難い。

5

　別居直後の時期における面会交流の実施は，当事者の状況，特に子どもが置かれた状況を想像し，より慎重な判断が求められる。

　面会交流をめぐって，かえって紛争が長期化，複雑化すれば，別居によって混乱状態に置かれた子どもにとっては，親の葛藤が解消されない状態が長引くことで，更なるストレスにさらされる危険がある。面会交流が，趣旨に反してかえって子どもを苦しめる事態になることを避ける必要がある。

　実務上，「いつ，どの段階でも，面会交流が必要で，非監護親とのわずかな時間的間隔も置くべきでない」等という極端な考え方は採用されていない。方向性としては面会交流を認めつつ，ある時点では実施を見合わせ，子どものためになる時期を待って実施する，という柔軟な取決めも現に行われてい

る。
　原則実施論は，紛争時期によって異なる当事者の状況を見極めて主張されてこそ説得力を持つ。

第3　原則実施論が妥当する「目的」による申立てか否かの見極め（特にDV事案）

1

　面会交流を申し立てること自体が，子どもへの愛情の発露であり，そうした親との面会交流が常に子どもの健全育成に有益となる，という情緒的な理解は，裁判所に持ち込まれる紛争ケースの実態には妥当しない。[4] 面会交流申立の目的，動機は，子どもへの愛情は当然の前提としても，それだけではなく，実際には様々な実情がある。
　原則実施論は，面会交流は子どもの健全育成に有益なもの，との前提に立つから，面会交流が子どものために実施されることが必要条件であり，申立ての目的，動機も考慮される。

2

　近時，面会交流を求める主たる動機が，非監護親の精神的葛藤（苦痛）の解消にあると思われるケースも見受けられる。非監護親の精神的葛藤が，自殺や暴力，ストーカーと言った深刻な社会問題の引き金になり得ることが指摘されているが，孤立した非監護親の支援が必要としても，その解決を子どもとの面会交流の実現に求めるのは，子どものための面会交流の趣旨とは相容れない。
　面会交流は，親の苦痛を取り除くためや，親のニーズを満たすための手段として利用されるものではない。

3

　この点で特に注意を要するのは，DV事案である。

　DV加害者にとって，配偶者への直接の接触は，保護命令やストーカー規制の対象とされ抑制せざるをえないため，間接的に配偶者との接触を図り，配偶者の生活状況を探る情報収集手段として，子どもとの面会交流の申立てが利用されることがある。

　DV加害者の中には，配偶者が反旗を翻したことへの罰として，あえて配偶者を困らせる手段として面会交流を利用することを，あからさまに宣言するケースもある。この場合，DV被害者は，面会交流を通じてDVトラウマを呼び起こさせられ，二次被害を受けることがある。面会交流の都度，子どもを通じた嫌がらせが行われるのではないか，加害者に避難場所の情報が漏れるのではないか，と危機感を募らせ，安全と安心は脅かされ，生活再建は阻害される。

　加害者にとっては「思う壺」だが，面会交流が本来の趣旨を離れて，こうした加害目的に悪用されることは，受け入れがたい。原則実施論が，この好ましくない目的に結果的に加担し，子どもの福祉を害することのないよう，警戒する必要がある。

4

　DV加害者の多くは，加害の意図をあからさまにはせず，「子どもの様子を知りたい」等と，あくまでも子どもへの愛情の発露として面会交流を主張する。しかしながら，DV加害者が面会交流を申し立てた場合には，児童虐待（児童虐待防止法2条4号）の事実，すなわち原則実施論において類型化された事情②③に当たる可能性を見過ごすことはできず，その場合，DVにさらされた子どもの心身に悪影響が生じている可能性を想定する必要がある。子どもへの愛情が真意だからといって，情緒的に同情するわけにはいかない。

5

　また，DV等防止法では，通報義務がある医療関係者等がDVを発見して通報する場合でも被害者の意思を尊重するとされている（DV等防止法6条2項）一方，DV家庭に児童がいた場合には，児童虐待として，DV被害者である大人の意思に関わらず，通報義務が課されており（児童虐待防止法6条），DVにさらされる子どもの安全が，最優先されている。

　司法関係者は，児童虐待防止法とDV等防止法の趣旨を一体的に理解し，法文に反映されている経験則に基づいて虐待の本質を理解する必要がある。虐待の本質を理解せず，危険性が軽視されたまま面会が実施された場合には，面会交流が被害者への不当な接触や新たな攻撃の手段として利用されたり，復讐として子どもを傷つけられたりするなど，子どもに対する被害が拡大する危険がある[5]。

6

　原則実施論においては，申立ての主たる目的，動機が，子どもの健全育成に有益なものかどうかを確認する作業を省略すべきでない。

　特に監護親が，申立ての目的，動機に対する懸念から，面会交流の実施に抵抗を示したり，不安を述べたりするケースでは，同居時の事情やその後の経緯などから，子どものためにならない目的，動機が認められるかどうか，慎重に確認すべきである。

　申立ての主たる目的，動機を追求しないまま，原則実施論に基づいて実施を急いだ結果，子どもに取り返しのつかない悪影響が及ぶことは，あってはならないことである。

第4　子どもを中心としてニーズを捉えること

1

　「子ども中心」という言葉は，子どもの福祉を最優先することを前提として，何が子どものニーズかを探求するときに使われる。

　子どものニーズは，生存に不可欠な要素から，成長発達に必要又は有益な要素まで様々あるところ，面会交流もその一環である。

　面会交流の話合いは，実施の可否，時期や方法が，子どもの最善のニーズにかなうか，他の優先する子どものニーズは充足されているか等，子どもの立場から見たニーズの充足を最優先で考慮して行われるべきである。

　ところが，実際の面会交流の話合いは，非監護親の「会いたい」というニーズから出発し，他に優先する子どものニーズの充足とも無関係に，監護親が，非監護親の求めにどこまで応じられるか，という大人同士の利害調整の場面となっていることが多いように見受けられる。

2

　大人がそれぞれのニーズを出し合い，そのニーズを調整しようとすれば，立場の強い方，力や声の大きい方のニーズに傾斜した話合いが行われることは想像に難くなく，その結果としての合意が子どものニーズに合致する保証はない。

　現に，DVがあった夫婦間において，養育費については算定表の3分の1程度の低額とする反面，面会交流について月4〜6回という高頻度の協議離婚合意書を交わしていたケースもある。離婚当時の両親の力関係に巻き込まれた結果，本来受けうる額の養育費を受けられず，反面，非監護親の要求に応じて面会を求められる子どもの不利益は大きい。こうした合意でも簡単には覆せず，条件変更の調停を申し立てた場合にも，一旦合意した事実は重視されることから，親の責任は重大である。

　民法766条の改正に伴い，協議離婚に際して養育費や面会交流について当

事者の合意を促す取組が行われているが，当事者の合意に任せた結果が，かえって子どもの福祉に反する事態となれば，本末転倒である。

3

そもそも，親であれば常に子どものニーズを優先して自分の要求を押し通さず，夫婦間の対立に子どもを巻き込まないよう自制心をもって協議に当たる等という期待は，離婚事件においては楽観的に過ぎる。むしろ，愛憎渦巻く家庭紛争においては，人は普段以上に感情的で利己的になり，本来の人間性が疑われるほどに，時に自制心まで失うこともある。相手方からどれだけ引き出せるか，勝った，負けた，と気にする様子を目にすることも多い。

こうした家庭紛争の実態を前提にする限り，「子ども中心」の理念を掲げるだけでは，子どものニーズを最優先した合意形成には不十分である。

両親の力関係によって子どもが不利益を甘受する結果を避けて，子どものニーズを最優先した合意を担保する手段としては，当事者同士の協議だけに任せず，第三者や専門家を関与させる等して，合意形成に当たって具体的に子どものニーズを評価し，それを反映させていく仕組みが必要である。

親の力関係に影響された合意によって子どもに不利益が及ぶ場合，その不利益は，子どもの長い将来に影響することを忘れてはならない。

4

また，原則実施論は，「面会交流は，基本的には子の健全育成に有益なもの」との前提に立つが，そもそも，子どもの健全育成に必要又は有益な要素は，経済的基盤など生存に不可欠な要素を始めとして様々あり，それらの諸要素の充足を後回しにして面会交流だけが実現されても，子どもの福祉が確保されないことは明らかである。

したがって，原則実施論においても，面会交流以外の，子どもにとって必要又は有益な要素は当然配慮しなければならず，場合によっては，面会交流と他の優先する利益との調整が必要な場合もある。

特に監護親が母親の場合，社会的事実としての母子家庭の置かれた過酷な

状況を無視することはできない。経済的困窮や社会的不安定さの中で，面会交流の方法や内容によっては，実施にかかる時間や費用が負担となり，「正直，面会交流どころではない」との声も聞く。

　面会交流が子の健全育成に有益なものとして機能するためには，母子家庭の生活再建と安定が不可欠の前提である。

第5　事後的な検証可能性の確保

1

　司法判断は，これを受け取る当事者には，極めて強い心理的拘束力を持つ。真面目な当事者ほど，その傾向は強い。

　子どもにとって面会交流が必要だと考える親は，調停や審判がなくても面会交流を実施するが，反面，面会の実施に疑問を持つ親も，調停によって合意をした以上は，あるいは面会交流を命じる審判があれば，それに従って履行に努める。間接強制は，結果として子どもの養育にあてる費用の減少をもたらすから，監護親にとっては，無視できない圧力となる。

2

　監護親が当初は疑問を持ちながら面会を実施した場合でも，その結果が子どもに良い影響を与えていることが事後的に検証できれば，面会交流の意義を前向きに捉えることができる。

　しかし現状では，FPICのような第三者機関を利用した場合でも，面会交流の様子を客観的に記録し，その結果を評価，検証するシステムは整っていない。

　面会交流は，一旦条件を決めても，それを実施した結果，子どもに悪影響が見られた場合には，直ちにこれを中止し，条件を再調整することが不可欠である。そのためには，面会交流の結果を事後的に検証できる仕組みと，条件を再調整できる柔軟性が必要である。

3

　また，面会交流事件は，立件されて手続に乗せられた以上，最終的には審判という形で司法判断が求められる。家庭裁判所は，増加する面会交流事件について，迅速処理という政策的な要請も無視できず，限られた事情を基に，将来予測を含めて判断せざるを得ない現状にある。

　しかし，子どもは日々成長し，子どもを取り巻く状況も変動するため，調停や審判当時の事情を基に，長い目で見て良いことだと大人が判断しても，必ずしも子どもに良い影響がもたらされるとは限らない。

　面会交流に関する司法判断については，将来にわたる合理性の担保は期待できないことが認識されつつあり，近時は，数年先の再調停を予定した調停や審判がなされることも多い。事後的に検証し，必要に応じて条件を再調整する姿勢は合理的だが，事件数の増加に拍車をかけるおそれもある。

第6　最後に

1

　面会交流の是非が司法の場で争われる事案は，高葛藤で，当事者では折り合いをつけられない困難ケースが想定される。

　こうしたケースにおいて，面会交流の実現を妨げる背景事情ともなっている紛争解決の調整努力なしに，子ども中心の望ましい面会を実施することはおよそ不可能である。その意味で，当事者間の紛争解決がどの段階まで進んでいるか，原則実施論が妥当する時期かどうかの見極めが必要である。

　また，原則実施論は，DV事案における子どもへの悪影響を面会の障害事由（類型化事情②③）としているが，特に紛争の初期段階では，DVの認定すら行われていないことも多く（保護命令の対象となる事案だけがDV事案ではない），DVを否認する非監護親からの面会交流の申し立てに対しては，毅然とした適用が難しい。その意味でも，原則実施論は時期の見極めが必要である。

2

　虐待の加害者でも，DVを否認し，子どもへの愛情さえ主張すれば，原則実施論に基づいて面会交流に向けて前向きな検討が進められるとすれば，面会交流が本来の趣旨を離れて，被害者への不当な接触や新たな攻撃の手段として利用されかねない。

　そうした悪用を避けるためには，面会交流の申立ての主たる目的，動機を確認する作業は是非とも必要である。監護親から表明された懸念をいちいち追求すればするほど早期の面会実現が困難になる等とおもんぱかって，あえて取り上げないとすれば，子どもに悪影響を及ぼす危険を軽視することになる。

　また，虐待の加害者であった親の場合，改心して暴力を振るわないことを約束し，子どもに対して親和的に振る舞ったとしても，それで面会交流の障害事由が解消されることにはならない。

　身体的暴力であれ，暴言による虐待であれ，DVにさらされる心理的虐待であれ，辛い体験によって傷ついた子どもの脳は，加害親にまつわる情報が引き金（トリガー）となって更に傷つくと言われている[5]。つまり，加害親の改心は，親子関係再建にとって必要条件であっても十分条件ではないのである。

3

　家庭内でのDVが子どもの心身に与える影響の深刻さについて，医療関係者の経験則や最新の知見を取り入れて，ケースに応じた判断が必要である。この点，実務において，子どもへの直接の身体的暴力や配偶者への強度の身体的暴力がない限り，子どもへの悪影響が軽視されているのではとの懸念を持つ。

　仮に子どもが親からの心理的虐待によって既に傷を負っている場合，加害親から引き離すことは，子どもへの更なる悪影響を食い止めるために最低限必要であるが，子どもが傷を治し，親子関係を再建するまでには，通常，更に長い年月と関係者の努力を要する。

子どもが傷を治し，辛い記憶を克服して，加害親と会っても大丈夫と判断するのは，子どもの治療に継続的に関わった精神保健医療や臨床心理の専門家の領域であって，司法手続きの中で結果を求めるのは性急に過ぎる。

原則実施論のもとにおいても，子どもの福祉に勝る親の利益は考慮されない。子どもにとって有益な面会交流を実現するためには，子どもにとって時間が必要になるケースが多く，その場合，親は子どものために待つ必要がある。

4

司法は，その時点における最善の判断を求められるとしても，特に面会交流に関しては，実施又は不実施による子どもへの影響（良い影響も悪い影響も）は，すぐに表れるとは限らず，数年先や10年以上先に表れることもある。子どもへの悪影響のおそれがあるのに，「とりあえず実施してみる」との前のめりの判断は，子どもの将来に悪影響を及ぼす危険を伴う。

司法の判断は，子どもの将来に与える影響が極めて大きいことから，目の前の大人同士の争いを調整することに気を取られて，子どもの成長発達という最も優先すべき利益を犠牲にしないよう，原則実施論の下での例外事情の判断には，細心の注意が求められる。

5

原則実施論は，面会交流の障害事由となる事情を類型化するが，少なくともそれらの事情は，いずれも仮に現実化すれば子どもに重大な悪影響を及ぼす事情であることを踏まえ，積極的に探知し，現実化する可能性を慎重に検討し，事情①ないし③の「おそれ」が認められる場合には，その「おそれ」が解消されるまで面会交流を実施しない，という判断が求められる。

1）梶村太市『裁判例からみた面会交流調停・審判の実務』（日本加除出版，2013）はこれを「3事由」として挙げる。
　　水野有子＝中野晴行「第6回　面会交流の調停・審判事件の審理」法曹時報66巻9号では，このほか，子の拒絶，再婚，監護親の拒絶，を実務上主張される禁止・制限事由として挙げる。
2）Lynn Hecht Schafran, "Domestic Violence, Developing Brains,and the Lifespan New Knowledge from Neuroscience", *The Judges' Journal,* Vol.53, No3（2014), pp.32-37.
　　脳神経科学の立場から，子どもを「目撃者」と呼ぶことには2つの意味で問題があると指摘されている。1つめは，目撃者と言うと，受動的で，外部者のようであるが，子どもは，家庭内で起こることについては全て当事者として影響を受ける。2つめは，子どもは，身体的DVを見たり聞いたりしなくても，その恐怖が支配する雰囲気によって深刻に傷つけられる。こうした問題点があることから，適切な用語は「DVにさらされる」である，としている。
　　児童虐待防止法の条文上も，児童のいる家庭における配偶者へのDVを心理的虐待と定義しており，児童がDVを目撃することは要件としていない。したがって，「目撃DV」や「面前DV」という言葉によって，児童がDVを直接見ていなければ心理的虐待には当たらない，といった誤解を生じないよう注意が必要である。
3）友田明美『いやされない傷　児童虐待と傷ついていく脳』（診断と治療社，新版，2012）。
4）わが国初の面会交渉審判として有名な「沼邊審判」（東京家裁審昭和39年12月14日家月17巻4号55頁）は，面接が子の福祉を害しない限り認められることに鑑み，申立人（母）に対し，面接にかこつけて相手方一家の生活に干渉もしくは妨害することがないよう慎重な行動を求めた。
　　抗告審（東京高決昭和40年12月8日家月18巻7号31頁）は，わが子に会いたいといういちずな気持ちも理解できるが，自己の感情のままに行動することはそれが母性愛に出るものでもかえって子を不幸にすることがある，子のために自己の感情を抑制するのが子に対する真の愛というべき，として面接そのものを認めなかった。
5）友田・前掲3）。

14

DVと面会交流

秀嶋 ゆかり

第1 はじめに

2013年4月1日から民法に面会交流が明記され，施行されている。

家庭裁判所でも，この数年，面会交流の調停・審判が著しく増加する[1]とともに，基本的には積極的に認める方向での運用がなされている[2]。特に，民法改正後，DV事案であることが，当然には，父（夫）[3]と子どもとの面会交流を否定することにはつながらない，との運用が強まっているように思われる。

本章では，このような実務の状況を踏まえつつ，改めて，DV（ドメスティック・バイオレンス）と面会交流について検討してみたい。

DV事案であっても，当然に面会交流は否定されない，というのが実務の基本となりつつある。その考え方には，面会交流は，主に子どもの権利であるが，非監護親の権利でもあるから，という面が根底にあるように思われる。本章では，この点の議論は横に置くが，DVも面会交流についても，個別事案の実情を丁寧に踏まえなければ，実質的なものにならない。

以下，DV事案における面会交流の特性と，留意すべき点について，できるだけ整理を試みる。

第2　DV事案と面会交流（総論）

1　DVとは？―特に心理的暴力の理解・共通認識の難しさ

　配偶者からの暴力の防止及び被害者の保護等に関する法律（以下「DV防止法」と言う。）が施行されたのは2001年であり，家庭裁判所や代理人等の間でも，DVについての認識は，この10年余りで格段に進んできた。その一方で，特に近時「モラル・ハラスメント」と表現されるような暴言や態度等による「暴力」と，それに対する妻や子どもたちへの影響については，内閣府の調査に繰り返しあらわれている実態[4]にもかかわらず，必ずしも共通の認識を持ち得ていない。

　実際，面会交流について問題になる事案の多くが，この精神的ないしは心理的暴力といわれるDVケースといっても過言ではない。

　かなり前であるが，妻が，家庭裁判所での「試行面会」によってダメージを負い，法律相談に来られたことがあった。

　事案は，妻が主に夫のモラル・ハラスメントを理由に離婚調停を申し立てたところ，夫は，子どもに会わせないなら家庭裁判所での話合いに応じないと主張し，調停委員が，初期の段階で，1度だけと妻を説得し，家庭裁判所の『プレイルーム』で面会を行った。面会後に，子どもが妻に対して，同居中に夫が言っていたと同じような妻をなじる発言をしたため，妻が一層精神的ダメージを負った。家庭裁判所での「試行面会」によって，結果として，面会が長期間困難になったという経過をたどった事案であり，「試行面会」が，ダメージを負っていた妻側から見た場合，拙速に過ぎたのではないか，また，仮に夫側からみても，子どもたちが安心して面会できる環境が整備されないと，結果として安定的な交流が続けられないため，何よりも，子どもが希望する限りにおいて，安心して面会を続けられるような環境整備が必要である，と痛感した。

　個人的なこの経験は，筆者自身が，札幌で面会交流を援助している民間団体である「札幌おやこ面会交流の会」[5]の立ち上げに関わったきっかけに

なっている。

2 DV事案の特性

　DV事案では，被害者である妻・母の身体的，精神的なダメージと，子どもが受けている身体的，精神的ダメージが，それぞれに時期，内容を異にして生じており，ダメージがかなり長期間にわたることが少なくないのが実情である。

　「DVによる暴力ないし強要は，一つ一つは些細に見えても，次々に起こるので，そこから逃げ出せない被害者や子どもたちのこころの中に，被害はどんどん降り積もっていき，累積するトラウマとな」る[6]。この講演録「DVによって傷つく子どものこころ」に引用されている友田明美氏（福井大学子どものこころの発達研究センター教授）の『いやされない傷』によれば，「言葉の暴力をうけるという経験によっても，脳の発達が損なわれる」と指摘されている。また「子ども期に親から日常的に暴言とか悪態を受けてきた，言葉による被虐待経験のある成人を調べて，言語野と言われる，言葉を理解したり生み出す部分に，発達の障害が見られたということが報告されてい」る[7]。

　しかし，心理的な暴力や虐待については，被害者である妻・母がPTSD等の診断を受けている事案はある（とは言っても，決して多くはない。）が，子どもたちが同様の診断を受けている事案はまだ少ない。しかも，被害者である妻・母がある程度落ち着いてきた頃に，子どもたちが被虐待の影響を受けて様々な症状が出てきたり，加害者と類似の言動を行うことがある。

　面会交流の調停・審判時に，子どもたちが受けているダメージを適正に踏まえるだけの資料等が整っている場合は極めて少なく，短期間の調査官調査によって，子どもたちが受けているダメージを適正に評価することも容易ではない。

　特に子どもの年齢が低ければ低いほど，DVの子どもへの影響が短期間では評価しづらい面があるとともに，親の権利が強く主張される傾向にある。子どもと父親との面会について，妻・母の受けたダメージとともに，子どもが受けてきたダメージを適正に評価しなければ，面会自体が母にとっても過

酷なものとなり得るし，年齢が低い子どもが夫・父に適応し，面会がスムーズにできたとしても，それだけで，DVの子どもへの影響がなかったとは解されないことに留意すべきである．実際，このような事案で面会交流が長期間安定的に行われている例は，筆者個人の経験でも少ない．

3 DV事案で被害者側が面会交流の調整で追い込まれがちな状況

　DV事案では，妻が子どもとともにいわゆるシェルター等に一時的に避難し，その後，様々な方法で自立生活を送って行くことが少なくない．

　公営住宅の数や枠も限られている中で，民間住宅に居住し，生活保護を受けながら，ぎりぎりの生活を送っている女性が極めて多い．特に広域での避難等により，従前の仕事も辞めざるを得ない場合（ほとんどの被害者は避難とともに従前の仕事も辞めざるを得ない状況になる．），再就職も困難であり，たとえ再就職できたとしても，従前の条件より厳しい条件で稼働せざるを得ない状況に陥る．被害者が，従前の生活から「避難せざるを得ない」という現状それ自体が大きな課題である．

　被害者である妻は，家庭裁判所に離婚調停を申し立てるとともに，多くの場合夫からの生活費が途絶えるため，同じく家庭裁判所に婚姻費用分担調停を申し立てた後，約1か月に1回の頻度で平日のみに行われる調停の場に，何度か弁護士とともに，あるいは単独で行くことになる．

　そのような状況の中で，夫側から面会交流の調停が申し立てられる．

　面会交流の調停は，妻側申立ての離婚等調停と同時並行で，同一期日で進められることが一般的である．そのため，調停の中で，面会交流に関する見通しがついてから，離婚条件について協議する，すなわち，面会交流を離婚の調整に先行して進めていくことになることが多い．

　DVの被害者にとっては，「対等な関係性」が築けない夫からだけでなく，家庭裁判所からも，面会交流の調停（協議）では「対等」であるという前提での調整を迫られ，面会交流が「子どもの利益」であることを繰り返し説得される，という状況に陥るため，調停手続が，極めて過酷なものとなる．

　このような「不平等」な状況は，逆の場合にも経験する．つまり，夫の暴

力に耐えられずに，子どもを夫のもとに置いて避難せざるを得なかった場合，妻が精神的なダメージから回復して，子どもの引取り，あるいは子どもとの面会を希望し，離婚調停とともに子の監護者の指定，あるいは，子どもとの面会交流を求める調停を申し立てると，夫側は，様々な理由から，子どもを母親に会わせない，という状況を何度か経験している。

いずれの場合も，調停手続が，必ずしも被害者にとって「対等」な話合いの場として機能しない現実を，痛感させられる。

児童虐待防止法では，DVの中に子どもたちがおかれていること自体を心理的虐待であると定義している（同法2条4号）。しかし，DVにより子どもが受けた心理的虐待と，面会交流との関係も，実態調査がなされておらず，未整理の状態である。

DVの子どもへの影響については，2004年1月に公表された東京都の「配偶者等暴力被害の実態と関係機関の現状に関する調査報告書」等の中でも，加害者への憎悪や恐れ，性格・情緒のゆがみ，無気力・無感動，子ども自身の暴力，チック，不登校，自殺企図，身体的症状等の影響が示されている。[8] 同様に，北海道でも2001年1月「『女性に対する暴力』実態調査報告書」を公表しているが，その中でも，おおむね同様の影響が示されている。[9]

しかし，2007年4月に公表された内閣府の「配偶者からの暴力の被害者の自立支援等に関する調査」では，相手が子どもと面会する場合の立会いは，利用する必要がなかったとする人が47.7％との数値となっている。[10] この数値の意味については，別途分析する必要があると思われるが，立会い等については利用費がかかること等も含めて，支援のあり方にも課題があることを示している。

後述の第3では，実際の面会交流が，実質的に子どもの成長発達にプラスになるような形で行われるために，また，家庭裁判所において，面会交流の条項にほとんど必ず入っている「子どもの利益」「子どもの福祉」の内容を実質的に担保するためにも，DVについての共通認識と面会交流の調整における配慮，支援のあり方について，私見を踏まえて書かせていただく。

なお，整理のために，面会交流の場面を離婚成立前と成立後とに区別した

うえで記載する。

第3 DVと面会交流（各論）

1 離婚成立前

(1) 保護命令発令事案について

　同居中に身体的な暴力があった事案においては，妻が，夫からの避難（別居）直後に，保護命令の申立てを行う場合がある。この場合，子どもに対する接見禁止が一定の要件のもとで認められている。DV防止法施行から10年間の間に，平成22年12月までに裁判所に申し立てられた保護命令事件の件数は約2万3,100件であり，発令された事件は約1万8,300件とされる。[11]

　その中で，子への接近禁止命令，すなわち，子どもを幼稚園から連れ去られるなど，子どもに関して申立人が相手方に会わざるを得なくなる状態を防ぐため必要があると認められるときに，6か月間，申立人と同居している子どもの身辺につきまとったり，住居や学校等その通常いる場所の付近をうろつくことを禁止する命令の発令件数も増加を続けている。[12]

　少なくとも，子どもへの接近禁止命令が発令され，あるいは，被害者への接近禁止命令が発令されている事案において，子どもと非監護親とが面会交流を実施することは，保護命令の趣旨に反する。

　もとより，接近禁止命令は6か月という期間限定がある（更新申立は可能）ものの，少なくともその期間，あるいは，その後も，個別の妻と子どもの状況を踏まえて，面会交流については，慎重に判断されるべきである。

　特に，夫側からの面会交流が，妻や子どもの居場所探索のきっかけとなる危険性をどのようにして取り除くことが可能か（不可能か）については，被害者の安全確保が子どもの安全確保に直結するため，極めて慎重に検討されるべきである。

　直接的な面会が困難である場合，手紙や写真等による間接的面会について検討されることが少なくないが，写真等については，居場所がわからないよ

うな配慮が必要となり，頻度や間接的な面会の方法についても，被害者に過度な負担がないあり方について十分検討されたうえで，調整されるべきである。

(2) 家庭裁判所外での支援の貧困

妻側の代理人として，面会交流の支援を行っていると，被害者である妻の心情や生活の安定が，子どもの心情や生活の安定と直結している，あるいは少なくとも密接にかかわっていることを痛感する。

しかし，家庭裁判所の調停を離れた場面で，母子の心身の安全を確保していくための「社会的資源」は，あまりに少ない。特に，シェルターや親族のもとから民間賃貸住宅を借りて母子で生活を始める事案が多く，母子での生活を開始して以後は「社会的資源」との結びつきが非常に弱くなるのが一般的である。

児童虐待防止法による通報がなされた案件等，あるいは，母子相談員や弁護士等に相談し，母子ともに精神科医，カウンセラー等の援助を受けている事案もあるが，決して多くはない。母子生活支援施設[13]において，職員や非常勤カウンセラーの援助を受けたり，精神的なダメージが深く，子育てが一時的に困難となって，児童養護施設のショートステイを利用したりするケースもある。

連れ去りの危険性についても，婚姻状態が続いている「共同親権」のもとでは，不安が大きい。そのため，実質的に，別居段階での面会交流をすすめていくことが適切な事案かどうかは，慎重な見極めが必要になる。しかも，実際に面会交流を進めていく場合にも，一定の長期間の面会交流を支援していく機関等としては，一部の地域にしか存在していない民間の第三者機関か，主に妻側の親族，あるいは，双方の代理人弁護士などしか，面会交流支援の「資源」が存在しない。これらは，いずれも強制力がない「機関」である上，人的にも経済的にも，厳しい状況にあるところが多い。

(3) 家庭裁判所の現状と課題

面会交流が，子どもの権利保障のため実効性ある交流となるためには，長期の支援を，家庭裁判所の中で，あるいは，家庭裁判所と連携できる機関が

国等の援助を受けながら活動できる仕組みが不可欠かつ喫緊に必要である。

家庭裁判所と民間機関との連携等については，東京のFPICのような取組みが進んでいるところもある一方で，民間機関との連携が必ずしも進んでいない地域が少なくないし，そもそも民間機関が存在しない地域もある。東京都では，平成24年5月から，「東京都ひとり親家庭支援センターはあと」において，面会交流支援事業を始めている。[14]

札幌では，「札幌おやこ面会交流の会」が，唯一の民間の第三者機関である（今のところ北海道内には札幌と帯広にしか同様の支援団体は存在しない。）が，家庭裁判所と実質的な連携が図られていないのが現状である。早急に連携のあり方について協議し，対応することが必要である。

また，札幌家庭裁判所で，最近，「試行面会」は1回と言われたが，何故1回に限定しているのかについても，合理的な理由は示されていないように思われるし，過去には，調査官が，裁判所外での「試行面会」に複数回立ち会っていた実績を踏まえると，「試行面会」及びその後のふりかえりやフォローへの裁判所の関与のあり方について，根本的な議論が不可欠である。

(4) 家庭裁判所の審判で「第三者機関」が明記される例

家庭裁判所の審判例としても，「第三者機関を活用して」等と記載される例が散見されるようになっている。

例えば，東京高裁平成25年6月25日決定（家月65巻7号183頁）は，父母が，2001年に婚姻，2004年に子どもが生まれたが，2011年，母が子どもを連れて別居した事案である。母がPTSD症状を伴う適応障害と診断されており，母から，父からのモラル・ハラスメントによる婚姻破たんを理由に離婚調停不成立後，離婚訴訟提起。父が2012年に面会交流調停を申し立てたが，不成立となり，審判に移行した中で，父は以下のような面会を求めていた。

「(1) 未成年者が申立人と，週に1回土曜日に行われる○○塾の空手の稽古に参加すること（略）

(2) 未成年者が申立人と，月に1回日曜日に行われる○○塾の論語の勉強会に参加すること

(3) 未成年者が申立人と，○○塾のイベントに参加すること（合宿等）

(4) 未成年者の学校の行事に関して，相手方が申立人に連絡し，申立人が参加すること（授業参観，運動会，学芸会等）
(5) 未成年者のサッカー等の大会やイベント等がある場合，相手方が申立人に連絡し，申立人と未成年者との間で参加の有無の相談をさせ，参加すると合意した場合，申立人が未成年者と一緒に参加すること
(6) 未成年者の長期の休み期間中に，3日以上の宿泊を伴う面会をさせること
(7) 未成年者と月に1回以上，宿泊を伴う面会をさせること
(8) その他，夏祭り，プール，スキー等，未成年者と申立人が合意したイベントに参加させること」

原審（東京家裁平成25年3月28日審判（家月65巻7号190頁））は，第三者機関の立会いの下で2か月に1回日帰りでの面会交流，父母とも第三者機関の職員の指示に従うこと，第三者機関への費用を折半で負担する，と判断したところ，父母双方が即時抗告した。

即時抗告審である東京高裁は，原審相手方（母）の抗告に基づき，原審が「1日日帰り」の面会交流を認めた部分を，「本決定確定後，2か月に1回，午前10時から午後6時までの時間枠内で，初回は1時間，2回目以降は4時間を限度として，公益社団法人〇〇等の第三者機関の立会いの下，面会交流を行うことを認めなければならない」と変更し，父の抗告を棄却した。

原審申立人（父）は，子の教育上，〇〇塾における学習に参加できるよう面会交流を実施すべきと主張したが，子に対する教育方法は，親権者である両親の合意に基づき決定すべきものであるところ，原審相手方（母）は同意していない。そこで，原審申立人（父）の求める方法を決定することは相当ではない。

原審相手方（母）が連れ去りの危険性を指摘し面会交流の開始を不相当と主張する一方，原審申立人（父）は第三者機関の立会いを要することは不要等と主張した。本決定は，原審申立人（父）が連れ去りを行う意思がないと言明していることに照らして原審相手方（母）の主張を退ける一方，以下の理由で，原審申立人（父）の主張を退けた。面会交流を子の福祉にかなうか

たちで継続するためには，当事者間に信頼関係が形成されていることが必要である。本件では離婚訴訟が係属しており，精神的虐待や連れ去りの懸念が主張される等，当事者間の信頼関係が失われている状況にある。そのような状況を考慮すると，面会交流を早期に開始し正常化していくためには，当初は，原審相手方（母）の懸念に配慮して，第三者機関の立会いという方法で，回数も控えめにして面会交流を開始するのが相当である。円満に面会交流を実施していくことで，原審相手方の不安が解消されるなどして，面会の方法や回数を拡大していくのが，子の福祉に適うものであり，性急に方法や範囲を拡大することは，相当ではない。

　もっとも，原審判における「日帰り」とする定めは，解釈に無用な紛議を生ずるおそれがあるので，明確化するのが適当であるとし，上記の内容を定めたとされる。

　具体的な内容の限定も含めて，議論はあり得るが，ぎりぎりのところでの判断は参考になる。

　中には，第三者機関との調整がないまま，上記のような判断が唐突にされる事案もあるが，家庭裁判所と第三者機関との実質的な連携が不可欠であり，特に，合意ないし審判前の情報共有の仕組みが重要である。

(5) 面会交流の支援センター設置と家庭裁判所との連携の必要性

　現状のもとで，少なくともDVに限らず面会交流を実質的にできるだけ安全な形で進めていくために，行政が少なくとも財政的に関与する形の面会交流支援センターが全国各地の家庭裁判所管内にできることが望まれる。

　そして，センターと家庭裁判所との連携（「連携」も多義的で，マジックワードであるとともに，わかったようになってしまう言葉の1つであるが。），例えば，家庭裁判所での離婚調停と面会交流とが係属している場合，面会交流について家庭裁判所で試行面会と暫定ルールの取決めを行った後，面会支援センターでの更なる面会交流を複数回実施し，その結果を家庭裁判所がフィードバックした形で，調停を行っていくような仕組みが，早急に求められる。

(6) DV事案と面会交流の考え方

　『DVにさらされる子どもたち――加害者としての親が家族機能に及ぼす

影響』[15]の中で，調停や訴訟の場面における「加害者」の態度について，次のような指摘がなされている。一部のみ紹介するが，①虐待するような人間ではないというイメージを演出する，②コミュニケーションに前向きな姿勢をみせる，③調停や紛争解決のプロセスを操作する，④自分の親を巻き込む，等である。DVの離婚事件に関わったことのある弁護士は，一度は経験している内容が指摘されている。②では，コミュニケーションの機会を利用して，元のパートナーを脅す，言葉で傷つける，復縁を迫るなどの行為に出ることがあること，③では，加害者は最初に極端な要求をだし，あとから妥協案を提示するという方法で調停のプロセスを操作し，被害女性が妥協することに難色を示すと，柔軟性がないという印象を調停委員等に与える等。さらに③では，面会交流に被害女性が妥協した後，「そんなに危険な人物なら，なぜ監督なしの面会に同意したのか」と非難され，一方で，被害女性が早い時期から監督つき，または制限つきの面会を求めると，調停に入る前から父親と子どもを離そうとしていたと非難されることもある，と指摘されている。操作性が強い加害者との調停での調整のむずかしさを，非常に良く示している。

　また，同著では，「親権の決定と面会プランの設定」について，「主要な目的は，子どもの主な生活の場となる家庭を安全で安心できる環境にすることと，子どもがきょうだいや暴力をふるわない親との間に健全な人間関係をはぐくめるよう支援することにある。」と明確に指摘する（154頁）。

　DVにさらされた子どもの回復には，安心感が最も重要な要素であることは，被害者代理人共通の「経験則」である。面会交流を進める場合でも，段階的に，緩やかに，時間をかけて進めていくべきである。

　同著では，段階的な面会の方法として，次のようなものを掲げている。

a　面会センターでの監督者つき面会
b　専門知識をもつ監督者つきの地域社会での面会
c　友人や親族による監督者つきの面会
d　監督者なしの2～4時間の面会
e　監督者なしの日帰りの面会

f　泊りがけの面会（DVのある大部分のケースでは勧められない）

　また，同著では，泊りがけの面会は，別居から2年以上経過している，子どもの年齢が10歳以上，加害者が母の子育てを阻害したり子どもを虐待する危険性が低いことが評定で確認されている，加害者が更生プログラムを修了しているか，1年以上真面目に参加している，子どもが泊りがけの面会を望んでいる，等の場合に限るべきとされる（156頁）。

　aやbについて，同じような支援が日本で受けられるとは限らないことは前述のとおりであるが，このような段階的な慎重な面会交流の進め方は，日本での家裁の調停の進め方や支援のあり方を考えていく際に，非常に貴重な指摘である。

　とりわけ，DV事案の場合，被害者である妻の心身の安全が大前提となるため，安全感をもった面会が可能になる前提環境があるかどうかも含めて，慎重な調査や，被害者である母と子どもへのケアがどのように行われ得るか，という点をも踏まえていく必要がある。

　アプリオリに面会ありき，ではなく，被害者側がどのような懸念や不安等によって面会が困難であるかを，丁寧かつ具体的に聴取し，その内容を踏まえながら，面会の当否，その方法，時期等について，間接的な面会から始める場合も含めて，慎重に検討する必要がある。

　家庭裁判所の中では，親の不安定さ等には焦点があたっても，子どもの精神的な不安や揺れ動く心理について，あるいは，DVの中にいることによる精神的なダメージについて焦点をあてて，個別事案において，その「子どもの利益」をどのように実現していけば良いのか，という観点での調査・分析や議論は，まだ十分に行われていない。

　子どもの手続代理人制度は，このような場面にも生かし得ると思われる。子どもの権利条約第12条が掲げる意見表明権[16]の具体化としての手続代理人制度としての機能を果たすべきである。そうでなければ，面会交流の調停・審判といいながら，結果として親同士の紛争に終始する手続となってしまう。

2 離婚成立後

(1) 離婚後も安全感が持てない状況

　離婚により，母の単独親権となっても，母は，元夫である父から居場所を探索される恐怖にさらされていることが少なくない。代理人を含めた第三者は，ともすれば，時間の経過によって恐怖心が癒されることを「期待」も含めて考えてしまう。しかし，過去に継続的な恐怖を経験した当事者は，ちょっとした出来事をきっかけに，恐怖がよみがえる，あるいは，恐怖心が持続することがある。

　離婚後10年以上経過しても，元夫に似た対応をする上司がいることで，うつの症状が悪化したという女性，距離的に離れて長期間生活していても，元夫が乗っていた車と同種の車を見かけると，すくんでしまい，しばらくは動けなくなる女性等，恐怖の経験が，その人の生活，人生に与える被害の大きさを，私たちは，想像しすぎるということはないと思う。

　東京家裁平成14年5月21日審判（家月54巻11号77頁）は，協議離婚時，親権者を母と定め，父は当分の間面会交流を求めない旨の合意をしていた事案であるが，離婚前に2回家庭裁判所で「試行面会」（1回目は長女が泣いて約5分で終了，2回目は長女が眠ってしまったため父が様子をみる形の面会）が行われていた。父は，母との別居後，DVについての心理的治療を7か月間受け，治療終了後も暴力克服ワークショップに3か月に1回程度参加するなどしていた。離婚後，父から，月1，2回の面会交流を主張して調停・審判が申し立てられた。審判では，父が暴力を反省し，治療を受けているので面会交流に支障がないとの主張を退け，「現在でも加害者としての自覚は乏しく，相手方を対等な存在と認め，その立場や痛みを思いやる視点に欠け，また長女について情緒的なイメージを働かせた反応を示すこともない。他方相手方は，平成12年度にPTSDと診断され，安定剤等の投与を受けてきたほか，心理的にも手当が必要な状況にあり，さらに母子3人の生活を立て直し，自立するために努力しているところであって，…申立人と対等の立場で協力し合うことはできない状況にある。…面接交渉を実現させ，あるいは間接的にも申立人との

接触の機会を強いることは，相手方母に大きな心理的負担を与えることになり，その結果，母子3人の生活の安定を害し，長女の福祉を著しく害するおそれが大きいと言わざるを得ない」と判断した。[17]

筆者自身も，PTSDとの診断を受け，10年以上経過しても恐怖心が残っている事案を複数経験している。

(2) 離婚後は面会交流に積極的になりがちだが慎重に検討すべき

家庭裁判所はもとより，代理人としても，離婚後であれば，万一相手が子を連れ去った場合には誘拐罪，あるいは，人身保護請求等の手続によって連れ戻しは可能だ，ということも含めて，民法改正で法定されたことにより，面会交流を進めて行こうと積極的になりがちである。

また，「DVをしていても子煩悩の父である」等と，時として言われることがある。確かに，婚姻中の，父の妻への対応と子への対応は異なっているであろう。

しかし，DVの子どもへの影響は長期間にわたることは前述したとおりであり，子どもへの影響が実際にあるし，今後もあり得ることを十分認識し，配慮すべきである。

(3) DV事案における「対等な関係」構築の困難性

DV事案においては，離婚後一定期間が経過した後も，父側と「対等な関係」を構築することが困難な場合が多い。DVの本質が力による支配であるため，その関係は，離婚後も継続するからである。

特に面会交流を進めていこうとした場合には，①母子の生活場所の安全（探索がなされないこと，母が顔を合わせないこと等），②父親の操作性，要求のエスカレート等による悪影響，③連絡調整，面会時の「対等感」の欠如と信頼関係構築の困難等，④特に子どもが小さい場合には，立会いをどうするか，ルールをどのように守らせられるか等の課題がある。

面会交流がうまくいかない事案のほとんどが，DV事案である。自分が優先な父にとって，子どもから面会をキャンセルされることは，即，母が言わせている，という誤った認識になりかねない。その攻撃が元妻側に及ぶことを，何度か経験している。

面会交流が具体的な場面で誰のために，また，将来の予測も含めてどのような子どもの利益のために行われるのか，行われるべきか，ということの議論が不十分なままに「子どもの利益」がともすれば抽象的にしか語られないために，このような事態を，裁判所も，結果として許容していることがある。「公平性」が誤って使われているようにさえ思われる時がある。（「対等」という逆バイアスが働く場面があることは，代理人としての自戒でもある。）

離婚成立後，面会交流の調停を1年以上にわたって行い，その間に代理人立会いでの「試行面会」を重ねて，調停が成立した事案では，面会交流の受け渡し時に，母が元夫である父と顔を合わせることが困難であったため，母が特定の場所まで子どもを送り迎えし，子どもだけが父のところへ行くという形で面会を重ねていた。そして，日程の連絡調整のみを代理人が数年間実施した。しかし，この父は，面会時の様々な不満を，全て母の責任であるとし，不満満載の文章を代理人事務所にしばしば送ってくるような状況で，結果として，子ども自身が父との面会を拒否するようになった。

この事案も，主に「モラル・ハラスメント」のDV事案であり，子どもも，その状況を心に刻んでいたと推察される。

(4) **十分な支援を受けられないことによるリスク**

離婚手続が終了すると，一般的には代理人としての仕事が終わるため，かつては面会交流の支援を代理人が行うことは少なかった。この数年は，面会交流についても弁護士が連絡調整や立会い等も含めた支援を行う例が増えているが，多くはボランタリーに行っているため，長期間関わることは少ない。

離婚手続中も少ない支援が，離婚が成立した後は，さらに決定的に不足しているのが現状である。

この10年程の間に，筆者自身，面会交流の支援を通じて，子どもの様子をできるだけフォローするよう努力するようになったが，それ以前は，依頼者代理人として，相手方との交渉，調整に力を注ぎ，その中にある子どもの状況を丁寧にフォローすることまで目配りできていなかった。もちろん，今でも十分フォローしているなどとは到底言えない。

DV事案に関しては，様々な連携や支援が図られるようになってきたが，

現状では，まだ大人への支援が中心であり，子どもへの支援は，児童相談所がポイント的に関わることがあっても，継続的なフォローや支援の仕組みは，実質的にこれからの課題である。

各地でDVの実態調査が行われているが，内閣府が主導して，全国レベルで子どもに焦点をあてた調査を2年に1度等定期的に実施し，実態を踏まえた支援のあり方を本格的に考えるべきところにある。このような調査には，個人情報に配慮しながら，家庭裁判所や行政機関も協力することが不可欠であろう。

そのような調査を踏まえた上で，DV事案における面会交流について，個別事案を踏まえての実質的な支援が求められる。

---

1) 棚村政行氏によれば，「面会交流に関する審判事件は，平成10（1998）年には，全国で，293件であったのが，平成15（2003）年には638件になり，平成21（2009）年には1,048件と増加の一途を辿っている。また，面会交流に関する調停事件も，平成10（1998）年の1,696件から毎年増加し続け，平成21（2009）年には，6,924件と史上最高を記録した」とある。（「親子の面会交流を実現するための制度等に関する調査研究報告書」より「Ⅲ 家庭裁判所での面会交流事件の実務」）
2) 面会交流に関する調停事件の終局結果を見ると，全国の家庭裁判所では，平成10（1998）年には，成立率42.3％，不成立13.2％，取下げ40.3％であったのに対して，徐々に成立率は上がり，平成21（2009）年には，51.3％，不成立12.9％，取下げ31.7％になっている。（棚村・前掲注1））
3) 本章では，DVの圧倒的多数の割合が男性（夫）から女性（妻）への暴力であることに鑑み，実情を如実に表すために加害者を「夫」，被害者を「妻」と表すことにした。
4) 内閣府による2011年11月〜12月にかけての実態調査によれば，心理的な暴力（暴言）を受けていると答えた人が全体の82.2％にのぼっている。
5) 2007年8月，家庭裁判所の現・元調停委員や元調査官等が中心となって設立。札幌市内で面会交流の支援活動を続けている。
6) 「兵庫県こころのケアセンター　平成25年度事業報告書」60頁。
7) 「兵庫県こころのケアセンター　平成25年度事業報告書」61頁。（原典：友田明美『いやされない傷 児童虐待と傷ついていく脳』（診断と治療社，新版，2012））

8) 山田秀雄編著『Q&Aドメスティック・バイオレンス法児童虐待防止法解説』（三省堂，第2版，2004）74頁のグラフより。
9) 松本伊智朗「北海道における実態調査にみる夫・パートナーからの暴力被害実態と子ども」月刊福祉84巻8号78頁。
10) 内閣府ウェブサイト「配偶者からの暴力被害者支援情報」〈http://www.gender.go.jp/e-vaw/chousa/ziritusien/pdf/1904kekka-02-6.pdf〉参照。
11) 裁判所ウェブサイト〈http://www.courts.go.jp/saiban/wadai/2306/index.html〉参照。
12) 平成17年の法改正時の保護命令件数については，長谷川京子弁護士がまとめており，改正前DV法の下での，保護命令認容件数は4,262件，1年1,420件ほどであったのが，改正後の13ヶ月では2,315件，1年（12ヶ月）に引き直せば2,137件ほどに増えている。その中で，子どもに対する接近禁止命令の発令件数は1,277件，被害者だけへの接近禁止命令が認められた件数は1,034件であるのを上回るとされる。（長谷川京子「DV防止法保護命令発令状況」〈http://www.dvp-end-abuse.com/law/images/200602jokyo.pdf〉）
13) かつては「母子寮」と言われていたが，1997年の児童福祉法改正で，施設の目的に「入所者の自立の促進のためにその生活を支援すること」を追加し，名称も変更された。近年では，DV被害者（入所理由が夫等の暴力）が入所者の54％を占め，虐待を受けた児童が入所児童の41％を占めるとされる。（厚生労働省「社会的養護の施設等について」〈http://www.mhlw.go.jp/bunya/kodomo/syakaiteki_yougo/01.html〉参照）
14) 民法改正に伴い自治体として取り組みはじめた事業であり，具体的には，(1)子どもと同居している親，同居していない親双方と面談を行い，面会交流についての考え方や条件を調整する，(2)実際の面会交流の実施場所，日時，実施方法について決める，(3)実際の面会交流に立ち会う，等の支援を行っている。〈http://www.fukushihoken.metro.tokyo.jp/kodomo/hitorioya_shien/menkai/zigyou.html〉
15) ランディ・バンクロフト＝ジェイ・G・シルバーマン著，幾島幸子訳『DVにさらされる子どもたち―加害者としての親が家族機能に及ぼす影響』（金剛出版，2004）。
16) 子どもの権利に関する条約（外務省訳）第12条は，次のように定める「1　締約国は，自己の意見を形成する能力のある児童がその児童に影響を及ぼすすべての事項について自由に自己の意見を表明する権利を確保する。この場合において，児童の意見は，その児童の年齢及び成熟度に従って相応に考慮されるものとする。2　このため，児童は，特に，自己に影響を及ぼすあらゆる司法上及び行政上の手続において，国内法の手続規則に合致する方法により直接に又は代理人若しくは適当な団体を通じて聴取される機会を与えられる。」まさに，子どもの手続代理人が子どもの意見表明権を制度的に保障する重要な制度であることを示すものである。

17) 梶村太市『裁判例からみた面会交流調停・審判の実務』(日本加除出版, 2013) 126-128頁。

原則的面会交流論の問題性
―元裁判官の立場から―

坂 梨　喬

第1　原則的面会交流論とは何か

1　面会交流とはなにか

　原則的面会交流論について検討する前に，面会交流について説明しておきたい。面会交流とは，読んで字のごとく，「面会」して「交流」すること，つまり，人と人が会って，人間的な交流をすることである。そして，本章で問題とするのは，親と子との面会交流である。子は，未成年者であることがほとんどであるから，本章で子という場合は未成年者である。

　なぜ親と子の面会交流という当たり前のことが問題となるのか。それは，父母のいずれかと子が別々に暮らすという事態が生じたからであり，かつ，そのような事態が父母の「不仲による」別居，あるいは，不仲の究極の形態である離婚により起こったからである。そのような場合，子は，その身体が1つしかない以上，父か母のいずれかの手元で養育されなければならないことになる。父のもとで養育されれば，母とは離れてしまう。母のもとで養育されれば，父とは離れてしまう。「離れてしまう」というのは，父母が「不仲ゆえ」に別居しているからであり，さらに，子との面会交流という側面か

ら見れば「不仲ゆえに」子を手元に置いて養育している親が，子が他方の親と会うことを拒否しているからである。それゆえ，両親の間に子をめぐって対立するという関係があるのである。それにより子は両親の紛争に巻き込まれているということを忘れないでほしい。

　家族法では，子を手元に置いて養育することを，子を監護するという言い方をする。子を「監」督し「護」るというわけである。そして，子を監護している親のことを「監護親」，そうでない親のことを「非監護親」と言う。それゆえ，面会交流の問題は互いに不仲な監護親と非監護親との間で生じると言い換えられる。そこで非監護親から監護親に対して，子と会わせてくれという請求が家庭裁判所を通してなされるのである。それが面会交流請求事件である。

　監護親と非監護親という概念をもう少し詰めてみよう。監護，非監護というのは，まずは，子を物理的に手元に置いているか否かによって区別されるが，さらに，監護親とは，子を物理的に手元に置くことによって，子との間に日常的な親子関係を形成し，良くも悪くも，親と子との情緒的な人間関係を重層的に積み重ねることができている方の親である。非監護親とは，子と会うことができないために，子との情緒的な人間関係が断たれている方の親である。つまり，子の監護とは，子を手元に置いて支配しているという物理的側面のほかに，それによって，良くも悪くも，子との間で情緒的な人間関係を築くことができているという精神的側面があるのである。一方，非監護親は，子を手元に置いて支配するという物理的側面も，それによって子との情緒的な人間関係を積み重ねるという精神的側面も共に失われているのである。

　そうすると，面会交流請求とは，上記のような非監護親から監護親に対して子との物理的な接触である面会を求めることによって，子との間の精神的なつながりの回復を求めるという，物理的側面と精神的側面とがあるといえる。物理的な接触の回復は，精神的なつながりの回復を求める手段である。これを筆者なりに言い換えると，面会交流とは，父母の一方が子との間で「生活圏」を共同にすることができず，そのために子との間の情緒的・精神的な交流が失われている場合，その親が，他方の親に対して，失われた生活

圏を回復し，親子の人間的な交流を回復するための「場」を設定することを求めることである。そのような「場」の設定のために協議することを求めるのが面会交流の申立てである。筆者が，あえて定義しなおしたのは，面会交流請求事件とは，単に，監護親と非監護親との間の，「単体」の権利・義務の実現を求める事件としては捉えたくないからである。面会交流請求事件とは，断たれていた親子関係の回復を実現する「場」の設定を求める事件であるから，紛争は，子にとっては，片面的に失われていた良好な養育環境を整えるための回復という意味を有しており，子は重大な利害関係人であり，非監護親が子と会うことが実現できれば，つまり，物理的に面会することができればそれでよいという問題ではない。紛争は，点的ではなく，面的に捉えられる必要があるのである。さらに言えば，そこでは，親子だけでなく，親子を取り巻く親族の幾人か（例えば，子の祖父母）が少しずつ面会交流の実現に利害を有しており，反面，その実現に少しずつ責任を負っているのである。それゆえ，面会交流の問題は家族の問題なのである。紛争の解決は，そのような広い視野のもとでなされなければ，真の紛争の解決とはならない。[1] 面会交流を認めることでかえって紛争を拡大するようでは，紛争の解決としては駄目なのである。

2 原則的面会交流論とは何か

ところで，面会交流というのが前項のようなものだとすれば，原則的面会交流論とは何だろうか。筆者は，寡聞にしてそのような「論」が存在するのを知らない。筆者の知りえたところでは，おそらく，原則的面会交流論とは，独立した「論」ではない。それは，現在の家庭裁判所が，面会交流請求事件を処理する際の処理の仕方に関するものであり，その処理の仕方が，本来あるべき面会交流請求事件の審理から外れているのではないかと批判されており，家庭裁判所は，かえって紛争を拡大しているのではないかとも批判されている。[2] そして，そのような審理方法の背景に面会交流請求事件に対するひとつの考え方があり，その考え方を原則的面会交流論といっているのではないかと思っている。

そして、その考え方というのは、父母の一方が、子との間で生活圏を共同することを断たれて、子との間の人間的な交流が失われている場合、その人間的な交流を回復することは「原則として」必要であるという考え方である。それゆえ、非監護親から面会交流を請求された監護親は、「原則として」、これに応じるべきであるという考え方につながっている。このような、面会交流を「認めること」に一方的に重きを置いた考え方が原則的面会交流論である。このような考え方がなぜ生じたのだろうか。

　平成23年に民法等の一部を改正する法律（平成23年法律第61号、以下、改正法という。）が成立し、平成24年4月1日から施行されるに至った。改正法は、夫婦が協議離婚をするときには、「父又は母との面会及びその他の交流」について協議で定めるとの明文の規定を置き、それまで、実務で運用として行われていた面接交渉というものを、面会交流と言い換えて法文上で明確に認めて、それまでの実務の運用を追認した。また、わが国が批准した児童の権利に関する条約の第9条3項（以下、権利条約という。）には、「父母の一方又は双方から分離されている児童が定期的に父母のいずれとも人的な関係及び直接の接触を維持する権利を尊重する」と面会交流に関する規定が置かれている。この権利条約の発効も、改正法が面会交流を明文化することを後押ししたといってよいであろう。これらの権利条約及び改正法の制定は、面会交流が、それまで実務の運用として既に行われていたことの追認であるにせよ、それが子の監護に関する事項の1つとして、監護者の指定とならぶ位置に明文化されたのであるから、監護者の指定と同様の重要性を持つ事項として、言わば、格上げされたとみることもできる。これらの法改正等の動きが原則的面会交流論を後押ししているとみることもできるであろう。さらに、付言すれば、改正法が制定された社会的背景には、子は、母親と父親の双方との人間的関係を持つことにより、つまり、母性と父性とのふたつに支えられて養育されることが、その福祉のためには最も望ましいことであるという養育常識があり（この常識がどこまで普遍性を持つかは別に論じられるべきであるが）、この養育常識が社会一般に承認されていることも原則的面会交流論を支える実質的基盤であるということができるであろう。このように、面会交流が明文

化されたことは，既に明文化されていた親権者（監護者）の指定（民法819条，766条1項），財産分与の規定（民法768条）と併せると，改正法によって，わが国の離婚の型の言わばスタンダードが明確化されたと評価することもできる。

　子は，両親の手元で養育されるのが子の福祉に最もかなうことであるという社会的養育常識が，子がいずれかの親と離れて養育されていれば，離れている親と子との面会交流は原則として認められるべきであるという考え方につながり，法改正等を後押しし，その考え方が家庭裁判所の面会交流の審理の現場にまで反映しているのである。確かに，子はふた親によって養育されるのが子にとって利益であるというその考え方自体に，同じ一般論の次元で異議を述べるのはなかなか困難であろう。そうすると，そのような考え方に基づく原則的面会交流論には，さして批判すべき点はないと思われるかもしれない。しかしながら，原則的面会交流論は，実務の実際の紛争の解決の次元で，紛争処理の考え方として持ち込まれたときには，看過できない問題をはらんでくるのである[3]。

第2　原則的面会交流論のどこが問題なのか

1　一般規範と特別規範

　先にも述べたように，原則的面会交流論が内包している一般的な考え方それ自体に異議を述べるのはなかなか困難であるが，それをそのまま紛争解決の基準として紛争解決の場に持ち込むわけには行かない。それはなぜであろうか。

　それは，子はふた親によって監護されることがその利益に最もかなうことであるという原則的面会交流論に内包されている考えは，単なる一般論にしか過ぎないからである[4]。一般論は，それが一般論として述べられている限りにおいては同じ土俵に立ってそれに異議を述べることは難しい。それは，「人の命は大切である」という一般論に対して，一般論として反撃することが困難なことと同じである。

しかし，一般論は，一般論としての次元でのみその命脈を保つことができるに過ぎない。ところが，紛争はあくまでも具体的なものである。紛争の解決の次元は極めて具体的な次元である。次元が異なるのである。それゆえ，一般論が直ちに具体的な紛争解決の基準となることはできないのである。一般論であるということは，規範に引き直せば一般規範であるということである。しかし，特に，家族法紛争の領域においては，紛争の解決のときに必要とされる規範は一般規範ではなく特別規範なのである。財産法分野における紛争解決基準と家族法分野における紛争解決基準とでは，紛争解決基準が質的に異なる。にもかかわらず，原則的面会交流論は，一般規範をそのまま紛争解決基準として持ち込んでしまうところに根本的な誤りがあるのである。紛争解決基準の立て方の次元が違うのである。
　この点をもう少し敷えんしてみよう。つまり，財産法領域においては，訴訟に持ち込まれた生の紛争は，そのたくさんの生の事案から，特殊具体的な事実を捨象して（つまり要件事実化して），その要件事実の次元にまで抽象化された事実を，一般的な紛争解決規範（要件事実）に当てはめて紛争を解決する。しかし，家族法領域においては，当該事件の生の事実をそのまま受け止めて，その特殊具体的な事実の中に紛争解決基準たる規範を求めるのである。それは，「事実の中に規範がある」という考え方である[5]。当該紛争の具体的事実の中に隠された規範を探し，それを基準として紛争を解決するのである。紛争の解決のために必要な事実，つまり紛争解決のための具体的規範は，それぞれの紛争の個性によって異なる。紛争解決基準は事件の個性によって異なるといってもよい。それゆえ，家族法領域では，一般的な規範を提言しても，紛争解決基準としては余り意味のないことであるといえる。面会交流紛争を解決する場合も同様である。面会交流は，原則として必要であるなどという一般的提言を申立てても，紛争の解決のためにはあまり意味のないことである。財産法の紛争解決基準は紛争の外にあるが，家族法の紛争解決基準は紛争の只中にある。
　さらに，非監護親と子とが面会交流するのは，原則的に正しいことであるという原則的面会交流論の基準を突き詰めれば，そこには，面会交流を認め

ることは，原則として，「子の利益」にかなうものであるという一般規範が立てられている。原則的面会交流論は，面会交流＝原則として子の利益になる＝原則として認められるべきである，というように一般論を一般規範としてそのまま紛争解決基準に持ち込んでいるのである。そして，「子の利益」は請求原因か抗弁かという形で要件事実的に紛争解決の構造を組み立てようとする。しかし，家族法の領域での紛争解決は，当該，具体的な面会交流紛争における「子の利益」を，当該紛争を構成する様々な事実をしん酌して，具体的に考えなければならないのである。「原則として」などという一般論を持ち出す余地はないのである。であるからこそ，人事訴訟は裁判所が主体的に事実を収取することができる職権主義なのである。監護親が，子の利益に反するということを抗弁として主張・立証しなければ，非監護親の面会交流請求は認められなければならないという抗弁説が，その根本において誤りであることは明らかである。また，請求原因説も，抗弁説と同じ要件事実的発想に立っている点で的を外している。

　もう１つ，この点について付言することをお許しいただきたい。財産法の領域において，ある事実が請求原因か抗弁かを考えるひとつの指標として，実体法の規定の体裁が，原則と例外という形になっているかということが挙げられる。そこで，改正法の766条１項をみてみると，766条１項は決してそのような規定の体裁にはなっていない。面会交流を協議するときには，子の利益を最優先に考慮しなければならないといっているにすぎない。協議の際の指標を示したものに過ぎないのである。むしろ，766条１項は，面会交流の可否を協議するときは，様々な事実を集めて，それらの事実を総合的に考慮して，何がその紛争での子の利益になるのかを最優先して考えることが求められているのであり，改正法は，総合考慮説的な表現を用いているのである。抗弁説などは採用できるものではない。

　さらに，面会交流の審理をはじめとして，家族法領域の審理が総合考慮説的な審理方法によらなければならないのは，それが「家族」社会の法だからである。「市民」社会の法ではないからである。現代の家族は，家族共同体を徐々に解体させている。その最大のものが「家」制度の解体であった。し

かし，家制度の解体とともに，家族の団体的な側面がもつ，種々の良質の側面も失われてしまったとはいえまいか。さらに，第二次世界大戦において敗戦国となったわが国の家族は，なだれ込んできたアメリカ的近代合理主義とアメリカ的経済至上主義によって，核家族にまで追い詰められてきた。そして，その核家族すら解体を始めており，それにともなって「個」が吐き出されている。家族の団体性の崩壊とともに家族の自治機能を失わせている。その訴訟法的反映が，家事紛争をも請求原因，抗弁という市民社会での紛争解決手段と同じ構造を持ち込もうとする（無自覚に！）原則的面会交流論なのである。また，原則的面会交流論を待つまでもなく，先にも触れたように，私たちは，面会交流紛争を監護親と非監護親との間の単体の紛争として捉えがちであるが，面会交流の問題は，監護親と非監護親との間の単体の権利・義務の問題ではなく，すぐれて家族問題なのである。そのような紛争を，近代合理主義の究極である要件事実的な発想で処理していいものであろうか。

2　総合考慮説的な従来の運用

　改正法が制定・施行される以前にも，家庭裁判所においては，既に，運用上，面会交流の事件を独立した事件として立件して審理していたことは前述したとおりである。そこでの審理の手法はおおむね次のとおりであった。

　面会交流申立事件が立件されると，裁判官（家事審判官）によって担当の家庭裁判所調査官（以下，単に「調査官」という。）が指定され，指定された調査官は，まず，面会交流申立事件の調停に立会する。調停においては，調停委員による合意の斡旋がなされ，調査官は，調停の進行を側面から援助する。それでも調停が不成立となると，事件は，当然に，審判に移行する。審判とは民事裁判における判決に相当するものだと理解しておけばよい。これを審判移行という。調停における話合いによる解決，すなわち当事者の自主的な協議による解決ができないので，いよいよ家庭裁判所が面会交流の可否を定める段階になるのである。一般民事訴訟でいう判決手続きが申立てられた段階である。そして，審判に移行すると，まず，調停に立ち会っていた調査官と事件担当裁判官が話し合って，調停の経過報告などを検討して，事件をど

のように進めるかを協議する。審判においては，調査官は双方の意向をそれぞれ聴取して，多くの場合，監護親の自宅に出向いて，子に対する監護状況を視察し，必要かつ相当であれば，子の意向も調査し，次に非監護親の生活状況も調査するなど獅子奮迅の働きをする。そして，その結果を調査報告書として裁判官に提出する。裁判官は，その報告書に基づいて調査官と話し合い，審判期日を開いて当事者双方を審問する。このようにかなり手厚い審理がなされていたのである。このような審理方法は，とうてい要件事実的な審理方法であるとは言い難い。まさに職権主義的な総合考慮的な審理方法であり，このような審理が面会交流請求事件の審理方法として妥当なものであると考える。原則的面会交流論の抗弁説に立てば，面会交流が申立てられると，相手方である監護親は，申立人である非監護親と子とを会わせることが子の利益にならないと裁判官を納得させるだけの事実を主張・立証できなければ，申立人たる非監護親は，何もしないで面会交流を認容してもらうことができる。そのような要件事実的審理は，審理の迅速化には寄与するであろうが，家庭裁判所の審理を形骸化させるものではなかろうか[6]。

第3　面会交流請求権の権利性

　面会交流請求権は果たして実体法上の権利であるか。権利であるとしてどのような法的性質の権利か。また，誰の誰に対する権利かなどを巡って議論があるようである。結論から言えば，面会交流請求権は実体法上の権利である。また，それは非監護親から監護親に対する権利であると解される[7]。
　面会交流請求権を実体法上の権利であるとの立場を採れば，その結論は，原則的面会交流論に結びつくと考えられているのかもしれない。果たしてそうであろうか。そう理解するのは，財産法上（一般民法上）の権利と家族法上の権利との相違という問題を看過しているからだと思われる。そこで，以下，財産法上の権利と家族法上の権利との相違について述べる。
　面会交流請求権の権利性を認めると原則的面会交流論に親和的になると理

解されるのは，実体法上の権利＝一般民事上の権利＝民事訴訟による解決＝要件事実による解決＝請求原因説か抗弁説か，という結びつきを論理・必然的だと考えてしまうからである。しかしながら，面会交流請求権は，実体法上の権利ではあるが，家族法上の権利であって，財産法上の権利である物権や債権と同じ法的性質の権利ではない。家族法の領域においても，権利と名付けられている請求権はたくさんある。しかし，それらの権利は一般民事法上の権利と法的性質を同じくするものではないし，通常の民事訴訟手続きによって実現されるべき権利ではない。それゆえ，面会交流請求権を権利であるといっても，その結論が論理・必然的に原則的面会交流論に結びつくわけではない。単純にいえば，民事法（狭義の）は，市民社会の法であるが，家族法は家族社会の法であるから，規律する対象も，権利の生成過程も互いに異質なものなのである。そして，市民社会に起こった紛争を解決するのが民事訴訟であり，家族社会での紛争を解決するのが人事訴訟法であり家事審判手続法なのである。

　まず，面会交流権はなぜ「実体法上の」権利であるというべきなのか。実体法上の権利とは，権利・義務の発生根拠が明文法規定にある権利のことである。その点，面会交流請求権は，例えば，婚姻費用分担請求権のような明確な権利根拠規定を欠いていた。しかし，今回の改正法によって，子の監護に関する事件のひとつとして明文によって定められた。それまでの，実務の運用によって行われたのとは全く異なる。改正後の民法766条1項が子の監護に関する事件のひとつとして明記したのであるから，面会交流請求権は子の監護に関する事件として明文の権利発生根拠規定を持つことになったといってよいと思われる。もし，面会交流請求権が実体法上の権利ではないというのであれば，なぜ間接強制が認められるのであろうか。むしろ，実体法上の権利性を否定する側に説明責任があろう。

　それでは，面会交流請求権が実体法上の請求権であるとして，物権や債権のような一般民事法上の権利ではないとすれば，どのような法的性質の権利なのであろうか。例えば，一般民事法上の権利は移転可能な権利であるのが原則であるが，家族法上の権利は移転可能な権利ではないのが一般である。

特に，面会交流請求権などは，具体的な，ある親と子との親子関係から発生するものであって，第三者に移転可能な権利ではなく一身専属性を有する。また，親権については明文でもうたわれているように権利であるし義務でもあるという両義性を有する。面会交流請求権もそのような両義性を有している。そのような権利の属性部分を見ただけでも，家族法上の権利が一般民事法上の権利とは異なることが了解せられるのである。

　では，そのような権利の属性が家族法上の権利の本質のどこに由来するのか，残念ながら，この点については，筆者には，故中川善之助教授以上の知見を持たない[8]。そこで，家族法の権利と財産法の権利の違いを，事実の先行性という点に求められた中川教授の考え方を筆者なりに敷衍して述べてみる。

　つまり，家族法上の権利の中身は，その権利に先行して存在する具体的な事実なのである。殊に，身分法上の権利についてはそうである。その事実というのは，例えば，ある具体的な親と子との人間関係である。家族法とはそのような意味で「関係性」の法学であるといってよいように思われる。つまり，法に先行する人と人との事実としての関係にどのような法的権利性を付与すべきか，また，その事実関係が棄損された場合にはどのような回復手段を与えるべきかということを定めてあるのが家族法である。今の筆者には，それは，その関係性の重大性によって定められるという程度の理解しかない。

　では，どのような関係性が重大だとみられるのか。それは，まさにその時代の要請である。それら家族法上の権利の総体が，その時代の家族法秩序を形成しているのである。

　家族法上の権利は，関係性そのものを権利として認めるのであるから，関係性の不安定さにさらされざるを得ない。婚姻関係はその典型である。婚姻関係は，それが一定の社会的に許される枠にあるときはそこに夫婦としての権利関係を認め，その枠を超えたときはその解消を認める。では，面会交流権はどうか。面会交流権も親と子との関係性そのものから発生する。両親の婚姻関係の実質的あるいは法的解消によって，子と親とが同居するという関係性が毀損される。そのとき，非監護親から監護親にその回復を請求するのが面会交流請求権である。そして，面会交流が請求されたとき，家庭裁判所

は，そのときの監護親と子との具体的・個性的な関係性，非監護親と子との具体的・個性的な関係性に照らして，その可否や具体的内容を形成する。しかし，一旦認められた面会交流であっても，いつまでもそのままであることはない。関係性の流動性に常に脅かされているからである。面会交流請求権というのはそのような不安定な権利でもある。

では，なぜそのような不安定なものを権利として認めなければならないのか。それは，親子の人間的交流の存在という事実が，その時代によって切実な重要性を有しているからである。親子の間の人間的交流という関係が，時代によってはさほど重要ではないと考えられるとすれば，例えば，まだ離婚に至らない別居中の夫婦の間では，面会交流権などを認めることはできないという見解も十分に成り立つ。なぜならば，まず，婚姻関係という法的な枠を継続している限り，父母と子との法的関係は共同親権の状態にあるから，そこでいかなる親子関係を形成するかは，家族自治の問題であって，例えば，夫婦の間で子をどこの学校にやるかという問題と同質であり，公的機関が口を出すべきではないという考えである[9]。しかし，現代という時代は，実質的に親子関係が断たれたら，法律上は夫婦であろうとそこに介入して修復を図るべきだという時代的要請があると考えられる。そのような時代の要請が面会交流権を権利として認めるべきであるというのである。これが，面会交流権を権利だということの実践的理由である。

第4 家庭裁判所と原則的面会交流論

1 法服を着ない裁判官

家庭裁判所は，その成立の始めに，自ら訴訟裁判所たることを拒否して発足したという歴史がある。それは，家庭裁判所の設立を担った裁判官たちの覚悟であった。なぜならば，訴訟（判決という伝家の宝刀）を拒否することは，裁判官にとって自らの存在理由を放棄するに等しいからである[10]。家庭裁判所においては，裁判官の仕事上の官職名が，裁判官から家事審判官という名

前に変わり，紛争の解決を，判決という伝家の宝刀を抜くことを止められて，調停という当事者の合意の斡旋によって解決するべしという使命を与えられ，審判という判断権は留保されたにしても，それは審判廷という非公開の，職権主義的な手続きであり，どちらかといえば行政判断的な場を与えられたに過ぎない。つまり，家庭裁判所の裁判官は，法服を着ることを放棄した裁判官なのである。そのような紛争解決の場を自ら引き受けるには，相当の覚悟と「調停は判決に勝る」との信念がなければできないことである。

　しかし，創立者の理念や覚悟はやがて失われる。すなわち，近代法理念によって鍛えられてきた裁判官にとって，判決こそが法の支配を宣明する唯一の手段であり，調停などという話合いによって紛争を解決することは，談合による解決に似て，判決に比べて一段と格下の紛争解決方法であるとしか考えられないからである。地方裁判所においは，調停に相当する紛争解決手段は和解というものがあるが，しかし，「判決は和解に勝る」といわれ，後進の裁判官に対しては，「和解判事となるなかれ」ということが大手を振っていわれるような時代があった。[11]家庭裁判所は，地方裁判所に比べると一段と格下の裁判所だと思われてきた時代であった。そうなると，裁判官の中で家庭裁判所に勤務することを忌避する気持ちが一般的な傾向となり，家庭裁判所の人気は落ち続けることとなる。それに呼応するように，家庭裁判所の中でひとつの反動的な流れが作られるようになる。それが，家庭裁判所の地方裁判所化の流れである。家庭裁判所の紛争解決手段の花形であるべき調停が次第に訴訟化されてゆくことになる。そして，登場するのが調停裁判説である。調停は裁判であるとされて，調停委員の研修は法律研修となる。本来は，合意斡旋の専門家として期待されているはずの調停委員に法律をかじらせるのである。

　その最終的な仕上げが，平成15年の人事訴訟を家庭裁判所の専属管轄とするという人事訴訟法の成立と家事事件手続法の成立である。家庭裁判所は，人事事件に限られるとはいえ，訴訟裁判所となったのである。面会交流権の訴訟的な運用である原則的面会交流権は，このような流れに位置づけられるものである。

2 家庭裁判所の訴訟裁判所化と原則的面会交流論

　上記のような背景を踏まえて,原則的面会交流権論を論じないと,木を見て森を見ない議論に陥ってしまう。原則的面会交流論を聴きながら,筆者は,ある意味で冷静である。筆者が,家庭裁判所の裁判官として接してきた限りでは,原則的面会交流論的な考え方が家庭裁判所からでてきて,それが主流になることは避けることのできない展開であると思われた。人訴移管は,家庭裁判所においても判決という手続きを行うことができるということであった。それはひとつの転機であった。つまり,人訴移管によって,家庭裁判所の中に,調停と裁判というふたつの紛争処理方法が確立すれば,いい意味で,調停にとってもひとつの刺激となり,調停は調停として純化し,調停手続きを更に進化させることができたのである。[12] しかし,そういう展開にはならず,訴訟化という波が家庭裁判所全体を覆うようになったのである。その流れのひとつの表れが原則的面会交流論である。面会交流権も訴訟的な舞台に乗せられて,子の利益が請求原因か抗弁かなどといわれている。筆者の意見は,舞台が全く違うということである。舞台が違うということを言わなければ,ただ,子の利益についてもっとよく判断できる専門家を家庭裁判所に置くべきであるという幻想論に陥ってしまう。家庭裁判所はそのようなことはしない。家庭裁判所は,長い時間を掛けて,その背後に地方裁判所化,訴訟裁判所化したいという欲求を育んできたのである。そして,その影が表に出ようとしていることの表れが原則的面会交流論である。

　舞台が違う。原則的面会交流論に対して言うべきことはそれに尽きている。

---

1) 筆者が,家族の問題として捉えることを提唱するのは,面会交流の問題を,言わば,点としてではなく,面として観念する必要性を痛感するからである。父母の間でだけ「法的」に紛争に決着がついたとしても,当事者及び当事者をめぐる人々の間では決着がついていなければ,真の紛争解決—子の利益の充実—とはならない。このように,面会交流を家族の問題として捉えられるのは,栗林佳代『子の利益のための面会交

――フランス訪問権論の視点から』（法律文化社，2011）29頁以下）。同書は，フランス法と対比してわが国の面会交流の問題が論じられており，大変，示唆に富む。
2) この批判については，梶村太市『裁判例からみた面会交流調停・審判の実務』（日本加除出版，2013）第1章に詳しい。
3) 梶村・前掲注2）。
4) 一般論というのは，後記のとおり，一般規範ということである。およそ，紛争をどのレベルの次元で解決するのかという問題については，紛争を一般論（一般規範）のレベルで解決すべきものもあれば，一般論から特殊な次元（特別規範）にまで下降してで解決すべき紛争もある。
5) この言葉は私の独創ではない。畏友，田中優判事の論文の題名にあった言葉である。これに対して，財産法の審理の考え方は「規範から事実をみる」ということになる。財産法では，法規たる一般規範から紛争事実をみて，その一般規範に該当する事実だけを取り出して（それが要件事実である），規範該当性をみて紛争を解決するのである。そこでは，事実が，一般規範の次元にまで抽象化されて（高められてといってもよい）いるのである。なお，坂梨喬「家庭裁判所の仕事論（試論）」（ケース研究263号17頁）。
6) 筆者は，多くの審判が，現在も総合考慮説的になされていると信じる。面会交流請求事件が申立てられると，相手方（監護親）が，面会交流を認めることが子の利益に反することを主張・立証しなければ，申立人（非監護親）の請求が認められるという抗弁説のような乱暴な審理はしていないと思う。
7) 栗林・前掲注1）（288頁以下）は，フランス法の改正の経緯を参考にしつつ，わが国においても，広く，祖父母さらには第三者と言うべき継母にも面会交流を認めるべきであるとされている。
8) 中川善之助『身分法の基礎理論』（河出書房，1939）『身分法の総則的課題』（岩波書店，1941）。
9) 筆者の裁判官在官中に，別居中の夫婦の間で面会交流（当時は，面接交渉といっていた）は，家族自治の問題であるから，家庭裁判所は口を出すべきではないという高裁決定をめぐって協議会で議論したことがある。
10) 高野耕一元判事は，この家庭裁判所における裁判官のアイデンティティーの問題意識から，調停の場を訴訟的な場にすることに努力を傾けられた。いわゆる，調停裁判説である（高野耕一『財産分与・家事調停の道』（日本評論社，1989））。
11) 筆者が任官当時もまだそのような風潮であり，そのような中で草野芳郎元判事は和解に努力を傾注され，その後，「和解技術論」を上程された。
12) 坂梨喬「現代家事調停論――司法モデルから調整モデルへ」判タ1237号48頁。

面会交流調停・審判の運用はどのようになされるべきか
―やや随想的に（元裁判官の感想的意見）―

森野　俊彦

第1　はじめに

　筆者は，平成23年9月末裁判官を定年退官したが，裁判官生活の最後の5年半に先立つ平成11年4月から平成18年3月までの10年間，家裁専属の裁判官として勤務した。その10年間のうち当初の3年間は遺産分割部に属して，専ら遺産分割あるいは遺留分減殺事件を担当したため，一般家事事件については「耳学問」でしか接するしかなかったが，あとの7年間は一般家事事件の全てにわたり実務に従事した。それが長いといえるか，あるいはその程度にすぎないかはともかくも，その間，家事紛争の多様性，複雑性，困難性を身につまされるほど経験した。

　そのなかでも，紛争の解決の難しさをいやというほど知らされたのは子の監護をめぐる事件，なかんずく面会交流をめぐる紛争である。そして，これが最近になってますます複雑困難化し，あるいは先鋭化深刻化の度合いを増大させ，その結果，より一層家事担当裁判官の頭を悩まし心を痛めさせていることは，本書の編著者である梶村元判事がまとめられた『裁判例からみた面会交流調停・審判の実務』[1]で紹介された裁判例を通覧するだけでも明ら

かであるし，研究会等で現職の家事担当裁判官からも異口同音に語られることである。

こうした，現時点で最も多様性を有し，かつ複雑困難といわれる面会交流の調停・審判事件において，どのような運用を心掛けるべきか，特にこうした事件では，最近とみに喧伝されている「面会交流は原則的に実施すべきである」との準則があるものとして調停・審判に臨むのが相当であるといえるのかどうか，それを検討するのが筆者に与えられた課題である。しかしながら，既に，家裁実務を離れて8年以上を経過した現在，現下の調停・審判実務の実情を正確に把握しきれているといえないばかりか，児童心理学はじめ人間関係諸科学の最近の知見にほとんど不案内であるので，結局は，自分の僅かばかりの経験に即した感想の域を出ないものにならざるを得ない。このことを最初にお断りしておきたいし，それゆえ，参考文献等の挙示も必要最小限にとどまることを了解願いたい。

第2 面会交流権は実体的権利か

1 裁判例のすう勢と学説の概観等

面会交流（しばらく前は「面接交渉」といわれた。）をめぐっては既に多くの裁判例（家裁審判，高裁決定及び最高裁決定）が集積している[2]が，学説も百花繚乱の趣があり，必然的に関連する面会交流の権利主体も絡みあって，様々な議論が展開されている。誤りを恐れずにいうと，近年は，裁判例では，「可能な限り子が父母双方との交流を維持することが子の人格形成と精神的発達に資する」という学問の成果を前提として，面会交流に権利性を認め，原則的に面会交流を認めるべきだとする潮流にあることは否定できないし，一方，学説も，紆余曲折を経つつも，最近では，面会交流権を子の権利であるとともに親の権利でもあるとする複合的権利説ないし両性説が有力になりつつあるといわれている。[3]もちろん，裁判例のなかでも，権利性を明確に否定するものもあり（梶村・前掲注1）裁判例【6】大阪高決昭和43年12月24日），梶村元判

事は，明確に，かつ一貫してこれを否定する代表者のひとりである。

　こうした趨勢のなかにあって，平成24年4月1日施行の改正民法766条は，父母が協議離婚するとき非監護親と子との面会及びその他の交流については協議で定めることとしたうえ，その場合，子の利益を最も優先して考慮しなければならないと明示した。もともと面会交流についてはこれを認める明確な規定がなかったことから（周知のとおり，最決昭和59年7月6日（梶村・前掲注1）裁判例【25】）が面会交流の実定法上の根拠は民法（旧）766条であるとし，訴訟で取り扱うべき権利義務の問題ではなく，家裁で決めるべき家事審判事項であるとしていた。），実際の協議離婚において面会交流について明確な取決めがなされないことが多かったため，児童の権利利益を擁護する観点から，離婚の際に面会交流について何らかの取決めがなされることを推進せんとする動きを受けて立法化されたことは明らかである[4]。しかしながら，立法化されたといっても，その改正は上記条項の限度にとどまり，韓国民法（837条の2第1項）のように明確に権利として認めたような文言は取り入れられなかったことからして，結局，最決平成12年5月1日（梶村・前掲注1）裁判例【47】）の立場，すなわち，「面接交渉権といわれているものは，面接交渉を求める請求権ではなく，子の監護のために適正な措置を求める権利である」（杉原則彦「婚姻関係が破綻して父母が別居状態にある場合に子と同居していない親と子の面接交渉について家庭裁判所が相当の処分を命ずることの可否」ジュリ1199号86頁）とする考えを踏襲したものというほかない。

　したがって，法律論からすれば，改正民法によっても，面会交流権はいまだ実体法上の権利と認めるのは困難であるといわざるを得ない[5]が，その後においても，裁判例のなかには，面会交流権を権利と解しているとみるしかない説示が散見され，学説も少なからず，その「権利」の意味をどのようにとらえるかは別として権利性を認めることを放棄ないし断念していない[6]ところ，これらに対しては，梶村元判事から従前にもまして厳しい批判がなされている現況にある。

2 筆者の見解

　面会交流は，これが子どもの意思に合致しつつ円滑に行われる場合，子にとってその福祉や利益に資することは明らかである。裁判官に限らず同事件に携わる者は，例えば試行的面会交流で，非監護親と久しぶりに会った子が当初はためらいがちで，非監護親の問いかけに対し軽くうなずく程度にすぎなかったのが，間もなく心を少し開いて非監護親と会話を交わしはじめ，さらには一緒に遊びに興ずるようになり，また身体を接触させるなどして喜びを表すに至る場面をマジックミラー越しであれ現認した体験をすると，面会交流は当然に実現してしかるべきだと思うであろう。そして，面会交流を求めている申立人（非監護親）側には，格別問題性がうかがえないのに，求められた相手側（監護親）において，結婚生活を破綻に至らせたのは申立人にほかならないという認識（この認識の正否はここでは問わない。）のもと，その申立人に対する怒り，憤まん，憎悪，反発等の否定的感情が面会交流拒絶の最大理由であると判断した場合，この面会交流は当然に認められるべきであると考えるのが常であろう。おそらくは（話を単純化しすぎているきらいはあるが），裁判所に持ち込まれる面会交流に関する紛争について，そうしたイメージが先行することもあって（筆者自身なおそうしたイメージから完全に自由でない。），面会交流権に権利性を認めるべきだとする考えを抑え難いのは否定できない。

　しかしながら，前記1に見たとおり，立法府において権利性を認める機会がありながら結局は改正民法766条に権利性を認める内容を盛り込まなかったのであるから，実体的権利として見ることはできない。したがって，非監護親が，監護親との協議や家庭裁判所の審判以前において，子に対する面会交流権を当然に有するとまでいうことはできないように思われる。

　もちろん，「面会交流権」が前掲最決のいう「面会交流について協議を求める権利」と理解するにせよ，監護親との協議成立や裁判所の判断の確定までは，「ある特定時期にある特定場所で，かつ特定の態様で子に会える」という具体的な権利まで有するとはいえない，というにすぎず，審判申立がなされた以上，裁判所としてはその申立てを拒否できず，早晩実体的判断を下

すべき拘束を受けるのであるから，実務的には大差はないというべきである。

第3 「面会交流は原則的になされるべきである」か，どうか

1 原則実施論の是非を問う実益

　面会交流が実体的（実定法的）権利であるかどうかはともかくも，子と非監護親との面会が円滑になされることが望ましいことはいうまでもない。

　ところで，審判例においては，「子の福祉のため親子の面会交流の実施は不可欠である」とか「原則として認めるべきである」との説示がなされることが多く，昨年（平成25年9月28日）関西で行われた研究会でも，現職で家事事件に熟達されている渡邊雅道判事から，「面会交流の現況と課題」という題のもと，面会交流の拒否についての基本的姿勢としては，「子が幼児期からの成長過程において両親の一方に監護されている場合，非監護親が子との面会を維持し，子が父母双方と良好な関係を持ち続けることが子の精神的な安定や自我の成長にとって重要であるから，面会交流の実施が子の福祉に反することが明らかな場合を除き，これを禁止することは相当ではない。」との立場をとるべきだとの報告がなされたが，これに対して明示的に反論された裁判官はいなかった。

　こうした面会交流原則実施論に対して，梶村元判事は，当然ながら反対され，ときにその筆鋒は厳しすぎる感があるほどである。面会交流原則実施論が面会交流権の権利性を肯定することから直接導き得るという立論であればそれは正しくないし，権利性を認めない立場をとるけれども原則的に面会交流を認めるべきだとするのは，論理的にやや無理であるのみならず，除外事由とされる「子の福祉に反することが明らかな場合」が必ずしも定型的でないうえ，すぐにでもいろんな事情が考えられることからして，「原則実施すべき」といっても，規範性の強いものとみるのには無理があろう。

　例を挙げよう。わが国で最初に面接交渉を認めた審判例として知られるの

は，周知のとおり，離婚後再婚縁組事案で（梶村・前掲注1）裁判例【1】【2】)，その内容をみると，不和別居時から離婚時までは長男（6歳）を監護していた母が，調停離婚で親権者になった父に対し面接交渉を求めた（父及びその代理人が離婚後いつでも子と面会させると約束したかどうかについては争いがある。）というもので，父が再婚し後妻の連れ子2名と養子縁組をし，長男（後妻とは縁組していない。）との5人家族で生活を始めたというケースにおいて，原審家裁が毎月1回の母子面接交渉を命じたのに対し，抗告審は，非監護親は他方の親権・監護権の行使との関係で制限を受け，後妻に懐いている現況下では子の精神面における健全な成長を阻害するとして，面接交渉を認めなかったというものである。このような離婚後再婚縁組事案でも，原則面接実施というべきなのか，「離婚後監護親再婚」という往々みられる事情を織り込んで「原則」を後退させるのか，判断は必ずしも容易でない[7]。

　要するに，面会交流原則実施論も，常に，そのあとに「子どもの福祉に反しない限り」という制約文言を用意しているのであって，子どもの福祉を阻害するその具体的要件が主張され，これが争点となることが予想でき，当然ながらすぐにその点についての審査がなされなければならないのであるから，結局のところ「子の利益を優先させる」点では遜色ないのであって，実益の高い議論とは思われない。そして，子どもの「福祉に合致する」とか「子どもの利益を阻害する」とかのフレーズが最も重要な役割を果たすのは，積極消極を問わずその結論部分に対する理由付けとしてなされる部分であるから，仮に，原則実施論に沿う文言が冒頭に現れてきたとしても，それは，当該事案において，望ましい面会交流が可能であるならば早く実現させたい，あるいはぜひとも実現させるべきだという裁判官（裁判所）の希求の念，ないしは面会交流に対するひとつの理念の表明とみることはできないだろうか。

2　「原則実施すべきである」とする説示の背景

　ところで，筆者自身は，家事審判書や抗告審決定書において，例えば，「監護者と非監護者との間に感情の対立があることは明らかであるが，監護者と非監護者とは現時点ではなお夫婦であり，子らにとって，非監護者は，

最も身近な男性モデルとしてその姿・行動等を見つつ成育するべき存在であるところ、これが両親の別居という不幸な状態に立ち至った現在であればなおさら、離れて暮らす非監護者と出来る限り交流して多様な経験を積むことが重要であり、そうとすれば、子の福祉を害するような事情のない限り、面接交渉を実施することが相当である。」というように、原則実施論に立つような言い回しを使ってきたことは間違いない。しかしながら、正直に告白すると、面会交流の許否の判断の順序として、「特別な事情がない限り面会交流を認めるべきである」との判断をまずしたうえ除外事由の有無を判断したのではなく、調査官作成の報告書を含めた記録の閲読及び当事者双方の審問を実施するなかで、一切の事情を総合的に検討して「認めるべきかどうか」の判断をしたように思う。

　要するに、除外事由を抗弁事実としてはとらえなかったように思うのだが、そもそも、民事訴訟における財産請求のような枠組みで許否を検討すること自体問題といえよう[8]。つまり、結論は総合的判断であり、理由付けとしてむしろ原則実施論に沿うような言い方をしたにすぎない。

第4　面会交流調停事件の運用について

1　離婚調停における面会交流の取扱い

　しばらく前までは、子どものいる夫婦の離婚調停において問題になったのは、①離婚に合意するかどうか、②離婚の合意のめどがたった場合に、いわゆる離婚給付（財産分与、慰謝料、解決金）を認めるかどうか、③そして子どもの親権者をどちらの親とし、仮に親権者（監護親）から非親権者（非監護親）に対し子の養育料を求めた場合、その額はどの程度が妥当か、の各点であり、調停委員会はこれらについて合意のあっせんを行っていた（いわゆる合意あっせん説）。子どものいる夫婦であるからといって、非親権者が親権者に対し、面会交流を明示的には求めない場合も少なくなく、そのような場合、調停委員会としては、あえてこれをとりあげることなく、いわば不問にして面会交

流に触れないまま,離婚調停を成立させていたのである。

　しかし,平成24年の民法766条の改正により協議離婚の場合でも面会交流について何らかの取決めをなすようにとの方向づけがなされたのであるから,裁判所が関与する調停離婚においてはその点についての促しをなすことは当然である。ただし,よくあるケースとして,監護親となるべき母親が離婚を急ぐあまり非監護親からの面会交流の要求を安易に（あるいは心裡留保的に）認め,調停離婚成立後に面会交流条項が反故にされることがあるが,そういう事態は極力避けなければならない。最近になって「夫婦関係の解決よりまずは親子問題の解決を」と,なにより子どもの福祉を優先すべきであるとの主張が強くなされるようになり[9],もとより正論というべきであるが,現実のDV事案などにおいて,とにもかくにも離婚をしたいという妻の切実な要求も無視できないのであって,早期に離婚を成立することにつき双方で意思の合致がある場合にはとりあえず離婚だけ成立させ,面会交流についてはあえて触れないという選択もあり得るであろう。

2　面会交流調停の進め方

　離婚後の面会交流調停の場合には,既に多くの家庭裁判所において,「非監護親と子との面会交流は基本的に子の健全な育成に有益なものであるとの認識の下,その実施によりかえって子の福祉が害されるおそれがあるといえる特段の事情がある場合を除き,面会交流を認めるべきとの考えが定着している。」[10]との前提で,それに沿った「面会交流の進め方チャート図」なども作成されているようである。[11]

　面会交流原則実施論についてどのような立場をとるにしても,調停について合意あっせん説に立つ限り,上記実務の進め方自体については格別の異論はないであろう。また面会交流原則実施論に立つにしても,面会交流につき拒否的態度を示す監護親に対して,いきなり,「原則的に実施すべきものですので会わす方向で検討してください」と説明すれば,かえって監護親の反発を招き,調停委員会に対する不信感や警戒心を助長させるだけであるから,相当でないことはいうまでもない。

3 調査官関与の重要性

　面会交流の是非が調停事件として俎上にあることは，すなわち，面会交流について「子の福祉が害されるおそれがある何らかの事情」の有無が問題になっていることを意味し，早晩調停委員会だけでは対処しえない状態に至ることが十分に予想される。したがって，家庭裁判所調査官に早い段階からの期日立会いを求めるとともに，子の拒否が問題になるときは，子の心情又は意向調査を命ずることが不可欠となろう。家庭裁判所調査官の児童心理等人間関係諸科学に係る専門性や，限られた時間や場所での調査の持つ限界等について，様々な批判があるけれども（筆者自身専ら法律分野でしか生きてこなかったので軽々にいうことはできないが，最近の調査官研修の内容や充実度をみると，かなりのレベルに達しているのではないかと推量する。），それについては，筆者の能力を超える問題であるので，ここでは立ち入らない。

4 同席調停のすすめ

　面会交流は，非監護親と子が直接会うというその様態からして，これを円滑に実施するためには，監護親の協力が必要であることはいうまでもない。したがって，調停の当初はともかくも，面会交流を実施する方向で合意するに至った場合には（ときには，それ以前においての実施の是非についての話合いでも），同席調停によって納得のいくまで話し合い，面会交流の実施条項をまとめていくべきであろう。

　筆者が離婚調停を担当していた頃でも，既に「相手の顔をみたくない」あるいは「相手が呼吸をした部屋には入りたくない」といって，同席調停など論外で別席調停あるいは別室調停を望む当事者が増えてきた実感を抱いたが，面会交流のように今後も引続きともに子と関係しつつ各場面において相互に協力する必要がある紛争類型で，同席調停による話合いや協議もできないようでは「将来が思いやられる」のであって，当然，同席調停を実施して面会交流が確実に履践される基礎を固めるべきである。[12]

5　第三者機関の援助

　高葛藤ケースなどでは，せっかく調停を成立させても具体的な実施の調整等を監護者と非監護者の直接交渉に委ねると，些細な行き違いからあつれきが再燃して面会交流の実施が頓挫することになりかねない。当事者双方が，そうしたことを危ぶみ，今後の面会交流の円満，安定的かつ長期継続を願って，第三者が関与することに合意するなら，もとよりその旨の条項をいれるべきであろう。ただし，FPICなどを利用するには適格性の要件審査や相応の費用負担も必要であるから，[13] 調停条項を綿密に詰めておかないと当事者の翻意により，いとも簡単にせっかくの努力が水泡に帰す危険性があることに留意しなければならない（なお「第三者機関の関与」を審判でうたう例も少なくない（一例として梶村・前掲注1）裁判例【72】東京家審平成18年7月31日）が，筆者自身は消極である。）。

第5　面会交流審判事件の運用について

1　審判事件の限界

　いきなり審判事件として申し立てられた事件でも，裁判所はこれを調停に付することが多いから，ここにいう審判事件は，調停が不成立となったことにより「審判」として登場する事件をいう。

　しかし，面会交流事件が審判事件として対処しなければならないことは，既にして「難件」になっていることを意味し，前途に暗雲が立ちこめているといってよい。なぜなら，面会交流は，仮に申立人が審問や調査の結果を経てこれを認める旨の審判を得たとしてもそれだけでは「審判書」をもらえたというにすぎず，相手方たる監護親の協力がなければ非監護親の満足のいく十全な面会交流は不可能なのである。仮に前記のとおり推奨した同席調停まで経て合意がなし得なかったということは，根本的に相容れない対立要因を抱えていることを意味するのであって，認容する審判が出ても，その協力を

得ることが容易ではないことは推測するに難くない。もちろん，なかには，調停でかなりの時間を費やしたにもかかわらず最後まで両者の主張の隔たりが大きくて不成立となった案件で，原則的実施論を採用したわけではないがやはり面会交流をするのが望ましいとして認容した審判が，予想に反して監護親からの抗告がなくて確定したというケースもないではないけれども，数としては少なく，裁判官時代の実感としては，当事者の言い分に耳を傾け，調査官調査にも相応の時間をかけて，子どもの利益にも十分に配慮して，自分なりに精魂を傾けて審判書を作成しても，審判書送達後数日をおかずに抗告されたことを聞いて落胆するということがほとんどであったといってよい。抗告が必至という状況で審判を書くのは精神衛生的には負担面が大きいのであって，かなえられるのであれば，面会交流自体を却下された事案はともかくも，相応に認められた事案においては申立人（非監護親）はもとより，相手方（監護親）の方もそれなりに尊重し，仮に双方に代理人がついている場合などでは，家裁の（一部）認容審判が出た時点で，同審判を基礎にした話合い解決を目指すあり方があってもいいのではないだろうか。

2 調停成立の可能性を最後まで探る

　さきに述べたように，面会交流事件においては審判では真の解決が難しいのであるから，裁判官としては，最後まで調停成立の途を諦めてはならない。当事者双方から審問を終えたあと「絶対に合意は無理なのですみやかな審判を望みます」といわれれば，万策尽きるわけだが，監護親の拒否事由が「子どもがおそらく会わないでしょう」とか「子が非監護親に嫌悪感なり恐怖心を抱いていて実質的な面会交流になりようがない」などというのであれば，ともかくも，ベテランの家庭裁判所調査官が立ち会っての試行的面会交流の実施までこぎ着けるべきである。

　筆者が在官中経験したのでは，監護親が面会交流に消極であったところ，裁判所の説得でなんとか試行的面会交流をしぶしぶ了承したものの，週日はとても無理なので土曜日曜にしてほしいという難題を出してきたことがある。筆者は家庭裁判所調査官と協議のうえ，開庁日でない土曜日に裁判所の近く

の公園で調査官立会いのもと試行的面会交流を実施した（不測の事態に備え筆者が裁判官室で待機した。）ところ，案外うまくいき，監護者も折れて無事面会交流を認める調停成立に至ったという事例がある。そのほか，当事者双方とも，普通の面会交流だけだと時間がもたないというので，監護親と子どもが食事をしているところに非監護親と家庭裁判所調査官が登場して（もちろん子どもには不意打ちにならないよう相応の準備作業をしたうえである），食事をともにするという，最近ではおそらく推奨されない形態の試行的面会交流を行ったことがある。そのケースでも調査官の尽力が効を奏して調停成立にたどりついたが，概していうなら試行的面会交流の効果は顕著であって（もちろん失敗例もあるが），場合により回数を重ねることにより，互いに信頼感が醸成され，合意成立の運びとなることも少なくない。

　要は，審判で面会交流を認めても理想的な面会交流の実現は困難であるとの認識に立って，当事者間の合意成立に向けた努力を最大限なすべきである。

3　審判結果の尊重について

　最大限合意あっせんの努力をしても合意に至らない場合，審判を下さざるをえない。裁判官がここで直面する規範は，結局のところ，「子どもの福祉ないし利益に適合するかどうか」であり，極言すれば，比較基準説（請求原因説）をとるか明白基準説（抗弁説）の対立は背景に後退すると考えるが，既に述べたところと重複するので，面会交流審判の主文の記載方法等を含め，割愛し，ここでは，家裁でなされた審判の尊重ということを提言したい。

　さきにも少し触れたけれども，面会交流は子どもを巻き込んでの紛争，というより健全な子どもに育ってほしいという願いの込められた紛争である。なにより迅速な解決が求められる。家裁の審判が出た段階では，まだ一審にすぎないということで，不満な結果になった当事者はすぐにも抗告するのであるが，面会交流事件の上述した特質に鑑みると，無用な抗告を避け，とりあえず，当事者には家裁の審判の結果をできる限り尊重するというスタンスをもってほしい。抗告審を担当した経験からいうと，面会交流の原審判は，ほとんど，監護親と非監護親双方を審問し，子に会った家庭裁判所調査官か

ら子どもの率直な感想や意見をつぶさに聴取し，そうした結果を踏まえて「子の利益」を十分に考慮したうえで結論を出しているように思えるのであって（もちろん中にはそうではない審判があることも否定しえないが，その数は少ない。），基本的に尊重していいのではないか，と考える[14]。

　要は，さきにも述べたが，家裁の判断が出た段階で，関係当事者がその審判をベースに，当該事件についてその時点で考えられる最良の解決策を検討して合意点を見出し，それを実践することが子どもの福祉にとって必要なことではないだろうか。

1）梶村太市『裁判例からみた面会交流調停・審判の実務』（日本加除出版，2013）。
2）横田昌紀＝石川亨＝伊藤彰朗＝加藤幸＝吉永希〔横浜面会交流研究会〕「面会交流審判例の実証的研究」判タ1292号5頁，梶村・前掲注1）参照。その後の著名な裁判例として，面会交流審判について，頻度等，受渡場所，受渡し方法について審理不尽があるとして原審に差し戻した東京高決平成25年7月3日判タ1393号233頁などがある。もとより現実の審判は公刊物で紹介された以外にも日常的に多数出されていて，その全容を把握するのは困難である。
3）栗林佳代『子の利益のための面会交流』（法律文化社，2011）44頁。
4）改正経緯については細矢郁＝進藤千絵＝野田裕子＝宮崎裕子「面会交流が争点となる調停事件の実情及び審理の在り方―民法766条の改正を踏まえて―」家月64巻7号4頁以下に要約がある。
5）最高裁は，例えば夫婦同居に関する審判の合憲性が争われた事例において，「家事審判法の審判は夫婦同居の義務を確定する趣旨のものではなく，同居義務の存することを前提として，その同居の時期，場所，態様等について具体的内容を定める処分である。」「前提たる同居義務自体については，公開の法廷における対審及び判決を求める途が閉ざされているわけではないから，審判手続は合憲である。」と判示した（最決昭和40年6月30日民集19巻4号1089頁）。そして，その他の事件類型に対応してなされた同旨の最高裁判例によって，非訟事件において，当然に実体的権利義務があることを前提として，裁判所が裁量権を行使して権利義務の内容を具体的に形成するとした枠組みが，家事非訟事件の権利性を認める判例理論が実務に定着したのであるが（若林昌子「面会交流事件裁判例の動向と課題」法律論叢85巻2・3合併号387頁），

具体的に形成される以前の権利をも「実体的権利」とした出発点がその後の議論の混乱を招いたように思われる。なお，高橋宏志「夫婦同居に関する審判の合憲性」別冊ジュリ「家族法判例百選」（7版）14頁参照。

6）面会交流を親の義務の視点から捉えることの重要性を指摘されるのは二宮周平教授である（『家族法』（新世社，第4版，2013）124頁）。同教授は次のとおりいわれる。「基本的には面会交流は子の権利であり，この権利に対応して，別居親には子と交流する義務があり，同居親には子と別居親の交流を保障する義務がある。」「子を扶養する義務が離婚後も継続するのと同様に，別居親も潜在的にはなお親権者であり，離婚後も子の監護教育にかかわる義務がある。」「自分から交流を求める場合には，監護教育義務の履行なのだから，子の福祉に適うように配慮する義務を負うのである」。子の権利性，親の義務制を強調される点においてもちろん異論はないが，その分，「面会交流権」の実体的権利性は弱めざるを得ないであろう。

7）本多智子判事は調停委員に対してなされた講義において，監護親が再婚して新しい家族ができていることは，再婚家庭の安定が子にとって大事であることを考慮するにせよ，それだけで禁止・制限事由に当たるとは考え難いとされている（「家事調停における当事者の納得と家裁への信頼」調停時報188号12頁）。一方，月1回の面接と年2回の宿泊付面接交渉を認めた原審判（梶村・前掲注1）裁判例【68】京都家審平成17年8月24日）のあとに父が再婚しその再婚相手と子が養子縁組をした場合に「新しい家族関係を確立する途中であることに鑑み」宿泊面接を認めなかった抗告審決定（裁判例【69】大阪高決平成18年2月3日），将来の面接に備えて写真送付を命じたものの直接面接を否定した京都家審平成18年3月31日（裁判例【71】）などがあるほか，従来の裁判例では原則として制限される傾向にあるとの指摘もあって（裁判例【69】の判批として山田美枝子「家事裁判例紹介 面接交渉の認否と方法についての判断基準――四つの事例」民商137巻1号84頁），原則的実施が望ましいかどうか疑問が残る。

8）なお，二宮教授も，「子を監護する側がこの例外的な事情（子の福祉に反する事情＝筆者注）を証明できない限り，面会交流を認めるといった要件事実的な捉え方をすべきでない。」と叙述されたうえ，梶村元判事の『家族法学と家庭裁判所』（日本加除出版，2008）268頁を援用されている（二宮・前掲注6）125頁）ので，その点では一致している。

9）若林昌子「離婚関連紛争の解決を支える司法制度と当事者支援」（平成26年2月15日大阪弁護士会主催第26回司法シンポジウムプレシンポでの講演），なお，離婚紛争において面会交流紛争へ弁護士が対応することの重要性を指摘する感銘深い論考として，片山登志子「面会交流紛争における弁護士の役割及び家事事件手続法施行による面会交流紛争への影響に関する考察」（『日弁連研修叢書 現代法律実務の諸問題［平成25年度研修版］』所収）。

10) この点に関し，田中由子元判事は，かつての実務は子の心理的葛藤への配慮等から面会交流に慎重であったが，最近では，面会交流が子の発達に及ぼすより影響が多くの論文等でも紹介されるなどするようになったとした上，非監護親と継続的な交流を保つことで，子はどちらの親からも愛されていると感じ，親との離別というつらい出来事から立ち直ることができるという面会交流の意義からすると，明らかに子の福祉を害するような特段の問題がなければ，面会交流の実現を目指すことになろうとされている。「子をめぐる家事事件の審理と運営について―初めて家事事件を担当する裁判官のために―」（家月62巻 4 号 1 頁）34頁以下。

11) 本多・前掲注 7 ）論文 4 頁。同チャート図によれば，①実情を把握する，②面会交流の意義，目的についての理解を得る，③禁止・制限事由の有無を把握する，④実施方法を決める，の順で調停を進めることとされている。

12) 梶村・前掲注 1 ）287頁。なお小田耕治元判事は，現家事調停委員の立場から，家事担当の弁護士に対し，家事調停一般ではあるが同席調停（実質的には同席聴取）の重要性を熱く論じられている（「月刊大阪弁護士会〔特別編成号〕」2014年 8 月19頁）。

13) FPICの活動については，例えば，山口惠美子「FPICによる面会交流援助」棚村政行編著『面会交流と養育費の実務と展望』（日本加除出版，2013）所収，ADR 4 年間の歩みと課題・冊子編集委員会編『夫婦間紛争とADR：対話促進型調停を目指して：大阪ファミリー相談室ADR 4 年間の歩みと課題』（家庭問題情報センター大阪ファミリー相談室，2014）。

14) 筆者が構成員としてなした抗告審の決定（抗告棄却，公刊物未登載）で，そのような趣旨の説示をなしたことがある。やや特殊なケースであるが，従前の経緯（特に子どもの消極的意向）に照らして年 2 回の日帰り面会交流のみを認めた原審に対して抗告人（非監護親）がより頻回の面会を求めた事案で，「抗告人は，年 2 回にとどまらず，より頻回にわたる面接交渉を求めるものであるが，審判で決定された面接交渉の頻度・内容は相手方にその履行を余儀なくさせる最低限度のものにすぎず，仮に，抗告人と子が面接交渉を重ねる中で，子が抗告人に対して年 2 回を超える回数の面接交渉を希望するに至れば，そうした事態を歓迎こそすれ，その実現を阻むものでは決してない。したがって，抗告人は，自らの希望だけを一方的に主張するのではなく，当面は原審判に従ってそれに沿う面接交渉を行い，それをしばらく続けるなかで，子から，その日常生活，抗告人に対する気持ち，さらには面接交渉自体に関する感想や希望を聴き，基本的にはそれを尊重しつつ，自らの希望との調和点を見出す努力をして，面接交渉の充実，発展を図っていくのが肝要であると思われる。」と説示した。抗告人の納得を得られたかどうかは不明である。

# 家事紛争解決プログラムの意義
── 面会交流原則論とは何か ──

大塚 正之

第1 はじめに

　早稲田大学臨床法学教育研究所及び同科研費グループ・家事紛争解決プログラム研究会では，平成26年10月に司法協会から『家事紛争解決プログラムの概要──家事調停の理論と技法』[1]を出版した。これは，米国の紛争解決理論，メディエーションの技法を日本の家事調停手続に適合するように創り直し，更に臨床心理学，児童心理学の知見も取り入れて，家事紛争解決のための理論と技法を説明したものである。
　このプログラムでは，現在の家事調停の現状を明らかにするため，最近の家庭に関する統計的データも取り入れて，その全体像を明らかにすると同時に最近問題になっている大きなテーマについても言及している。そのテーマの1つが面会交流である。本章では，本書との関連において，面会交流に焦点を絞りながら，この家事紛争解決プログラムの実践的な意義について，説明をしたいと思う。

第2　臨床法学としての家事紛争解決プログラム

　まず，この家事紛争解決プログラムは，基本的には，面会交流原則論の立場に立っているが，あくまで臨床法学の視点に立脚している。臨床法学の視点というのは，そのケースごとの個別性を踏まえ，政治的・経済的・社会的・文化的・心理的な，そのケースを取り巻く個別的・具体的事情を踏まえながら，紛争解決論，臨床心理学など法学以外の多くの隣接分野の知見を学際的な視点から取り入れ，紛争が現に起きている〈今・ここ〉という臨床の場において，その問題を抱えている当事者間の紛争の実践的な解決を目指すという視点である。これを分説すると，次のようになる。

　臨床法学の第1の特徴は，個別性である。一般に民事における法解釈は，個々のケースに含まれている要件事実に該当する事実を認定し，その事実があれば生じるであろう法的効果を宣言するものである。「A→B」が成立するとき，Aに該当する事実があれば，Bという法的効果の発生を認めるというものである。

　どのような要件があれば，どのような法的効果が発生するのかを研究するのが法解釈学である。しかし，家事紛争は，多くの場合，権利義務又は法律関係の存否を争うのではなく，むしろ，その存在を前提として，具体的内容を定める手続である（これを「訴訟」に対し，「非訟」と言う）。面会交流もその1つである。どのような具体的内容を定めるのが相当なのかは，それぞれのケースにより全て異なる。そこでは，「A→B」が成立するような要件事実的な思考では何も解決できない。原則として離婚をすれば財産分与請求権がある，養育費請求権がある，面会交流権があると言っても構わない。しかし，そんなことを宣言してみても，紛争は何も解決しない。当該個別的なケースに即して，その内容を形成するのが非訟作用であり，場合によっては，財産分与額がゼロあるいはマイナスになることもあるし，養育費がゼロになることもあるし，面会が認められない場合もある。それはあくまでも個別的判断であって，原則として権利があると解釈できる場合でも，具体的内容がどの

ようなものになるのかは，個別的な判断であって，当然にこのような金額を支払えとか，このような面接をさせろとかいう結論には結びつかないのである。それぞれの個別のケースが含んでいる具体的な問題点を詳細に調べなければ結論を出せないのが非訟事件の特質であり，個別的な臨床の場というものを考えなければならないのである。子の最善の利益を実現するために，どのような養育費の金額を設定し，どのような面接の枠組みを作るのが望ましいのかなど子の監護に関する処分の内容を個別のケースに即して個々の裁判体が判断することが必要であり，判断すべきことである[2]。権利の存否の問題を論じることは，多くの場合，そのままでは家事紛争の解決にはほとんど役に立たない。

　第2に，臨床の場においては，法的要件事実だけが独立して存在しているのではなく，その中には，社会的・経済的・文化的・心理的側面が含まれており，紛争というのは，そのような様々な背景が相互に作用しながら生じてくるという視点である。法的判断においては，そこから主張される法的効果を導くのに必要な，あるいは，その法的効果の発生を一時的若しくは恒久的に障害し，又は既に生じている法的効果を消滅させる法的事実だけを念頭に置くことで足りるが，非訟的判断をする場合においては，臨床の場から切断して取り出せるような法的な事実というのは，意思表示理論や所有権理論では処理できない構造を持っている。例えば，面会交流についてみると，どのような事実があれば，どのような面会交流が最も子の福祉にかなっているのかはにわかに判断することはできない。DVがある場合とない場合，子と非監護親と間に面識がある場合とない場合，子が非監護親に親近感を持っている場合と敵意を持っている場合など類型化が不可能ではないが，面会交流の内容を定めるに当たり，子の最善の利益になる面会交流の普遍的な在り方というのは存在しない。臨床の場から，一般的・抽象的な法的要素だけを取り出して，それのみで判断をしても，決して適正な紛争の解決は期待できないのである。

　第3に，以上のように多様な側面から分析する場合の道具立てとして，紛争解決理論，臨床心理学，児童心理学などを含む人間関係諸科学の知見を得

て，学際的観点から，問題を捉えることが必要である。特に面会交流というのは，法的判断に基づき執行するということとは全く相いれないものであり，子どもと非監護者との間によい親子関係を形成し，子どもが双方の親から愛情を受けながら育つ枠組みを作ることに目的がある。そのためには面会交流を求める権利があるとか，権利はないとかいう議論を止めて，子どもにとって最も利益になる枠組みはどのようなものかを共に考え実現していくことが必要である。何が子の最善の利益かを明らかにするためには，学際的な視点を持つことが必要であり，紛争解決理論の知識をしっかりと持つことも重要なことである。そのために法学だけではなく，心理学，社会学，教育学などの専門教育を受けた家庭裁判所調査官という専門職が家庭裁判所には置かれているのである。

　第4に，目指すのは，事件処理ではなく，紛争の解決であるという視点である。事件は，取り下げでも，不成立でも，為さずでも，処理されていく。家庭裁判所にとっては一件落着であり，1件の既済である。しかし，以上のような事件処理は，多くの場合，紛争の解決にはなっていないのである。また，無理やり結論を押しつけて合意を形成しても，それに当事者が納得しなければ，事件の処理にはなるが，紛争の解決にはならない。調停成立直後に自殺しそうになった当事者を裁判所職員が発見して抱きかかえ，辛うじて自死を免れたということも現実に生じている。合意はできたものの，本当は何を言っても通じないと諦めただけで納得できたわけではなかったのである。つまり紛争は何も解決されていなかったのである。調停で合意ができたのに，実際には実行されていないというケースも相当数存在する。事件は処理されたが，紛争の解決ができていなかった結果である可能性が高い。事件の処理と紛争の解決とは違う。紛争を解決するというのはどういうことなのかをしっかりと考える必要がある。「事件処理」要領と「紛争解決」プログラムの違いはそこにある。国民が求めているのは，事件を処理することではなく，紛争を解決することである。家庭裁判所は国民のこのニーズにしっかりと応える必要がある。手持ちの自分の事件処理だけを考えるような調停委員会であってはならないのである。

第3　面会交流原則論の意味

　面会交流を原則として認めるということは，社会的，経済的，文化的，心理的障害の除去に向けて必要な作業を家庭裁判所が引き受ける決意をし，あるべき面会交流の枠組みの設定に向かって一歩踏み出すことを意味している。そのような方向に家庭裁判所が向かったことは高く評価することができる。家庭裁判所は，平和な家庭の維持を実現するため，戦後の復興の過程において，高まいな理想を掲げて戦後に新しく誕生した。最高裁事務総局の中でも，家庭裁判所の司法行政を司る家庭局は，初代宇田川局長時代から，その理想を貫くべく，努力を重ねてきた。成年後見人の監督などという行政的な仕事は，本来，家庭裁判所のすることではないが，そのような監督機関を行政庁（厚労省，法務省）は作ろうとせず，禁治産の場合と同様，家庭裁判所が引き受けざるを得ないということで，出来上がったのが，成年後見監督を家庭裁判所が実施するという制度である。本来，成年後見人の監督などという行政的な仕事を家庭裁判所がすべきではないのだが，あえて家庭裁判所がこれを引き受けたのは，あまりにも日本の行政や民間機関の発達が不十分であり，家庭裁判所以外に後見監督を実施できる機関がなかったからである。

　家庭裁判所も裁判所であり，行政的な労苦からこれを解放し，判断業務に専念できるようにするのが理想ではある。しかし，そのような社会的，経済的，文化的，心理的基盤が醸成されていない日本社会においては，家庭裁判所は，いつもその欠けている部分を担ってきたのである。そのことに行政機関は感謝こそすれ，家庭裁判所を批判するのは筋違いであり，また，最高裁判所も，この間，家庭裁判所が日本国において果たしてきた大きな役割を過小評価すべきではなく，家庭局の活動をもっと評価し，尊重する必要がある。かつて補導委託制度が充実していた時代，家庭裁判所は少年法に基づく処遇判断をする前に子どもを補導委託先に預けて，非行性が除去されてうまくいけば，不処分にするという運用を多く行っていた。補導委託先というのは，民間の篤志家で，少年を一時的に預かり，非行文化の及ばない環境世界に少

年を置くことにより，非行性を除去していく活動を行う施設や企業である。しかし，それは執行（行政）に属することであり，家庭裁判所は判断（司法権の行使）だけをすべきで，行政に口出しをせず，保護局，矯正局に任せるべきであるという考え方があり，次第に補導委託先は減少し，委託期間も短縮されていったという歴史的経緯がある。しかし，その背景には，必ずしも保護司が十分に保護過程の役割を果たしているとは言えない状況が存在していたのであり，今でも，その状況は必ずしも改善されていない。例えば，保護観察処分になった少年は，保護司にはちゃんと生活していると報告し，実際には深夜にバイクを走らせるというようにその実効性がなかったため，保護観察中に再非行をして再び家庭裁判所にやってくる少年が相当数いたのである。多くは処分後のその少年の生活環境に原因があったことから，そこに戻せば再非行をするおそれが高い。しかし，本人自身の非行性はさほど進んでいないので，少年をその環境から一時的に切り離し，環境を調整する場として補導委託先が有効に機能し，少年院に収容する必要がない状態にしたうえで，新たな保護観察処分をしたり，不処分にして，再度，従前の保護観察を実行するなどの機能を補導委託は果たしてきたのである。これも家庭裁判所が行政の不備を補ってきたという歴史の1コマであり，行政や民間の支援機関など社会資源の乏しい日本社会の実情から生まれたものである。

　今回，新たに家事事件手続法が制定され，面会交流が条文において明文化され，家庭裁判所が原則実施に向けて動き始めた背景には，子どもたちが両親から愛情を受けて成長できる社会にするという理想がある。この理想を実現することは大変な労力を要する。なぜなら，面会交流の合意ができないため，調停，審判に持ち込まれるケースの多くは父母間のかっ藤が高く，そのまま面会交流の決定をしても，その子が両親から愛情を受けながら安心して生活できる枠組みを作っていくのは容易ではないからである。それは成年後見監督以上の大変な作業である。もちろん，成年後見監督と同じく，家庭裁判所は，決定をするだけで，その後，実際に面会交流が可能となる枠組みを作っていくのは行政のやるべき仕事であるということができれば，それは理想的な方向である。しかし，残念ながら，わが国には，欧米のような面会交

流における行政的サポートもほとんどなければ，子どもを支援するNPO法人など，これを支える民間の機関も十分にない状況にある。欧米には，そうした面会交流を支える行政のサポートや民間の社会資源が充実しているのであり，そのような背景のもとで面会交流や共同親権を実現しようとしているのである。そのような背景事情の違いを無視して，わが国でも同じことを直ちに実施しようとしても無理がある。ここでも，家庭裁判所は，諸外国では行政が行っている面会交流のサポートや民間のNGOが行っている支援サービスがあまりない状態で，スムースな面会交流が実現できるよう支援する積極的な役割を担っているのである。

すなわち，家庭裁判所は，ただ単に面会交流の合意をするかしないかを決めるだけではなく，どのようなことをすればスムースな面会交流が実現できるのかを考える必要がある。家事紛争解決プログラムは，このようなニーズに応えるために策定したものであり，家庭裁判所がその役割をしっかり果たすために不可欠なことは何かを考えて作られているのである。

第4　面会交流を困難にする要因分析

そこで必要なことは，面会交流を困難にしている要因を明らかにすることである。本来，個別的面会交流のケースについて，何が面会交流を困難にしているのかを確認し，それを集積し，分析すべきであるが，そのような研究はほとんどされていない。実際に面会交流について家事調停の中でどの程度，どのような内容で合意がされているのかについては，横浜家裁本庁の1年間に成立した約1000のケースについての実証的研究[3]があるが，それから既に20年近く経過するものの，面会交流を困難にする要因についての実証研究はあまり行われていないようである。以下は筆者が主に横浜家裁及び千葉家裁で取り扱った家事調停のケースをベースにして，面会交流の成立を困難にしている要因を分析したものである（『家事紛争解決プログラムの概要』の面会交流に関する監護親及び非監護親の主張は，この分析結果を背景とするものである）。これ

は質的調査であり，量的調査ではないので，統計化されたものではない。その点は留保してお読みいただきたいと思う。

1 政治的要因

　面会交流を妨げる政治的要因としては，両親が離婚後も，子どもを安心して育てられる環境を作ることに対する政策的な考え方がある。わが国では，婚姻及び離婚については，基本的に「法は家庭に入らない」という政策的態度を採っており，婚姻も離婚も自由であり，国はこれに干渉しないという立場をとっている。これは世界から見れば例外的である。キリスト教国も，イスラム教国も，婚姻，離婚という社会現象と宗教とは密接に結びついており，特に宗教改革前のキリスト教国（旧教国）では，婚姻はサクラメント（秘蹟）であり，神が2人を結びつけるものであり，教会での儀式を必要としており，離婚は禁止するとされているので，教会において終生愛することを神（神父）の前で宣言すれば，その婚姻関係は一生続くことになる。離婚を認めない以上，離婚後の親権者という問題は生じる余地のない社会であった。離婚が認められるようになったのは宗教改革によってプロテスタントが誕生してからのことである。しかも，当初は，父の親権が強力であったため，面会交流は，子と母との面会交流の問題から出発し，その後，20世紀に入り，特に幼少期の子については母を親権者とする原則ができてからは，主に父との面会交流をどうするのかという場面が多くを占め，今日に至っている。

　これに対し，日本社会では，戦前及び戦後しばらくは，子どもは家のものという観念が強くあり，離婚をした母親は，子どもを置いて家から去るというのが普通だった。その後，母が親権者となるのが原則となり，現状では協議離婚において8割から9割が親権者を母と定めている。離婚全体の9割が協議離婚であるから，日本人の通常の意思として，離婚後の親権者は母が相当であるという考え方が多数を占めており，母親が子どもを実家に連れ帰って，離婚の話合いになり，そのまま，母親が親権者になって養育するということになるのが普通のパターンになっている。協議離婚が主流であるため，実際に非監護親となった父親が養育費の支払いや面会交流を通じてどの程度

離婚後に子どもに関与しているのかについて,その統計がないのが日本の現状であるが,一般的には,それぞれ3割程度と言われている。全体の7割は,父親は離婚後の子の養育には関与していない現実があるようである。そして協議離婚制度のもとで,それはそのまま放置されているのである。嫡出でない子はもとより,嫡出子であっても,両親が求めない限り,子が両親の愛情を受けながら育つ権利は日本社会では実現困難である。そのような日本社会の現状をまずしっかりと認識する必要がある。いくら子の最善の利益を保障すると言っても,面会交流ができるのは,両親がそれを望んだ場合に限定されている。仮に面会交流を合意しても,父親が会いたくないと言えば,会えないし,嫡出でない子の場合は,父親が認知しなければ父が誰かさえ分からない。もし,子どもの権利として両親に養育される必要があるというのであれば,その父親がその子に会いたくなったときにだけ会えるような今の制度は,極めて不十分な制度でしかないということを考える必要がある。大部分の子の両親の愛情を受ける権利が放置されている中で,父親が会うことを求めた場合にだけ強い法的拘束力を与えることは,むしろ,そうでない子との格差を拡大するということも考慮する必要がある。

2 経済的要因

面会交流を困難にする要因の1つに経済的要因がある。通常,子どものいる夫婦が離婚をすると,共稼ぎの場合も,夫が稼働収入を得て,母親が専業主婦ないしアルバイト程度の収入を得ている場合も,母親が子を引き取り監護親となったときには,その経済的環境は悪化する。適正な養育費が支払われても,父母が別居すれば,二世帯になるわけであるから,従前の半分とまで行かなくても,相当に経済的には苦しくなるはずである。それは子の福祉を害することである。その原因が非監護親にある場合には,監護親としては,子の経済的環境を悪化させ,子の福祉を害したのは非監護親であるという認識が形成されやすい基盤がある。そして多くの場合,離婚に至った責任は相手方にあると考えるのが普通の心理であることを考えれば,本人が意識するにせよ,意識しないにせよ,非監護親は子の福祉を害した存在として立ち現

れることになり，そのことは，非監護親と子との接触に対する抵抗感を監護親内部に形成することになる。

　また，母親が監護親になった場合，母親は子を養育するため，それまで以上に生活のため稼働することが必要となる。専業主婦であった場合，これまでほとんどを子の養育のために費やしていた時間が稼働収入を得るための活動に奪われることになり，それだけ子との接触時間が制限される。それにもかかわらず，大切な休日を父親と子との面会に取られることは納得しにくいことである。また，そのために仕事を休まなければならなくなるとすれば，ますます経済的負担は増大し，そこまでして会わせなければならないということに自分自身を納得させることができなくなってしまう。

　他方，非監護親からすると，例えば，離婚すれば，母親が専業主婦として行っていた家事を全部自分一人でしなければならなくなる。そしてその上に養育費の支払を求められる。大変になったのは，監護親だけではない，お互いさまだと考える。その結果として，監護親の経済的に大変だという理由が面会交流に応じない理由に加えられることには納得ができないという気持ちが起きてくることになる。

3 社会的要因

　面会交流を困難にする社会的な要因は，面会交流を実現するための制度が社会にほとんど存在しないことである。中国にも，韓国にも，離婚時に子の養育をどうするのか，面会交流をどうするのかを考えるためのチェックを法院あるいは家庭法院が行っている。米国は州によって異なるが，例えば，カリフォルニア州の家族法では，共同監護，訪問権のほか親子に対するカウンセリングの規定が設けられている。イギリスにはCAFCASSという子どもと家庭裁判所への助言と援助サービスを行う機関が設置されており，面会交流の援助を行っている。ドイツには，少年局が設置されており，民間機関とともに面会交流の援助を行っている。少年局は，必要性に応じて，DVなど問題のある当事者に対しても，きめ細かな援助を行うことにより，面会交流の実現を図っている（詳しくは大塚正之『判例先例 渉外親族法』（日本加除出版，2014）

参照。また，前掲注1）『家事紛争解決プログラムの概要』でも触れている。)。

これに対し，日本には，面会交流を援助する行政機関の制度や民間の機関はほとんどない。各国に面会交流を支援する機関や制度が設置，運営され，面会交流の援助サービスが行われているのは，正しく，面会交流を実現するためには，それが不可欠であると考えられるからである。したがって，本当は，そのような社会資源のないところで，面会交流を原則実施することなど，世界的にみれば，極めて無謀なことなのである。そのことを多くの両親にまず理解をしていただき，日本にも面会交流を支援する機関が必要であることについて国民の自覚を高めていくことが必要である。例えば，FPICという団体が面会交流の援助を行っているが，これは民間の機関であり，何らの権力も持っていないから，当事者双方がその指導に従って行動していただくことが前提となり，相当負担のかかることなので，どうしても費用が掛かる。この費用を行政が援助するだけでも，第三者介入の面会交流の実現が比較的容易になり，面会交流をスムースにすることができるようになる。このような援助機関や行政的制度がわが国に決定的に欠けているのである。これは制度的欠陥と言ってもよい。それを今，家庭裁判所が補っているのであるが，極めて不十分というほかない。

4　文化的要因

面会交流を困難にする大きな事情として文化的考え方の落差を挙げることができる。戦前，そして戦後しばらくの間は，女性は家庭にいて家事・育児に関与すべきであり，男性は，厨房に立ち入ることなく，それは女性に任せて，自分の仕事に専念すべきであるという男女の分業がよいという考え方に立脚して行われてきた。しかし，次第に女性の社会進出が文化的にはよいことであるという海外の考え方が日本に取り入れられて，女性も男性と同じように働き，家事・育児も男女平等に行うべきだという考え方が入ってきた。中には専業主夫になる男性も出現してきた。しかし，それがどの程度，欧米に近づいたかと言えば，依然として，女性の管理職の割合は低く（アメリカ43.7％，フランス39.4％，イギリス34.2％に対し，日本は11.2％である）[4]　男女の賃金格

差は開いたままであり（2012年の平均年収は，男性502万円，女性268万円，2013年の平均年収は，男性511万円，女性272万円である。数十年間格差は縮まっていない）[5]。パート労働等における女性の割合は男性の倍以上であり（パート労働等正社員以外の就業者は男女とも増加しているが，女性は54.4％であるのに対し，男性は20.3％である）[6]。女性が社会進出をしようと思っても難しいという現実がある。同じような仕事をしながら，男女で賃金格差があれば，労働へのモチベーションも低下せざるを得ないし，社会的な男性への反感（社会構造からもたらされる被抑圧感）も潜在的に形成される文化的な素地を創っている。そして共稼ぎ夫婦の実情でも，実際には，家事・育児の負担は女性の方に掛かっている。実際の男性の育児休暇取得率をみると，民間企業では，2007年に1.56％であり，その後も，横ばいが続き，2010年には，1.38％に低下し，2011年には，2.63％にまで上昇したものの，2012年には再び低下し，1.89％となり，2013年には2.03％となるなど低い水準が続いている。これに対し，女性の育児休暇取得率は，一貫して80〜90％の間を推移しており，育児は専ら女性が担当し，男性はほとんど育児に参加していないのが実態である。しかも，男性の育児休暇取得の内訳（2012年）をみると，1か月未満が81.3％，1か月以上3か月未満が7.2％，3か月以上は6.2％に過ぎない[7]。とても育児に男性が参加しているとは言えない現状である。スウェーデンでは，男性の育児休暇取得率は約80％であり，同じく男女平等に育児休暇が取得できる法制度を持っているのに，そこには大きな違いがある。後発先進国として似た環境にあるドイツでさえも，父親の育児休暇取得率は23.6％（そのうち育児休暇取得期間が2か月の父親は75％）である[8]。また，6歳未満児をもつ男性の家事・育児時間のうち，育児時間だけを見ると，日本では0.33時間であるのに対し，アメリカ1.05時間，イギリス1.00時間，フランス0.40時間，ドイツ0.59時間である。家事・育児双方を合わせた合計時間で見ても，日本では1.00時間であるのに対し，アメリカ3.13時間，イギリス2.46時間，フランス2.30時間，ドイツ3.00時間である[9]。このように諸外国と比べると，日本の男性の育児への関わりがいかに低いレベルに留まっているのかが明らかである。その原因は単なる文化意識だけの問題ではなく，わが国固有の長時間労働が背景にあることも無視できな

い。労働時間が週50時間以上の雇用労働者の割合は，日本の男性では4割に近い。欧米では1～2割程度であることと比較すると，異常に高い数値である。[10] 育児休暇を取ることによって職場復帰が困難になったり，出世が遅れたりするというのは男性だけではなく，女性にも生じる問題である。それにもかかわらず，女性はあえて育児休暇を取得し育児に専念しているのである。他方，男性は，権利として育児休暇を取得できるのにこれを取得せず，また，週に50時間も働かないで，諸外国並みに子どもと触れあうことができるのに，それをしていない。このように育児の負担を女性に押しつけて自分だけ出世しながら，いざ，離婚をしたら子どもに会わせろ，俺の権利だと言われれば納得できるはずがない。そんなに権利を主張するなら，育児という義務も婚姻中にしっかりと果たしなさいよと言いたくなるのは理の当然のことである。働いている女性にとっては，結婚しても，家事・育児の負担が増えるだけで，何のメリットもないという現状が婚姻への意欲を低下させている現実がある。妊娠・出産時にも，下手をすると，元の職場に戻れなくなるし，子どもが病気のときも，男性よりも女性の方が休みを取りやすいとなれば，自分が休暇を取るしかなくなる。このような家事・育児は女性がするべきで，共働きでも男性が女性と全く同じように家事育児に関わる必要はないという文化が，なお，現代の日本社会には根強く残っていると言わざるを得ないのである。

　他方，男性からすると，自分が個人的に，家事・育児を分担したいと思っても，子どもともっと触れあいたいと思っても，企業はそれを認めてくれない。子どもが病気だからちょっと休みますと言って休んだら成績に影響する，育児休暇を取ったら，ダメな社員と言われる，そうなると，そう簡単に育児休暇を取ることはできない。上司からいやな顔をされるのは男女とも同じだとしても，男性の場合，他の男性が誰も育児休暇を取っていないのに，自分一人育児休暇を取るというのはしにくいことである。また，土日には，子どもの世話をしたいと思っても，仕事や接待で，休めなくなることもしばしばある。特に上記のとおり日本社会は，世界の先進諸国の中で，飛び抜けて労働時間が長いのであり，そこで自分一人午後5時になったので帰りますとは言えない。この傾向は改善されるどころか，高収入の者からは残業手当・残

業制限を撤廃し，更に今以上に労働を課することが可能な法改正を行おうとしている。そのような社会情勢の中で，婚姻中，子どもの面倒を見なかった，運動会にも来なかった，家族旅行の予定を潰した，だからお前は子どものことを考えていない，そんな人間に子どもを会わせないと言われると，むかっとして反論をしたくなってしまうのが父親の立場である。俺だって好きで仕事ばかりしていたんじゃない，お前や子どもたちのために一所懸命働いたじゃないか，それに家事・育児は専業主婦である妻の仕事であり，それをしなかったからと言って非難される理由はない，男はみんなそうだと訴えることになる。そのような形で面会交流に際しても，お互いの言い分は当然にすれ違うことになり，これが面会交流を妨げる要因となることがしばしばあるのである。

5 心理的要因

このような政治的，経済的，社会的，文化的要因は，多様なものであり，その多様な事情の中から，お互いに面会交流をさせた方がよいのか，させない方がよいのかの認識も異なるものになる。監護親は，会わせたくないと思ったら，その結論に合致するような監護親の立場から見た現実を主張する。非監護親は，会わせるべきだということを基礎づけるため，非監護親の立場から見た現実を主張する。両者が見ている事実はしばしば異なるものであり，また，同じ事実でもその評価は異なるものであるから，当然に価値評価の関わる事実認識には違いが生じることになる。面会を認めることが子の福祉になるという抽象的な理念は了解できても，現実に会わせるのが子のためなのか，会わせないのが子のためになるのか，その評価は，立場によって異なるものになる。非監護親は会わせない理由はないと考えるし，監護親は，会わせる理由はないと考える。そのような判断は，以上のような要因を背景としながら，個別的，具体的な事実の集積の中で自然と無意識のレベルで形成されるものであり，なぜ会いたいのか，なぜ会わせたくないのかの本当の理由は，必ずしも意識の表面に現れているわけではない。本人にもよく分からない場合がある。こういうことで会いたい，こういうことで会わせたくないと

いうのは，多くの場合，後で反省的に振り返って考えた理由であり，ほとんどは無意識レベルで判断されているのである。直観的に会わせたくないという心理がまず生じ，それから理由づけが始まるのである。その多くの判断は，以上のような諸要因を背景としながら，そのもとで生まれて来る数々の婚姻中の個別的かつ具体的な事実の認知の集積の中で形成されているのであり，多くの場合，すぐに返事がなくても，こじつける理由を考えているわけではない。したがって，これを解きほぐしていかないと，自分自身でも，なぜどうしても会わせるのが嫌なのか，なぜどうしても会いたいのか，その理由を明らかにすることはできないのである。

　人間は自分が生まれ育った場所で，自分の認知構造を形成していく。女性の無意識の中では，例えば，以下のような推論が成立しているかもしれない。子どもは女性が育てるべきものであり，お腹を痛めて生んだ子は自分のものだ，だから自分が一所懸命育てる，亭主が協力してくれないが，でも頑張ろう，子どもは自分のものだからと考えて我慢をしてきた。その仕事ばかりの夫とようやく別れることができた，それなのに子どもに会わせろと言われても到底納得できないという心理状態。これはこれで，当然と言えば当然のことなのである。

　他方，同じように男性の無意識には，例えば，次のような推論が形成されているかもしれない。俺だってあの日帰って一緒に子どもと遊びたかったよ，でもそれをしたら俺は会社でダメな人間だと言われて，出世も遅れて，子どもたちをよい学校に行かせることもできなくなる，だから我慢して仕事をしていたんだ，仕事ばかりしていたあなたに会わせないなどと，そんなことを言われる理由はない，俺の子でもあるのだから会わせるのは当然だという心理状態。これもまた当然のことなのである。このような推論は，必ずしも本人が意識して行っているとは限らない。多くの場合，自動思考が働き，無意識のうちにそのような推論をしてしまうのである。それはその人の育った政治的，経済的，社会的，文化的背景の中で歴史的に形成された脳の来歴とも言うべきもので，この脳の持つ思考の仕方というのは，出来上がっているシナプス回路に依存するので容易には変更できないのである。変更できないが

ゆえに，しばしば面会交流が心理的に困難となってしまうのである。

第5　面会交流を妨げる要因を除去する方法

　面会交流の実現について，これを妨害する要因としてどのようなものがあるのかについては，個々のケースごとに考える必要がある。一般的には，上記のような要因が複雑に交錯して，それぞれの当事者認知構造を作り上げているのであるが，個別・具体的には，一般論・抽象論は，そのままでは通用しない。どうしてそのように考えるようになったのかを理解するためには，その当事者の養育された家庭のものの考え方，育児に対する認識から始まって，婚姻中の記憶に残っている具体的な育児に関するエピソードなどを振り返ってみることが必要である。

　その場合，面会交流を困難にする要因を申立人，相手方，調停委員会の共通認識にする必要がある。非監護親が面会したい理由，監護親が面会させたくない理由を監護親，非監護親，調停委員が一緒になって考え，その理解を共通にしていき，お互いのその理由が合理的なものであれば，納得するという作業を行う。これを積み重ねることで，お互いの考え方や理解の仕方の違いが明らかになる。あるいは，婚姻中は，こういう気持ちであったが，離婚して初めてこのような気持ちになったということもあるかもしれない。毎日家に帰っていたときは，あまり何も感じなかったが，離婚をして，家に帰って子どもがいないという現実に直面して，初めて自分が深く子どもを愛していたことに気がつくということもある。そうした上で，面会交流を困難にしている要因をどうしたら除去できるのかを共に考えることが必要である。その原因が分かれば，これを除去する方法を見つけることも可能になってくると考えられる。

第6　面会交流合意形成システムの構築

　以上のとおり，面会交流は，離婚という対立的状況の中で，あるいは離婚によって夫婦関係を消滅させた後に子の存在によって両者を再び関係づける手続であり，最初から矛盾を抱えている問題であることを認識する必要がある。また，面会交流は，どこまでも子が両親と接することで幸せに成長することができるという理念を背景として持っており，この理念を実現するための手続であることを当事者双方が認識する必要がある。その上で，上記のような一般的要因を背景としながら，かつ，個別的・具体的な面会交流を妨げる要因の存在を確認し，これを除去していくことが大切になる。そのためには，お互いが相手方の主張を真摯に受け止めることが必要となる。面会交流をさせる，させないという対立的構造を，お互いにとって利益になる面会交流の枠組みをどのようにして構築していくのかという協調的構造に組み替えていくことが必要であり，この組み替えができないまま面会交流を合意し，あるいは，審判をしても，その後のスムースな履行は期待できない。スムースな履行ができなければ，子の最善の利益は阻害されるだけである。そして，わが国には，そのスムースな履行を実現させるための社会資源はほとんどないから，そのような社会資源が充実するまでは，面会交流を合意し，あるいは審判をする以前の段階で，家庭裁判所において，その履行がスムースにできるようにするための準備をすることが必要となる。その準備をしっかりとした上で，双方が納得できる合意をしない限り，父母間の子をめぐる対立構造は解消されず，父母の軋轢の中で面会交流をすることによっては，子の福祉の実現は逆に不可能になり，本末転倒の結論が導かれることになる。もし，拙速に面会交流の判断を求められるのであれば，家庭裁判所は申立てを認容する審判をすることは不可能になってしまう場合が出てくるのは当然のことなのである。

　家事紛争解決プログラムは，面会交流の合意形成及びその後に控えている審判が現実に子の福祉に役立つような仕方で実現できるようにするため，策

定されたものである。そこには，上記の面会交流を妨げる様々な要因の具体例が示されている。それを通じて，調停委員は，その父母と子との間にある面会交流を妨げる個別的・具体的要因として，どのようなものがあるのかを推知し，その要因を父母と調停委員会の共通する認識とした上で，これを解消するためにどのようなことが必要になるのかを協力して考えていくことが必要である。お互いに合意を困難にしている要因を認識することだけでも，それを解消する契機となる。ちょうどトラウマの解消にトラウマの認識，自覚化が効果を有するように，面会交流の困難性をもたらす要因をお互いに認識，自覚することが，その困難性を弱める力になる。その要因の多くは，当事者本人も深く自覚できていないものが含まれているのであり，多くの場合，会わせたくないという直観的結論から出発する。そこから，それはどうしてでしょうという形で，以上のような問題意識を持って，調停委員が当事者からその要因となっている因子を引き出すことが必要である。子育ては誰がするものという考えを持っていたのか，非監護親が婚姻中育児に協力してくれないと思ったのはどのような事柄か。それについて非監護親は記憶しているか，記憶しているとすれば，なぜその時，協力をしなかったのか，あるいは，自分としては協力をしていると認識していたのか，それはなぜか……という形で面会交流を妨げている要因の解消のためにどのようにすることが必要なのかを議論する過程において，次第に問題意識を共有していくことができる。そしてその要因には，父母それぞれの育った環境における育児についての考え方の違いがあることや仕事と家庭との両立についての考え方に違いがあること，男性と女性とでは愛情表現の仕方に違いがあることなどが自覚化されていく。そして，面会交流をすることがなぜ子の福祉につながると考えているのか，面会交流することが子の福祉を害すると考えているとすれば，なぜ，何が具体的にどのように子の福祉を害する結果をもたらすと考えているのかなど，その個別性，具体性を前提として，問題を解決する方法を模索し，誰のために何のために面会交流をするのか，その意義を共通理解にしながら，このような枠組みで，このような面会交流をすることが，このような意味において，子の福祉にかなう状況になるということを明らかにしていくことに

よって，相互に納得のできる面会交流の枠組みを作ることが可能になっていくのである。

第7　まとめ

　面会交流は，子の最善の利益のために行われる。しかし，面会交流をするという抽象的な原則を具体的に実現することは，容易なことではない。面会交流をすることを認める合意や審判をすることや間接強制をすることは簡単にできる。しかし，実際に面会交流を実現し，面会交流を求める非監護親も，その子も，その子の監護親も納得ができる結果を導くことは非常に難しい課題である。この難しい課題を放棄して，安易に面会交流の申立てを却下し，あるいは面会交流を認めるのであれば，家庭裁判所の存在自体が不要となるし，家庭裁判所に，心理学，社会学，教育学などを専攻した家庭裁判所調査官を置く必要もない。DVの存否だけを調べて，それがなければ認容するということでは，決して子の福祉にかなう面会交流を実現することは不可能である。面会交流を支える社会資源がほとんどない日本社会において，また，上記のとおり，政治的，経済的，社会的，文化的，心理的な側面において面会交流を困難とする背景事情を抱えた日本社会において，どれだけ頑張っても，家庭裁判所にできることには限りがある。しかし，どこまでも子の福祉を実現し，現実に紛争が解決されるような合意形成，審判を目指すことにこそ，家庭裁判所の存在理由がある。そのために作成されたのが「家事紛争解決プログラム」である。その内容を批判的に摂取しながら，そのスキルを充実させることが今家庭裁判所に必要とされているのである。そして，他方において，他の先進諸国にあるような行政機関による面会交流を支援する制度，NPO法人などの面会交流を支援する民間機関，更にはこれを支援するボランティア組織を構築して行くことが不可欠である。そうすることによって，家庭裁判所が判断機関に徹することが初めてできるようになると考えられるのである。

1）早稲田大学臨床法学教育研究所所長和田仁孝＝家事紛争解決プログラム研究会大塚正之編著『家事紛争解決プログラムの概要―家事調停の理論と技法―』(司法協会, 2014)。
2）統計的数値に基づいて, 一応の基準化を行い, 算定表を作成することで, 一定の適正さを確保しながら迅速に子の養育費支払の実現を図ることは, 必ずしも個別性を否定するものではない。
3）大塚正之「家事調停における面接交渉権の実証的研究」司法研修所論集創立50周年記念特集号第2巻所収。
4）平成26年度男女共同参画白書(概要版)【第20図】25頁〈http://www.gender.go.jp/about_danjo/whitepaper/h26/gaiyou/pdf/h26_gaiyou.pdf〉参照。
5）国税庁ウェブサイト「平成24年分民間給与実態統計調査結果について」〈http://www.nta.go.jp/kohyo/press/press/2013/minkan/〉及び「平成25年分民間給与実態統計調査結果について」〈http://www.nta.go.jp/kohyo/press/press/2014/minkan/〉の【(参考) 1年を通じて勤務した給与所得者に関する主な結果】データ参照。
6）厚生労働省ウェブサイト「平成23年パートタイム労働者総合実態調査の概況：個人調査」【表1就業形態, 性別労働者数の割合】による平成23年6月1日現在数〈http://www.mhlw.go.jp/toukei/list/132-23e.html〉参照。
7）厚生労働省「雇用均等基本調査：結果の概要」の平成24年度雇用均等基本調査【事業所調査結果概要：表14取得期間別育児休業後復職者割合】〈http://www.mhlw.go.jp/toukei/list/dl/71-24e-003.pdf〉及び平成25年度雇用均等基本調査(確報)【事業所調査結果概要：図2育児休業取得率の推移】〈http://www.mhlw.go.jp/toukei/list/dl/71-25r-10.pdf〉参照。
8）独立行政法人労働政策研究・研修機構ウェブサイト「海外労働情報：国別労働トピック」ドイツ記事一覧(2011年7月)〈http://www.jil.go.jp/foreign/jihou/backnumber/germany.htm〉参照。
9）内閣府ウェブサイト「夫の協力：子育て世代の男性の長時間労働」〈http://www8.cao.go.jp/shoushi/shoushika/data/ottonokyouryoku.html〉参照。
10）独立行政法人労働政策研究・研修機構ウェブサイト「統計情報：データブック国際労働比較2014」6.労働時間・労働時間制度【第6-3表 長時間労働者の割合】〈http://www.jil.go.jp/kokunai/statistics/databook/2014/06/p202_t6-3.pdf〉参照。

18

第三者機関の関与と面会要領の詳細化の諸問題
―平成25年の二つの東京高裁面会交流決定をめぐって―

梶 村 太 市

はじめに

　最近，東京高裁家事抗告事件集中部第12民事部は，不和別居中の夫婦間の面会交流紛議に関して2つの重要な決定をした。今後の面会交流審判の動向を占う上で無視できない内容である。平成25年6月25日決定（家月65巻7号183頁，以下「第一決定」という）は，子の連れ去り懸念のある事案について，第三者機関の立会いの上で面会交流を命じたものであり，同年7月3日決定（判タ1393号233頁，以下「第二決定」という）は，配偶者虐待事案において，原審の命じた面会交流の実施要領中，頻度等（実施日）・受渡場所・受渡方法等に審理不尽があるとして慎重かつ丁寧な審理を求めて原審に差し戻したものである。これらの決定の判断の基礎には面会交流原則的実施論があり，第一決定では子の福祉のため親子の面会交流の実施は「不可欠である」とさえ極論したにもかかわらず，その実施内容等は自ら責任をもつのではなく，第三者機関に丸投げしてしまっている。

　そこで，以下の第1において第一決定の，第2において第二決定の内容を掲げ，第3において，それぞれの決定の問題点について，第三者機関の関与

や面会交流要領の具体化等を中心に検討した上，第4において面会交流原則的実施論の危険性を指摘し，あくまで「子ども中心の面会交流論」でなければならない所以を論じ，最後に原則的実施論が最近の司法政策である家庭裁判所地方裁判化政策の一環であり，それは調停審判運営側の視点にほかならず，決して当事者側の視点に立った「子の利益」優先政策ではないことを指摘することとする。

第1　東京高決平成25年6月25日（第一決定）

1　事案の骨子

不和別居中で離婚訴訟係属中の父母間において，母への精神的虐待や子の連れ去り懸念などのため，未成年者の父母間の信頼関係が失われている状況下で，未成年者の父と未成年者との面会交流を早期に開始し正常化するためには，第三者機関の立会いという制限された方法により，回数を控えめにして面会交流を開始するのが相当であるとされた事例である。

2　事案の概要

父（昭和47年生，原審申立人・抗告審抗告人兼相手方）と，母（昭和49年生，原審相手方・抗告審相手方兼抗告人）は平成13年婚姻し，平成16年未成年者を生んだ。母は，看護師の資格を有しているが，未成年者の出生前から3歳になるまで仕事を休み，専業主婦として子育てをした。未成年者は，3歳ころまで小児ぜんそくで入退院を繰り返していた。母は，未成年者が3歳になった後，週2日から3日看護師の仕事に復帰し，その後未成年者が小学校に入学するまで保育園の送り迎えをした。父は，土日，未成年者と出かけてサッカーや魚釣りをし，保育園の行事にも参加していた。父母は，その後不仲となり，平成23年母が未成年者を連れて家を出て別居した。

父は，システムエンジニアとして稼働している。平成22年初めから論語の勉強を始め，明治時代の日本人の精神的支柱を受け止めたいという興味を持

ち，平成22年から雑誌「○○」を購読するようになり，平成23年の愛読者新年会で「○○」の著者である○○○○氏に出会って，同氏が主催する勉強会（○○塾）に参加するうちに誘われて，同年空手も始めるようになった。同年，未成年者を連れて空手に通うようになり，母が別居するまで週１回必ず連れて行ったが，未成年者はサッカーをしているため，午前に行われる勉強会には出席させていなかった。

　母は，父との同居中，父が帰ってくる時間帯になると，怖くてドキドキしたり，ドアの鍵が開く音で動悸が激しくなる状態だったが，別居後はそのような症状はなくなったものの，仕事をしていて同居中の過去のことが頭によぎって急に涙が止まらなくなったりすることがある状態である。母は，平成24年，医師からPTSD症状を伴う適応障害との診断を受けている。現在は月曜から土曜まで日勤のみで看護師として勤務しており，未成年者の学校がない時間帯は学童保育を利用している。

　母は，平成23年，父に対し，父から言葉による虐待（モラルハラスメント）を受けてきたとして，離婚を求める夫婦関係調整調停事件及び婚姻費用分担調停事件の申立てをしたが，いずれも平成24年調停不成立となり，同年母は，離婚訴訟を提起し現在係属中である。父は，同年，母に対し，未成年者との面会交流を求める調停を申し立てたが，不成立となり本件審判手続に移行した。他方，母は子の監護者指定の審判事件及びこれを本案とする審判前の保全処分事件を申し立てた。

　未成年者は，昭和23年の父母の別居に伴い小学１年の２学期から転校したが，１年次の欠席日数は４日，早退は１回であった。転入して間もないころ，学校では反抗的な態度が見られ，同級生や上級生に強い口調で文句めいたことを言うことがあったり，同級生に強く出たり，手が出たりすることも見られたが，３学期に同級生女子にボールペンを投げつけたことがあったものの，担任がきつく叱って以来，そのような態度は収まった。その後は徐々に安定してクラスにもなじんだ学校生活を送るようになり，２年生進級以降，学校行事や級友との積極的な関わりを示しており，元来活動性が高く外向的な性格行動傾向が見られ，成績も上位で知的能力が高いだけでなく，周りの状

況に応じて柔軟に対処する感性の豊かさも見られ，絵画作品でも最優秀賞をとるなど，健全な成長過程を歩んでいる。

担当調査官が面接した際，未成年者は母と暮らすのが良いと答えたが，調査官から「パパと絶対会いたくないのかな」との質問に対し，「1日中じゃなく，ちょっと会うなら良いんだけど。僕のこと急にパパの家に呼び寄せて，こっそり呼び寄せて，それで，一緒に暮らせ，と言われるのは嫌だ」と答え，さらに調査官が，「じゃあ，パパに連れて行かれないように，パパと会うときに近くに誰かが一緒に居れば良いかな」と尋ねたところ，「うん。でもママは会うのが嫌だと思う」と答えた。また調査官との面談の際，未成年者は，父から手紙をもらったと話したが，その父の手紙の概要は「大好きだよ。C（未成年者）はなにもわるくないよ。はやくママとなかなおりできるようにがんばるよ。またサッカーやザリガニつりやプールに行こうな」というものであり，母が調停期日に調停委員を介して受け取り，これを未成年者に渡したものであった。さらに調査官が，未成年者に父のことをどう思うか尋ねたのに対し，未成年者は「ちょっと怖い」と話すとともに，「良いこともある。一緒にザリガニ取りとか，行ってくれる。お祭りに行ってくれた。サッカークラブに行くとき，一緒に連れて行ってくれた。近くの公園でサッカーの練習をしてくれた」と答えた。

本件調停期日の話合いでは，母は，直接父と顔を合わせたくないので，最初のうちは，公益社団法人○○（通称○○）等の第三者機関に仲介してもらって面会交流を実施することとしたいとしたのに対し，父は，第三者機関が仲介することは拒まないとしたが，面会交流の内容としては，毎週未成年者を特定の教育塾（前記○○塾）へ通わせることを主張したことから，合意は成立しない状況であった。

3 原審東京家審平成25年3月28日審判理由

父母の婚姻中は父母が共同して親権を行い，親権者は子の監護及び教育をする権利を有し義務を負うものであり（民法818条3項，820条），婚姻関係が破綻して父母が別居状態にある場合であっても，子と同居していない親が子と

面会交流することは，子の監護の一内容であるということができる。そして，別居状態にある父母の間で面会交流につき協議が調わないとき又は協議をすることができないときは，家庭裁判所は民法766条を類推適用し，家事審判法9条1項乙類4号（家事事件手続法別表第二3項）により，面会交流について相当の処分を命じることができると解するのが相当である（最一小決平成12年5月1日民集54巻5号1607頁）。「そして，非監護親の子に対する面会交流は，基本的には，子の健全育成に有益なものということができるから，これにより子の福祉を害するおそれがあるなど特段の事情がある場合を除き，原則として認められるべきものと解される。」

そこで，上記のような見地から本件について検討するに，前記認定のとおり，父は母及び未成年者と同居中，仕事が多忙の中でもやり繰りして未成年者に関わってきており，それは未成年者の記憶の中に父とザリガニ釣りやサッカーの練習を一緒に過ごした楽しい思い出として残っていること，また未成年者は父と会うことについて，父と一緒に暮らさなければならなくなったら困るとして不安感を有していることは認められるものの，誰かが一緒にいてくれるのであれば父と会ってもよいと述べたこと等本件に現れた一切の事情を総合すれば，未成年者が父と面会することによって未成年者の福祉を害するおそれがあるということはできず，本件において上記特段の事情があるということはできない。

次に，父と未成年者とが面会交流をする内容について検討するに，父は，未成年者を父が通っている論語の勉強会及び空手教室を行う○○塾に毎週参加させることを強く主張しているが，そもそも面会交流は子の幸福のために実施するものであり，親の教育の一環として行うものではない。したがって，未成年者の年齢や円満な面会交流実施の可能性などを踏まえれば，面会交流の内容としては，別居して生活している父子の自然な交流として，未成年者が以前の楽しい思い出として記憶している魚釣りやサッカーの練習などから始め，面会交流の頻度等についても未成年者の心理的な負担を考慮すれば，2か月に1回日帰りで行うこととするのが相当であるといえる。

そして前記認定のとおり，父母が現在離婚訴訟中で，母は父からのモラル

ハラスメントを主張して激しい対立関係にあり，PTSDを伴う適応障害との診断を受けていることからすれば，当事者間で協議を行うのは困難であると認められること，また未成年者自身第三者の立会いを望んでいること等を考慮すれば，本件においては，面会交流の具体的な日時，場所及び方法については，公益社団法人○○等の第三者機関（以下「第三者機関」という）の指示に従うこととし，面会交流の実施の際にも第三者機関の立会いを要することとし，その費用について双方で折半するのが相当と解される（面会交流の実施について第三者機関の介在を命じた例として東京家審平成18年7月31日家月59巻3号73頁参照）とし，主文として以下のとおりの審判を命じた。

　父母は，父と未成年者との面会交流を以下のとおり行わなければならない。
(1) 母は，父に対し，本審判確定後，2か月に1回，日帰りで，公益社団法人○○等第三者機関の立会いの下，面会交流することを認めなければならない。
(2) 父母は，前項の面会交流の日時，場所，方法，同交流の際の留意事項，禁止事項について，公益社団法人○○等第三者機関の職員の指示に従わなければならない。
(3) 父母は，上記面会に関し，公益社団法人○○等第三者機関に支払うべき費用を，2分の1ずつ折半して負担しなければならない。

4　双方の不服申立て

　父母は原審判を不服とし，父は原審判の取消しと面会交流の内容の拡大を求め，母は審判の取消しと父の面会交流申立ての却下を求めて，それぞれ即時抗告を申し立てた。

父の抗告理由

　未成年者に対する教育として未成年者を○○塾の主催する空手道場に週1回，論語等の勉強会に月1回通わせることが未成年者の将来のためになると判断されるから，面会交流においてこれが実現できるようにすべきである。したがって，2か月に1回の面会交流のみを認めた原審判は不当である。また，未成年者を連れ去る意思は全くなく，未成年者がこの点について不安を

抱いているとすれば，母が未成年者に対してうその話をして連れ去られる不安を刷り込み，不安感を増幅させていることによるものである。したがって，面会交流の方法として連れ去り防止のために見張り役の第三者機関の立会いの下に行うべきとする原審判の判断は不当である。

母の抗告理由

父母と未成年者との間には，①父の未成年者に対する従前の態度が未成年者の情緒を不安定にさせていたこと，②未成年者が父との面会交流を望んでいないこと，③父の母に対する精神的虐待が存在した事案であり，母が父との一切の接触を恐れていること，④母と父との間に深刻な対立状態があることなどの事情があり，これらの諸事情に照らすと，父と未成年者との面会交流を開始するのは時期尚早である。また，父が未成年者を連れ去りその福祉が害されるおそれがある。仮に面会交流を認めるにしても，年に3，4回程度にとどめるべきである。また，面会交流の日時に関しては，「日帰り」とするのみでその解釈をめぐり無用な紛議を生ずるおそれがあるので，明確に時間枠を定めておくべきである。面会交流実施のための費用に関しては，面会交流を行うことが次期尚早な事案であることからすれば，全部を父の負担とすべきである。

5 抗告審の決定理由

(1) 原審判理由引用

当裁判所も，父と未成年者との面会交流を認めるべきであるが，その回数，方法等としては，当面は，2か月に1回，第三者機関の立会いの下で行うことが相当であると判断する。その理由は，次のとおり，各抗告理由に対する当裁判所の判断を加えるほかは，前記3の審判理由に説示するとおりである。

(2) 各抗告理由に対する当裁判所の判断

父は，未成年者の教育上，未成年者を○○塾における学習に参加できるように面会交流を実施すべき旨を主張しているので，この点について判断する。未成年の子に対する教育の方法は，親権者である両親の合意に基づき決定すべきものであるところ，一件記録によれば，未成年者の○○塾における学習

への参加については，母が同意していないことが認められる。したがって，これを実施することを目的として面会交流の回数や方法を決定することは相当でない。また，後記のとおり，現時点において，父が求める回数の面会交流を行うことは相当ではない。よって，父の上記主張を採用することはできない。

　母は，面会交流の開始は時期尚早であり，また面会交流を行うことによって父が未成年者を連れ去る危険性があるなどと主張する。他方，父は，未成年者を連れ去る意思は全くなく，面会交流の方法として第三者機関の立会いを要することとするのは不当であり，回数も少なすぎると主張する。そこでこれらの点について判断する。「未成年の子の健全な成長のためには，別居している親との交流も不可欠であり」，未成年者の福祉の観点から，母においても，父と未成年者との面会交流を進めることを受容すべきであり，本件において，時期尚早として一切否定すべき事情があるとはいえない。また，未成年者の連れ去りの危険性については，父において，これを行う意思が全くない旨を繰り返し言明していることに照らし，面会交流を妨げるまでの事情があるとはいえない。よって，面会交流の開始を不相当とする母の主張は理由がない。

　もっとも，父と未成年者との面会交流を未成年者の福祉にかなう形で継続していくためには，母の協力が不可欠であり，面会交流の実施に関して，母と父との間に信頼関係が形成されていることが必要である。これを本件についてみると，現時点においては，当事者間に離婚をめぐる紛争が係属しており，また母は，父から別居前に精神的な虐待を受けたと主張したり，父による未成年者の連れ去りを懸念するなど，当事者間の信頼関係が失われている状況にある。したがって，母において父と未成年者との面会交流に消極的になったり，父によって未成年者を連れ去られる危険性があるとの懸念を抱くことにもやむを得ない事情があるといえる。したがって，当裁判所は，このような状況を考慮すると，父と未成年者の面会交流を早期に開始し，正常化していくためには，当初は母の懸念にも配慮して，第三者機関の立会いという制限された方法で，回数も控えめにして面会交流を開始するのが相当であ

ると判断する。

　面会の方法や回数について，当初，上記のような制限をすることは父にとっては不本意なことであるとしても，父がこれに応じて面会交流のルールが順守され，円満に面会交流が実施されることを現実の行動で示していくことにより，母の不安は解消されていくものと考えられる。さらには，母の不安を反映して父との面会に消極的になっている未成年者の心理も，これに伴って自然に修正され，父との正常な情緒関係を自然に回復していくことが可能となる。そして，このような経過を踏まえて，面会の方法や回数を拡大していくのが，結果としては最も円滑に，かつ速やかに父と未成年者との正常な面会交流を実現し，未成年者の福祉にかなうものである。性急に面会交流の方法や範囲を拡大することは，かえって未成年者の心理に葛藤を生じさせ，父と未成年者との正常な情緒的関係の回復，維持の妨げとなり，未成年者の福祉に反することとなるおそれが大きく，相当ではない。よって，原審判が，父と未成年者との面会交流の方法及び回数について定めた制限は，相当な範囲内のものと認めることができるから，これを不当とする父の主張は理由がない。

　母は，面会交流の回数及び第三者機関立会いの面会交流に要する費用について，原審判を不当と主張する。しかし，面会交流の回数を2か月に1回とすることに支障があるとは認められず，またその費用については，父と未成年者との面会交流が父のためのものではなく，未成年者の福祉のために行われるものであることを考慮すると，父と母が2分の1ずつ負担するものとするのが相当である。よって，母の上記主張は理由がない。

　もっとも，父と未成年者との面会交流を実施すべき日程に関する原審判における「日帰り」とする定めについては，現時点において当事者間の信頼関係の形成が十分ではないことに照らせば，その解釈をめぐり無用な紛議を生ずるおそれがあるので，時間帯と時間についてはさらに明確化するのが相当である。よって，午前10時から午後6時までの時間枠内で，当初は1時間，2回目以降は4時間を限度とする旨を定めることとする。

　その他，父母の各抗告理由に関して，原審判を不当とすべき事由は認めら

れない。
　結論として，抗告審は，以下のとおりの決定を告知した。
⑴　母の抗告に基づき，原審判⑴を以下のとおり変更する。母は，父に対し，本決定確定後，2か月に1回，午前10時から午後6時までの時間枠内で，初回は1時間，2回目以降は4時間を限度として，公益社団法人○○等の第三者機関の立会いの下，面会交流を行うことを認めなければならない。
⑵　父の抗告を棄却する。
⑶　本件手続費用は，原審，当審を通じて，各自の負担とする。

第2　東京高決平成25年7月3日（第二決定）

1　事案の骨子

　夫から妻への肉体的・精神的虐待の事案において，不和別居後の離婚調停係属中に，夫から申し立てられた面会交流の申立てに対し，原審が原則的実施論に従って月1回，4時間等の面会要領に従った面会交流の実施を命じたところ，抗告審において，面会交流の頻度等，子の受渡場所や受渡方法あるいは第三者機関の関与等の面会要領について審理不尽の違法があるとして，原審判を取り消し，事件を原審に差し戻したものである。

2　事案の概要

　母（昭和44年5月生）と父（昭和40年1月生）とは，平成13年ころ婚姻の届出をしたが，平成17年1月に離婚し，同月再び婚姻の届出をし，平成17年8月に長女である未成年者をもうけた。母は，平成24年3月ころ未成年者を連れて自宅を出，以後父とは別居状態にある。両名間には，母が新潟家庭裁判所に申し立てた夫婦関係調整調停事件が係属している。父は，平成24年10月12日同裁判所に未成年者との面会交流を求める調停を申し立てたが不調となり，本件審判手続に移行した。同裁判所は母に対し，別紙面会要領（筆者注・略）

記載の内容で未成年者と父との面会交流をさせる義務があると定め，同義務を履行することを命じる審判（原審判）をした。その面会要領は，「(1)頻度等　月１回　第３日曜日，(2)時間　午前10時から午後２時，(3)受渡場所　当事者間で協議して定める。協議が調わないときは，JR　A駅B口１階改札付近とする。(4)母は開始時間に受渡場所において父に未成年者を受け渡し，父は終了時間に受渡場所において母に未成年者を受け渡す。」という内容であった。

これを不服とする母は，原審判の取消しと父の面会交流の申立てを却下することを求めて即時抗告をした。

3　抗告審判断

(1)　抗告審が認めた事実関係

母は，平成24年３月ころ未成年者を連れて自宅を出，以後現在まで母が未成年者を監護養育している。母が家を出た理由は，母の主張によれば，父から奴隷のように扱われていたと感じていたこと，父から度々理不尽な暴力を振るわれ，強い恐怖心を抱いていたこと，平成24年正月に母の不貞行為が父に発覚し，父から殴られた後，「一生かけて償え」，「何事にも言うこと聞くしかないんだぞ」などと言われて，母としては，以前にも増して父に対して逆らえず，服従せざるを得ない状況になったと考えていたことなどである。母は，別居後，新潟家庭裁判所に対し，父との離婚を求める別件調停を申し立て，現在も係属中である。

父は，母が別件離婚調停において今後未成年者と父とを面会させるつもりはない旨述べたことから，平成24年10月12日新潟家庭裁判所に対し，未成年者との面会交流を求める本件調停を申し立てた。母は，代理人弁護士と共に同月15日の第１回調停期日に出頭したが，その帰途，不審な自動車が追尾してきたとして，父の指図を受けた者が母の住居を突き止めるために追尾してきたと感じざるを得ないと主張して，その後開かれた３回の調停期日には代理人弁護士だけで出頭した。そのためもあり，平成25年３月21日調停は不成立となり，本件審判手続に移行した。

原審における家庭裁判所調査官による調査結果等は，以下のとおりである。

別件離婚調停において，平成24年７月から８月にかけ，調査官が母宅で母と未成年者に面接する等して母の意向調査及び未成年者の監護状況について調査（最初の調査）が行われた。母は，調査官に対し，父に対する恐怖感が強くどうしても離婚したいこと，現時点では未成年者と父との面会交流は認められず，父との接触を一切絶ちたいこと，そのため養育費，慰謝料等の金銭給付はなくてもよいことなどを述べた。そして，母が未成年者と父との面会交流を認めない理由として，未成年者を通じて現在の住所が父に察知されるおそれがあること，別居後ようやく未成年者の生活リズムが整い，小学校で素直さが戻ってきたこと，父は約束を守る人ではなく，未成年者を物で釣る等して以前のように父が飲みに行く際に連れて行くなどして未成年者の生活を乱すおそれがあること，などを挙げた。

　母の意向により調査官が身分や家庭裁判所調査官であることを告げなかったこともあり，未成年者は調査官に対し，リラックスした雰囲気の中，ざっくばらんな口調でいろいろな話をした。前の家にいたときの思い出として，サンタさんがキーボードと楽譜をプレゼントしてくれたこと，クリスマスの朝起きたら，母と父からプレゼントがあるよと言われてこれらを見つけたときの驚きやうれしかった様子なども説明した。他方，未成年者は，前の家での生活と今の生活で変わったところはないとも答えた。未成年者の小学１年生の１学期の通知表によれば，未成年者に対する学業についての評価は，水泳に関する項目のみ「がんばろう」で，その余の22項目はいずれも「できる」とされ，身の回りの整頓，積極性，係活動，友人関係などの生活面も，いずれも「たいへんよい」とされている。未成年者の担任教諭は，未成年者が運動会のリレー選手として活躍し，自学態度が定着していること，適応力が高いと評価している。

　別件離婚調停及び本件面会交流調停において，平成24年11月から12月にかけ，調査官が新潟家庭裁判所で母と面接する等して母の意向調査（中間の調査）を行った。母は，離婚についての考えは最初の調査時と変わらないとした上で，未成年者と父との面会交流について次のとおり述べた。すなわち，①面会交流を通じて現在の住所を知られるのが不安であること，平成24年10

月15日の調停期日の後,帰宅時に父の関係者から尾行されたと考えており,不安や恐怖心が強まったこと,②父は,同居中,王様のように振る舞っており,これを見ていた未成年者も母の言うことを聞かず,思い通りにならないとかんしゃくを起こしたり,友達を言いなりに動かしていたこと,③しかし,別居後母が育て直しをしたことから,徐々にこのような振る舞いはなくなり,友人関係もよくなったこと,④現在良い状態で生活している未成年者が,父との面会交流の際の父の言動により気持ちが混乱し,再び生活態度が乱れてしまうおそれがあること,⑤母は,恐怖心から父に会うことができず,母として納得できる未成年者の受渡しの方法がない,などと主張して,未成年者が自らの判断で意思決定ができるときまで面会交流には応じられないと述べた。また母は,手紙による交流については,父が手紙に未成年者に会いたいなどと書くと,未成年者の気持ちが乱れるので,慎重に考えざるを得ないとした。そして母は,調査官に対し,面会交流の意義,必要性は知っているが,すべての家庭に当てはまるものではなく,本件では適当ではないとして面会交流を拒否した。

　別件離婚調停及び本件面会交流調停において,平成24年12月から平成25年3月にかけて,調査官が母宅で未成年者に面談する等して,未成年者の状況等についての調査(最後の調査)が行われた。未成年者は,最初に調査官が調査の目的等を説明すると,元気がなくなり,表情が曇った様子になった。未成年者は,調査中,母親の話をするときには笑顔を見せたが,前の家にいたときに楽しかったことは何かという質問に対し,すぐに「ない」と答え,その後調査官が具体的な質問をしても,楽しかった話はあまりしなかった。しかし,父との楽しい思い出として,みんなで食べ物屋さんで焼き鳥を食べたりしたことを挙げた。また,調査官が未成年者に対し父が会いたいと言ったらどうするかと尋ねたところ,未成年者は少し間をおいて,「がんばっていく」と答えたが,父についていつも母を怒っていて怖いとも述べた。母は,調査官による面接調査の翌朝,調査官に電話連絡し,未成年者が昨夜,父に会いたくないのに会いたいと答えてしまったとして,普段以上に母にしがみつき,そばにいて欲しいとせがんで泣いたりしたと伝えた。また,母は調査

官に対し，難しい考え方や答えを誘導したのではないかと思わざるを得ないとして，今後どんな状況になっても未成年者を父に会わせることには応じられないし，未成年者をつらい思いに巻き込む調査にも応じられないなどと，調査に対し苦情を述べた。

別件離婚調停では，母が離婚，未成年者の親権者を母に指定することを求めているのに対し，父はそのいずれについても争っている。

(2) 父子間の面会交流の実施の可否について

「子は，同居していない親との面会交流が円滑に実施されていることにより，どちらの親からも愛されているという安心感を得ることができる。したがって，夫婦の不和による別居に伴う子の喪失感やこれによる不安定な心理状況を回復させ，健全な成長を図るために，未成年者の福祉を害する等面会交流を制限すべき特段の事由がない限り，面会交流を実施していくのが相当である。」

母が，未成年者と父との面会交流を拒絶する理由として主張しているのは，①父による未成年者連れ去りの懸念が払拭できないこと，②未成年者との面会交流を通じて父に現在の所在地を知られることに対する不安，③父の言動が未成年者に与える悪影響，④父への恐怖心から，面会交流の受渡しの際に父と会うことができないことなどである。これらのうち，①，②及び④は，いずれも母が父に抱いている恐怖心に由来するものであり，父が同居中に母に対し暴力をふるった事実を認めていることなどによれば，母が父に対し恐怖心や不安を抱くことはやむを得ないところではある。しかし，父が同居中に未成年者に対し暴力等を振るった事実は認められず，母の父に対する恐怖心や不安をもって，直ちに未成年者と父との面会交流を制限すべき特段の事由があるということはできない。また，上記③について，母は，調査官に対し，未成年者は幼稚園在籍時に父の母に対する言動の影響で，問題行動が多かった旨述べているが，かかる事実が認められる場合には，未成年者の問題行動の頻度や程度，未成年者に対する父の影響との因果関係等のいかんによっては，面会交流の制限事由に当たる場合がないではない。しかし，未成年者に上記問題行動の事実を認めるに足りる幼稚園関係者の陳述や，連絡帳

等の記載内容などの的確な証拠資料が存在しない本件においては，上記母の供述のみをもって，上記面会交流の制限事由があるとまでいうことはできない。そして，前記認定したとおり，調査官による調査によっても，未成年者が父を拒絶していることがうかがえる事情が認められず，未成年者が同居中の両親との良好な思い出を有しているといえる本件においては，原審が説示するとおり，面会交流を実施していくことが必要かつ相当である。

この点，母は，当審において，①未成年者は，調査官による調査によっても父に会いたいという意向は示していないこと，②未成年者に対し，父との面会交流を強要することは，未成年者を苦しめ強い精神的負担を与えること，③調査官による調査によっても，現在のところ未成年者の状況に大きな問題はなく，父との面会交流を実施しなくても格段の支障はないことを理由に，面会交流を制限すべき特段の事由があるとする。確かに，調査官による調査結果によれば，現在のところ，未成年者にとり母親である抗告人は要の存在であると認められる。しかし，未成年者が別居後もっぱら母と２人で生活し，そのほとんどの部分を母に頼っている状況にあること，未成年者は未だ７歳であり，親に対し必要以上に気遣いをする傾向がある年齢であることからすれば，小学校での学業や生活面における評価から聡明であるといえる未成年者において，母に代わる存在がいない現状で，母に対し殊更に気遣いをすることは容易に推認し得るところである。母が父を強く拒絶しており，未成年者と父との面会交流を否定していることを未成年者が察知しているといえるのは，それ故であると認めるのが相当である。そして，前記調査官による調査によっても，未成年者が父親である相手方を拒絶していることが窺える事情は認められないこと，調査において調査官が身分等を明らかにした途端，未成年者の元気がなくなり，表情が曇った様子になったこと，未成年者は父から会いたいと言われたらどうするかと調査官に問われ，「がんばっていく」と答えたのを，母に対しては会いたいと言ってしまったので取り消したいと報告し，その後未成年者は普段以上に母に甘えたことなどによれば，未成年者は原審判が説示するとおり，両親双方に対する感情が入り交じり，忠誠葛藤を生じている状況にあるというべきである。そうすると，未成年者は，父

に対して会いたいという意向を示していないとはいえず，上記①は理由がない。また，未成年者に精神的負担を与えているのは，父との面会交流を強要することではなく，上記のとおり忠誠葛藤を生じていることにあるというべきであるから，上記②も理由がない。確かに，調査の結果によれば，未成年者の現在の生活状況には問題がないとされている。しかし，これは母との2人の生活において格別の問題がないというにとどまるのであって，父親である相手方との面会交流が実施されない現状が未成年者の生育にとり問題がないとしているものではない。両親に対する忠誠葛藤が未成年者に対し精神的な負担を与えていることは前記のとおりである。したがって，前記③も理由がない。

　以上によれば，抗告理由によっても，未成年者と父との面会交流を制限する事由があるということはできない。そして，未成年者は，その抱える忠誠葛藤を軽減するために，両親の適切な対応，すなわち，母親との現在の生活を維持しつつ，父親も面会交流を通じ未成年者に対し適切な対応をすることが必要かつ相当な状況にあるというべきである。

(3)　**未成年者と父の面会交流の実施について**

「未成年者が上記のような葛藤を抱える中で，いかにして両親が適切な対応をすべきか，すなわち，どのようにして父との面会交流を実施し，継続していくかは，子の福祉の観点から重要な問題である。父母，子三者の情緒的人間関係が色濃く現れる面会交流においては，これら相互の間において，相手に対する独立した人格の認識とその意思への理解，尊重の念が不可欠である。特に父母の間において愛憎葛藤により離別した感情と親子間の感情の分離がある程度できる段階にならないと，一般的に面会交流の実施には困難が伴うというほかない。殊に，子が幼少である場合の面会交流においては，父母間に十分な信頼関係が醸成されていないことを念頭に置きながら，詳細かつ周到な面会交流の実施要領をもって行わなければ，面会交流の円滑な実施は困難であり，仮に実施したとしても，継続性を欠いたり，両親の間で板挟み状態にある子に不要なストレスを与える等，子の福祉の観点からは却って有害なものとなりうるおそれが大である。」

これを本件についてみるに，現在のところ，母と父との間で離婚をめぐる調停が係属しており，父母の間における愛憎葛藤の感情と親子間の感情とを分離することまでは困難な状況にあるといえる。したがって，未成年者及び当事者の現状を踏まえた上で，具体的な実施要領を定めることにより，円滑な面会交流の実施を図ることが相当である。そして，未成年者が上記のような葛藤を抱えていることによれば，実施要領の策定に当たっては，両親である当事者が未成年者の現状を理解した上で，これに対応するための条項として，面会交流時や普段時における禁止事項や遵守事項などを盛り込むことが考えられる。このことは，双方の不信感や母の父に対する恐怖心などを軽減するのみならず，条項の内容についての検討を通じて，共に親権者である当事者双方が，未成年者の現在の状況についての認識を共通のものとし，監護親，非監護親それぞれの立場における未成年者に対する接し方を考えることにもつながり，未成年者の福祉の見地からも必要な過程であるといえる。

しかるに，原審判が定めた面会要領のうち，頻度等（実施日）や受渡場所，未成年者の受渡しの方法は，その根拠となる情報等が一件記録からは窺えず，その相当性について判断することができないばかりか，これらについて当事者間で主張を交わす等して検討がされた形跡も認められない。殊に，母が，同居中に行われた父の暴力や言動を理由に，父に対する恐怖心を強く主張している本件において，未成年者の送迎時に父と顔を合わせるような受渡方法は，かなり無理があるというべきである。また，父が母に対する暴力の事実を否定していない本件において，第三者機関の利用等を検討することがまず考えられるべきであるし，その場合，仲介費用等の面で問題があれば，未成年者が１人で行くことができる受渡場所の設定を検討したり，未成年者が信頼できる第三者を介したりすることも検討すべきと考えられる。

また，上記で述べたとおり，当事者双方が未成年者の現状を踏まえた上で具体的な実施要領を策定するのが相当であるのに，未成年者の現状についての調査は，当初の調査では夫婦関係調整調停における調査であったこともあってか，調査の目的や調査官であることを秘したままの調査であり，十分な調査が尽くされたとは言い難い。そして，このことを踏まえて実施された

と思われる最後の調査は，調査の目的や調査官であることを未成年者に明らかにしたこともあってか，最初の調査のときに比べて未成年者の状態が不安定となった旨母からの指摘があったことからすれば，両親に対し未成年者の現状を理解してもらうという趣旨からは，十分な調査内容とは言い難い。また，未成年者が未だ7歳であり，聡明であるとはいえ言語的な表現力には欠けることや，母が中間の調査において面会交流を否定する姿勢に終始し，最後の調査における面接終了後には未成年者を辛い思いに巻き込む調査には応じられないなどと述べ，以後の調査に消極的な姿勢を示したことによれば，その後，未成年者との面接にこだわることなく，幼稚園や小学校を調査してこれらにおける未成年者の言動を比較検討し，父母の葛藤下の影響を更に具体的に検討することも考えられるところである。そして，これらの調査の結果，未成年者の父への思慕の気持ちが明らかになれば，直接的な面会交流を支持する理由の一つともなり得たはずである。仮に，幼稚園に対する調査結果において，当時の未成年者が精神的に不安定な言動を繰り返していた事実が判明すれば，その原因を更に調査することにより，面会交流の可否を含めた未成年者の情緒面の安定に配慮すべき事項を明らかにすることも可能であったというべきである。

以上の審理や調査が行われていない原審は，審理不尽であるといわざるを得ない。

抗告人母は，当審における自判を求めている。確かに，当審において，当事者の現状について更に調査を行い，これをもとに具体的な実施要領の策定についての検討を行うことも考えられないことではない。しかし，面会交流の事件処理においては，子の福祉の観点から，調査結果を踏まえて更に当事者に主張を促し，その上で教育的な観点から父母に調整等の働きかけを目的とした調査を実施することが望ましいとされており，本件においても，未成年者の実情を把握後，これを両親に伝える段階で調整等の働きかけをし，未成年者の現状を理解してもらうと共に，未成年者に対する両親の対応を含め実施要領の策定を検討することが相当と認められる。しかし，家事審判法及び家事審判規則が適用される本件においては，抗告審である当審における調

査は，事実関係の確認をする事実の調査であり調整等の働きかけはできないという制限が存在する（家事審判規則18条）。また，未成年者の意向を調査する場合，以前の調査時とは異なる調査官が未成年者から話を聞く等して直ちにその意向を調査することは困難である。本件においても，まず家庭訪問により母及び未成年者と接触し，関係性を構築し，その後改めて意向調査を実施するという手順を踏むことになると思われるところ，遠隔地である新潟市在住の未成年者の調査を行う場合には，その日程等の調整も困難である。他方，原審で審理，調査を行えば，調整等の働きかけも可能であるし，日程調整も当審における調査よりもはるかに容易である。そして，調整等の働きかけの結果あるいはその一環として，面会交流を試行する場合においても，試行場所の設定等も含め，原審において行う方が当事者双方及び未成年者において負担が少ない。さらに，具体的な実施要領の策定について，調査結果や当事者双方の主張に基づき検討するに当たっても，当事者双方にとり，遠隔地である当審において期日を設定するよりも，原審で期日を設定した方が負担が少ないというべきである。

　以上のとおり，原審は，審理不尽であったといわざるを得ず，子の福祉に思いを致し，もう少し慎重かつ丁寧な事件処理が望まれるところである。よって，原審判を取り消し，前記した点その他について改めて審理等をさせるため，本件を原審に差し戻すこととする。

第3　両決定の問題点

1　面会交流原則的実施論の立場に関して

　この点について，第一決定の原審審判は「非監護親の子に対する面会交流は，基本的には，子の健全育成に有益なものということができるから，これにより子の福祉を害するおそれがあるなど特段の事情がある場合を除き，原則として認められるべきものと」し，抗告審決定は「未成年の子の健全な成長のためには，別居している親との交流も不可欠であ」るとしている。また，

第二決定も「子は，同居していない親との面会交流が円滑に実施されることにより，どちらの親からも愛されているという安心感を得ることができる。したがって，夫婦の不和による別居に伴う子の喪失感やこれによる不安定な心理状況を回復させ，健全な成長を図るために，未成年者の福祉を害する等面会交流を制限すべき特段の事由がない限り，面会交流を実施していくのが相当である」としている。

　しかし，親子の面会交流が子の健全育成や健全な成長に役立つためには，何でもかんでも面会交流を実現すればよいというものではなく，そうなるための条件や前提がある。面会交流の実施がそれ自体が即親子の成長に役立つという事実上の推定は成り立たないし，そのような経験則も存在しない。ましてや，面会交流が民法上の請求権ないし実体的権利とされていないわが国の民法の下では，法律上の推定もない（平成6年に批准した児童の権利条約も推定を根拠づけられない）。民法766条は，面会交流の当否やその中身は当事者間の協議・調停・審判で決めるという建前であり，その場合の判断基準はもっぱら「子の利益を最も優先して考慮しなければならない」ということである。子の利益が最優先考慮であるということは，他にもある考慮事項のうちで最も優先して考慮せよということである。そこでは双方の事情の総合的な比較衡量が不可欠である。比較衡量して「子の利益」に最もかなうということが面会交流実施の要件であり条件であり前提である。

　協議や調停で面会交流の合意ができたときは，それによって事実上又は法律上子の利益にかなうという推定が成り立つが，協議や調停で面会交流の実施について両親間に合意が成立せず，審判で判断せざるを得なくなった以上，むしろ逆の推定が成り立つのであるから，それでもなお面会交流を審判で強制しようとするのであれば，当該事案の具体的事情の下で，面会交流の実施が子の利益にかなうということが積極的に認定判断されなければならない。第一決定も第二決定も，「面会交流を制限すべき特段の事由がない限り」，原則として面会交流を実施すべきであるとしているが，論理が逆さまである。逆に，「面会交流を実施することが子の利益にかなうという特段の事由がある」場合に面会交流を強制できるのである。「どちらの親からも愛されてい

るという安心感を得る」ためには，それが「円滑に実施される」ことが前提であることは第二決定も明言しており，「夫婦の不和による別居に伴う子の喪失感やこれによる不安定な心理状況を回復させ」るためには，第二決定もいうように両親の信頼関係に基づく協力が不可欠なのである。それが保障されない状況下で面会交流の実施を強制すべきではない。

要するに，第一決定も第二決定も，原則的実施論に立つ根拠を何ら説明していない。その根拠となり得るのは，面会交流が親等の権利であると規定されている（法律上の推定）とするか，心理学や精神医学等諸科学の見地からそれが子の利益にかなうという推定（事実上の推定）が成り立つとするかのいずれかの場合でなければならないが，わが国の民法766条の下では，そのいずれの推定も認められず，その要件を満たしていない。面会交流は監護者の監護教育内容と調和する方法と形式において決定されるべきであり，子の利益の観点から非監護親と監護親双方の事情を総合的・相対的に比較衡量していずれが子の利益にかなうかを判断すべきものであり，審判で強制するためには，そのような方法と形式が子の利益にかなうことを非監護者側で主張立証する必要があり，裁判所が職権ででも明らかにしなければならない。最高裁決定やこれまでの実務の主流は，このような比較基準説＝請求原因説に立脚してきたのであり，原則的実施論のような明白基準説＝抗弁説は到底採用することができない。後者の見解に立つ第一決定と第二決定はそもそもの立脚点からして間違っている。[1]

2 第一決定における面会交流の方法論

(1) 方法・内容と時間枠・頻度

第一決定の原審審判では，父が面会交流の方法・内容として論語の勉強会及び空手教室に毎週参加させることを主張しているのに対して，面会交流は子の幸福のために実施するものであり，親の教育の一環として行うものではないとして，父の主張を退けている。確かに，親子間の面会交流は，直接的には子の利益のために行うべきものであって，それが少なくとも面会交流が親の親権や監護権の効力として行うものでない以上，当然のことである。こ

の点，抗告審決定では，論語の勉強会等のための面会交流を否定する根拠として，そのような教育方法は母親が同意していないことを挙げているが，両親の同意があればできるという意味で，むしろ面会交流は親権等の効力ないし親権等の内容として見ていることになろう。しかし，本件においては，離婚前の共同親権下で現に監護中の母親が同意していない以上，子の利益にかなうとの推定は成り立たず，論語の勉強会や空手教室に通うための毎週の面会交流を認めなかったのは相当であると思われる。確かに，学校の正規の授業のほかに，学習塾やスポーツや音楽等の習い事をどのような内容と頻度で認めるかは，監護教育の内容として親権者・監護者の判断に委ねられているのであって，離婚前の共同親権や共同監護制度の下では原則として双方の合意が必要である。

　そして，原審審判は，面会交流は子の幸福のために実施するものであるから，未成年者の年齢や円満な面会交流実施の可能性などを踏まえれば，面会交流の内容は，別居している父子の自然な交流として，未成年者が以前の楽しい思い出として記憶している魚釣りやサッカーの練習から始め，面会交流の頻度等についても未成年者の心理的な負担を考慮すれば2か月に1回日帰りで行うのが相当としたのは，子の利益のための面会交流の考え方に徹しているものとして，この点はそれなりに評価できるといえよう。

　すなわち，面会交流は子の幸福のために行うべきことだとする考えを徹底すれば，子が父との同居時代の楽しい思い出として，魚釣りやサッカーの練習を挙げているので，これを別居後も実現することが面会交流の目的でなければならないということになる。そして，魚釣りやサッカーの練習は通常半日でできるものではなく，優にまる一日の時間的余裕が必要であることからすれば，一日日帰りの面会交流の時間設定をしたのは，その限りでは正当な判断であろう。

　しかるに，抗告審決定では，このような原審の子のための面会交流の実現という目的のために必要な「日帰り」時間設定について，これを排斥して，「午前10時から午後6時までの時間枠内で，初回は1時間，2回目以降は4時間」を限度とする面会交流の許容にとどめている。「現時点において当事

者間の信頼関係の形成が十分でないことに照らせば，その解釈をめぐり無用な紛議を生じるおそれがあるので，時間帯と時間についてはさらに明確化するのが相当である」とするだけで，その実質的な根拠を掲げていない。

しかし，時間帯と時間枠について，原審の「日帰り」と抗告審の「1日1時間，4時間」とでは，その面会交流目的観に雲泥の差がある。1日1時間や4時間では魚釣りやサッカーは不可能ではないか。単なる父子の短時間の顔合わせに過ぎない。これでは，子の幸福のためではなく，親の幸福を主として考えているとしか評価できないであろう。子の幸福に徹するのであれば，とりあえず他の要素を除外してこの点だけから考えれば，本件では前述したように，原審審判のようにその時間枠を朝9時から夕方6時までとするなどの方法の方がベターであろう。

頻度については，原審も「子の幸福」が目的であるとしながら，2か月に1回としているのは，その点だけを見れば，その目的に徹していないきらいがある。抗告審は，子の幸福を目的とせず，専ら親のための面会交流のスムーズな展開をいかに確保するかというスタンスなので，ここでは論評の限りでないが，以下の点は指摘しておかなければなるまい。

すなわち，面会交流の方法と回数について，原審が定めた「2か月に1回，日帰り」に対する父の不服申立てに対して，抗告審は，父がこれに応じて円満に実施されることを行動で示すことにより母の不安は解消され，同時に未成年者の不安も自然に解消され，父子の正常な情緒関係を自然に回復していくことが可能となるので，これを踏まえて面会の方法や回数を拡大していくことが未成年者の福祉にかなうものであると断定する。しかし，家庭裁判所がそのような経過をたどることについて万全のケアの方法を講じるというものでもない以上，それは単なる希望的観測に過ぎず，裁判所の取るべき選択肢ではないというべきではないか。それが希望的観測ではなく，裁判所が最後まで面倒を見るというのであれば，第二決定の場合のように，本件をいったん原審に差し戻して，その実施による経過を見定めるべきである。未成年者の幸福に徹するのだったら，審判や決定の決着を急いではならない。原則的実施論で行くのだったら，裁判所は最後まで面倒を見るべきであって，途

中で投げ出してはならないのである。

　むしろ，抗告審がそれに続けて，性急に面会交流の方法や範囲を拡大することは，かえって未成年者の心理に葛藤を生じさせ，父子の情緒的関係の回復，維持の妨げとなり，未成年者の福祉に反することとなるおそれが大きく，相当でないとする。この指摘は正しい。だったら，そのような子の福祉に反することのないように，裁判所はしっかりと手当てをすべきである。あとは裁判所の問題ではなく，当事者や関与第三者あるいは行政や社会の問題であるとして，責任を他に転嫁してはならない。原則的実施論者は，家庭裁判所の司法的機能のみを重視・強調するあまり，行政や社会に下駄を預け責任を転嫁しがちだが[2]，家庭裁判所の福祉的機能（人間関係調整機能）の充実・強化も重要であり，これをおろそかにしてはならない。

(2) 第三者機関関与をめぐる諸問題

　原審審判は，父母は，母が父からモラルハラスメントを主張して激しい対立関係にあり，PTSDを伴う適応障害との診断を受けていることからすれば，当事者間で協議をするのは困難であり，未成年者自身第三者の立会いを望んでいること等から，面会交流の具体的な日時，場所及び方法については，「公益社団法人○○等の第三者機関」の指示に従うこととし，面会交流の実施の際にも第三者機関の立会いを要することとし，その費用は折半負担するのが相当としている。

　しかし，この点は種々問題がある。確かに，過去の審判例に第三者機関の介在を命じたものとして東京家裁平成18年7月31日審判[3]事件がある。ただ，これは当事者双方が特定の第三者機関の関与を合意していた事例である。そこで，その職員又はその指定する者の立会いと，面会交流の日時，場所，方法，その際の留意事項や禁止事項について同職員の指示に全面的に従うべきことを命じたものである。

　これに対し本件では，第三者機関の介在について，双方に合意は存在しない。未成年者自身第三者の立会いを望んでいたというが，これは調査官の誘導によるものであり，本当に未成年者が望んでいたのかどうかは不明確である。母は当初のころ第三者の仲介に言及したことはあるようだが，それを最

後まで希望していたわけではない。また，本件では，第三者機関を「○○等」として一定の機関に限定していない。第三者は個人ではだめだが「機関」ならどこでもよいということであろう。機関というのは，個人ではなく，組織体という趣旨だろうが，NPO組織とかそういう限定もない。各種の公益法人のほか国や地方の行政機関も含まれる可能性がある。しかし，第三者という以上，当該裁判体が属する裁判所の関係者・関係機関は除外されるだろう。昭和57年頃までは審判をした家庭裁判所所属の家庭裁判所調査官の関与を命じたものが多いが，[4] これも認めない趣旨だろう。実際問題としては，主として退職家庭裁判所調査官で組織する任意団体である公益社団法人家庭問題情報センター（FPIC）を念頭に置いているのだろうが，必ずしもFPICである必要はなく，当事者でない第三者機関であれば，どのような組織でもよいことになる。

　また，このように第三者機関を審判で特定していない以上，具体的にどこの機関を選択するかは双方の当事者の協議を待つことになろう。合意が成立しなければ，事実上も法的にも第三者は決まらず，本件審判の内容は実現不可能となろう。再調停・審判を求めるしかないことになる。FPIC以外にどんな機関であればよいのかというその選定基準も明確にしないまま，第三者機関に面会交流の実施を全面的に委ねてしまうとは，随分無責任な審判である。もしこのような第三者機関に面会交流の実施を委ねてしまうのであれば，せめてFPICに限定するか，その他の第三者機関に関しては中立性や専門性等の確保のために一定の条件を付すべきであろう。そして，当該事案に実施を委ねる第三者機関として選任することについて，原則として当該第三者の事前同意を得ておくべきである。

　ところで，このように選任された第三者機関の法的地位をどのように考えるべきか。まず，このような内容の審判・決定の名宛人は申立人や相手方など当該事件の当事者である。第三者機関は当事者ではないから，審判・決定に何ら拘束されない。当事者は，審判や決定で命じられた内容の関与（立会いや実施上の指示等）をしてもらえるように第三者機関と契約締結義務を負うが，第三者機関は，裁判所との関係では当事者との関係でも，何らの権利義

務も生じない。第三者機関は，たとえ当事者から依頼されても断る自由がある。仮に第三者機関が事前に関与に合意・同意していても，それは当事者との間の債権債務関係であって，裁判所の審判・決定の内容には拘束されない。拘束されるためには，第三者機関が審判・決定の内容を受け入れて，それを実施することについて当事者（申立人又は相手方の双方）との間で，実施契約を締結する必要がある。第三者機関は，当該契約の相手方である当事者に対し，その契約の履行義務として面会交流の立会いやその他の指示等をする義務が生じるだけである。

　その場合，当事者及び第三者は，審判や決定で命じられた面会交流の内容どおりの実施契約を締結する義務を負うか。当事者は審判や決定の名宛人であるから，審判や決定の効力として，命じられたとおりの内容で実施契約を締結する義務を負う。ただ，第三者は審判や決定の名宛人ではなく，命じられた実施内容どおりの実施契約を締結する義務はない。審判や決定で命じられた内容の実施方法について，第三者は強制されない。それを締結するかどうかの選択権は第三者に存在する。第三者は，命じられた実施内容とおりに契約を締結したくなければ，締結を拒否すればよい。それによって第三者が責任を問われることはない。逆に，そこで命じられたとおり実施することを内容とする契約を締結したときは，締結した契約の相手方すなわち当該面会交流審判事件の当事者たる申立人及び相手方に対しては，その契約どおりに実施する義務を負担するから，その義務を履行しない以上その当事者に対して債務不履行責任ないし不法行為責任を負う。少なくとも面会の立会いに関しては，第三者機関に裁量権はないから，それらの責任を免れないであろう。

　ところで，原審審判(2)の父子面会交流の日時，場所，方法，同交流の際の留意事項，禁止事項については当該第三者機関の職員の指示に従うべきものとしている。そうすると，これらの指示事項についての限定は付されていないから，第三者機関の裁量に任されていることになろう。仮に限定されていても，第三者はその限定方法が子の利益にかなうかどうかを独自の立場で判断しなければならない。ここでは，第三者機関が全面的な信頼を得て，それらの事項について指示をすればよいことになる。これはどのような審判・決

定なのだろうか。肝心な面会交流の実施の内容が第三者機関へ全面的な白紙委任となってしまっている。第三者機関が全面的な信頼を得ているといえば聞こえはよいが、逆にいえば、第三者機関は「子の利益の最優先考慮」という判断基準に立脚しなければならないのであるから、どのような方法を選択すべきであるかについて、全面的な責任をかぶせられることになる。しかし、このような「子の利益の最優先考慮」の具体的判断を第三者機関に全面的に委ねてしまうような「丸投げ」の審判・決定がそもそもできるのであろうか。その第三者機関が退職調査官の任意団体であるFPICであるから、いいようなものの、FPICがそのような強力な権限と責任を負わせられるような審判・決定の仕方が許されるのであろうか、妥当なのであろうか、疑問なしとしない。それをやるのなら、前記のように昭和57年これまで行われてきた当該審判をした家庭裁判所所属の家庭裁判所調査官の関与[5]で賄うべきではないのだろうか。それが駄目なら、そのような措置を取ってまでしなければ面会交流の実施が子の利益にかなう方法ですることは不可能というのであれば、そのようなケースにまで面会交流を強制的に命じてしまうことがそもそも無理なのではあるまいか。

　いずれにせよ、裁判所がこのような第三者機関への丸投げの審判をした以上、もしその第三者機関の関与の仕方に問題が生じて違法性を帯び、当事者との関係で債務不履行責任又は不法行為責任を負わされることになった以上、そのような審判をした裁判所も連帯責任を負うべきことになろう。そのような審判をしたということは、問題が生じたときには裁判所も責任を負うことを宣言したものと解すべきことになろう。

　第一事件の審判・決定が、第三者機関の関与に要する費用負担について、双方折半としている。面会交流が「子の利益」のために行うという建前を貫く限り、そのような判断にならざるを得ないだろうが、現在までのところ、父子面会は時期尚早だと感じて反対している母の立場に立って見れば、到底納得できる判断ではないであろう。母を説得できず、母の反対のままで父子面会を強行実施することにそもそも無理があり、これでは母にとってみれば踏んだり蹴ったりではないか。こんな方法が、ほんとに「子の利益の最優先

考慮」の結果といえるのか疑問なしとしない。

3 第二決定における面会交流の可否論と方法論

(1) 父子面会の実施の可否論

　母が父子面会交流を拒絶する理由として主張しているのは，①連れ去り懸念，②母子所在を知られることへの不安，③父の言動の子への悪影響，④子引渡しの際に父と対面することからの恐怖心である。これに対する抗告審の決定の理由は，①，②及び④は母の父に対する恐怖心や不安感に由来し，それは父が同居中に母に対し暴力を振るったことからすればやむを得ないことであるが，父が同居中に未成年者に対し暴力等を振るった事実は認められず，母の父に対する恐怖心や不安をもって直ちに未成年者と父との面会交流を制限すべき特段の事由があるということはできないとする。また③について，母の主張する子の問題行動の頻度や程度，未成年者に対する父の影響との因果関係等のいかんによっては，面会交流の制限事由に当たる場合がないではないが，しかし未成年者に上記問題行動の事実を認めるに足りる幼稚園関係者の陳述や連絡帳等の記載内容などの的確な証拠資料の存在しない本件においては，上記母の供述のみをもって上記面会交流制限事由があるとまではいえないとする。そして，調査官による調査によっても，未成年者が父を拒絶していることをうかがえる事情が認められず，未成年者が同居中の両親との良好な思い出を有している本件においては，面会交流を実施していくことが必要であると結論付ける。

　さらに，母が抗告審において，①未成年者は父に会いたいという意向は示していないこと，②面会交流の強要は未成年者に強い精神的負担を強いること，③未成年者の現状に問題はなく父子面会を実施しなくても格段の支障がないこと等を主張するのに対し，抗告審は以下のように判断する。すなわち，①は同居中の母に対する気遣いからであり，両親双方に対する忠誠葛藤の結果であって，未成年者が父に会いたいという意向を示していないとはいえないとし，②未成年者に精神的影響を与えているのは父子面会を強要することではなく，忠誠葛藤の結果であるから，この点の主張も理由がないとし，③

の主張も，調査官調査の結果も母子共同生活に格段の問題がないとしているだけで，父子面会が実施されない現状が未成年者の生育にとり問題がないとしているものではないから，理由がないとしていずれの主張も排斥する。

しかし，母が原審から主張している①の連れ去りの危険は，父がそういうことはしないと言明しているというだけでは母は納得しないであろう。現実に連れ去り行為に出る者は，事前には連れ去りはしないと大抵は約束するのである。②の母子の所在を知られたくないという母の希望には理解を示しつつ，父が未成年者には直接暴力を振るってはいないから，父子面会拒絶の理由にはならないとするのには，論理の飛躍と事実誤認があり得る。父母間のDVは間接的にせよ子への精神的暴力となり得ることは，今日では広く指摘されている（児童虐待の防止等に関する法律2条4号は，児童が同居する家庭における配偶者に対する暴力を児童虐待行為に含めている）。それにしても，①から④までの母の恐怖感は相当なものであり，既に病的なレベルにまで達している危険性がある。これらの事情から，父子面会の制限事由となりえる事情があり得るからこそ，抗告審では再調査のため原審差戻しとしたのである。

また抗告審における母の主張①の点は，確かに母に対する気遣いもあり忠誠葛藤の結果による言動があるが，だからといって父に対して会いたいという意向を示していないとはいえないとするのには論理の飛躍がある。逆に父に会いたいという意向を示しているともいえない。②の精神的負担の点は，忠誠葛藤の結果であるが，それは父子面会を強要していることから生じているのであるから，母の主張には理由がある。③の点も，父子面会の強要の結果忠誠葛藤を生じさせている以上，それがない母子同居生活の現状に問題がないことにはそれなりの意義が認められ，父子面会を強要すれば未成年者の生活にプラスをもたらすとの根拠にはなりえない。忠誠心の葛藤の結果があっても，面会交流実施の障害にはなり得ないという論法は，未成年者の心理や精神葛藤のプロセスを理解していないといわざるを得ない。面会交流の強制的実施がますます忠誠心の葛藤を強化するなんてことは常識ではなかろうか。

そうだとすれば，本件では，父子面会の方法論に移る前の，父子面会の可

否の段階で，既に相当な問題が生じていることが明らかであろう。抗告審決定のように，未成年者は，その抱える忠誠葛藤を軽減するため，両親の適切な対応，すなわち母親との生活を維持しつつ父親も面会交流を通じ未成年者に対し適切な対応をすることが必要かつ相当な状況にあるという結論付けは，単なる理想論の域にとどまり到底現実的に適用可能な方法論ではなく，本件では当面はその条件が整備されるまでは，父子面会を制限すべき相当な事由があるというべきであろう。

(2) 父子面会の実施方法論

この点について，抗告審決定は以下のように説示しているが，この点はかなり的を得ている面があると思われる。すなわち，父母，子，第三者の情緒的人間関係が色濃く現れる面会交流では，相手方に対する独立した人格の認識とその意思への理解，尊重の念が不可欠であり，特に父母間において愛情葛藤により離別した感情と親子間の感情の分離がある程度できる段階にならないと，一般的に面会交流の実施は困難を伴い，「殊に，子が幼少である場合の面会交流においては，父母間に十分な信頼関係が醸成されていないことを念頭に置きながら，詳細かつ周到な面会交流の実施要領をもって行わなければ，面会交流の円滑な実施は困難であり，仮に実施したとしても，継続性を欠いたり，両親の間で板挟みにある子に不要なストレスを与える等，子の福祉の観点からは却って有害なものとなりうるおそれが大である」と正当に指摘する。換言すれば，抗告審は，原審審判のような審理とその結果による実施要領だけで実施したのでは，かえって子の利益に反することになると喝破したのである。その結果，「子の福祉に思いを致し，もう少し慎重かつ丁寧な事件処理が望まれる」として，審理不尽の違法を理由に原審判を取り消し，本件を原審に差し戻したのである。

第二決定は，この点からいえば，前記第3の1で指摘したとおり，面会交流原則的実施論に立脚しながら，第一決定よりもそのトーンをかなり下げている。第一決定では前述のとおり，「未成年の子の健全な成長のためには，別居している親との交流も不可欠であ」るとまで言い切っていたが，第二決定では，逆に実施要領の内容によっては前述したとおり，父子面会交流の実

施が「両親の間で板挟みにある子に不要なストレスを与える等，子の福祉の観点からは却って有害なものとなりうる」とさえ指摘して，場合によっては面会交流の制限事由になり得，必ずしも面会交流が不可欠ではないとして，原則的実施論を修正したのである。

そして第二決定は，以上のような視点に立って，本件の具体的事実に踏み込み，本件で円滑な父子面会交流の実施を図るための実施要領としては，両親の面会交流時や普段時における禁止事項や遵守事項などを盛り込むなどして，当事者双方が未成年者の現在の状況についての認識を共通なものとする必要があるにもかかわらず，原審審判では面会の頻度等（実施日）や受渡場所，受渡方法についてその根拠となる情報等が明らかにされず，母の父に対する恐怖心の現状からすれば父母の子の直接の引渡しにはかなり無理があり，第三者機関や信頼できる第三者を利用することも検討すべきであり，幼稚園や小学校における未成年者の言動を調査して未成年者父への思慕が明確になれば，直接的な面会交流を支持する理由になりえたはずであるとし，結論として原審での審理，調査には審理不尽があるとしたのである。

抗告審決定では，上記のとおり，幼稚園や小学校での調査の結果，未成年者の父への思慕が明らかになれば父子面接を支持する理由となり得るとしたが，これは逆にいえば，その調査の結果，父への思慕が明らかにならなければ，父子面会を実施すべきでないことを意味し，それがひいては，本件では父子面会交流を制限すべき事由に該当することを認めたことになる。第一決定では，「父子面会は不可欠」だとして，何が何でも面会交流を実施するんだという強硬だったが，さすがに第二決定ではそのようなスタンスは影を潜めて，慎重な言い回しに転換しているのである。

このことは，抗告審決定は，実はそもそも原則的実施論には相当に無理があり，あくまで当該具体的な事案ごとに双方の諸事情を「子の利益の最善考慮」の見地から比較衡量して丁寧に審理判断すべきこと（明確基準説ではなく根比較基準説によるべきこと）を説いているに等しい，と筆者は考えるものである。

(3) 面会交流実施命令の任意履行性

最高裁決定[6]によれば，「面会交流の日時又は頻度，各回の面会交流時間の長さ，子の引渡しの方法等が具体的に定められているなど監護親がすべき給付の特定に欠けるところがない」といえる場合に，はじめて間接強制が可能であるというのであるから，本件第一決定も第二決定もこの要件を満たしておらず，当初から任意履行を前提としたものである。

だから，当事者の一方でも合意しなければ，しかも第三者機関が契約に応じなければ実現されることはなく，いずれの審判も絵に描いた餅として結局無効となりかねないことを見越したもので，あくまで当事者の協力を前提にした高度の調整的審判ではある。この観点からいえば，第一事件も第二事件もいずれの審判も当事者の協力が得られるように裁判所の手続内で最大限の努力を尽くし，すべからく調停で解決すべきであると考えられる。原則的実施論で簡易・迅速に処理して事足れりというような無責任な態度で臨むべきではないのである。

4 面会交流原則的実施論の危険性指摘の重要性

面会交流原則的実施論は，拙著『裁判例からみた面会交流調停・審判の実務』（日本加除出版，2013）で指摘したとおり，平成20年前後頃から東京家裁を中心に実務で採用され始め，これが全国的にかなり浸透してきているようである。これは，最高裁事務総局家庭局が原則的実施論の立場に立ち，盛んにその普及に努めていることが影響している。このような行政指導の方針は確固たるものとして，最近では，今後これを強行しようとする姿勢がありありと見て取れる。現に，前記第一決定を掲載した家裁月報65巻7号（2014年1月発行）は，次の65巻8号（同年3月発行）が家裁月報の最終号で以後の発行は打切りとなり，その前号という記念すべき号であるが，家庭局はそこでの「家庭裁判所事件の概況―家事事件―」において，第一決定の紹介にあわせて，以下のように指摘している。すなわち，第一決定に関しては，「平成23年の民法の一部改正により，父母が協議上の離婚をするときに協議で定めるべき「子の監護について必要な事項」の具体例として「父又は母と子との面

会及びその他の交流」が条文上明示され，また，当事者間の協議や裁判手続を通じた理念として，子の監護について必要な事項を定めるに当たっては，子の利益を最も優先して考慮しなければならないこととされた(民法766条)。改正前の民法においても，非監護親と子との面会交流については「子の監護に必要な事項」に含まれるものとされ，その際，これを子の利益の観点から定めることも理念とされてきたところであり，面会交流の可否は子の福祉に合致するか否かによって決まり，その方法等について子の福祉にかなうように定めるべきことについては異論のないところであったと思われる」としながら，その注において，以下の古い論稿をわざわざ引用する。

すなわち，この点，2010年に発行された田中由子「子をめぐる家事事件の審理と運営について―初めて家事事件を担当する裁判官のために―」(家月62巻4号1頁) 34頁以下では，「かつての実務は子の心理的葛藤への配慮等から面会交流に慎重であったが，最近では，面会交流が子の発達に及ぼすよい影響が多くの論文等でも紹介されるなどするようになったとした上，非監護親と継続的な交流を保つことで，子はどちらの親からも愛されていると感じ，親との離別というつらい出来事から立ち直ることができるという面会交流の意義からすると，明らかに子の福祉を害するような特段の問題がなければ，面会交流の実現を目指すことになろうとしている」として，あたかも原則的実施論が家裁の実務の主流であるかのような取り扱いをしている(実際には実務の主流とまではなっていない)。そして，家庭局では，前掲拙著7頁以下(2)で挙げた面会交流原則的実施論の細矢郁=進藤千絵=野田裕子=宮崎裕子の論文「面会交流が争点となる調停事件の実情及び審理の在り方―民法766条改正を踏まえて―」を家裁月報64巻7号 (2012年7月発行) 7頁に掲載し，これについて実務に浸透させようとしている。

しかし，これらの家庭局の行政指導の方針や原則的実施論の考え方は，民法766条の趣旨に反し，最高裁の判例や下級審裁判例の流れにも反し，法理論的かつ事実的 (心理学的) にも成り立ちえないことは，前記拙著で詳しく論じたとおりである (上記田中論稿では，「最近では，面会交流が子の発達に及ぼすよい影響が多くの論文等で紹介され」ているとしているが，そのような論文等は1つとして

存在しない)。そして，原則的実施論の実務運用は，子の利益を実現するためではなく，最近多発している面会交流事件の早期迅速処理のためのマニュアル作りに他ならず，事務当局の関心事は専ら少数精鋭主義を貫くための簡易処理という調停・審判運営者側の論理の貫徹にあるというのが，前記拙著で考察した私の結論である。そうすると，実は本件の第二決定のような考え方で慎重審理・調査をされたのでは，事件処理がはかどらず，事件が滞留してしまう。昨今は，民事・刑事・少年事件は減少傾向にあるのに，子の監護事件や成年後見人事件を中心に家事事件だけが増えている状況であるから，何としてでも未済事件を減らしたい。だから，家裁月報は近接した時期に出された東京高裁の家事事件集中部の前記２件の決定例のうち，第一決定だけを登載し，このような方針に反し慎重審理を普及させかねない第二決定は殊更無視したという経緯があるとする指摘があるのもうなずけるのである。

　これは，最近の少年事件を含めた最高裁の基本的政策，すなわち家庭裁判所の司法裁判所純化政策ないし家庭裁判所地方裁判所化政策の一環であるという側面を見落としてはならないというのが筆者の結論である。わかりやすく言えば，「判断すれども処遇（調整）せず」という昔から根強く存在した家庭裁判所政策の見事な復活である。しかし，これを許したら，家庭裁判所はいずれ死滅に向かわざるを得ないことになるだろう。このことをしかと警告しておきたい[7]。

　本章脱稿後，衝撃的な新聞報道（毎日新聞2014年11月３日朝刊）に接した。2014年春の日弁連の会員に対するアンケート調査の結果によれば，面会交流等について家事調停で合意ができた296人の回答では，そのうち44％が全く面会ができていないという。合意どおりに面会ができているというのは僅か24％，合意どおりではないがほぼ面会ができているのが32％であったという。筆者が家裁判事を辞したのが2002年だから，その後10年余になるが，筆者が調停を担当していた頃は，合意ができた以上，ほぼ100％面会が実施されていた。当事者が納得するまで調停で調整し成立させたのだから，言わばそれは当然のことであった。しかるに，最近の調停ではせっかく面会させるという合意が成立しても，実に半数近くが面会が実施できていないというのであ

る。これは何を意味するか、はっきり言って、面会交流原則実施論に基づく実務が当事者や子どもが納得しないのに、無理をして調停を成立させてしまうからである。当事者や子どもの立場ではなく、あくまで調停運営者の目線で強引な事件処理を目指すからである。離婚後の共同親権論のイデオロギーに固執してそれを貫徹しようとするからである。

　筆者は再び強い警告を発せざるを得ない。わが国の子育て文化にかなうような内容と方法で面会交流などの調停・審判を運営しないと、ますます家事調停は当事者や国民から信用されなくなるだろう。原則実施論や共同親権論にこだわるのではなく、それに批判的な意見にも謙虚に耳を傾けて、本当に子の利益にかなうような形で調停を運営すべきである。

1）梶村太市『裁判例からみた面会交流調停・審判の実務』（日本加除出版、2013）3頁以下参照。
2）安倍嘉人＝西岡清一郎監修『子どものための法律と実務――裁判・行政・社会の協働と子どもの未来』（日本加除出版、2013）などにそれを感じる。
3）梶村・前掲注1）搭載の裁判例【72】東京家審平成18年7月31日。
4）梶村・前掲注1）222頁参照。
5）梶村・前掲注1）搭載の裁判例【1】東京家審昭和39年12月14日【7】東京家審昭和44年5月22日【8】京都家審昭和47年9月19日【9】大阪家審昭和48年8月3日【10】大阪家審昭和49年2月20日【11】東京家審昭和49年3月29日【15】浦和家越谷支審昭和51年3月31日【16】東京高決昭和52年12月9日【24】東京家審昭和57年4月22日参照。
6）梶村・前掲注1）搭載の裁判例【91〜93】最決平成25年3月28日参照。
7）梶村太市「面会交流の協議規範・調停規範・審判規範・間接強制規範――面会交流原則実施論の問題点と実務的危険性を考える――」五十嵐敬喜＝近江幸治＝楜澤能生編『民事法学の歴史と未来――田山輝明先生古稀記念論文集』（成文堂、2014）365頁参照。

座談会

面会交流は原則的に実施できるのか

日時●2014年6月14日㈯

登壇者（発言順）

長谷川京子（弁護士）——1章担当
山口恵美子（公益社団法人家庭問題情報センター常務理事／臨床心理士）——8章担当
坂梨　　喬（弁護士／元福岡家・地裁判事部総括）——15章担当
西片　和代（弁護士）——13章担当
小川　富之（福岡大学法科大学院教授）——6章担当
水野　紀子（東北大学法学研究科教授）——7章担当
渡辺　義弘（弁護士）——9章担当
安部　朋美（弁護士）——12章担当
斉藤　秀樹（弁護士）——10章担当
〈紙上参加〉
髙橋　睦子（吉備国際大学大学院福祉学研究科教授）——4章担当
可児　康則（弁護士）——11章担当
森野　俊彦（弁護士／龍谷大学法科大学院特任教授／元福岡高裁部総括判事）——16章担当
秀嶋ゆかり（弁護士）——14章担当

【司会】
梶村　太市（弁護士／常葉大学法学部教授／元横浜家裁部総括判事）——18章担当

序　論

梶村　座談会では、3つのテーマに分けてお話しいただきます。
　第1は、子の利益論です。面会交流を原則的に実施することが子の利益にかなうのだという、一種の事実上の推定を東京高裁の第1決定（東京高決平成25年6月25日）も第2決定（東京高決平成25年7月3日）も言っていますが、果たしてそういうことが言えるだろうか。この第1のテーマが最も大事なところであり、これが肯定されるなら、

あとはどんな説明も可能になります。

第2は，従来からある法律論・権利論です。ただ，紙幅の関係で深入りすることは避けたいと思います。

第3が運用論です。どのような立場に立つにせよ，実際に子ども中心の面会交流を実施するためには，どうしたらいいのかという，具体的な運用論ですね。今回はこれを中心にして議論をしていただければと思います。

討論の素材として，上記の東京高裁の2つの決定を取り上げます。

第1　子の利益論

梶村　第1の点は，長谷川先生の「子の利益」とは何かに関する第1論文を拝見していますが，そこで問題提起されていることは非常に重要で，これが本書の中でもポイントになると思います。まず，長谷川先生にご説明をお願いいたします。

長谷川　一体，子どもの利益を最優先にするというのはどういうことか考えてみると，子どもではない人の利益や，様々な求めというものがあったとしても，まず第1に，「子どもの利益を最優先するんですよ」，「大人は子どもの利益の前に我慢をするということをしましょうね」と，そういうルールだと思うのですね。

すると，生きて，食べて，守られて，成長していく子どもの立場から，子どもの基本的利益というものを考えなくてはならず，それには第1に，身体的にも心理的にも安全が守られなければいけません。

心理的な安全としては，例えば，不安にさらされないとか，暴力を目撃させない，ということがあるでしょうし，身体的な安全はもちろん，自分が暴力を受けないということのほか，生存と健康を支えるご飯がきちんと食べられるように，必要な養育費が支払われるということも当然入ってくるのではないかと思っています。

次に，子どもは，そういう安全という土台の上で，特定の他者にアタッチメント（愛着）を形成して，生存と発達を遂げていく存在ですから，その特定の愛着対象への依存関係，法律で言えば，監護関係だと思うのですが，その監護関係が安定的に守られるということが第2の重要な利益になるのではないでしょうか。子ども自身が生後の生活体験を通じて選択的に形成する愛着関係・愛着対象との絆が守られなければならない。他者によって連れ去られたり，その関係がむしばまれるようなことは子どもの生存と発達を害する，ということです。

その上で，第3に，子どもは面会の主体ですから，非監護者との面会交流が子どもにとっていい交流となるためには，子ども自身が面会を拒絶していないということが必要だと思います。もちろん，子どもの意思の強さにも強弱がありますが，丁寧にアセスメントした結果，子どもが強く拒絶をしている場合は，その拒絶を尊重しなければいけないのではないか。私たちは，誰だって，自分の意思に反することを強

制されたらつらいのですが、それは子どもも同じであり、強固な拒絶に反して面会交流を強制することは、子どもに理不尽な苦痛を強い、その人格を否定することになると思います。

近時、「片親引離し症候群（PAS）」とか、「片親引離し（PA）」と言われる、心理学の装いをまとった言説が用いられ、子どものノーはイエスであると歪曲し、面会交流に抵抗する監護親に不適切な親というラベルを張る動きは、子どもから声を奪い、監護親から子どもを有害な面会から守る力を奪うものであり、子どもの利益を害すると思います。

梶村 PAS/PAの問題ですね。これはマイヤー先生が、アメリカでの問題点として指摘されていますので、高橋先生にご説明をお願いします。

というのは、東京高裁第2決定の抗告審決定も、実は、このPAS、PAの弊害にとらわれていると思わざるを得ない部分があります。この決定では、未成年者（7歳の子ども）に忠誠葛藤が生じているのだけれども、これは母に対しことさらに気遣いをしているに過ぎず、父子面接について反対しているとは言えないのだ、賛成をしているのだという趣旨の決定があるのです。

髙橋 本論で詳述していますが、離婚（監護や面会交流をめぐる）裁判で持ち出され、同居親が子どもを守ろうとして主張すればするほど、PAS/PAだと断定されてしまいがちです。PASもPAも科学的根拠という点では非常に脆弱で多くの科学者たちからも批判されています。科学的根拠のなさは、アメリカ国内だけでなく、例えば、スウェーデン政府（日本の厚生労働省に相当する社会保健省）も指摘しています。

PAS/PA論には、虐待やDVについて精査しようとする動きを封じ込める特徴があります。PAは、PASやガードナー（PASの主唱者）のPAS治療法を暴論として退けるところから出発し、子どもに注目し、子どもが一方の親を避けたがるのには複数の理由・要因があるというスタンスです。PAは、子どもに理解を示しPASよりも洗練されているかのようにみえるのですが、虐待・DVを直視しないで関心をそらすという点では、実質的にPASとほとんど同じです。アメリカの司法実務の専門家たちの間でもPASとPAはいまだよく混同され、とにかく、虐待・DVを議論から外す効果があります。マイヤー先生がまとめておられますが、最初にまず虐待・DVの有無について的確な調査・アセスメントをすることが肝要です。つまり、虐待・DVを例外視するのではなく、虐待・DVについてしっかり理解している、正確な知識をもつことが、司法実務の専門家や法学研究者の方々にも必要です。

梶村 ありがとうございます。子どもの利益に絡んで、今、長谷川先生の指摘された問題というのは非常に大きな問題ですけれども、山口先生は、面会交流を支援する立場、あるいは臨床心理士の立場等から見てどのようにお考えでしょうか。

山口　子どもの意向というのは，時がたつにつれてどんどん変わるんですね。ですから，現在の問題に対する判断なのか，将来にわたっての判断なのか，今，目の前で守られなければならない優先的な利益が何なのか，発達的展望に立ったときの子の利益が何なのか，その辺をきちんと整理して臨まないで，一括して議論するというのは，ちょっと議論として乱暴かなという気がしています。

目の前の子どもが「嫌だ」と言っていても，それこそ，運用の問題によっては，今，長谷川先生がおっしゃったような保証や安心が，子どもに確認でき次第，子どもは変化していきます。ですから，入り口のところでだけ議論をしていることについて，私は乱暴な議論かなという気がしています。

長谷川　山口先生がおっしゃったように，子どもの気持ちが一定でずっと変わらないとは，私も思いません。誰かと会いたいか会いたくないかというような気持ちは，大人であっても常に変化します。子どもだって，ほかの会い方や，ほかの環境条件によっては，その気持ちを変えるかもしれません。その意味で，現時点の心情に基づき，将来の関わりをすべて決めてしまうという司法的決着の仕方は，そもそも，自然の心情に沿わないものがあります。

その一方で，子どもの拒絶が固く，ほかのことを手当してもどうしても変わらないものである場合——非監護親に対する強い恐怖心に根ざしたり，非常にかたい芯のある拒否感情であれば，それはやはり尊重しなければならないというふうに私は思っているのです。

山口　そういうコメントが必要ですね。強い拒否とは何なのか。

幼少期，学童期に強力な拒否があっても，17，18歳になったときに，「本当は会いたかったのに，母親の気持ちを汲んで言えなかった」と言って，思春期の後半ぐらいになってから異を唱える子どもというのはいます。それは高校のスクールカウンセラーの経験からも言えます。

可児　「本当は会いたかったのに母親に気を使って言えなかった」という話は出てきますし，調査官も子どもは「会いたくない」と言っているが同居している母親に気を使って言えなかったのであって真意ではない，といった言い方をします。もちろん，そのような子どもが居ることは否定しません。ただ，一方で，神戸学院大学の神原文子先生がひとり親家庭で育っている子ども達からの聴き取り調査をまとめた『子づれシングルと子どもたち』（明石書店，2014）の中には，父親に会いたいとは思っていない子どもたちも登場しています。ですから，父親に会いたいけど言えない子どもだけでなく，本当に会いたいとは思っていない子どももいることを念頭において，決めつけるのではなく，対象となる「その子」に向き合っていく必要があると思います。

梶村　そういう両面からの検討が必要だというのは大事な視点で

すね。

山口 もう1つ言わせていただくと，相手に対する恐怖心等は，むしろ運用によってカバーできるのです。

運用によってはカバーできない重大な問題は，そもそも，母親のもとに居りさえすればいい養育ができるかというと，そういう状態にない監護親親子です。夫とか父親の存在以前に，養育機能をきちんと持ち合わせていない母親と一緒にいる子どもが二重被害的に面会交流のマイナスの作用を被るのであって，母親といれば，そっとしておけば愛着が形成できるかというようなことではありません。だから，逆に言うと，父親が二重被害を加える，その二重被害のところだけ否定されるというのは，ちょっと不公平ではないかと思います。

私のところ（FPIC）は，どっちかというと，幼児専門支援機関のように，低年齢児が多いんですね。子の利益を優先するときに，何を優先するかと言ったら，まず同居親との愛着形成を優先せざるを得ない。それが現実ですね。

坂梨 その辺は，裁判官の立場から言うと，裁判というのは，特にこの高裁の第2決定もそうなんですけど，ある一時点で判断をしなければならないのです。ですから，将来的にどうなるかとか，長いスパンで有効性があるのかというのは，全くわからない，極端に言えば，そういう中で判断するという，司法判断としての一つの限界があると思うんですよね。

その中で，子の最善の利益というのを考えてやるわけですが，それが，どの指標でもってやれば最も妥当なのかというのが常に問題になるし，それは事案によって異なると思うのです。

ですから，この高裁の第2決定の書き方が，未成年者が父に対して会いたいという意向を示していないとは言えないと，そのことが言いたいのだろうと私は思うのですね。事実とまでは言えないけれども，いないとは言えないんだと，これは後に，抗弁説なのかということで問題になると思いますが，少なくとも裁判所としては，会いたいという意向を示していないとは言えないというところでしか判断ができないのだ，ということかもしれない。

そういうことですから，山口先生のような，心理関係の先生とお話をするときに常に問題になるのは，スパンの長さの問題です。先生はある程度のスパンを見越されて判断ができるけれども，司法判断はそこが難しいものだから，ギャップがあるわけですね。

森野 坂梨さんの言われるとおり，子の監護をめぐる事件について，裁判所では，長いスパンで考えるというより，「できるだけ迅速に」という要請が働きます。面会交流では，試行面接の重要性がいわれますが，当日及びその前後の様子をみるのがせいぜいで，時間をかけて経過を観るというのは少ないのです。裁判所としては，子どものある種の行動が忠誠葛藤のもと不承不承なされたものかどうかの判断がつかないまま，子どもが非監護親

との面会交流の際楽しげにしていたという外形的事情を重視して，面会交流を是認するということもあると思います。場合によって，子どもにとって厳しい決定になるかもしれないが，その検討に長い時間を充てるわけにはいかないのです。子どもに対して，やや無理を強いることになるかもしれないが，どうかそれを乗り越えてほしいという祈りに似た気持ちで認容審判を出すこともあります。

梶村 今，裁判官の立場からの話がありましたが，原則的にはその通りだろうと思います。例のゴールドスティンらの『子の福祉を超えて』(岩崎学術出版社，1990)は，子の措置について判断する際には，法には人間関係を管理する能力がなく，科学の力も子の利益について長期予測をすることには限界があることを踏まえて，短期予測の下に心理的親子関係の継続性を破壊しないように心掛ける必要があると説いているわけです。最近，この継続性のガイドラインが再び注目されつつあるようですね。ただ，試行面接のときに子どもが楽しげにしていたという一時的な現象のみで，長期予測をすることは危険です。いずれ忠誠葛藤が生じます(梶村太市『新家事調停の技法』(日本加除出版，2012) 186頁以下参照)。

これらの点に関して，代理人の立場，弁護士の立場で，西片先生，どのようにお考えでしょうか。

西片 忠誠葛藤の問題と時間的スパンの問題が出ましたので，私が経験した再婚家庭のケースをご紹介します。監護者である母親が再婚して，新しい父親と養子縁組して1年もたたないうちに，実の父親からの面会交流の申立てがありました。そのお子さんは，前のパパのことを嫌っているわけではないけれど，母親が「前のパパと会う？」と言うと，「いや，今のパパに悪いから会わない」と言うお子さんでした。

大人として，母親も，養父も，そういう葛藤なしに会わせてあげたいし，そのための努力を，再婚家庭としてやらなければいけないと感じていました。けれども，再婚してまだ1年もたっていない家庭だったものですから，新しい家庭でそのお子さんが，新しい父親のもとで安心して生きていく基盤を構築するためにはまだ時間がかかるので，今は少し時間を下さいとお願いしました。今の時点で，その子どもさん自身が葛藤や負担を感じている事実があるのに，あえて大人が，「前のお父さんとも会いなさい」と言うのがかわいそうだし，また，大人の方も，何も葛藤なしに「いってらっしゃい」とは言えないから，努力をするから時間を下さいということで，間接的な面会交流という合意を最終的にはしたことがありました。

この高裁の事案も，子どもさんに負担がある。でも，子どもさんは必ずしも「嫌」とは言っていない，まさにそのとおりですが，その場合に，何が何でも今，会わせなさいという判断をするのか，大人に努力を強いるとしても，大人も大変な事情を抱えているから，

大人にも少し時間をあげて，今回はちょっと待ってください，もう少し時間がたった段階なら，大人ももうちょっと頑張れるでしょうという，時間的な配慮というのはあるのかなと感じています。

梶村 よいご指摘だと思いますね。
ところで，面会交流は，原則的に子どもの利益になるのかどうかは，これは，外国でも結構議論が進められているようで，最近，またそれについて，いろいろ考え方も変わってきているようにも伺うのですが，小川先生，その辺はどうでしょうか。

小川 歴史的に考えると，夫婦関係が解消されても子とのつながり，父子関係，母子関係というのは，継続するほうが子にとっては好ましいのだという漠然とした考え方で，いわゆる，離婚後の子の養育の共同制というのが進んできたように理解しています。

もちろん，夫婦関係がうまく継続しているときに，協力して父母として関わっていけば，これは最も理想的で好ましいわけですけれども，夫婦関係が継続していても，必ずしも，父母が連携して子の養育ができないときもあるわけです。これは今回は問題にしませんけれども，夫婦関係が解消されたときに，父母とのかかわり合いをどういうふうにしていくかというので，ある時期から，法律関係者以外の分野のいろいろな科学的な研究成果が多く公表されるようになり，そういうものをもとにして議論がされるようになったと理解しています。

それらの研究成果によると，一言でいうと，夫婦関係が解消され，共同生活が存在しなくなっても，子の最善の利益に合致するような形での父子関係，母子関係が継続する事例もあるというのは，もちろん間違いないことだと思います。こういう人たちが存在するのは間違いないけれども，父母が協調，協力できない場合に，つまり，子との関わり合いで対立があるときにどうするかということが問題になったときに，発達心理学とか，児童関係の分野の研究成果がかなり多く公表されるようになってきております。年齢区分等を基準にして，例えば，主たる同居親がいる状態で，特に子の年齢が低い場合には，非同居親がその子に会うことが，子にとって好ましくないという研究成果が出されているようです。このような研究成果が公表されているということは，長谷川先生や私も参加している「親権・監護（権）問題研究会」でも確認しています。これからその成果を日本でも紹介していく予定です。

子の成長に応じて違いはありますが，少なくとも，学齢期前ぐらいまでの小さな子に関しては，同居親が積極的に非同居親に，子に会ってほしいということを求めていない状況で，非同居親が子に会うということは子の成長，発達にとって好ましくない影響のほうが大きいという研究成果が公表されています。

そういう研究成果が出される中で，私たちは法制度の変遷について考えて

いかなければいけないわけです。例えば，私が研究対象としているオーストラリアや，類似した法改正経緯をたどっているイギリスもそうですが，一時期，父母の子への関わり合いをできるだけ積極的に，できれば均等に関わっていくほうが好ましいという考え方に立った法改正がなされた時期がありました。

そのときに，ネガティブな要因，特にドメスティック・バイオレンスとか児童虐待の懸念が指摘をされている中で，父母の継続的で，可能な限り均等な関わりと，子の安全のどちらを原則にして扱うかということが問題になると思います。これまでは，子にとって，明らかに否定的な影響が出るような場合には，例外的な対応で対処すればいいという考え方で，どちらかというと原則父母が関わっていくということにする法改正がされていたようです。このような考え方で法改正をした国，例えばオーストラリアなどでは実際に子の養育等に非常に大きなマイナスの影響が出たという詳細な調査結果をもとにして，再度，法律が改正されているというのが，今の大きな流れだろうと思います。

再改正の際には，子の安全を最優先にし，父母が子と面会交流する権利をいかに抑制していくかということで法改正が行われたという印象を持っています。

そういう意味で言うと，原則として同居親が責任を持って子を育てている場合で，非同居親に会ったほうが子の最善の利益につながり，子の成長にとって好ましいというときには，仮にその同居親が拒否をしていたとしても，例外的に法律の対応として，非同居親を子に会わせるという方法で対応するという方向に大きく軸が変わってきているという印象を持っています。

水野 日本とオーストラリアは，根本が全然違うと思うのです。オーストラリアは，非常な強制力をもって，機械的物理的に均等な監護分担をしてしまったので，それは弊害も出るだろうと思います。日本は，強制力がない状況ですし，機械的に均等などということは考えられない，せいぜい1か月に1，2回，面会交流をさせるかどうかという次元の話ですから，オーストラリアの法改正を参考にはできないでしょう。

念頭に置いているケースがどういうケースであるかということも，議論の前提として確認したほうがいいように思います。DV被害者であるまともな母親が子どもを連れて逃げていて，加害者である父親がなんとか復縁しようと面会交流を口実に接近している状況で，会わせると連れ去りの危険もあるし，母親へのストーカー手段と化している面会交流から，妻子をどのように守るかという問題意識が念頭にあって，この議論をする立場もあるでしょう。逆に，そうではない類型もあります。古典的類型で多かったのは，嫁入り婚で，夫とその両親が妻を追い出して子どもを渡さないケースです。これもいまだにあります。母親がなんとかして

もらおうと裁判所に行っても、離婚となると、子どもはそのまま現状維持ということで父親に親権が行ってしまい、父方の家族から母親の悪口を吹き込まれて育つことになりがちです。母親が別居してから、婚家は精神的暴力が繰り返される支配的な家族であったと気づき、面会交流の機会に子どもと接触して支配的でない人間関係を教えなくてはならない、まともに育てなければならないと、必死で面会交流を求めるというケースもあるのです。

日本は、児童虐待対応が全くできてない情けない国です。子どもを育てる環境としては問題があって、本来ならとっくに公的支援が入っていないといけない家庭も放置されています。そのことも考慮に入れなくてはなりません。「子どもの意見を聞く」というと聞こえはいいのかもしれませんが、児童心理学や児童精神医学の専門家たちがこれを危惧しています。

被虐待児は、虐待されていると、自分に加害を加えている親に対して、かえって余計すさまじい執着を示すものなのだそうです。健康に育っている子どもほど、むしろ親と離れられるのですね。だから、意見を聞いたら、激しく執着して、虐待している親にくっついていたいという。それを素人が見ると、それはとても懐いていると見えたりするのです。裁判官は素人ですから、そんな子どもの病的な心理がわかるはずがありません。

そういう病理への対応ができる条件がないところで、ただ子どもの意見を大事にしなくてはならないとなると、子どもに対して非常に危険な結果をもたらしかねないと思います。何より必要なのは、その子どもが置かれている状況を、虐待対応のプロフェッショナル、山口先生のようなプロフェッショナルが、その子がどういう環境でどのように育ってきたのかを調べることで、そこから始まるべきでしょう。そういう意味では、法曹関係者など、皆、素人ですから、対応できません。そういうプロの対応がなくて、ただ面接交渉の可否という抽象論を戦わせていると、どういう理念型を念頭に置いているかによって結論が違ってきてしまうだろうと思うのです。

オーストラリアで機械的な共同親権行使を実行して、その弊害があったので揺れ戻しがあったという経験を、日本の面会交流の議論の参考にもって来られるかというと、それ以前のバックグラウンドがそもそも日本とは全く違うだろうと思います。

梶村 それはその通りでしょうね。
逆に言えば、オーストラリアに限らず、そもそも外国の制度を比較法的に取り入れようとする場合、例えばバックグラウンドが全く異なる欧米の共同親権・共同監護の制度を無批判に日本に取り入れようとすること自体無理があるのに、多くの学者はその点を無視していると感じます。水野先生ご専門のフランス法との関係でいえばどうでしょうか。

水野 比較法という視点では、私はフランスが一番詳しいのでフ

ランスの例でお話ししますと、子どもの問題は、まず社会調査が入ります。社会調査とは、要するに、精神科医や臨床心理士が調べ上げるのですね。その子の現状がどうかというだけではなく、親の状況はもちろん、その親の親の状況まで、つまり親がどういう育ち方をしているか、というところまで全部調べ上げて、その上でアプローチを決めます。

しかもそれは、DVや児童虐待の可能性があると、恒常的にその後も見張っているという形での対処です。日本の場合には、裁判所の中で決めて、そこから先、裁判所から出ていったらその子がどうなっているのか関知しないという世界ですけれど、フランスではそうではありません。子どもに危険がありうる場合は、もうずっとケースワーカーがついて、裁判所もケースワーカーと協働して見張り続けます。子どもたちのほうでも、僕のことを決めているのはあの判事さんだと、固有名詞で認識しているぐらいです。ケースワーカーがずっとそれを追いかけて関与をし続けることで子どもを保護するのです。それだけ手間をかけていますが、そういう調査をするときも、両親のどちらがいいかというようなことは、極力子どもに訊きません。そんなことを訊いてしまうと、子どもに対してスティグマを与えるからです。

子どもが両親の間で忠誠葛藤をかかえているときに「どっちの親といたい？」なんて聞いたら、その子に深い傷を与えます。自分から一方の親を嫌っていることを明瞭に言っていても、慎重な配慮が必要です。DVの形態のひとつに母子関係の破壊という手法もあるのです。後になって、洗脳とコントロールが解けてから、子どもが深く自責してしまう危険もあります。ですから、その子がどういう状況かということはプロフェッショナルがすごく丁寧に調べ上げなくてはならないけれども、子どもの意見は訊いてはいけない。親権の行使方法は、裁判官が決めるんだよという形で通すのが、子どもの精神にはいいのです。決められてしまったので僕はそうせざるを得なかったという形を守ることが子どもに傷を与えないのですね。

日本のようにそういう形のアプローチができる条件が全くないところで、子どもの意見を聞いてしまうと、子どもの自己決定権などという抽象的なスローガンが一人歩きして、子どもに深い傷を負わせかねません。子どもの意見表明権の是非とか、あるいは面会交流の是非とかいう議論を、その前提条件が整っていない、根底が違っている日本でするのは、とても危険だと思います。

長谷川 子どものことをよく調べて決めるというのは、私もとても大事だと思っています。現状では、家庭裁判所の調査官は、家庭訪問しても、せいぜい2時間子どもと遊んで、それで大体こうだったみたいなことで報告書をまとめる。その際、子どもが非監護親との面会に積極的でなければ、非監護親とのよかった思い出を尋ね、子

どもがそれに何らかのエピソードを返せば非監護親との「よい思い出もある」とまとめる。

　その子どもの普段の生活を知り、その子のことを日頃よく見て観察している大人が、子どもの意思心情について報告するのであれば、普段の等身大のその子の様子というのをベースにして書けるのだけど、特別な時間、特別なところから来た、特別な任務を帯びた人が聞いたことに対するリアクションだけを拾う、それも非監護親と子どものつながりを特異的に手繰りだすような操作的な発問と、回答の解釈からなる「心理学的調査」は、面会交流実施を正当化するための素材収集にはなり得ても、子どもの声に耳を傾け、子どもの普段着の生活を理解してその福祉を判断するための調査としては、全く不十分であり、誠実さを欠くのではないでしょうか。

可児　面会交流の審判は、ほとんど調査官意見をそのままなぞるだけになってしまっていますが、調査官が、子どもと調査官の他に誰も居ないところで、ほんの短時間行っただけの調査と、その結果だけで、決めてしまって良いのか大いに疑問があります。裁判所が原則的実施論の立場を鮮明にしている現状で、裁判所の職員である調査官が、裁判所のスタンスと異なった意見を出すことなどあまり期待できませんし、実際、酷いDVがあって、子どもが会いたくないとはっきり言い、父親も決まった養育費さえ払わない、そんな場合でさえ、調査官が子どもの

意向を「解釈」し、直接の面会をすべきとの意見を書いたことがありました。私の論稿でも書かせていただいたのですが、調査官だけが子どもの意向等の把握に関わるのではなく、児童精神科医や、子どもの問題に関わるカウンセラーなど、裁判所外部の専門家が関わり、慎重に子どもの状況を調べるようなシステムが本来は必要だと思いますし、少なくとも、現在の調査官の調査について可視化する必要があるのではないかと考えます。

長谷川　水野先生が最初のほうにおっしゃった、例えばお父さんが子どもを囲い込んでしまって、お母さんが面交に行っているというケースはあり、法律相談などでも出会います。父が子どもの親権を取り同居しているけど、世話はできないから、母親に「おまえが来て子どもの世話をしろ」と実際の養育を押し付け、それのために母親が子どものところに通っているというパターンがあります。これを統計とかで見ると、母が面交に行く場合には、結構面会の頻度が高かったりします。子どもはそばにいて献身的に世話をしてくれる大人が必要なのだから、こういう場合に高頻度で長時間の面会になるのは、当然の成り行きでしょう。ただし、こうした子どものニーズを、面会交流のレベルで対処することで済むかという疑問はあります。子どもは生存と発達のために敏感で応答性の高いケアを必要とする存在であるから、こういうケアは子どもが基本的な成育環境で日々享受できるべきものであっ

て，面会交流のレベルではなく，適切な監護者指定によって対応するべき問題ではないかと感じています。

それからもう1つ，先生がおっしゃった，被虐待児ほど親に執着するということ，虐待的な環境を生き延びるために，子どもがその場を支配する虐待加害者に歪んだアタッチメントを形成する，「外傷性の絆」というものがあることは，DV虐待支援者の間ではよく知られています。それを見破れなければ専門的な調査とは言えないのだろうと思うのですが，心理学に詳しくても，DV虐待について理解が浅ければ，親子の間の張りつめた緊張やアタッチメントの質を見抜けないと言われます。その調査の質をどう確保するかというのは，最初に申し上げた問題と重なるところでもあります。

梶村 原則的実施論を説く学者や実務家からはほとんど聞かれないよい議論ですね。

その点とも関連しますが，弁護士代理人というのは結局，父親か母親のどちらかの代理人で，渡辺先生は，面会交流を求める方と求められる方両方の代理人のご経験があると思うのですが，先生のレジュメの中で，親のそういう精神的苦痛や感情労働に対して，代理人としては何とか援助してあげたいという気持ちはあるが，いかんともしがたく，これについて人間科学の立ち遅れじゃないかと言われていますが，これはどういう問題提起でしょうか（なお，渡辺先生の『子の監護権紛争解決の法的課題―弁護士実務の視点から問う―』（弘前大学出版会，2012）は素晴らしい著作です。)。

渡辺 面会交流紛争には背景があります。現実の紛争は生々しいです。婚姻関係が壊れた親は深く傷ついています。相手に対する怒り，自己嫌悪，そして離別後の経済的打算の予測もあります。当然のことです。弁護士代理人は依頼人と対話します。監護親の場合も非監護親の場合もあります。最後まで子どもに責任を負うのは親です。子どもの最善の利益は，依頼人である親の利益と一体のものとして話し合います。面会交流における親の利益とは，このように傷ついている親自らの精神的苦痛の減少以外の何物でもないと感じます。高葛藤の事案ほど代理人弁護士の援助は大切です。このような監護親が面会交流で行わなければならないことは，きわめて「感情労働」性をもっています。「感情労働」という概念は，近年，労働法の研究者によって明らかにされました。それは行為者自身が怒りや衝動的行動を抑制し，相手の感情を管理するもので，「演技労働」による可視化も含みます。継続すると，そのストレスによりメンタル不全に陥ります。梶村先生が著作で指摘されるような，面会交流の苦痛のため母子ともども精神に変調をきたし，精神科に通院を余儀なくされた実例ほどではないにしても，憂鬱の高度の事案はかなりあります。裁判所が，一律に神経の太い監護親を想定し，単純な心理学的知見を説いてもこのような監護親が納得しないことは目に見えるよ

うです。裁判所の人間科学が，フレンドリー・ペアレント・ルールに注目ばかりして,「感情労働」役務の受忍限度を具体的に問題にもしていないのを疑問に思います。一方，高葛藤の非監護親は，真面目で不器用な非監護親ほど，喪失感と孤独感が深刻化しています。このような非監護親は，競争社会の核家族の中で，情緒的に子どもに依存してきました。それが原因で，うつ病，抑うつ症状に陥る実例によく接するようになりました。医師も面会交流が実現することが症状の改善にきわめて望ましいと診断します。夜中に外出するうつ症状の非監護親を同居の家族が尾行するケースもあります。事実，車の中に準備した練炭を発見し事なきをえました。同居の家族がいない別のケースでは，面会交流の調停申立て準備中に，うつ病の非監護親が職場での心労を引き金に，深夜，誰もいない広い家の中で自殺し，子どもと切り離された苦痛を表す遺書を読んだこともあります。無縁社会特有の現代ならではの現象であると思います。裁判所の人間科学は，単純な心理学的知見のみに注目すべきではありません。このような現象にもどう対処すべきかの検討に着手すべきです。

梶村 渡辺先生の議論を拝見していますと，結局は親の権利的な面を否定することはできないんじゃないかというご主張になると思うのですが，この権利論は後ほどにして，一番最初の問題,「子どもの最善の利益」という観点からのアプローチについて，安部先生は代理人の立場から，どのようにお考えでしょうか。

安部 当事者間の紛争，父母の紛争というものの子に対する影響というものを，現在，裁判所は余りにも軽視しているように感じています。

私の担当しているケースでも，非常に紛争性が高くて，監護親の親族もみな非監護親からいろんな理由をつけて訴えられていたのですが，調査官が「面会交流を子どもがする気になるように説得しなさい」と監護親に言いました。

でも，監護親がどんなに子に対して,「非監護親と会っても私に対して気を使わなくてもいいのよ」とか,「大丈夫だよ」と言ったとしても，やはり子どもは何かを感じているわけです。その言葉は言葉どおり受け取れない。何が起こっているかは，具体的には分からなくても，すごく揉めていて，監護親がすごく今困っているというのは子どもは感じているので，その点について，裁判所が余りにも軽視し過ぎていると思います。

面会交流の子の利益というところにもつながるのですが，そのケースで調査官が監護親に「面会交流をもっと強く子どもに対して説得しなさい」と言ったとき，面会交流について，予防接種や虫歯の治療に例えたのです。「子どもが虫歯になったら，子どもがどんなに嫌がって泣いても治療に連れていくでしょう，それと一緒です」というように言ったのです。私はそれを聞いて，それは絶対に違うだろうと思

いました。医学的に有効性が治験だとか長年のデータによってはっきりしているものと，面会交流の子に対する利益は同一に論じられるようなものでは絶対にないのに，そう言って説得する。今，裁判所は面会交流の子の利益を虫歯の治療と一緒に考えているんだと思いました。

だから，面会交流を虫歯の治療や予防接種と同じように裁判所が把えていることが，根本的に今の何かおかしな問題になってしまっているように思います。

山口　それはベクトルが違うので，予防接種でもいいんですが，親がそのことがこの子にとって大事だという理解と確信を得られるように親に向けての教育が必要なので，理解や確信が必要な人が子どもにそういう説得だけしろと言われている。説得されるのは子どもじゃなくて大人のはずなので，ちょっとベクトルが違うなという気がするんです。

親が，この子にとって，面会交流がこういう点で，大変なことはいっぱいあるけれども，やっぱり頑張りがいのあることで，取り組みたい，取り組む必要があると理解した場合には，そういう問題が起きにくくなる。面会交流は，人生においてそれがなかったからといって，どうというものでもないようなものとは考えられません。

安部　そのケースは，結果的に，審判に基づいて面会を強行しようとして，お子さんがPTSDになってしまいました。

山口　お母さんを教育できなかったということですよね。

安部　とにかくお父さんのモラルハラスメントがすごいケースで，初めからもう子どもが泣いて，しがみついて父親のところに連れていかれないように抵抗しているのを，審判が出ているから連れていかなければいけないという状態でした。

山口　水野先生がさっきおっしゃったように，いろんな状況があって，安部先生が挙げて下さったケースは当事者同士で自力でやるケースのようですが，やっぱり自力では無理だと思うのね。もうちょっと手当てが必要だったと思います。

水野　守りながら会わせる。

山口　そう。

安部　だから，そのケースでは，お母さんはFPICを使った面会を希望していたのですが，身体的暴力がないということで，FPICを使わせてもらえませんでした。

梶村　その裁判官は自信があって言っているのか分かりませんが，第三者機関を使わないんだったら裁判所が最後まで責任を持つべきですよね。

今モラルハラスメントの話とお母さんへの教育の話が出ましたが，可児先生，DV事案等において監護親たる母にどのように対応したらよいのでしょうか。

可児　モラルハラスメントや，DVのケースまで，面会交流が子どもにとって良いことで大事だ

と親が確信することは難しいと思います。モラルハラスメントやDVがあった場合に、面会交流をすることが子どもにとって良いこととは必ずしも言い切れませんし。もちろん、監護親が、子どもが非監護親と「会いたい」と発言しているときに、実際に会うことを妨害するのは許されません。「お母さんに気を使わず会いたければ会って良いよ」といったことを伝えることは必要だと思います。ただ、それ以上に、会うように説得する、仕向けることまでしなければならないのかというと疑問を感じます。裁判所に持ち込まれるような事例、DVや高葛藤な事例で、そこまで監護親に責任を負わせることは酷ではないでしょうか。母子として生きてゆくだけでも大変なことなのに。

梶村　でも調査官は母親にかなり厳しい対応を迫る場合があると聞いています。母親は調査官の説得を聞くでしょうか。

可児　DVのケースで、調査官が、監護親である母親に「父と子の良好な関係を築くのも親権者の役目」「子どもと父親を面会させるのはお母さんの責任」など、大上段から説得にかかったことが何度かありました。暴力から子どもを連れて逃げ、ようやく母子の落ち着いた生活を取り戻しつつある母親に、DVの恐ろしさを経験もしていない調査官がどうしてそんなに偉そうに言えるのか疑問を感じたことを覚えています。もちろん、その場で強く抗議しましたが。そんな言い方で説得しても、人は動きませんし、当事者は、裁判所への不信感を強めるだけです。

梶村　面会交流拒否の判断基準はあくまで「子の利益」ですね。それを裁判所はどうやって判断するのでしょうか。裁判官の立場からどうなのでしょうか。

坂梨　結局、誰が子どもの利益を判断するかという、どの局面において、という問題なんですよね。それを、水野先生も言われたけれども、プロフェッショナルとしての層の余りにも薄い日本において、裁判所に丸投げして「裁判官、おまえ判断しろと、親権者はどっちがいいんだ」とか、「面会交流をどうすればいいんだ」とか、と言われても困りますよ。

だから、それを助けるのは調査官しかない。調査官がきちんとした、どれだけのプロフェッショナルとしての教育を受けているのか。それは、特に現在の状況ではちょっと心もとない。ですから、私は家庭裁判所はもう絶望的だと思ってしまいますけどね。

梶村　私も同様な感じを持ちます。特に調査官の実力が昔と比べて落ちていますね。研修所の教育に問題があるという意見もあります。

可児　どれだけ教育をしたとしても、やはり、裁判所の職員である調査官だけにその任務を負わせることには無理があると思います。外の世界には多くの専門家、プロフェッショナルが存在します。司法の世界の中だけで自己完結するのではなく、司法の世界の外に居る専門家、プロフェッショ

森野　坂梨さんのおっしゃることは痛切にそう思います。調査官の報告書を読むと，まれにですが，表面的な検討，考察に終わっているものに遭遇してこれでいいのかなと感じることもあり，一方ではその仕事ぶりや報告書の中身をみて本当にすごいなと思う方もおられます。玉石混交とまでいうと言い過ぎですが，それはともかく，家庭裁判所としては現在の状況を前提としてやっていくしかない。時に，現象面に目を奪われ，肝心の子どもの心理状態を深くかつ正確に分析しているといえるか疑問がないではない調査報告書が上がってきても，それでも裁判官でなしえない調査技法を駆使した成果としての調査報告書があるということが重要で，それを梃子に，家事実務を相応に経験した裁判官が記録にあらわれた事情を総合考慮して判断を下した結果は，ひとつの公的判断として尊重すべきものだと思うのです。

そして，その後紆余曲折があるにせよ，例えば面会交流を認める審判が確定した場合，当事者はまずはそれに従うという覚悟をもってほしいです。裁判所は絶対正しいとは言うつもりはないのですが，ともかくもそれに従って面会交流を行ってみる，何度かやってみてどうしても看過できない問題点が生じ，子どもの福祉が阻害される状況がでてきたという場合に初めて，別途これを変更する裁判を求めるという心構えをもってほしいです。はなから，家庭裁判所の裁判官はわかっていないと言われるのは，少し悲しいです。

山口　何度も発言して済みませんが，先ほど小川先生がおっしゃってくださったことで，私はやっと学者が気付いてくれたと思っております。援助の現場を知らない学者たちが，「外国はこうだ，外国はこうだ」ってさんざん言われて，私たちは本当に理念論だけをおっしゃっていることに非常にむなしさを感じつつ現場をやっていたんですね。ようやく最近学者自体がそのことに気がつき始めて，少しずつ問題点も伝えてくれるようになった。これまでは，外国の制度を私たちに伝えるときには，いい話としてしか伝えてくれないので，私たちは現場でそうじゃないということを感じつつも，そんなものかと思っていました。裁判官もそうなのだろうと思います。

だから，やはり本当の臨床家がいかに少ないか，その発言力がいかに小さいか。

坂梨　本当にそうなんですね。

梶村　水野先生，学者としてどう感じますか。

水野　フランスでは，育成扶助という親権制限の制度があるのですけれど，年間約20万人の子どもたちがその制度下にあります。育成扶助下にあるというのは，親が親権制限されていて，ケースワーカーがついて，裁判所に見張られている状態です。そして毎年約10万件の，育成扶助判決が下りています。フランスの人口は日本の2分の1ですから，日本だったら約20万件の親権制限判決が毎年下りていて，

約40万人の子どもたちが，ケースワーカーが毎週通って，裁判官がケースワーカーと連絡を取って見張っているという状況でフランス並みということになります。もちろんそれどころか親権喪失と停止と児童福祉法28条審判を含めても年間やっと三桁です。つまり家庭内における子どもの劣悪な養育状況に，社会が関与していないのです。

日本で，夫婦仲がおかしくなって家庭裁判所に来てもめているような家族は，ほとんど背景にそういう子どもの養育環境問題があるはずです。そこにそういう子どもを守るためのプロフェッショナルな社会的関与が全くなくて，離婚後の親権の帰趨も面会交流も自分たちで自主的に決めて合意でやりなさいという構造になっているわけです。むしろ当事者にもめるだけの力があるから，裁判所まで来ることができたとすら言えるので，被害者がその力も奪われているような本当にひどいケースは闇の中に埋もれていて，深刻な人身被害が出て刑事事件にでもならない限り表面化しないといえます。育児支援という意味では，日本のそれはもう本当に劣悪で，構造的に問題があります。

子どもという将来世代の育成に関わることですから，両親がもめなければいいという発想ではいけないと思うのです。両親がもめる場合ももめない場合も，子どもの養育環境が整っているかどうかが肝心です。もめないように，ともかく現状固定で他方に会わせないとしたら，一見，平和のようですけれども，それは子どもを救うことにはなっていないだろうと思うのです。社会が子どもを守りながら，両親との交流の設計を考えなくてはなりません。

小川　一般論で子と親との面会交流をどういうふうに考えるかということと，様々な問題を抱えている事例で実際に個別具体的にどのように対応するのかというのは，少しレベルを別にして考えなくてはいけないと思います。

私たちが，外国の制度のお話をする場合は，たいてい一般論なんです。その制度には，どのような歴史的背景があって，どのような目的で提案がなされて，具体的にはどんな議論があって現在の制度ができあがったのか？ それがその後どのように変わっていって現在の制度として定着したのか。制度を具体的に運用した場合に，つまり，具体的な事件が起こったときに，どのように対応されているかというような，細かな研究報告というのは残念ながら今まで余り行われていないんです。

オーストラリアでも同様で，日弁連のシンポジウムの関係で2014年の春にオーストラリアのシドニーの調査に同行させていただきメディエーション，家族法専門弁護士事務所，裁判所，コンタクト・センター等を訪問しましたが，高葛藤で共同監護の困難な事例，非監護親による面会交流の実施が危険だと思われるような事例にどのように対応しているかについて調査してきました。日弁連のシンポジウムで調査結果については詳しく紹介してくださる

と思いますが，実際に面会交流が行われている事例の中に，やはり親権制限の必要なものがあるようです。

例えば，「共同親権」と言っていますが，中身としてどのような形で父母が関わっていっているのか，また，今，水野先生がおっしゃったように，完全に子との面会交流が制限されている人たちがどれくらいいるか，スーパーバイズされているケースがどのぐらいあって，現状がどうなのかといった研究成果が公表されてくると，日本の議論も変わってくると思います。

山口　今，水野先生がフランスの話をなさった。そこまで手当がきちんとできてないけれども，離婚裁判が家裁に行って迅速性ばかり言われるようになる前は，私たち，親権の帰趨についての臨床心理学的な面での鑑定事件というのを何十件といただいていました。

それについて，弁護士さんから時々聞かされるのは「多少時間はかかったけれども，鑑定をしてもらったケースでは抗告がない」と。結論を当事者が受け入れてくださって，穏やかな結論が出てるんですね。そのくらい時間をかけてきちんと見るものを見ないで結論を出すことの危うさが今の現状だと思います。

坂梨　おっしゃるとおり。一般論というよりもむしろ構造的な問題なんですね。

梶村　実にいい問題提起されました。実は人訴が家裁移管されて本当に家裁のいいところが出たかという

と，実際は逆になってしまったという指摘が多いのです。とにかく迅速，迅速。できるだけ証拠調べは省き，それこそ心理鑑定なんかは一切なしでね。

山口　鑑定は一切なくなりました。

梶村　私が，1976年に東京地裁の民事一部，人事訴訟専門部で離婚訴訟の監護に関する附帯処分をしたときに，M先生など臨床心理士関係の専門家鑑定人を何人も選びました。時間がかかるようですけれども，それで当事者は納得して解決するというのは山口先生の言われるとおりですね。人事訴訟が家裁に移管された後，家庭裁判所は運営者の視点に立ち迅速な裁判ばかりを強調するようになって，当事者の視点に立った調停審判や人事訴訟の運営が後退し始めたという印象を語るのは私だけではありません。特に高裁あたりからの批判が強いです。

第2　法律論・権利論

梶村　次に法律論に少し入りたいと思いますが，これについては簡単に触れるにとどめたいと思います。先ほど，坂梨先生もちょっと出されましたけれども，最近議論のあった『家事事件の要件事実』(日本評論社，2013) という問題ですね。これは創価大学でやった議論のまとめの本なんですが，そこで議論されていることを聞いていると，裁判所関係者以外は，原則的実施論には賛成していないんですね。原則的実施論に立つ裁判所関係者は「子の利益」についていわゆる抗弁

説的な発想に立つわけですが、訴訟法学者をはじめ代理人弁護士サイドではみんな請求原因説に立脚して議論していますよね。渡辺先生は、やはり面会交流は権利であるという前提に立っても請求原因説に立つことになる、と主張されるわけですか。

渡辺 　その点はよく考えてみました。弁護士としての発想です。弁護士代理人は裁判官とは違います。裁判所の考え方、審理の行方を予測、推理しながら、依頼人と対話します。あくまで依頼人の納得が大切です。弁護士自身が納得できない依頼人の要求については受任できません。しかし、受任した以上は、依頼人の立場に立ち、その有利な事実、事情を可能な限り裁判所に明らかにし、裁判所の先入観や心証のゆらぎに働きかけることのできる行為の手続保障が絶対に必要です。いかに職権裁量による正しい結論であっても、このような実質を持った行為が保障されないまま、不利な結論が出れば、依頼人の心には反感が育ちます。さらに、弁護士の目で客観的に見て、その結論が正しいかどうかも疑問です。現に行われている家事審判手続の運用を体験すれば、このような当事者主義的見地の不十分さを感じます。短時間の審問期日に裁判官が「この証拠とこの証拠を次の期日までに出して下さい」と書証の提出を指定します。双方本人に対する事実調査としての審問は、裁判官が自らの価値判断で簡潔に行うのが大部分です。当事者の申立てによる人証の証拠調べも一般化して

いません。山口先生、梶村先生が人訴に心理鑑定が行われなくなった動向をご指摘になりました。この動向は審判手続にも反映していると思います。資料として用いられる家裁調査官の調査報告は、分野を限定して、マニュアル的に決められた手法と順序で調べ、結論となる評価は無難に短く示される感があります。

　私が、家裁で具体的に形成される前に、実体権としての面会交流権を認めるのは、当事者主義的手続運用を、さらに強化する意図があります。弁護士的発想によれば、非監護親は、実体権としての面会交流権を成立させる要件事実に相当する事実を、請求原因的に主張立証しなければなりません。非監護親という申立適格さえあれば、この主張立証が免除されるとは考えません。その意味で「請求原因説」です。一方、監護親には、その人間としての尊厳に基づき受忍限度を超える面会交流を拒む人格権ないし人格的利益があります。これも実体的権利ないし利益と考えます。監護親はこれらを裏付ける事実を、請求原因的事実の積極否認的ないし抗弁的事実として主張立証しなければならないと考えます。当事者双方は、実体権としての子どもの幸福追求権を、自らの主張の中身に取り入れて主張立証します。このような主張立証の競い合いの保障こそ大切であると考えます。実体権否定説は、当事者が主体的に努力することを通じて納得に至るという見地を取り込むには弱いと考えます。不利な結論でも、やることはやり尽く

したという納得感，それ以前に，その結末を予測できたという当事者自らの納得感こそ，大切です。もちろん，このような私見の理論的根拠などについて，ご批判を受ける点があることは十分承知しています。

梶村 今の点は「子の利益」というような抽象的ないわゆる規範的要件（評価的要件）における評価根拠事実と評価障害事実の総合的検討（要件事実説）の問題でもあるわけですが，坂梨先生は，その前提としてやっぱり同じように実体的権利として見たほうがいいではないかと，そういうご見解ですか。

坂梨 はい。私がこれは権利だと考えたのは，裁判官現職中の事件を扱う中で考えたんですが，これは会わせたほうがいいと調査官も言うし，私たちの素人目から見ても会わせたほうがいいなと思ってるケースにおいても，やっぱり会わせない。元夫に対する反発心だけから会わせないんじゃないかと思われるケースについては，私はこれは権利と言わないと説得できないし，もう1つは，これははるかにかけ離れた話ですが，水野先生が言われたように，裁判所ができることと言えば，本当は強制力だけなんですよ。内容は判断できないんですよ。私たちはそれだけの力はないですし，それだけの知識も持っていないから。

そうなると，やはり権利については裁判所が判断するということは，どうしても残しておきたいという思いはあったんですよね。

梶村 それは親の権利ですか。子の権利ですか。

坂梨 親の権利です。構造として，理屈の上でどうなるかというと，例えば同居請求権は，抽象的権利だから，具体的権利を審判で形成してもらえる権利があるんだと請求する。家庭裁判所はその内容を形成するだけだという判断をしたのと同じように，面会交流請求権はあるけれども，その内容として，会わせる，会わせないも含めた，何回会わせるとか，それを形成する権利は家庭裁判所にあるんだという形で，ちょっと切り分けて考えれば，理屈でも成り立つんじゃないかな……。

梶村 面会交流に関して言えば，韓国民法のように，親子はそれぞれ面会交流をする権利があるという規定がある場合は別として，わが民法766条は協議しろと，協議する際には子どもの最善の利益を考えろと言うだけでしょう。

坂梨 そうなんです。

梶村 なぜそこで権利だと言えるか，だから，その根拠を言っていただかないと。立法者は「あれは権利でない」と言っている。それを権利であると言う以上は，根拠づけなくちゃならないと思います。水野先生も権利論者ですね。

水野 私はやはり親の権利だとは思うのです。ただ，この親の権利は，義務性の強い特殊な権利です。権利としてただ主張できるものではない。育成扶助制度は，親を自己批判，

自己省察させる制度だと言われています。自己批判しながら行使しなければならない権利なのでしょう。

最近，痛ましい事件がありましたね。別居しているお父さんが子どもの通っている小学校に行って，子どもを道連れに焼身自殺してしまったという事件です。その後，お母さんに対して，「お父さんと会わせてやっていたらこんなことにならなかったろうに」というような批判がされました。これもお母さんに対して，本当にひどい批判でした。そんな危険な男だからこそ，彼女は会わせられなかったのです。お母さんと子どもを社会が守ってやらなければならなかった。守られていない彼女が，会わせない形で自衛したのは，無理のないことです。責められるべきは，家族内の弱者を守る仕組みを作ってこなかった日本社会です。

梶村 2014年1月25日に日弁連法務研究財団等主催の第15回法務研修で水野先生が報告された「日本家族法の比較法的特徴」の講演でしたね。私は文字通り古今東西の文化論や人間関係諸科学を含めた総合的検討をされたその報告を聞き，その内容の奥深さに感動し，これは他に追随を許さないものであり，いまや名実ともに家族法学界の第一人者となられたと感想を述べた際に質問したことですね（なお，この火かぶり自殺問題はこの座談会の最後でも触れることにします）。

水野 その節には，あまりにも過分なお言葉をどうもありがとうございました。ええ，あの機会にも梶村先生が話題にされた事件です。あのお父さんには，社会が治療的に関わっていなければなりませんでした。父親にカウンセラーが治療的に関わって，「あなたの傾向はこういうふうに病んでいるのだけれども，あなたのここを抑えれば必ず子どもに会えるから」と言って自覚を促し，子どもに会うときも危険がないように監督付で安全な条件下で会わせる支援が必要でした。あなたのそのアプローチの仕方，それは子どもにとってよくないよと教えながら会わせてあげることをしていれば，彼はあんなことにはならなかったと思うのです。

彼にはそういう治療を受けながら子どもに会わせてもらえるという権利はあると思います。

梶村 あれは子どもの権利？

水野 今説明した意味では，親の権利ですね，父親の権利。でも，繰り返しになりますが，自分の権利として子どもに無条件に会えるという権利ではありません。なぜなら，最上の利益は子どもの福祉ですから。

でも，父親はそのとき自分が「おまえは悪いやつだから会わせてやらないよ」と言われるのではなくて，自分も治療を受けながら，つまりサポートをされながら，子どもと親として接触できる機会を求める権利は，社会に対してあると思うのです。

長谷川 その権利は，誰に対する権利で，誰が義務者なんでしょうか。

水野 親権は，まず社会に対しての権利であると同時に，社会に対しての義務でしょう。でも，子どもに対しての権利であると同時に，子どもに対する義務であるという，そういう側面もあるのじゃないですか。

長谷川 子どもが義務者なんですか。

水野 まず社会に対してと言ったほうがいいでしょうけれど，親が親権を正当に行使する場合は，子はその行使対象になる義務はあるでしょう。

長谷川 権利だったら，誰に対する権利なのかということがちょっと気になるので。会いたいと要求する，名宛て人は誰なのだと。社会に対して家族とともに暮らす権利を侵害しないでくださいとか，それはわかると思うんです。でも，誰かに対して，私と暮らせよという権利というのは，向けられた人はどうする，というのがあるものですから。

権利とするとすれば，社会的には会えるように誰か助けてくださいという，助けを求める権利かなという感じがしますけどね。

坂梨 要するに，そういう社会的なサポートも何もないところにおいて，権利者としてほっといていいのかというのが，私の裁判官としての問題意識だったんですね。

小川 今回の企画は，別居や離婚後の面会交流が主たるテーマなので親権の問題にはそれほど深くは立ち入らないと理解しているのですが，それを前提として私としては最近の日本の議論で，共同親権という文言を使って日本で議論されていることに，大きな違和感を持ってます。

その理由は，英米法の話なので法体系が日本とは基本的に異なりますから英米法系の現状という程度でお考えください。英米法の国の多くで親権という表現がある時期から，監護に変わるんです。ペアレンタル・オーソリティ（parental authority）という表現から，カスタディ（custody）に変わる。カスタディ（custody）という言葉は身柄の確保という意味の法律用語で，少年事件を含めて刑事法の領域で用いられることが多いのですが，要するに，カスタディと合わせて使われるのがジョイント（joint）で，共同で子どもの身柄を確保することで子どもを守ってあげるという発想で用語が変更されてきたわけなんです。

それが，次はカスタディ（custody）からレスポンシビリティ（responsibility）という用語に表現が変わってくるんです。レスポンシビリティ（responsibility）に変わったときには，今度はジョイント（joint）ではなくてシェアード（shared）なんです。ジョイント（joint）というのは一緒にという意味で，シェアード（shard）というのはシェア・ハウス（share house）のシェア（share）ですから分担して子を養育する，つまり，子に対する関わり方も変更されたわけです。

つまり，お母さんのできることはお母さん，お父さんのできることはお父さん，2人でやるべきことは2人でや

ることというように，概念が変わってきた背景には，恐らく，親の側の権利性を抑制するとともに，関わり方についても見直しがなされたと理解しています。

これは重要なことですが日本で，私たちが大学の講義で学生に教える場合に，親権まで講義が進むと，この親権は権利と書いてあるけれども，その中身は権利義務の総称であって，義務的側面が重要であるというふうな説明をします。しかしながら権利と書いてあるわけですから，その辺がすごく気になるところで，義務であれば，用語としても親義務とすればいいわけですから，説明に困るわけです。要するに，英米法では，少なくとも親の権利というものから子の保護というか，子の身柄を守るという考え方に変わり，今は父母がそれぞれの立場で子を養育する責任という言葉になってきているというのは，きちんと認識する必要があると思います。

水野 ごめんなさい，そういう親権という言葉の議論については，私はどちらかと言うと批判的です。言葉狩りしてもしょうがないと思うのです。親権という言葉がよくないから，親義務にしようとか，自然後見にしようとか，そんな議論は，ずっと昔からありましたが，問題はそこではないと思うのです。たしかに，ドイツ法でもフランス法でも，外国法の親権という言葉は変わってきて，父親のみの権利から両親の権利に，子どもへの権力ではなくて育成の義務を含んだ言葉に変化してきています。でももっとも外国法を参照すべき点はそこではなくて，どうやって具体的に親権濫用から子どもを守るか，そのためにどれだけリソースが必要かということであるべきでした。でもその日本法の欠陥については，あまり考えないという傾向がありました。言葉だけ権利ではなく義務だと言っても，実際に子どもを守れなければむなしい言葉遊びです。

斉藤 今の流れで申し上げると，やはり権利という言葉を使うと，実際の実務の現場ではどういう使われ方するかというと，まさに民法的な権利で，非監護親と監護親との間での権利，義務という位置づけが必ずでき上がるんですね。

そうすると結局，元夫婦，夫婦の葛藤とか対立とか火種が完全に消えていないのに，またそれが再燃するだけなわけです。再燃が分かりきっているので，親の権利と言われると，なかなかすんなり受け入れるのは難しくなってしまいます。何らかの権利性というのであれば，やはり子どもに軸足を置いた権利の構成とか，子どもに対する責務とか責任とかという構成のほうが紛争当事者としては受け入れやすいのです。

実務でなるべくいい解決を目指そうとしても，そこに権利というものが出てくると，今の世の中，特にネットの社会なんかを見ますと，権利とか義務というと非常に白黒はっきりついたような勢いがついてしまうところがあります。

社会からサポートを受けるのは本当にすごく大切だと思うんですけれども，そういったものが非常に貧困な現状で，権利だと言うと，妥協的な柔軟な解決の妨げになる一番の大きい原因になっているのかなと思うので，実務でやっているとどうしても権利という言葉に対してはなかなかすんなり「そうですね」と言いにくいのが現状なんです。

坂梨　全くそれはそのとおりだろう……。

梶村　権利という言い方で，実際上，弊害があちこちで生じていると思われるのは，原則的実施論が台頭してきて，盛んに調停委員は，これは親の権利ですよ，あるいは子どもの権利ですよ，だから会わせなきゃいけないんですよという，なぜ会わせなきゃいけないのか説明を抜きにして，もっともそれが説得しやすいというか，そういう言葉しか知らない。調停委員だから無理ないという人もいますけれども，そういう権利の誤用，悪用というのかな，それが目につくと言われるようになりました。

山口　調停委員がそのようにおっしゃる根拠は何なのですか。

渡辺　裁判所の調停委員に対する啓蒙のあり方に原因があると思います。

梶村　そう。「権利だから会わせなさいと。原則的に会わせないわけにいきませんよ。裁判所はもうそれで通っています」，こういう言い方です。

坂梨　それは全くそういう言い方ですね。

安部　面会交流の権利性というものについては，まだ結構論じられていると思いますが，面会交流義務者の義務の範囲というものは，正直ほとんど論じられていないのではないかと思うんです。

どこまでやらなければいけないのかという問題で，いろいろと書かれたものなどを調べていても，その辺がはっきりしない。ある面会交流の論文で，まず妨害しない，そして子どもが面会交流に対して消極的または拒否的な態度である場合には，面会交流の大切さについて子どもに説いて，子どもを面会交流に前向きにさせる努力までする義務があるというように書いてあるのですが，最近は，正直ほぼ結果責任になってしまっているので，子どもが拒否していたら，それはあなたの努力が足りないからだというような感じになっていると思います。でも，やはり子どもという1人の人格があって，完全に親がコントロールすることはできない。では，どこまですれば許されるのか，その点の議論が間接強制や損害賠償のところで端的にあらわれてくると思いますが，置き去りにされている。

だから，権利性を仮に認めたとしても，義務者の義務の範囲を限定的に考えればそれほど大きな問題は出てこないのではないかと思います。その辺の議論がすごくファジーなまま権利の話ばかりがされている気がします。

小川　この問題に関しては、フレンドリー・ペアレンツの考え方が非常に重要な影響を生じさせることになるわけです。要するに非同居親に子と会えるように適切に対応することができなかったということに対して、同居親がフレンドリーでないという判断をされてしまうわけです。法律の規定にフレンドリー・ペアレンツ条項が入ることによって生じる弊害というのは、そこにあるわけです。

山口　でも、それはあくまでも、親機能をきちんと備えているという監護親の前提なんですね。

小川　そうです。

山口　実態は違いますもんね。

可児　権利義務と捉えた場合、法的な義務者は監護親になるとしても、実際に会わなければならないのは子どもです。子どもが誰でも別れて暮らす親に会いたがっているとするならば、さほど問題はないのでしょうが、先ほども述べたように、会いたがっていない子どももいます。面会交流を権利だとし、会いたがっていない子どもに別れて暮らす親と会うことを事実上義務づけることなど、許されないのではないでしょうか。「会いたい」という親の気持ちを満たす役割、寂しい親を慰める役割を子どもに担わせるべきではありません。

第3　運用論

梶村　第3の運用論に入りたいと思います。東京高裁の第1決定も、第2決定も、配偶者虐待の問題に絡んでいます。そこで、虐待の問題に入りたいと思います。

この点はやはり長谷川先生が、本も書かれて（長谷川京子＝佐藤功行＝可児康則著『弁護士が説くDV解決マニュアル改訂版』（朱鷺書房、2014）参照）、いろいろ考察されておられるようですので、問題提起をお願いします。

長谷川　DV事案は、子どもの福祉優先の協議ができない最たる類型なので、裁判所に持ち込まれます。家庭裁判所実務では、DV事案がごく一部の特殊な類型であるような認識があるようですが、DVは力の格差を背景に、身体的暴力だけではなく、精神的虐待や性的虐待、経済的締めつけや社会的行動の制限など、広い範囲に及んで被害者を虐げる大小の加害行為からなる支配であり、当事者で協議できない裁判事案には集中する傾向があります。

DV事案で面会交流を含む監護の問題を考えるときに、子どもの利益としてもっとも重視するべきは、過去のDVが子どもの心身の健康や発達に及ぼしてきた害から子どもが立ち直れるようにすることと、更なる加害から子どもや被害親を守り、脅かされない生活を子どもと被害親に保障することです。DVでは子どもも身体的・心理的被害を受けているので、加害親との別居後の面会交流をめぐっては、被害を受けた子どもを守ることが真っ先に考慮されなければなりません。その際、トラウマからの回復には、トラウマ記

憶の侵入など再体験によるストレスを含めて減らすような環境整備が必要であるのに対し，加害親との接触が再体験を引き起こすこと，また，現状日本では，加害親への指導などにより，面会時その適切な言動を担保する制度もないこと，したがって面会交流を命じることが，無条件で加害親に子どもとの接触を保障し，子どもに接触を強いる結果になることを考慮するべきです。

ところが，このような子どもの切実なニーズが，原則的実施論ではしばしば見落とされてしまいます。子どもの視点ではなく，会いたい親の欲求への共感から出発して，申立てられた面会を実施しようとするから，DV加害の事実や子ども・被害親への影響を限定的に認定し，過小評価して面会実施につなげようとするのです。

原則的実施論のもとでは，DVの危険性や子どもへの害を適正に評価することはできず，子どもを守ることができません。

それなのに，解決の指導原理としての「子どもの最善の利益」以外に，手続きの当事者である非監護親に面会する権利があるとか，監護親に面会させる義務があるという関係をもし設定してしまうと，面会交流の裁判は，権利の闘争の場になって「子どもの最善の利益」がかき消されてしまう懸念があります。

とくにDVでは，法律上の権利や社会的経済的優位がすべからく支配のツールに濫用されますから，面会に関わる権利が設定されたら，それが，加害親の子どもと被害親へのDV支配継続のツールに利用される危険があります。面会交流の裁判は，今以上に，子どもを守ることより，申立当事者の権利を貫徹する結果に傾くことが懸念されます。

梶村 そうすると，あくまで親の権利として構成しようとされる水野説や坂梨説あるいは渡辺説に対しては，さきほど，親の権利だとすると誰に対する権利なのかという質問をされていましたが，問題ありということですね。

長谷川 面会する親の権利というものを法律上設定すると，「子の最善の利益」が消し飛んでしまう，と懸念しているということです。

梶村 私も同様な印象を持ちます。親の権利だという構成と子の最善の利益の考慮とは両立しないのです。

それはともかく，先ほどの東京高裁の第1決定も，第2決定も，どうも見ていると，この精神的虐待や暴力，肉体的虐待も含めて，どうもちょっと軽く扱い過ぎているんではないかという印象を受けるのですけれども，この点，子への虐待問題に関してはいろいろ発言されておられる水野先生，どう考えるべきなのでしょう。

水野 たしかにそこは強調して申し上げたい点です。近代法が自力救済を禁止するのは，申し出れば必ず助ける，強制執行してあげる，という前提があるからです。日本では，自力救済禁止が成立するのは，財産法領

域だけです。家族法領域は，自力救済しなさいという近代法以前の世界です。ハーグ子奪取条約の批准問題は，その彼我の違いが背景にありました。DV被害者が申し出れば，必ず助けてあげる，子どもの処遇もきちんと守る，だから子どもを連れて自力救済して逃げるな，という前提が成立している諸国が，お互いに締結する条約だったのです。でも日本はそうではない。自分で逃げなさい，別居して，せいぜい時間がたてば法的に離婚させてあげます，という社会です。ともかく，DV対応も，なっていないのです。だから日本では，被害者に「逃げろ」と言うしかない。

DV被害者が裁判所へ行ったら，裁判所がただちに加害者に出ていけという別居命令を書いてくれて，刑事罰で脅して，父親から生活費をしっかり取ってくれるという，そういう家族法が，ハーグ条約締結国では予定されているのです。

日本は，まず，ともかく逃げなさい，助かりたければという世界です。DV加害者は児童虐待もしがちで，子どもに人身被害があったら，なぜ母親がもっと早く逃げなかったのかと責められる社会です。ひどい話ですよね。

梶村 そういう暴力，DV等についての対策が，日本ではほとんどなされていない？

水野 そうです。家庭の中に公権力が，要するにサポーターが全然入っていかない。家制度以来の，すべからく家族自治にお任せの家族依存社会で，家族が，そのまま自分たちで何とか解決しなさいという伝統でした。その伝統的構造が，非常に悲惨なことを生んでいるのです。以前は，もっと大家族だったり，地域社会の中での交流もあったので，家族内の暴力に対して，ある種の安全弁があったのですけど，それが日本社会の近代化でみんな失われてしまいました。本来はもっと早くに，社会福祉として，また家族法として，国家が介入して支援しなければならなかったはずです。でも相変わらず，支援無しの家族自治でやっているわけです。家族は，お互いの関係がきわめて密で相互依存が強く，その中で暴力が始まると，ひどい人権侵害が起こる危険な場所です。閉じられた家族の中では，暴力はエスカレートするし，被害者は逃れられないし，親も病むし，子どもはますます病むしという悪循環に陥ります。今の日本は，もう，あらゆるチャンネルを通じて，社会が介入していかなければならない状況です。もっとも問題なのは，その不備です。

その状況を無自覚に前提として発想すると，暴力の結果，逃げてきた人に，加害者と会わせるなんて酷だという，結論しか出ません。そういう次元では，家族依存社会を前提にした上での対処療法の議論から脱却できず，将来的な展望にも真の解答にも結びつかないという気がするのです。

確かに，ようやく逃げてきたのに，まだモラルハラスメントのハラッサーが面会交流を手段にして支配を継続し

ようとする場面，そんな毒になる親と強引に会わせられて，子どもも被害を受けるし被害者である親も消耗だという場面は，現状ではもちろんあると思います。でもそれでは，そこをただ切ったら解決するのか。そんなことはないのではないでしょうか。

さきほど申しましたように，逆に，加害者の父親のほうが子どもを抱え込んで，家事や育児はおばあちゃんにやらせて，それで，母親に会わせないというケースもあるでしょう。母子関係を破壊するというのは，DVの1つのパターンですから，子どもに母親の悪口を吹き込んで洗脳しているというパターンもあるわけです。

ともかく当事者に任せておいたらだめなので，社会が介入しなくてはなりません。山口先生みたいなプロフェッショナルの第三者が関わる，第三者がサポートしていくというのが，当事者両方にとって救いになると思います。なにより子どもにとってそれが一番の救いになるでしょう。

梶村 そうすると，この第2決定のほうが，ちょっといろいろ問題がありそうなんですが，第2決定は「夫，父親から虐待された，だからそのような夫に子どもを会わせられないという母親の主張に対して，裁判所は，母親は虐待されたかもしれないけれども，子どもを虐待していないじゃないか」という論理で，その主張を蹴っているんですけれども，そういう蹴り方はどうなんでしょうか。

山口 目撃被害が，子どもに対する児童虐待で，申し上げましたように，それこそ脳機能にまで影響を残しかねないという事実を考えていません。

ですから，その辺の認識が，裁判所の中にまだ入っていないんじゃないかという気がします。

安部 離婚調停の話ですが，兄と妹がいて，父親から兄が殴られており，父親が居酒屋みたいなのをしていたんですけれども，中学1年生の兄を夕方4時半から夜の12時まで毎日働かせ，それで子どもは起きられないからまともな学校生活を送ることができない，そういう生活が長期間続いて，ささいなことで，兄が父親からぼこぼこに殴られたことから，兄が「お母さんが出ないんだったら僕は1人でも家出をする」と言って，母子3人一緒に家を出た，というような事案でした。兄が，父親から常識では考えられないようなことをされているのに，調停委員から「妹は何もされていないでしょう。では，妹は会わせないといけないでしょう」と言われました。今まで兄だけが対象になっていても，私としては，その対象者がいなくなれば，別の人に対象が移るほうが普通だと思うのですが，なぜその特定の関係でだけDVが発生して，もともとDVをする人は，その傾向があるからしているのに，なぜその人との関係性の中でだけDVが発生すると裁判所が考えるのか非常に疑問に思いました。

水野 その点素人的な発想ですね。

坂梨　まさにそうです。

西片　「目撃被害」ということをおっしゃいましたけれども，児童虐待防止法には，児童がいる家庭における配偶者に対する暴力が児童虐待だと書いてあるだけで，必ずしも，子どもが目撃するということは，特に書かれていません。

　その点，専門家に伺いたいのは，主体性のないような年齢の子どもで，その言動を見て，「これが暴力だ」と認識できないレベルの小さいお子さんであっても，自分がお母さんに抱かれている状況で，お母さんがどなられているとか，あるいは，隣の部屋で寝ているんだけれども，お母さんがどなられている状況が常に耳に入ってくるような状況というのは，そのお子さんの脳の発達にとって悪影響があると理解してよろしいのでしょうか。小さいからこそ余計に大きいのではないかと思うのですが。

山口　ネーミングを「目撃被害」と言っているだけで，そういうものは含まれるということでよいですね。

西片　そうですね。ただ「目撃被害」と言っちゃうと，何か現場を目撃している場合とか，暴力の認識がある年齢に限定される印象を持ちます。

山口　要するに，恐怖体験，極度の不安体験，そういうものだと。

西片　はい。

秀嶋　心理的な暴力や虐待については，被害者である妻・母がPTSD等の診断を受けている事案はありますが，子どもたちが同様の診断を受けている事案はまだ少ないです。しかも，被害者である妻・母がある程度落ち着いてきた頃に，子どもたちが被虐待の影響を受けて様々な症状が出てきたり，加害者と類似の言動を行うことがあります。

　面会交流の調停・審判時に，子どもたちが受けているダメージを適正に踏まえるだけの資料等が整っている場合は極めて少なく，短期間の調査官調査によって，子どもたちが受けているダメージを適正に評価することは容易ではありません。

　特に子どもの年齢が低ければ低い程，DVの子どもへの影響が評価しづらい面がありますし，「親」の権利が強く主張される傾向にあります。子どもと父親との面会について，妻・母の受けたダメージとともに，子どもが受けてきたダメージを適正に評価しなければ，面会自体が母にとっても過酷なものとなり得るし，年齢が低い子どもが夫・父に適応し，面会がスムーズに出来たとしても，それだけで，DVの子どもへの影響がなかったことにはなりません。実際，このような事案で面会交流が長期間安定的に行われている例は，私個人の経験でも少ないです。

水野　児童精神科医の友田明美先生と一緒に研究会をしたことがあるのですが，そのときに友田先生に聞かれたのです。「水野先生，暴力行為と，暴言虐待，それとDV曝露，ネグレクトと，どれが子どもの脳に一番

ひどい被害を与えると思われますか」と。今は脳がスキャンできますから，虐待で子どもたちの脳がひどく傷つくことがわかってきたのですね。答えを伺ってみたら，暴言虐待と，それから，DV曝露が，とても傷つけるのだそうです。

　殴る，蹴るという暴力の危険はわかりやすいですし，ネグレクトも命の危険があります。本当にひどいネグレクトがあるのですよ。物置に閉じ込めておいて，わずかな食べ物だけ与えられてというような。被害児は，6歳でも，赤ちゃんぐらいに小さいままで，成長を止めてある種，冬眠状態で生き延びているというような，そういうすさまじいネグレクトもある。でもそんなネグレクトのほうが，まだ子どもの脳は回復するのだそうです。どうしてかというと，言葉は，記憶をとめるピンの役割をするので，自分に向けられた暴言やお父さんがお母さんを罵倒している言葉が，自分の脳でリフレインするので，そのたびに脳を傷つけていくのだそうです。非常によくないですよね。

山口　昔から言う，見ざる，言わざる，聞かざるの脳に，だんだんなっていく……。

水野　なっていくということなのでしょうね。

斉藤　自分の言葉が発せられない3歳以下の子どもでも同様の弊害があります。私が担当したケースでは，上の子どもはちゃんと別室に寝かせ，下の子は3歳以下だから，どうせ分からないだろうと，下の子がいる前で妻に暴言を日常的に言っているお父さんがいました。その当時は下の子は言葉を言えないから，ただそばにいるだけなんですけど，別居し成長するにつれ，お父さんが言っていた暴言をしゃべり出すということがありました。結局，特に小さい子は，耳に，音で入ってくるものに対する感覚は大人以上に鋭いですから，聞こえてきているものには，すごく敏感に反応しているんだと思うんですね。ですから，そういう意味では子の成長に，すごく重大な影響を与える。それは殴ったり，蹴ったりではなくても，言葉の調子とか威圧的な雰囲気でも深刻な影響を与えます。

山口　耳は胎児のときから……。

斉藤　そうですね。胎児になったら，お母さんの心拍を感じ取る，それは一番最初にできる機能ですから，やっぱり威圧的な言動は著しく影響を与えるという意味では，すごく深刻なものだと思うんですね。

　先ほど西片先生がおっしゃられたように児童虐待防止法で虐待の定義に入ったときには抑止力になると，すごく喜んだんですけど，実務では，裁判所の認識や裁判官の判断が変わってこないところがまだ大問題です。だから，当事者代理人がもうちょっと問題提起をしなきゃいけないんだろうなと思いますが，なかなかいい方向に行かない，非常に困っていますね。

西片　私，原則実施論で，子ども中心という観点から，どう理解したらいいのか分からないのがその点

です。まだ主体性がない乳幼児のお子さんに関しても，原則実施論で面会が進められます。母親がモラルハラスメントやDVで，とても夫とは会えないという状況で，それでもお子さんを面会させようとすると，調査官が子どもを母親から取り上げて別室でお父さんと会わせる方法しかないんですが，そのとき子どもさんからすれば，お父さんと親和性もないし，その人が誰かも分からない。だから，お母さんと引き離されて，知らない男性に抱かれて，もう泣くしかないし，不安になる。

　子どもさんが，面会の主体ではなくて，物扱いのように感じて，それでも子どもさんの利益なんですよ，と言われると，じゃあ，何が利益なのか分からないのです。子どもにとっては，お父さんに見てもらって愛されることが，それが利益なの？でも，親というのは，子どものことを実際に見ないと愛せないものなのかなとか。お母さんが子どもさんを抱いて，お父さんに見てもらって，「この子，こんなに大きくなったのよ」という平和な家庭だったら，それは見られることは子どもの利益だけれども，もともと葛藤があった家庭で，子どもを連れて，子どもを守るために別居したのに，また子どもだけ，お母さんと引き離されて会わされるという状況を，どのように子どもの利益として説明するのか，明確な答えを聞いたことがありません。

山口　本当にケース・バイ・ケースなので，一般論が非常に難しいと思います。私なんかは，いい援助機関さえあれば，どの子も，原則論が悪いとか，いいとかじゃなくて，運用の世界がどれだけ充実するかの問題だと思っています。

西片　そうだと思います。

山口　初めの頃，うまくいかなくても，あっという間に子どもって変わってきて，小さいときからお父さんに褒められて，自信を育てていくとかね，そういう経験を積んでいますので，当事者だけでやれば無理だと分かっているケースがそういうことになっていくんだけど，サポート機関がないという，これがもう致命的なことだと思いますね。

　それから，裁判所が実現可能性のないことを決定だけして，サポート機関に持ち込ませる。

　特に，審判書なんかで，合意ができないレベル，2人の主張が食い違っているときに，審判書が要求する側への満額回答をしたりするんですよ。そんなものは，実際には，できっこないわけです。だから，裁判所は，言ってみれば，さっきの権利の話になって，権利者に対して「権利はありますよ」という正義宣言をしてくださっているだけで，現実に混乱をもたらすだけなんですね。やっぱり，運用の領域が日本には，欠如している。

水野　ない。

山口　ない。それなのに決定をしなければならない，裁判所も気の毒だとは思います。

坂梨　それはそうですよ。私はもう本当に嫌だったです。何でお

れに決めさせるの、こんなことを。

山口　どうしてそれだけ、サポート機関がきちんと育たないか。その辺は、私、皆さんにちょっとご意見を伺いたいと思います。

梶村　裁判官の立場からすれば、要するに、審判というのは宿命でね。これまで審理してきた結果を判断基準にして、その時点で、もっとも妥当な中味を決めるしかないじゃないですか。だから、将来予測は、なかなかこの分野では、難しいというのが前提だと思うんですよね。

そうすると、例えば、確かに面会交流で、子どもに会わせたほうがいい。例えば、毎月1回なら1回でね、会わせたほうがいいと、そういう資料が出て、現時点で子どもも希望しているというケースだったにしても、小学校、7歳、8歳ぐらいまでは、それでよかったけれども、だんだん大きくなって、ソフトボールもしたい、野球もしたい、友達とどこかに遊びに行きたい。そうすると、毎月1回なんて大変だから、もうほかの友達と遊んだほうがいいというように、子どもの気持ちも変わることだってありますよね。

山口　ほとんどそうですね。

梶村　だから、そのたびごとに、決定内容を、審判内容を変更できるシステムが必要です、裁判官からしてみればね。この変更の点は、今度早稲田大学紛争解決プログラムの報告の中で大塚正之代表が指摘しているところです。

坂梨　例えば、週1回なんていうのは、そこまで審判の、法律的な効力があるのか分からないですよ。分からないまま書かされるわけですよ、裁判官は。もうその時点で判断するしかない。お寒いと言えばお寒いんですよね。

斉藤　例えば、月1回程度とかね。

坂梨　「程度」とかね。

斉藤　実務では条項上こういうあいまいな言い方があえてずっとされてきたにもかかわらず、去年の最高裁の間接強制肯定決定以来、そこが厳格に決められたということですよね。時間や場所等が決められていれば間接強制できるとしたのですがこうなっては、事案に応じた柔軟な取決めなどそれまでの調停での議論が全部すっ飛んでしまいます。

梶村　そうそう。

森野　面会交流事件で悩まない裁判官はいないと思います。監護親の方でようやく面会交流に応じる気持ちになっても、たちまち頻度で争いになり、非監護親が少なくとも1か月に2回の面会交流をしたいと要求しても、監護親は1か月に2回などとんでもない、せいぜい2か月に1回だといって、なかなか合意に達しない。調停委員会として、それだけで調停期日を重ねるのは時間の無駄のような気がするし、どちらが絶対に正しいというのでもないので、1か月に1回ということでなんとか合意にこぎ着けたケースもあります。そのような中をとるような解決が果たしていいのか（私の経

験した例では，ほかにも監護親は1か月に1回，非監護親は1か月に2回といって譲らない場合に間をとって2か月に3回で合意したケースもあります。）分かりませんが，回数の問題だけが争いだからと裁判所の考えを示せば納得してもらえると思って審判を書いても，自分の主張する頻度が採用されなかったとして抗告されることも少なくなく，かえって紛争がこじれて長引いたりします。

　そういうことから，調停では，非監護親の方にとりあえずは監護親の言う回数でと譲ってもらうことも少なくないのですが，そういう事案に限って，梶村先生が言われるように，子どもがクラブ活動等に熱心になって，最低限の回数の面会も実現が難しくなったりして，すぐに，裁判所に文句を言ってくる当事者もいます。

　斉藤さんや渡辺さんのおっしゃるとおり，最近の裁判所は，調停条項にせよ，審判の主文にせよ，面会交流に関する条項がやたらと詳しくなり，不測の事態にも対処できるように手当をします。間接強制を念頭においていることは明らかですが，なにより当事者の協力を必要とする事件でそこまで書かなければいけないのか，なにかおかしいような気がします。お互いが合意で決めたことが守られない，あるいは法的な手続きで確定した審判を遵守しようとしない，そのこと自体を問い直すことも必要ではないでしょうか。

斉藤　審判で決められても結局できないままになってしまうので，一体何のための裁判なのか，本当に裁判所の存在意義が壊れてしまう気がするんですね。

山口　だから仕方なしに，第三者機関ではつくり直しをするんです。うちのメニューに合うようにという，中身を変えてくださいということで。確認とり直しですね。

坂梨　そうなんですね。

安部　私の担当した事件の，審判でも，延期できる場合として「発熱は37度5分以上でなければいけない」又，学校行事による延期のみ認め，習い事等による延期は一切認めないとか，本当に細かく，決めていました。

坂梨　今回の高裁決定を見て，私たちがやっていたのと比べると，随分違ってきたなと思いました。細か過ぎるんですよね，決めるのが。私たちは，せいぜい月1回程度。それくらいしか言えないですよ。

梶村　そう。それが1つの知恵だから，割と長い時間，そうやって，やってこれたと思うんですね。

坂梨　今は，ばしっとやっちゃう。だから，こんな高裁決定になる。

斉藤　これは間接強制を実施するためには，そこを明確にしていかなければいけないというところから，さかのぼってきて，だから，あのような決定が出てしまう。そうすると審判だけでなく，調停でも，弁護士のほうも，特に非監護親側の代理人になると，細かいところまで定めないと，まずい

わけです。間接強制もできないような調停をまとめたら，弁護士の責任だと言われるのは間違いないわけですから。そうすると，もう調停でも融通がきかなくなってくるということで，非常に深刻な弊害というのを生じさせていると思うんですね。

渡辺　こじれているケースほど細かくなるんですね。そこに一番問題があるんじゃないかと思いますね。ご指摘のように，面会交流の調停条項は強制執行を前提に定めることが一般化すると思います。家裁のエネルギーもここに負担が生じます。するといずれ，政策としてのマニュアル化が進むと思います。

山口　FPICで援助するような場合には，間接強制が書かれていても，うちの援助を受ける間は，間接強制は棚上げを約束していただかなければ援助しませんとね。

だって，熱が出たり，こちらだって，大部屋が空いてないときもあるから，そんな細かいこと決めてもできるわけないですからね。

梶村　そしたら，この問題，まだ，後で出てくるかもしれませんが，今，第三者機関の活用についての話が出ましたので，とりあえず，その問題に移っていただきましょう。東京高裁の2つの決定で，ユニークなのが第1決定で，もう原審の家裁で第三者機関の関与を命じている。そして，第2決定も，原審は，第三者機関の関与を認めてなかったんですけども，抗告審で認めた。本件は，高葛藤事案で，子どもを引き渡すときに，母親が直接父親の顔なんかを見るのは嫌だと言っているんだから，そういうような場合に備えて，第三者機関の立会いを検討すべきだということです。第三者機関の関与に関しては，この2つの決定は，今後，影響が大きいと思うんですよ。

高葛藤事例だって，どんな難しいケースだって，第三者機関を，特にFPICを活用すれば何でもできるということになりかねない。東京高裁で家事事件を集中的に取り扱っている抗告審の決定ですから，今後この決定が，全国的に悪影響を与えかねないと思うものですから，この問題は，もう少しいろいろな分野から検討してみたいわけです。

私は，別掲論文の中で触れておりますけれども，第三者機関の関与を審判の主文で命じた審判例がありますね。東京家裁の平成18年7月31日（家裁月報59巻3号73頁）の審判。

山口　これが最初に家裁月報に載ったケースですね。

梶村　これは，もう審判の段階で，FPICを特定しているんですよ。恐らく，審判をする前に，FPICの意見も聞いているんじゃないかと思いますが……。

山口　聞いていないんです。

梶村　ああ，そうですか。一審の家裁で聞かないで審判をした。

森野　高葛藤当事者等の事例において，第三者機関（民間の援助団体）の立会いが必要なケースがあることは承認せざるをえないです。しか

し，それを拡張させて，第三者が入れば，どのようなケースでも面会交流は可能になるという方向にいくのは，梶村さんも言われるとおり，問題でしょう。現にFPICでも，当事者がともに同機関の指導のもとに援助を受けるという合意のあることを前提として手続を開始すると聞いています。

梶村さんの挙げられた東京家裁平成18年7月31日審判は，面接交渉についての調停（1か月半に1回の割合の面接交渉）が成立した後，監護親である母が非監護親である父に対し，その面接交渉の調停条項の変更を求めた事案において，頻度は同じで，面接交渉の日時，場所，方法，面接交渉の際の留意事項，禁止事項について，第三者の指示に従い，第三者の立会い等に要する費用は父母の折半とする，という内容の審判ですね。面接交渉について一定の合意や実績があるものの，未成年者が同居中の両親の争いについて生々しい記憶を有しているうえ，従前の面接交渉の際に，父が子に対し母との生活状況等を尋ねたりした事情があったことから，従前の条項に第三者の立会いという条件を付加して面接交渉を認めたものです。面接交渉自体については第三者機関を介して行うことに合意していることからそれを条件に面接交渉を認めたようですが，このような場合，当然，第三者機関にあらかじめ打診をしておくべきでしょう。

さらに言いますと，第三者機関の立会いの下での面会交流を行うについての合意までできるのであれば，裁判所としてはもう一踏ん張りして，最低限の条項を定めたうえ，細部の事項については第三者機関の職員に従うとする調停を成立させるべきで，第三者機関に丸投げするのは避けるべきだと思います。

私は，第三者機関の関与を条件とする審判を書いたことはないのです（調停では，費用負担まで合意して成立した例があります。）が，仮にそうした必要性があるにしても，審判の主文に明記するのは，家庭裁判所と第三者機関が法律上なんの連携もなく，また第三者機関が一民間団体であることからも，好ましくないと思っています。

もちろん，そういったこととは別に，各国で行われている官民様々な機関と家庭裁判所との連携がわが国でも日常的なものとなり，そのなかで家庭裁判所がいわゆるハブ的な機能を果たすことができれば素晴らしいのですが，その実現には制度的にも，実際的にも大きな隘路があると思います。まずは，この座談会で展開された現在の家庭裁判所に対する不満や批判等を払拭することから始めなければなりませんが……。

可児 調停，審判を通じ，第三者機関を利用する話など全く出てきていなかった事案で，突然，審判で第三者機関を通じる方法による面会交流を命じられたことがありました。それまで全く話が出ていないのですから，第三者機関といってもどこを利用すれば良いのか，FPICなのか，別のところなのか，改めて話し合うのか。話し

合えないからこそ，審判になったのに，裁判所は，非常に無責任であると感じました。

梶村 私も，ある面会交流事件，受任ではないのですが，相談を受けたケースで，結局，非監護者側，面会交流を求める側が，その立会人について，第三者機関を選んでいるんですよね。そちら（非監護者側）の費用で選んでいるんですね。そうするとどうしても，第三者機関は費用を出してもらう方に加担する援助になってしまいます。

そうすると，裁判所が仮に第三者機関を利用するという方法について，もう少し議論が必要なんですが，どこかに書いておきましたが，アメリカなどでは，ビジテーション・センターというのがあって，いろいろ面会交流について，かなり立ち会い，その他であっせんをしているということなんですが，FPICも含めて，今後こういう方面についての期待が，恐らく多くなるということだと思うんですけどね。FPICの立場から言うと，FPICをどういうふうに活用してもらうのが望ましいということがあるんでしょう？

山口 アメリカやカナダのような，裁判所主導のビジテーション・センターを引き受ける方向は考えていません。FPICは独立した民間機関として，当事者の自己決定を前提にした契約をもとに援助するという関係を大切にしていますから。公費による支援制ができれば，それに協力することはできますし，厚労省や外務省の支援制度には既に協力しています。費用負担者側に加担することも子ども中心主義の実際の援助の中ではあまり想定されません。

アメリカなどで，強制的な制度を前提として，親教育プログラムを実施していますね。私たちは教育という言葉を使いたくないので，面会交流ガイダンスというようなことで，親教育を今までよりも積極的に取り組む機運はあります。日本でも，公的制度にしてもらえば，ありがたいですね。

その親教育の中で，すごく難しいだろうなと思うのが，同居親になっている多くのお母さんが，疾病なのか，疾病利得なのか。とにかく抵抗が強いことですね。

梶村 ああ，なるほど。

山口 疾病については，本当にきちんと手当が必要だと思う。手当は皆無ですからね。会わないことによって，誰の目も入らない母子家庭というのが非常に不健康で，虐待が起きているというのがあるので，そこまで私たちは手を広げられないから，日本社会の中で，そういったものへの関心と支援制度づくりというのを，やっぱり誰かにお願いしたいと思う。

疾病利得については，親教育の中で，かなり改善していけるんじゃないかと思っています。親自身がきちんと守られて，子どもにとって，なぜ必要なのかということをきちんと腑に落ちた親は，早期に変わっていくんです。「そこまでやってくださるなら，私も覚悟して何とかします」。「覚悟できたの

ね」というような，そんな話はよくありますから。

梶村 そうでしょうね。アメリカのビジテーション・センターというのは，これは半ば公的な機関で，結構予算が出ているんでしょう。

小川 アメリカのビジテーション・センターに関しては余り詳しく知りませんが，ビジテーション・センターは，オーストラリアにもありますし，コンタクト・センターと呼ぶところもあります。このような施設には，これまでも何度か調査に行きましたけども，運営は民営で，費用は政府とか，州が出しています。もちろん必要に応じて当事者からも，ある程度の費用は徴収をします。

具体的には，例えば，裁判所のオーダーが出たときに，そのオーダーに従って最初の1回または数回については完全に無料で面会交流の支援サービスを提供したりしますが，それが継続的になったりしたときには，どういう形で，どういう費用で，どのようにしてビジテーション・センターで子に会わせるかということを考えながら対応をしています。

これは，ビジテーション・センターだけの問題ではなくて，紛争が生じた場合に，離婚または別居等のプロセスの中で，特に裁判所に行く前の段階で，必ず代替的な紛争解決機関が関わるという制度が確立されています。オーストラリアの場合ですが，ファミリー・リレーションシップ・センターが設けられていて，必ず必要的なメディエーションをしなければいけないし，そこで，いろいろ当事者の教育も行われるわけです。この段階で当事者間に最終的な合意が形成できればいいけど，それができないときには，裁判所のオーダーになりますが，その後のフォローアップというのも，そういう機関が継続してやりつつ，危険が伴うような場合については，ビジテーションセンターが必ず関与することになります。

それからアメリカなんかでは，子との面会交流等に何らかの支援が必要な場合にはペアレンティング・コーディネーターがつけられます。私自身の経験ですが，15年ぐらい前に，日本人とアメリカ人の離婚のケースで，日本人のお母さんが子を連れてアメリカから日本に帰ってきたという事件で関わりました。埼玉県でしたが，当時，私はアメリカのＡＦＣＣ（Association of Family and Conciliation Courts）の理事として関与していたんですが，ペアレンティング・コーディネーターの日本における代理人に指名されました。

アメリカ人のお父さんが日本に来たときに，きちんと問題なく子に会えるように協力しました。アメリカ人のお父さんが子をアメリカに連れて帰らないように注意することを含めて関与したわけです。そういうトータルなものというのが，日本でも必要だと思います。すぐには無理にしても，やはり長期的には考えていかなければいけないと思います。

面会交流で問題になるケースについては，まずFPICなどを1つのモデル

にして，ビジテーション・センターも複数つくる必要があります。当然，その費用についても考えなければいけないと思います。その人的資源についても資格を決めて，教育をし，また継続的に訓練もしなければならないでしょう。実際にビジテーション・センターで働いている人たちも継続的に研修がありますので，日本でもそれが必要だと思います。

梶村　なるほど。確かに山口先生がおっしゃったとおり，面会交流，特に，高葛藤事案については，本人たちの努力だけではどうにもならないとすれば，結局，第三者機関の支援が必要で，いかに第三者の支援を確保できるかということが大きなテーマになるのですね。

長谷川　面会実施支援を拡充しても，1，2年支援したら当事者が自力で面会を実施できるようになるわけではありません。1，2年の面会実施支援によって高葛藤やDVを解消するほどの力は第三者機関にもないと思われます。1，2年支援しても自力で面会を実施できない事例をどうするのか，問題は残ります。

山口　国家的に保障すべきだと思いますが……。

小川　そういう意味では，新しい家事事件手続法は，むしろ逆行しているかもしれません。当事者の判断を重視することも必要ですが，当事者の合意内容が果たして適切かどうかということも考えなければいけないと思います。その意味での裁判所の関与は必要だと思います。

梶村　同感ですね。それは梶村流にいえば，家庭裁判所の地方裁判所化への危惧ということになります。そのような心配が小川先生を含め，多くの学者や実務家の本音として聞かれるようになりました。

それはともかく，そうすると，第三者機関を活用しなければならないケースというのは，相当あると思うのですが，問題は，活用の仕方，手続論が，この東京高裁の第1決定，第2決定のような形でいいのだろうか，それしかないのだろうか。

すなわち，先ほど，前の東京家裁のときもそうだったと言うのですけれども，あらかじめ第三者機関と相談して，どういう形の立会いなら可能なのか，あるいは，どこまで第三者機関の判断に任せていいのか。例えば，毎月1回とか2回とか，場所はどこにするとか，どういう方法で会うとか，高裁決定では，そういうことまで第三者機関に委ねてしまっていますよね。果たしてそういう方法がいいのか。坂梨さん，裁判官の立場と，それぞれいろいろな立場があると思うのだけれども，ちょっとこの問題を議論する必要があると思うんですけどね。

理屈から言えば，第三者機関はどういう立場かというと，当事者双方から委任契約を受けて，その委任契約の義務の履行としてやるということであって，対裁判所とは何ら権利義務関係はないんですね。

裁判所は，言ってみれば，第三者機

関におんぶにだっこで全部お任せしてしまう。責任も義務も権限もすべて任してしまうというようなシステムがいいのか、あるいはそれしかないのか。その点、裁判官としてどうなんでしょうか。

坂梨　私が考えるのは、ともかく、私たちが裁判官としてできることは、第三者機関なり何なり、プロフェッショナルな人たちがそれなりの責任を持って判断されたことを実行しない場合に、これを強制的に実行させるということしかないと思います。だから、どこにそれを任せればいいのか。当時は考えなかったのですけど、FPICが１つの候補、それは後の話ですからね。

　まず調停がおかしいというところから始まるわけですよ。日本の調停がどうも問題である。調停が既に審判的になっていますから、調停と審判を相変わらず連続的に考えて、とにかく早く資料を出しなさい、それで計算すれば終わりますから、みたいな話になっていくわけでしょう。あなた方それで調停をしているのかという感じですけどね。家裁人訴の移管が悪い方向に行ったなという、山口先生が心配しておられたことになってしまったなという感じがするんです。

梶村　調停と審判を手続的に分離しようという家事事件手続法の考え方が、一向に家裁実務に浸透していませんね。原則的実施論もそうです。

　第三者機関の問題は、代理人の立場から見て、どう思われますか。

渡辺　監護親としては、第三者機関と契約しないことによって、結局、面会交流を拒否できるという戦術に出ることもあろうと思います。

坂梨　そうなんですよね。

渡辺　この第三者機関との契約もそうですけど、間接強制事案を含めて追跡調査をした結果が心配になります。

坂梨　そうですよね。今、聞いていて思ったんですが、やはり、裁判所はまずそこまで関与して、これは第三者機関のこの機関に任せなさいと、その機関との関係という形で裁判所もちゃんと監督するんだという形をとったほうがいいのではないかな。

梶村　高裁決定では、第三者機関の特定もなしに……。

坂梨　丸投げですけどね。

梶村　第三者機関としては、今のところ、FPIC以外には余り考えられないと思うのですが、第三者機関の立会いだけは、ちゃんと裁判所が命ずる。しかし、面会交流の方法については、専ら、第三者機関の判断に任せてしまう。だったら、第三者機関の特定か、それができないとしても、せめて第三者機関の選定基準を明示する。

坂梨　どうでしょうかね。裁判所が、その内容をきちんと形成するだけの力があるかどうかというと……。

梶村　だって、そうでなければ、もちろん裁判官だけではなくて調査官等の協力は必要なのですが、第三者機関の立会いがないときは、面会交流の方法と形式を裁判所は決めてい

るじゃないですか。

　しかし実際には，FPICを使って，というのは，当事者に面会をするかどうかについて，裁判所の中で腑に落ちるところまでも行っていないケースが多いのではないかと危惧するのです。

　ともかく，監護親に対して，面会することは子どもの利益だと，本当に腑に落ちれば，別にどこの機関を使おうと，その方法というのはもっと前向きに考えられますけれども，葛藤があって，当事者が会わせること自体について腑に落ちていないのに，ただ当事者同士ではどうにもならないからFPICに丸投げする，ということは，FPICからすれば，まだ当事者が腑に落ちてもないのに，契約をするのを強制される。それで，そこから，さっき渡辺先生がおっしゃったように「契約をしなければ避けられる」というような話になり，それはおかしい話です。

　やはり，裁判所で少なくとも，面会させることの是非のところまでは腑に落ちた上で，あとの具体的な運用はまた次に，という戦法も分からないではないけれど，ちょっと丸投げは早すぎるのではないかと……。

山口　「丸投げしないでください」と。今の状態では，中途半端に決めてくださっても，裁判所は，後，何の責任もとらない。それだったら，私たちは，自立団体として，自己責任でやったほうがまだましかも知れません。

梶村　こんなことを命じられて，第三者機関が，よく我慢していますね。「こんなの私たちできません」ということはできるはずなのに。

山口　中には拒否することもあります。FPICの悪口を，散々，いろいろなところで書かれますけどね。（笑）

坂梨　後見的な役割というのも随分後退していますからね，家庭裁判所も。

梶村　逆に言うと，そんなことまでして，高葛藤事例を面会交流させて本当に子どもの利益になるのですかと，私は反論したくなるわけですね。

山口　それは何とも言えない。（笑）

坂梨　だから，抗弁説的な構造をとりたがるんです。裁判所の判断は大体あれであれば，一応理屈は立つと。

梶村　そうですね。抗弁説では，例外的な面会交流拒否事由に当たる事実はない，と言えばいいのだから，理屈は立ちますね。それが子どもの利益になる，という必要はないのだから，裁判所はずいぶん楽な判断となります。

山口　でも，FPICのようなサポート機関がない限り，自力実施できないような面会交流は長続きしないし，実際問題として，これを仕事として飯が食えるようにしなければ，やってくださる人が広がらない。

梶村　そうですよね。

山口　私たちは，これで飯を食っていないですからね。生活の日常は，夜となく，昼となく，土日は専

ら拘束されて，私生活を投げ打ってやっているのですが，それで生活が成り立たないなんていう団体が本当はあってはいけないのではないか。

小川 　今のお話しとの関連で私も，先生と同じ考えを持っています。日本の家庭裁判所の調停委員の皆さんは，本当にボランタリーで，いろいろな活動をしておられて，よくやっていると思います。時々，研究会等で，子との面会交流の実施について私がネガティブな発言をすると，必ず指摘されるのは「小川さんね，小さい子どもを連れて行ってお父さんに会わせたときに，あのにこっとした顔を見たら考え方は変わります」とおっしゃるんですよ。そういう層の人たちがボランタリーで関与している場合が多いわけです。

山口 　お人好しだけがやっている……。

小川 　ある意味で，すごくいい人たちだと思います。

山口 　でも，それ以上に層が広がらないんです。

水野 　暴力や虐待の病理に詳しいプロでないと対応できません。被虐待児がひどいことをされているのにかえって親に執着する，親と離れたがらない，という症状がでるのですけれど，それも知らないと，こんなに子どもが懐いているのだからと素人は思ってしまいます。日本はそういうプロを組織的に養成して児童事件に当たらせなくてはならないのですが，児童相談所でさえ必ずしもそうなっていま

せん。フランスには，エデュカトゥール，教育士という資格者が多量に育成されていて，教育士たちが，行政支援でも裁判所でも活躍しています。離婚の高葛藤事案なんて，ほとんど，やはり親権行使が問題になるわけで，そういうところにプロがサポーターに入っていくわけです。

育児能力に問題のある親でも，さきほど申しましたように育成扶助という制度下で，継続的に判事とケースワーカーが監督します。司法インフラが不足している，という日本の問題も大きいですね。フランスの児童事件担当判事は，親権制限と少年事件だけを管轄していますが，それは，非行少年はすべからく被虐待児童で主体が同じだからと言う理由なのですけれど，その児童事件担当判事の数が日本の家庭裁判所の判事とほぼ同じです。だから人口比で言うと，家裁の全判事をいきなり二倍にして，後見事件も離婚事件も何もさせずに児童事件だけ管轄させるという体制です。

判事が背景についていれば，カウンセラーは判事を盾にできます。親をサポートするときに「がんばって判事さんに理解してもらいましょうね」と励ませますし，それでも言うことを聞かなければ，判事が引き離し命令を書きます。それにひきかえ，日本の児童相談所は，大変だろうと思います。だいたい訓練を受けずに児童相談所に配備される県庁も少なくありませんし，現場は本当に大変です。一時保護で引き離すのは，判事ではなく相談所の判断

ですから，親の怒りは相談所に向かいます。

日本とは，構造全体が違うのです。

山口 違いますね。日本の場合，一人親の支援の相談の窓口というのは，一人親の経験者を，雇用対策事業で5年ぐらいの期間，雇用機会を提供するという就労支援ですよね。そのように使いますから，専門家としては育たない。

だから，司法の問題だけではなくて，もう，社会全体が家族の問題をどう支えていくかという，そこを何か共通の問題として進めていかないと。

斉藤 日本の裁判所は，審判を書いて一件落着でもうおしまい，という縁を早く切ろうという仕事だけなんですよね。梶村先生と以前から審判事例の検討会をやってきた中で，昔は審判書の中に調査官の関与を審判後も継続的に行っていくということがあったんですが，そんなのがあったとは知りませんでした。

ただ，そういう形が，今は全く逆の方向に行ってしまって，言葉は悪いですが，裁判官がいかに未済事件を減らすかだけの考えのもとで，本当にもう一件落着で，自分の机の上から事件がなくなり，それでおしまい，あとは知らないと。

だから，一般の民事事件のように判決を書いて，後は履行をするかどうか執行の問題だ，という感じです。家庭裁判所においてそういった感じがするんですね。

そういう意味で，原則実施論とか，権利かどうかということについては，生の当事者から見れば，踏んだり蹴ったりというか，実務，実態として，何も解決をしない。私たちはまだ当事者の代理人をやっていますから，裁判が終わっても紛争は残る。裁判所の事件は終わったけど，全然僕らの手は離れてくれない，いつまでたっても終わらない。そうすると，振り返ってみて，やはりどこかおかしいわけですよね。どこかを直さないとまずいわけで，全然そういうところには議論は行かないんですね。

渡辺 原則的実施論に立って審判する限りは，面会交流が実現できるかできないか，最終的には現実の力関係で決まってしまうというのが実態ではないでしょうか。いくら間接強制をやったって，従えない，従わないという現象が出てくるわけです。無理な結論を出せばどこかで無理な結末になります。

水野 日本だとそうなるのだと思うのですけれども，外国の場合だと，そこを諦めないのですよね。力のあるほうが抱え込んで，相手方は，諦めなさいということにはさせない。具体的には，子どもと会わせないと，それは相手方の親権行使を妨害していることになり，親権行使の妨害には刑事罰が科せられます。離婚後も原則として共同親権ですから，会わせないと親権行使の妨害になるのです。刑事罰の武器まで使いながら関与し続けます。当事者に任しておいて，ちゃんとやれよというのではないのです。プロ

フェッショナルが大量に関わりながら，抵抗しても最後は刑事罰をもって強制しても，子どもの最善の利益のために社会が監督し続けるぞ，という体制です。

日本ではそういうサポートが全然なくて，当事者の間で何とかしなさい，というのが原則なわけだから，それはもう力がないほうが諦めてしまう。諦めなければ，公的な助力がないまま，当事者間で熾烈な戦いをし続けることになります。その戦いの弊害は当然のことながら大きいですから，それじゃ，もういっそ，そんな高葛藤事例は，会わないほうがいい，現場だけ見ていればそのほうがいいということになってしまいます。でも，それは，おかしいと思います。

山口　原則実施論でやっても，例外は，例外的で本当に少ないですよと，しかしそれについてはきちんと条件整備をしますよ，ということ前提だとすれば，原則実施論も1つの手法だと思います。しかし，条件整備を置いたまま実施論が先行をしてしまったから，私たちも，もしかしたら，その制度前進のために，いったん手を引こうかと言いあったりしています。（笑）

梶村　いよいよ本座談会も運用論の最終段階になってきたのですが，面会交流といっても，直接の面会のほか，その他の交流，その他の中には，手紙のやりとりとか，成績表の送付とか，いろいろありますし，今は無理だけれども，いつか検討しますよとか，調停では多様な合意の方法がある。

だから，私の場合は，そういうのも全部成立調書にしてしまうんです。つまり，そこまでできた合意をそのまま調書に書いて調停を成立させてしまうのです。だから，私はほとんど審判を書く必要がなかった。9割ぐらいは，もうほとんど調停が成立してしまうんですよ。原則実施はよくないけれども，間接面会まで入れれば，相当，そういうことが言えるわけだから。その辺まで考えると，今後の運用論としては，いろいろな方法論があり得るなという感じなんです。長谷川先生，何かそのあたりを含めてお願いします。

長谷川　私も，そう言われて，スカイプ面会というのをやったということを思い出しました。

身体的なDVも含めて，子どもたちも巻き込まれ大変ショックを受けた事案だったんですけれども，裁判所が「とにかく面会交流をしないと終わらない」と言い，調停を終えることができませんでした。時間が経過するなかで，子どもたちは連れ去られたり，組み伏せられたり，家に来られたりしなければいい，それなら父と会ってもいい，というようになり，子どもと父親の間でスカイプを介して面会することになりました。話が終わったら，子どもから切っていいよ，でも，おおむね面会は1時間ぐらいでね，というものでした。そういうようなケースもありましたので，ご紹介します。

梶村　それは，いいと思いますね。最後に，先ほど，水野先生か

ら父親の焼身自殺の話が出ましたが，そこで気になったのはその後のマスコミの対応なんです。水野先生も問題にしていましたが，テレビで，あれは，結局，子どもに会わせないからああいうことになるんだと。子どもに会わせれば，そういうことはなくなるというようなことを専門家が言ったと。

水野 母親と子どもを守りながら，父親に治療的に関与することが必要です。父親に「あなたがこうすれば会うことができますよ」と，望みを持たせながらサポートをしていくのです。

ところが，ともかく社会のほうは全然関与しないで，母親が何とかしろよ，というのがコメンテーターの言い方だったと思います。それはとんでもない話なのですが，でも，やはり，最終的には父と子が会わなければ物事は解決しない。そのまま会わせないでいると，母子は一生おびえながら父から逃げなければならず，父親のほうはずっと追いかけ続けて，それがだめなら無理心中だ，みたいなことになってしまう。やはり父親に対する援助も必要です。

山口 当事者だけに任せるからそうなってしまう。父親に対する事前相談は，おっしゃるような中身のものを含みつつやっているんです。即実行ということを避けるために，私たちがやっているのは，母子面接だけ私たちが参加して，子どもに場所や人に慣れてもらいながら，父親に対しては，子にお父さんにおびえがあったり，不安があるから，今始めてもうまくいかない，2，3回，慣れるための予備面接をやるから待っていてくださいね，みたいなことで，緩やかに落ち着いてくるのを促しながらサポートして，それで開始は半年先になるとか，そういう現場の工夫というのはあります。ただし，それはお金が取れないもんですから，無料奉仕です。

長谷川 同じようなケースがオーストラリアでも発生したんです。そのときの対応というのは，全く日本と違っていたんですね。ダーシーちゃん事件というのがあって，その父親も子どもたちとコンタクトする時間があり，非常に危ないので，母親が裁判所にその時間を減らしてくれと申し立てをして，それを認める裁判が出た。それを聞いた父親が，腹いせに，預かっていた3人の子どものうちの女の子で，母親によく似た子どもを高い橋の上から投げ捨てて殺害してしまったんですね。そういう危険な父親に，安全の懸念を抱えながらコンタクトをさせなければならないというシステムに大反省が起こって，それで，2011年の法改正に結びつく1つの大きな力になったということを聞いています。日本とは正反対に子どもの安全を最重視した事件の受け止め方をするというところは学ばなければならないのかもしれません。

水野 オーストラリアは，本当に機械的に会わせたんですよね。本当に極端だった。

小川 フィフティ・フィフティを目標にしたわけです。

水野　強制力をもって完全にフィフティ・フィフティでやっていたわけですから，それは無理があります。そんな事件が起きたので，フィフティ・フィフティに対する反省も，当然起きますけれども，そこの反省を日本に持ってきてという話になると，それは違うだろうと思うのです。

日本は逆の方向で極端ですから。

小川　2006年の改正法ではフィフティ・フィフティとは明記していないのですが，多くの人たち，特に非同居親で，問題のある多くの父親たちがフィフティ・フィフティの権利を持っていると誤認したんです。

それで，例えば，そのような父親が子と会うことに対して抑制的な母親は，「アン」フレンドリー・ペアレントだということで，子との関係で非常に不利な立場に置かれる。そうすると，明確にその生命・身体に直接危害があるというような主張をして，それを明確に証明できない限り，母親側は非常に不利になるわけです。それで，そこまで主張して，もし勝てないのだったら大きな問題が生じるので，ある程度は父との面会交流を認めたわけです。実際には子にとっては危険だったけれども，面会交流において制限を求めたら非同居親，多くは父親ですが，逆上されたわけです。

これが，大きな反省材料になって，今度は，要するに，子の生命・身体が最優先であって，子どもの生命・身体に対する危険，オーストラリアでは法律用語も，ファミリー・バイオレンスという文言に変わったのですが，ファミリー・バイオレンスという主張があったときには，父親側から，危険がないという明確な証明ができない限り，面会交流を制限ができるようにできるという制度に大転換したわけです。この2011年改正法がどのように機能するかについては，もう少し時間をかけて，その推移について注目する必要があります。このオーストラリアの動向は，日本にも参考になると思います。

梶村　なるほど。今なお杓子定規に共同親権論に固執する日本の遅れた学説の現状とはえらい違いですね。

最後に，皆さんから言い残したこと，各自の論説で強調したいこと等があればおっしゃって下さい。

可児　非監護親に会いたいのに，監護親に気を遣い「会いたい」と言えない子どももいるでしょう。しかしながら一方で，親への気遣いではなく，本心から非監護親と会うことを望んでいない子どももいます。それを，"子どもは，皆，非監護親に会いたがっているはず"と私たち大人が考え，本心からの子どもの「会いたくない」との発言を大人の都合で監護親への気遣いからと「解釈」し，大人が考えに従って非監護親と面会させることは，子どものためなどではなく，私たち大人の自己満足に過ぎません。私たち大人は，抽象的な子どもではなく，目の前の「その子」にきちんと向き合い，「その子」の真意の把握や，「その子」にとっての面会交流の可否を慎重に検

討すべきです。そのためには，調査官の関与を中心に，裁判所の中だけで解決を図ることには限界があります。裁判所の枠を超え，裁判所の外の世界の専門家の力も借りながら，「その子」にとって何が良いのか，私たち大人が知恵を絞るほかないと思います。面会交流は，寂しい親の気持ちを慰める手段であってはならず，子どものためのものでなければなりません。

森野 面会交流原則実施説は，面会交流を認めるかどうかについて日々頭を悩まし心を痛めている裁判官からすると，思考回路の面からは理解しやすいし，重宝なのです。一方で，これを理論的に突き詰めていくと，梶村さんの批判を乗り越えるのが難しく，そうだとすれば，現実の調停なり審判において「強固な規範」とはなりにくく，せいぜい，裁判官の希望ないし理念と言っていいのかもしれません。

もっとも，面会交流原則実施説といって，現実の実務の運用では，事柄の性質上，柔軟に対処すべきでしょうし，そのことは，同説に賛同する方たちも，実務家も含め，認めているように思えます。その点からすると，原則説を鋭く論難する梶村さんの批判はやや厳しすぎるのではないかな，とも感じています。

私は，今後，そういった観点から，現実の調停や審判の運営のあり方に，多少とも参考になるような意見を述べることができれば，と思っています。

渡辺 本書における私の論稿の趣旨は，原則的実施論が出発点とする心理学的知見は，科学的根拠なしに一律に単純化した教条を一人歩きさせていること，その結果，裁判所が苛酷に特段事情を絞り込む「抗弁説」的実務運用することの不合理を問題提起したものです。後者に関しては自然法則に反しない解決，当事者の納得が理想です。そのため，パターナリズムによらない当事者主義的見地について本座談会で発言しました。

坂梨 原則的面会交流論というのは，独立した「論」ではなく，面会交流事件を処理する際のひとつの考え方であり，民法766条1項の「子の利益」を抗弁というかたちで位置づけて事件を処理する考え方のことです。つまり，非監護親と子が面会交流をすることは，原則として，子の利益のためになることであるから，面会交流を拒む側（監護親）が，面会交流を拒む理由があること，つまり，面会交流を認めると子の利益に反することを主張・立証しなければならない（抗弁説）ことになります。現在，そのような抗弁説による運用が家庭裁判所では定着しつつあり，それによる弊害が審判後の現場では見られるようになっているといいます。その点については認識を同じくすることに異論はありません。また，裁判官は，「子の利益」についてよく判断し得るような専門的知見を有していないから，判断を補佐する専門家がいなければならないところ，本来，その職にあるべき家庭裁判所調査官が十分な調査能力を発揮していないことも事件処理のまずさをもたらして

いる原因でしょう。

　ところで，かねてから，面会交流権は実体的権利であるか否かをめぐって諸説が争われていますが，私は，権利説に立ち，非監護親から監護親に対する実体的な請求権であると解します。このように，面会交流権を権利と認める権利説は，原則的面会交流論と親和的な説であると思われているようです。しかしそれは誤解です。何故ならば，面会交流権を実体法上の権利であると認めても，それが，必ずしもその権利の実現のために請求原因・抗弁という一般民事事件を処理するのと同じ手法で処理されるべきだとは言えないからです。家族法上の権利は，市民法上の権利と質的に異なります。それゆえ，民法766条1項の面会交流権を実体法上の権利と認めたとしても，その権利の実現のためには一般民事と同じような手法で審理しなければならないことにはなりません。権利説と抗弁説との間には，論理的・実践的な結びつきはないのです。その点については，私の論稿を参照していただきたいと思います。

　家族の崩壊が言われ始めて久しくなります。現代の家族とは，既に核家族にまで解体された家族であり，法的にも実体的にもそうです。とすれば，夫婦が別居することになったり，離婚することになったりした場合，非監護親と子との人間的交流を復活・維持する場を設定することは極めて重要な事柄です。それがゆえに，改正法は面会交流を明記したのであると解します。こ のような経緯を考えると，面会交流を権利として位置付けないという非権利説こそがその理論的・実践的な根拠を説明すべき責任があると思われます。

梶村　どうもありがとうございました。以上で座談会を終わりますが，参加者の中にも様々な見解の対立があり，議論が白熱化したことは結構でした。原則的実施論者の特色は，反対意見の存在を認めず自分たちの意見を唯一絶対のものとする傾向にあることですが，幸いなことに私たちの座談会はそうではありませんでした。いずれにせよ，原則的実施論による面会交流を強行実施することには多くの問題があることは，読者の皆さんにもご理解いただけたことと思います。

あとがき

長谷川 京子

　司法関係者は，法を用いて紛争を解決したい，もって人々の幸福に貢献したいと願っている。子の監護面会事件では，とりわけ，子の福祉に寄与したいと願う。とはいえ，子の面会交流に，法がどう介入すれば，子の福祉がはかれるのであろうか。非監護親の要求に応じて司法が面会を命じ実現させることが，子どもに利益をもたらすとは限らず，それどころか，精神科医療にかかりケアを要するような危機的な害を与える場合もあることが，児童精神科の臨床で問題になっている。子ども期という成長の過程での被害が，「その子」の適応や発達，成人後の精神保健に長く大きな影響をもたらすことを思えば，いやしくも「子の最善の利益」の実現をうたう司法に由来して，このような害がもたらされていることは見過ごせない。

　司法には，伝統的に，法は正義を現すという信念があり，それに従い解決すればよき解決がはかれるだろうという期待がある。これは，刑事裁判や伝統的な民事紛争解決の裁判にはよくあてはまる。レトロスペクティブに，過去の事実を証拠に基づき認定し，その事実に法律を適用して法的決着をつける。真実だけれど立証できなかったことは，人が裁く裁判の限界として受け入れることも含め，過去の事件は裁判の結果に従って決着される。そのような，過去の事件や紛争を公的に解決する社会的機能として，裁判は万能ではないけれど，社会に尊重され受け容れられてきた。

　しかし，本書で論じた面会交流をめぐる紛争は，過去の利害をめぐる紛争ではなく，パースペクティブに，現在と将来の，良好な人間関係と子どものよい発達を目指す問題であるから，このような決着は通用しない。すなわち，現在と将来の子の発達に向けた問題である以上，例えば暴力などのリスクが，診断書等の証拠上認められないから「ない」こととして決着してよいとは言えないであろう。ちょうど食品に添加される物質の安全性をめぐり，より慎

重な審査が求められるのと似ている。

　なにより，人間関係とか子どもの発達というものは，膨大な積極・消極の大小の要素から有機的に成り立つ，個性豊かなものであって，子どもは監護親のもとで育っているのであるから，そこに非監護親との定期的な面会交流が挿入されることで，監護親と子どもの生活にいかなる影響が及び，子どもの発達にどう影響するのかを司法関係者だけの論争で明らかにすることはできない。本書で児童精神科医から示された，子どものこころ，身体と脳の，デリケートでダイナミックに発達する世界にこそ，関係者は目を開き，謙虚に学び，解決を模索するべきではないか。司法が面会交流の裁判に際し，医学・心理学等関係諸科学の協力を得るとともに，子どもを監護する親の意見を丁寧に聴取することは，本書で何人もの論者が指摘するように，「その子」の実情に応じた判断をするうえで不可欠ではないだろうか。

　そういう協力が裁判所に集まるとしても，面会交流が，将来，親子の人間関係や子どもの発達にどう影響するかを予測することは非常に困難である。当該事案の過去からの父母・親子関係に基づき，個別具体的な事情を総合吟味して予測しようとしても，なお，そこで見渡せる範囲は「当面」ないし「当分の間」のことでしかない。判断の基礎にした現状は，子の成長をはじめ必ず変化する。それがどう変わるか，面会交流がその変化にどう影響するかまでは，誰も，予測できない。それゆえ，現行の，時限を区切ることなく子どもの将来にわたって面会を命じる裁判に無理があることは，否定しようもない。まして面会交流裁判の履行を強制して，親子の良好な人間関係の継続が保障できるはずもない。面会交流の紛争で，裁判所の判断がしばしば双方当事者と子どもに強い不満を残し，事件が終わっても紛争として終わらない（第17章参照）のは，こうした制度的な無理に起因しているのではないだろうか。

　そうであれば，裁判所は，非監護親から申し立てられた面会交流を原則的に子どもに良いこととみなし，成年に達するまで適用される面会を命じるのに代えて，例えば，身体的非身体的DV虐待がないことはもちろん，高度の葛藤対立もなく，面会の価値があると積極的に確認した事案において，「当

面」に当たる半年か1年間，試行的に面会することを命じる，試行後の面会交流は関係者——双方の親と子ども——に任せる，というふうに改め，司法的介入の目的を，「人間関係継続の保障」ではなく，「機会保障」——関係者による自動的な面会交流が始まるための機会として試行面会を命じる——にとどめ，司法的介入の範囲を，相当程度の確かさを持って予測できる範囲に限ることも考えられる。機会を保障したのちの面会交流をどうするかは，面会する親子と，子どもを監護し面会交流に協力する親が，ともにそれを望む場合に継続していけばよい。そうして親と子の人間関係を当事者に返すのである。人々の人生のあらゆる局面を仕切る役割に司法は本来適さないからである。

　司法がその限界をわきまえず，視界不良のまま，非監護親の関わりを強化した先進国では，子どもがDV虐待のリスクにさらされ，養育費の支払いが減って子どもが暮らす監護親方での生活が貧しくなり，子どもと監護親の都合による転居が制限され，なおかつ裁判所の紛争件数が増加したとのことである（第6章参照）。日本の家庭裁判所が，面会の裁判が近年増加したことへの対策のつもりで，迅速処理と審理の負担軽減の目的で原則的実施政策を採用したとしたら，それは子どもの福祉への重大な背信であるばかりか，紛争の鎮静化という局面においても甚だしい見当違いである。申立てさえすれば，責任のない，面会強制力が非監護親に与えられる原則的実施政策のもとでは，無理な取決めによる不履行と紛争が増え，面会交流にさらに多くの機会と時間を求める申立てが増えていくことは，上記先進国の経験からも明らかであり，家庭裁判所の審理負担の軽減などにはつながらないからである。

　非監護親の関わりを一律に強化することのリスクと弊害は，子どもの生存と発達の観点から，真摯に受け止められる必要がある。現在，非監護親の関わりを強化する政策は，日本の司法では，面会交流の原則的実施論として大きな問題を引き起こしている。この拡大と延長のうえに，別居・離婚後の共同監護，共同養育を推進すべきだとする主張がある。いずれも，家族の関係は様々であり，法による解決が必要な事案には，葛藤対立が厳しく，DV虐待事案が集中するという重大な現実を見過ごして，理想家族の関係を紛争家

族に当てはめようとする点で，根本的に同じ欠陥を抱えている。本書で語られた面会交流の原則的実施論の問題点は，そのまま，別居・離婚後の共同監護や共同養育（養育時間分担）と言われる制度に当てはまることに留意する必要がある。

　本書では，様々な立場の論者が，面会交流について，精神発達，子どもの拒否の扱い，諸外国の法制度や改正の教訓，DV虐待事案の被害者・子どもがおかれる状況，調停での父母・子どもの苦悩，事件を担当する裁判官の事情，面会実施をめぐる当事者・支援者の体験と審判・決定への評価，原則的実施論に立つ審判例分析，といった多次元・多角的な視点から論じている。その意見も実に多様である。それほど，面会交流の問題は，奥行きが深い，一律には論じられないものだということを改めて考えさせられる。思えば，司法関係者も医療者も研究者も支援者も，子どもと家族の幸せを願って働いている。それぞれの立場から見える景色をジグソーパズルのように組み合わせて，問題を抱える子どもと家族の状況を理解し，その幸せを守るよう機能できるようになるために，本書が一助になれば望外の喜びである。

梶村　太市

　長谷川先生も言われるように，面会交流の問題は奥行きが深く，一律には論じられないものである。それにもかかわらず，本書で問題とした原則的実施論あるいは原則的実施政策の論者あるいはそれに基づく実務では，面会交流の実施に伴う具体的個別的問題点を捨象して，監護者側が面会交流の不当性を主張・立証しないかぎり，原則的に面会交流を法的に実施するという画一的思考パターンが奥深く染み付いてしまっている。このような論理思考に基づく調停実施は，実に危険であり，子どもに大きな被害を及ぼしかねない。そのような危険が既に実際に発生していることは本書の論者が各所で指摘しているし，私の所にも様々な子ども被害の情報が寄せられている。原則的実施論の強行は新たな児童虐待の始まりだといわれるゆえんである。

面会交流の原則的実施論は既に2008年頃から家裁実務に登場し始め，それが2013年1月から施行された家事事件手続法の当初から一般化したものであるが，そのような考え方に基づく家事調停の運営は，実務上結果的にどのような効果をもたらしたか，最近ようやくその実態が明らかとなってきた。毎日新聞2014年11月3日付朝刊によれば，同年2～4月に実施した日弁連会員に対するアンケート調査の結果では，調停成立調書の合意どおりに面会ができていないのが実に44％もあったという。せっかく調停が成立しても，半数近くが実現されていないということである。この結果は，最近の原則的実施論に基づく調停運営では，監護者や子どもにその必要性を納得させることができていないということを意味する。2008年頃から始まった原則的実施論の強行がこのような結果となることは，私はその当時から既に予見しており，「子どもの権利は守られた，されど子どもの利益は害された」とならないように警告を発して，機会あるごとに実務に対してその改善方を要望してきた（拙著『裁判例からみた面会交流調停・審判の実務』3頁以下等参照）のに，残念である。そのようなアンケート結果が明らかになった以上，面会交流の調停を運営する家庭裁判所や調停機関は，このような結果を真摯に受け止め，改善の方途を探ってほしいと思う。その改善のきっかけを作るために，本書は企画されたようなものであるから，本書で指摘されたことを遵守することぐらいは最低限実行してほしい。家事事件手続法の施行実施は，面会交流に関する限り，出だしからつまずき，失敗したと言わざるを得ない。しかし，問題はこれからである。少しでも改善を図り，子どもの利益の増進のために成果を上げることができれば，これまでの失敗は他山の石（？）として，これからの再生の力の源泉となり得よう。

　ここで強調しておきたいことは，既に何度も指摘したことであるが，裁判所や調停機関は，調停の運営者からの垂直志向ではなく，あくまで当事者と同じ目線に立って水平志向で考え実行してほしいということである。前記新聞記事では，依然として裁判官は「親同士が別れていても，面会交流で子どもは両親から自分が愛されていると感じることができる」と言われるが，そのような画一的な思考パターンでは，逆に両親の紛争に巻き込まれて精神的

なダメージを受けてしまう子どもの存在が目に入らなくなる危険性がある。高葛藤の紛争に対しては，そのような夢物語では対処できない。また担当調査官が，面会交流の実施による「子の健全な成長が父母のためにもなる」という人生論まで言及するに至っては，驚きを禁じ得ない。調査官は科学的調査の担当者であって，人間の成長について言及する立場にはない。

そもそも何が子の健全な成長であるか，何が健全な成長でないかは，人によって国によって考え方が異なる。欧米的な共同親権・共同監護論を基調として画一的に考える価値観と，わが国の子育てのように共同監護でない子育てなども広く認める多様な価値観とでは，子の親権・監護権紛争においてはしばしば逆の方向に向くことになりやすい。前者の考え方のみを子どもの健全な成長だとし，ひいては父母の成長まで言及するに至っては，一種のイデオロギー過剰の弊害を生じさせかねない。科学的見地から分析する任務をもつ調査官は，イデオロギー中立でなければならない。前者のような裁判官や調査官の一方的な思い込みが，前記の悲惨なアンケート結果につながったという自覚がないと，これからも同じ過ちを繰り返してしまうことになりかねない。私は，それを心配する。

裁判官や調査官あるいは調停委員は，事実に対してはどこまでも謙虚であってほしい。家庭裁判所は，対立する価値観に対しては中立でなければならず，戦前の価値観への回帰はもちろん，欧米の価値観への盲目的な追随も極力避けなければならない。面会交流の原則的実施論や共同親権・共同監護論は後者の価値観への盲従以外の何物でもない。

本書に参加していただいた論者は，それぞれの世界で十分な実績を上げておられる著名人ばかりである。各論者の見解が余すところなく言及されており，細かく言えば，相互に矛盾対立する部分も少なからず存在する。しかしそれでよいのである。実務の発展のためには，このような見解の対立は必要であり，各論者が切磋琢磨して問題点を見つめ，改善の端緒としていく。そういう発展的プロセスを通して，実務は改善され発展していくのである。原則的実施論のように，ワンパターン化し一切の反論や論争を認めず反対意見は相手にせず無視するというようなことでは，そこで思考回路は遮断されて

しまい，それ以上発展しない。残念ながら，その結果が上記アンケートの結果に表れたのである。家裁の主流であると言われる原則的実施論による実務の運用では，常にそのことを自覚してほしい。児童虐待をこれ以上増やしてはならない。

今裁判所の事件数は，民事事件・刑事事件・少年事件が軒並み減少傾向にあるのに反して，家事事件だけが増加傾向にある。そのため，司法の論理とりわけ上層部の論理は，家事事件に対する裁判所のエネルギーの消耗を避けるためには，面倒な家裁の調整機能をできるだけ抑える必要があることから，面会交流事件の単純な権利義務化あるいは画一的迅速処理化を推進する必要があるとするものである。あくまで原則的実施論を貫徹しようとするものである。そこには制度運営者の視点ばかりが前面に出てしまって，当事者や子どもの視点は背後に押しやられてしまっている。面会交流事件が本書で展開されたような子ども中心の面会交流論の価値観と方法論で実務を運用できるかどうかが，今後の家庭裁判所の動向を左右する。

本書はそのような問題提起の本であり，多くの読者によって利用され，活発な議論が展開されることを期待してやまない。後世の批判に耐えうる実務の運営であることを切に祈る次第である。面会交流の原則的実施の強行によって，これ以上児童虐待を増やさないために。

子ども中心の面会交流
―― こころの発達臨床・裁判実務・法学研究・
　　面会支援の領域から考える

定価：本体3,400円（税別）

平成27年4月24日　初版発行

編著者	梶村　太市
	長谷川京子
発行者	尾中　哲夫

発行所　日本加除出版株式会社

本　社　郵便番号 171-8516
　　　　東京都豊島区南長崎3丁目16番6号
　　　　ＴＥＬ （03）3953-5757（代表）
　　　　　　　 （03）3952-5759（編集）
　　　　ＦＡＸ （03）3953-5772
　　　　ＵＲＬ　http://www.kajo.co.jp/

営業部　郵便番号 171-8516
　　　　東京都豊島区南長崎3丁目16番6号
　　　　ＴＥＬ （03）3953-5642
　　　　ＦＡＸ （03）3953-2061

組版・印刷　㈱郁　文　／　製本　牧製本印刷㈱

落丁本・乱丁本は本社でお取替えいたします。
© T. Kajimura, K. Hasegawa 2015
Printed in Japan
ISBN978-4-8178-4224-4 C2032 ¥3400E

JCOPY　〈㈳出版者著作権管理機構　委託出版物〉

本書を無断で複写複製（電子化を含む）することは、著作権法上の例外を除き、禁じられています。複写される場合は、そのつど事前に㈳出版者著作権管理機構（JCOPY）の許諾を得てください。
また本書を代行業者等の第三者に依頼してスキャンやデジタル化することは、たとえ個人や家庭内での利用であっても一切認められておりません。

〈JCOPY〉　HP：http://www.jcopy.or.jp/、e-mail：info@jcopy.or.jp
　　　　　電話：03-3513-6969、FAX：03-3513-6979

裁判例からみた
「子の奪い合い」紛争の調停・裁判の実務
梶村太市 著
2015年1月刊 A5判 464頁 定価4,536円(本体4,200円) ISBN978-4-8178-4210-7 商品:40576 略号:子紛

裁判例からみた
面会交流調停・審判の実務
梶村太市 著
2013年9月刊 A5判 372頁 定価3,348円(本体3,100円) ISBN978-4-8178-4115-5 商品番号:40529 略号:面審

第4版 離婚調停ガイドブック
当事者のニーズに応える
梶村太市 著
2013年4月刊 A5判 592頁 定価5,076円(本体4,700円) ISBN978-4-8178-4072-1 商品番号:40232 略号:離調

新版 実務講座 家事事件法
家事調停・家事審判・人事訴訟・民事訴訟・強制執行・渉外事件
梶村太市 著
2013年2月刊 A5判 500頁 定価4,536円(本体4,200円) ISBN978-4-8178-4056-1 商品番号:40406 略号:家事件

新家事調停の技法
家族法改正論議と家事事件手続法制定を踏まえて
梶村太市 著
2012年8月刊 A5判 472頁 定価4,536円(本体4,200円) ISBN978-4-8178-3993-0 商品番号:40467 略号:新家事

家族法学と家庭裁判所
梶村太市 著
2008年12月刊 A5判上製 492頁 定価6,171円(本体5,714円) ISBN978-4-8178-3522-2 商品番号:40367 略号:家裁判

ストーカー
被害に悩むあなたにできること リスクと法的対処
長谷川京子・山脇絵里子 著
2014年4月刊 A5判 240頁 定価1,944円(本体1,800円) ISBN978-4-8178-4156-8 商品番号:40548 略号:ストカ

日本加除出版
〒171-8516 東京都豊島区南長崎3丁目16番6号
TEL (03)3953-5642 FAX (03)3953-2061 (営業部)
http://www.kajo.co.jp/